# Handbuch zur deutschen Grammatik

**THIRD EDITION**

# Handbuch zur deutschen Grammatik

## WIEDERHOLEN UND ANWENDEN

**Jamie Rankin**
*Princeton University*

**Larry D. Wells**
*Late of Binghamton University*

**HOUGHTON MIFFLIN COMPANY** Boston New York

*Director, World Languages: New Media and Modern Language Publishing*    Beth Kramer
*Development Editor*    Angela Schoenherr
*Project Editor*    Harriet C. Dishman/Elm Street Publications
*Senior Cover Design Coordinator*    Deborah Azerrad Savona
*Associate Production/Design Coordinator*    Lisa Jelly
*Senior Manufacturing Coordinator*    Marie Barnes
*Marketing Manager*    José A. Mercado

*Cover design and image*    Minko T. Dimov, MinkoImages

**Acknowledgments**
p. 78: Poem by Uwe Timm: "Erziehung," from BUNDESDEUTSCH, LYRIK ZUR SACHE GRAMMATIK, ed. Rudolf Otto Wiemer. Reprinted by permission of Peter Hammer Verlag.
p. 91: Excerpted from "Was'n kleinkariertes Volk," by Dieter E. Zimmer, DIE ZEIT 18, April 26, 1991, by permission of DIE ZEIT and the author.
p. 335: Reprinted by permission of Focus Online.

Printed in the U.S.A.

Library of Congress Catalog Card Number: 00-133900

ISBN: 0-618-01343-1

23456789-DOC-04 03 02 01

# Table of Contents

*Introduction* xiii
*To the Instructor* xvii
*To the Student* xxiii
*Acknowledgments* xxv

# 1 Word Order 1

**Grammatik 1**

1.1 Word Order in Main Clauses 2
1.2 Positions of the Conjugated Verb in Questions 6
1.3 Positions of the Conjugated Verb in Dependent Clauses 6

**Wortschatz:** Classroom Vocabulary 7

**Schriftliche Themen 10**

*Tipps zum Schreiben:* Beginning the Sentence 10

**Zusammenfassung 11**

# 2 Present Tense 13

**Grammatik 13**

2.1 Present-Tense Conjugations 13
2.2 Uses of the Present Tense 17

**Wortschatz: wissen** vs. **kennen / lernen** vs. **studieren 18**

**Schriftliche Themen 23**

*Tipps zum Schreiben:* Using Familiar Verbs and Structures 23

**Zusammenfassung 24**

# 3 Present Perfect Tense 26

**Grammatik 26**

3.1 Principal Parts of Verbs 26
3.2 Present Perfect Tense 30

**Wortschatz:** Strong/Weak Verb Pairs: **fahren— führen,** etc. 32

**Schriftliche Themen 37**

*Tipps zum Schreiben:* Using the Present Perfect Tense 37

**Zusammenfassung 39**

# 4 Cases and Declensions 40

**Grammatik 40**

4.1 Cases 40
4.2 Regular Noun Declensions 40
4.3 Nominative Case 41
4.4 Accusative Case 42
4.5 Dative Case 43
4.6 Genitive Case 46

**Wortschatz:** Idioms with **machen** 48

**Schriftliche Themen 52**

*Tipps zum Schreiben:* Checking for Correct Cases 52

**Zusammenfassung 53**

# 5 Articles and Possessive Adjectives • Articles Used as Pronouns 55

**Grammatik 55**

5.1 Definite Articles 55
5.2 Indefinite Articles 58
5.3 **Der-**Words 59
5.4 Possessive Adjectives 60
5.5 **Der-** and **ein-**Words Used as Pronouns 62

**Wortschatz: Raum / Platz / Ort / Stelle** 63

**Schriftliche Themen 67**

*Tipps zum Schreiben:* Editing Your Writing 67

**Zusammenfassung 68**

# 6 Negation • Imperatives 70

**Grammatik 70**

6.1 Negation 70
6.2 Imperatives 72

**Wortschatz:** Expressions of Negation: **nicht, kein,** etc. 74

**Schriftliche Themen 79**

*Tipps zum Schreiben:* Writing First Drafts and Checking for Common Errors 79

**Zusammenfassung 80**

# 7 Simple Past Tense • Past Perfect Tense 81

**Grammatik 81**

7.1 Simple Past Tense 81
7.2 Past Perfect Tense 84

**Wortschatz:** Idioms for **gehen** 85

**Schriftliche Themen 89**

*Tipps zum Schreiben:* Choosing Precise Verbs 89

**Zusammenfassung 91**

# 8 Future Tense • Future Perfect Tense 93

**Grammatik 93**

8.1 Future Tense 93
8.2 Future Perfect Tense 94

**Wortschatz: fortfahren / fortsetzen** / etc. 95

**Schriftliche Themen 99**

*Tipps zum Schreiben:* Qualifying Statements About the Future 99

**Zusammenfassung 99**

# 9 Modal Verbs  101

**Grammatik  101**

9.1 Present and Past Tenses of Modal Verbs  101
9.2 Meanings of Modal Verbs  103
9.3 Perfect Tenses of Modal Verbs  107
9.4 Future Tense of Modal Verbs  108

**Wortschatz:** Verbs of Liking and Inclination: **gern haben / mögen / gefallen** / etc.  109

**Schriftliche Themen  113**

*Tipps zum Schreiben:* Providing Explanation 113

**Zusammenfassung  115**


# 10 Prepositions  117

**Grammatik  117**

10.1 Accusative Prepositions  117
10.2 Dative Prepositions  119
10.3 Two-Way Prepositions  124
10.4 Genitive Prepositions  128

**Wortschatz: bekommen / erhalten / kriegen / holen**  129

**Schriftliche Themen  135**

*Tipps zum Schreiben:* Adding Information Through Prepositions  135

**Zusammenfassung  136**


# 11 Conjunctions  138

**Grammatik  138**

11.1 Coordinating Conjunctions  138
11.2 Two-Part (Correlative) Conjunctions  139
11.3 Subordinating Conjunctions  140

**Wortschatz:** Verbs Expressing *to think*  146

**Schriftliche Themen  151**

*Tipps zum Schreiben:* Writing with Conjunctions  151

**Zusammenfassung  153**


# 12 Noun Genders • Noun Plurals • Weak Nouns  154

**Grammatik  154**

12.1 Noun Genders  154
12.2 Noun Plurals  157
12.3 Weak Noun Declensions  159

**Wortschatz:** Animals  161

**Schriftliche Themen  166**

*Tipps zum Schreiben:* Checking for Correct Genders and Plurals  166

**Zusammenfassung  167**


# 13 Adjectives  169

**Grammatik  169**

13.1 Adjectives without Endings  169
13.2 Adjectives with Endings  169
13.3 Limiting Adjectives  172
13.4 Adjectives Governing Cases  173
13.5 Adjectives with Prepositional Complements  174
13.6 Adjective Suffixes  175

**Wortschatz:** Positive and Negative Reactions: **gut und schlecht**  177

**Schriftliche Themen  183**

*Tipps zum Schreiben:* Writing with Adjectives  183

**Zusammenfassung  184**

# 14 Comparative and Superlative   185

**Grammatik   185**

14.1 Comparative and Superlative Forms   185
14.2 Uses of the Comparative and Superlative   187
14.3 Other Types of Comparisons   189
14.4 Other Superlative Constructions   190

**Wortschatz:** Nouns Derived from Adjectives: **breit—die Breite**   191

**Schriftliche Themen   195**

*Tipps zum Schreiben:* Comparing and Contrasting   195

**Zusammenfassung   196**


# 15 Questions and Interrogatives   198

**Grammatik   198**

15.1 Yes-No Questions   198
15.2 Interrogative Words   199
15.3 Indirect Questions   201

**Wortschatz:** Verbs expressing *to stop*   202

**Schriftliche Themen   207**

*Tipps zum Schreiben:* Asking Rhetorical Questions   207

**Zusammenfassung   207**


# 16 Personal, Indefinite, and Demonstrative Pronouns   209

**Grammatik   209**

16.1 Personal Pronouns   209
16.2 Indefinite Pronouns   211
16.3 Demonstrative Pronouns   213

**Wortschatz: nur—erst / ein ander—noch ein**   215

**Schriftliche Themen   219**

*Tipps zum Schreiben:* Using Pronouns in German   219

**Zusammenfassung   220**


# 17 Reflexive Pronouns
# • *Selbst* and *selber*
# • *Einander*   222

**Grammatik   222**

17.1 Reflexive Pronouns   222
17.2 Reflexive Verbs   223
17.3 **Selbst** and **selber**   226
17.4 The Reciprocal Pronoun **einander**   266

**Wortschatz:** Verbs Expressing *to decide*   227

**Schriftliche Themen   231**

*Tipps zum Schreiben:* Using Process Writing in German   231

**Zusammenfassung   232**

# 18 Infinitives   233

**Grammatik   234**

18.1 Infinitives with **zu**   234
18.2 Adverbial Phrases with **um ... zu, ohne ... zu,** and **(an)statt ... zu**   235
18.3 Infinitives without **zu**   235
18.4 **Lassen** + Infinitive   236
18.5 Infinitives as Nouns   237
18.6 Double Infinitives   237

**Wortschatz: lassen / verlassen / weggehen**   238

**Schriftliche Themen   242**

*Tipps zum Schreiben:* Expressing Your Own Ideas   242

**Zusammenfassung   243**


# 19 *Da*-Compounds • Uses of es   244

**Grammatik   244**

19.1 Prepositional **da-**Compounds   244
19.2 Anticipatory **da-**Compounds   246
19.3 Uses of **es**   247

**Wortschatz:** Idioms Used to Express *It's about . . .*   249

**Schriftliche Themen   252**

*Tipps zum Schreiben:* Avoiding Some Common Pitfalls   252

**Zusammenfassung   253**


# 20 Subjunctive (Subjunctive II)   255

**Grammatik   255**

20.1 Subjunctive vs. Indicative   255
20.2 Present Subjunctive II Forms   255
20.3 Uses of the Present Subjunctive   260
20.4 The Past Subjunctive   262

**Wortschatz:** Idioms Used to Express *to behave*   265

**Schriftliche Themen   271**

*Tipps zum Schreiben:* Using the Subjunctive   271

**Zusammenfassung   272**


# 21 Adjective Nouns • Participial Modifiers   274

**Grammatik   274**

21.1 Adjective Nouns   274
21.2 Participles as Adjectives   277
21.3 Extended Modifiers   277

**Wortschatz: lernen / erfahren / feststellen /** etc.   279

**Schriftliche Themen   283**

*Tipps zum Schreiben:* Using Extended Modifiers   283

**Zusammenfassung   284**

# 22 Numerals and Measurements 286

**Grammatik 286**

22.1 Cardinal Numerals 286
22.2 Ordinal Numerals 289
22.3 Units of Measurement 291

**Wortschatz:** Mathematical Operations 293

**Schriftliche Themen 296**

*Tipps zum Schreiben:* Conveying Statistical Information 296

**Zusammenfassung 297**

# 23 Seasons, Dates, and Time Expressions 299

**Grammatik 299**

23.1 Expressions of Time 299
23.2 Telling Time 304

**Wortschatz: -mal / Mal / Zeit** 305

**Schriftliche Themen 309**

*Tipps zum Schreiben:* Beginning Sentences with Time Expressions 309

**Zusammenfassung 310**

# 24 Adverb 312

**Grammatik 312**

24.1 Descriptive Adverbs 312
24.2 Adverbs of Time 313
24.3 Adverbs of Place 314
24.4 Position of Adverbs and Adverbial Phrases 315
24.5 Adverbial Conjunctions 315

**Wortschatz: am Ende / zum Schluss** / etc. 316

**Schriftliche Themen 319**

*Tipps zum Schreiben:* Establishing a Sequence of Events 319

**Zusammenfassung 320**

# 25 Particles 321

**Grammatik 321**

25.1 Particles 321
25.2 Uses of Various Particles 321

**Wortschatz:** Expressions with Flavoring Particles 327

**Schriftliche Themen 330**

*Tipps zum Schreiben:* Deciding When to Use Flavoring Particles 330

**Zusammenfassung 331**

# 26 Relative Pronouns 333

**Grammatik 333**

26.1 Relative Clauses 333
26.2 Relative Pronouns 333
26.3 **Was, wo**-Compounds, and **wo** as Relative Pronouns 336
26.4 The Indefinite Relative Pronouns **wer** and **was** 338

**Wortschatz:** Categories of Things 339

**Schriftliche Themen 345**

*Tipps zum Schreiben:* Establishing a Sequence of Events 345

**Zusammenfassung 346**

# 27 Indirect Discourse • Subjunctive I 348

**Grammatik 348**

27.1 Indirect Discourse 348
27.2 Subjunctive I Forms 349
27.3 Using the Subjunctive in Indirect Discourse 351
27.4 Other Contexts for Indirect Discourse 352
27.5 Other Uses of Subjunctive I 354

**Wortschatz:** Verbs expressing *to say* 354

**Schriftliche Themen 358**

*Tipps zum Schreiben:* Paraphrasing 358

**Zusammenfassung 359**

# 28 Passive Voice   361

**Grammatik   361**

28.1 Passive Voice   361
28.2 True Passive vs. Statal Passive   362
28.3 Substitutes for the Passive Voice   367

**Wortschatz: schaffen: Strong vs. Weak   368**

**Schriftliche Themen   373**

*Tipps zum Schreiben:* Practicing the Passive   373

**Zusammenfassung   373**


# 29 Verb Prefixes   376

**Grammatik   376**

29.1 Separable Prefixes   376
29.2 Inseparable Prefixes   380
29.3 Two-Way Prefixes   383

**Wortschatz: Prefixes be- / er- / ver-   385**

**Schriftliche Themen   390**

*Tipps zum Schreiben:* Writing with Inseparable Prefix
Verbs   390

**Zusammenfassung   391**


# 30 Prepositions as Verbal Complements   393

**Grammatik   393**

30.1 Prepositional Complements to Verbs   393
30.2 Prepositions with Particular Verbs   394

**Wortschatz: sich herausstellen / sich zeigen /
etc.   398**

**Schriftliche Themen   402**

*Tipps zum Schreiben:* Categories of Writing   402

**Zusammenfassung   403**


# Reference Section   405

**Appendices   407**

Appendix 1 Spelling, Capitalization and Punctuation:
The New Rules   407
Appendix 2 Letter Writing   411
Appendix 3 Cognates   414
Appendix 4 Strong and Irregular Verbs   417

**German-English Vocabulary   423**

**Index   439**

# Introduction

H andbuch zur deutschen Grammatik, Third Edition, is a reference and review grammar for second- and third-year German students who are familiar with the basics of German vocabulary and grammar. It can be used either as a primary text or as a reference manual in conjunction with other materials, such as literature readers. Its goal is two-fold: (1) to present clear and complete explanations of all major grammar topics, and (2) to provide meaningful, communicative practice of those topics. There is abundant oral group and pair work, as well as generous attention to writing strategies in each chapter. Depending upon instructor preference and student ability, the material can be used in course sequences lasting anywhere from one to four semesters (one to six quarters).

## Features of the Third Edition

■ **More Detailed Grammar Explanations.** Much of the grammatical commentary, especially in the chapters covering word order, subjunctives (I and II), relative pronouns, and passive voice, has been extensively revised to provide more thorough discussion and useful examples. Cross-referencing throughout the book provides easy reference to related topics.

■ **Streamlined Chapter Organization.** For easier reference and classroom use, chapters are clearly organized into presentations of new information, followed by material for oral and written practice: *Grammatik, Wortschatz, Übungen* (for personal as well as small-group practice), *Anwendung* (for in-class group activities), *Schriftliche Themen* (for writing skills), and *Zusammenfassung* (a new summary section).

■ **Incorporation of the New Spelling and Punctuation Rules (*Rechtschreibreform*).** The book follows the new rules for spelling, capitalization and punctuation throughout, and provides a short explanation of the most important aspects of these reforms in a new appendix.

■ **Integrated *Wortschatz* Sections.** The *Wortschatz* section in each chapter has been moved up to follow the *Grammatik,* and the new vocabulary is woven into all of the chapter exercises, including the *Übungen* and *Schriftliche Themen.*

- **New Graphic Summaries of Grammar Points.** In addition to the *Rules to Remember*, the *Zusammenfassung* at the end of each chapter includes a presentation in graphic form of the most important grammatical points covered, on pages that are color-coded for easy reference.

- **Updated Examples.** Examples throughout the book have been revised to provide students with idiomatic, current usage, including references to new technology (**Festplatte, Handy,** etc.). And classic film buffs should enjoy the examples in Chapter 18.

## Chapter Organization

The ***Handbuch*** is divided into thirty chapters, each a more or less independent module focusing on a grammatical structure or sometimes a cluster of related structures, along with useful vocabulary. Each chapter comprises a section on *Grammatik,* followed by the *Wortschatz,* then integrated exercises in the form of *Übungen, Anwendung,* and *Schriftliche Themen,* and finally a *Zusammenfassung.*

- ***Grammatik.*** Grammar explanations (in English) are broken down into individual points, each accompanied by examples in German with English translations. The outline format makes it possible for instructors to direct students to clearly defined commentary relating to specific problems or questions. Frequent cross-references have been provided, so that instructors and students can use any chapter as a starting point leading to related topics.

- ***Wortschatz.*** This section promotes vocabulary expansion by way of related groups of words and ideas with detailed explanations of meaning and use. It introduces students to synonyms, idioms, linguistic points, and words that pose special problems for learners at the intermediate level.

- ***Übungen.*** The exercises in this section are designed to foster communicative proficiency in the grammar and vocabulary sections of the chapter. They range from controlled fill-in-the-blank items to open tasks that call for creativity and spontaneous learner interaction.

- ***Anwendung.*** These tasks are specifically designed for interactive use and involve pair work or other group activities. Many are based on "real-world" topics and help students develop their expressive competencies by providing functional expressions and conversational gambits (*Redemittel*). Possible conversation topics (*Themenvorschläge*) are often included.

- ***Schriftliche Themen.*** Beginning with *Tipps zum Schreiben,* this section encourages competence in written expression by suggesting ways of incorporating the grammatical and lexical items in the chapter into short written assignments. The *Tipps* provide process-oriented writing strategies as well as specific suggestions for using the grammatical structures at hand.

- ***Zusammenfassung.*** Each chapter concludes with a list of *Rules to Remember* that reviews the most salient points of the chapter in a few lines. Following is a new feature of this edition—a presentation in graphic form of the grammatical structure(s) covered, under the heading *At a Glance.* These graphics serve as a succinct visual summary and provide a valuable cognitive tool for visually-oriented learners.

## Components

*Handbuch zur deutschen Grammatik* is accompanied by all the components necessary for a complete intermediate- or advanced-level course.

### Arbeitsheft

Each chapter of the *Arbeitsheft* corresponds to a chapter in the student text. The *Arbeitsheft* is divided into three sections: writing activities, listening activities (the laboratory manual), and directed grammar activities.

The *writing activities* of each chapter consist of a wide range of writing tasks, with a focus on developing process-writing skills. Students use the targeted grammar structures in a variety of creative, personalized, open-ended situations.

The *listening activities* are designed to accompany the Audio Program. They represent a wide range of unique listening tasks based on the recorded dialogues or scenarios, including listening for key words or structures, solving puzzles, identifying situations, or giving personal reactions in writing.

The *Aufgaben zur Grammatik* are a series of controlled exercises to reinforce each major grammar point. For self-correction, answers to these exercises are provided at the back of the *Arbeitsheft.*

### Audio Program

The Audio Program offers students a chance to hear authentic German in a goal-oriented listening environment. Each chapter of the Audio Program provides listening comprehension activities that include spontaneous conversations, semi-scripted and improvised exchanges, and several form-focused listening activities. Each of these is coordinated with assignment sheets in the *Arbeitsheft.* The Audio Program is available on cassettes or CDs. A complete tapescript answer key is available in the Instructor's Resource Manual.

### Computer Study Modules

Computer-assisted language learning modules for students are available for each chapter in both Windows® and Macintosh® formats. These include exercises relating to new vocabulary, form-focused practice sentences, reading comprehension exercises based on new structures, and a variety of tasks that foster meaning—form mapping.

### Instructor's Resource Manual

In addition to the Audio Program tapescript, the Instructor's Resource Manual includes a Test Bank of assessment items keyed to the grammatical and lexical points of each chapter and Answer Keys to the *Übungen* in the *Handbuch* and to the listening activities in the *Arbeitsheft.*

# To the Instructor

**H**andbuch can be used by instructors embracing a variety of methodologies, but its original conception and subsequent updates spring from a conviction that *form-focused learning in a communicative context* is the optimal route to second language acquisition. From this perspective, learners must understand that the goal of language is not rules and vocabulary lists, but rather communication of real ideas in a culturally appropriate idiom; and also that an essential aspect of effective communication is the correct use of words and grammatical structures. **Handbuch** seeks to promote these goals by providing clear, thorough explanations of the grammar; semantically related clusters of useful, functional vocabulary; and exercises that promote cognitive mastery of discrete forms as well as the challenge of spontaneous interaction. The following suggestions show how the various parts of the book can be used to these ends and to achieve other teaching goals as well.

## Grammatik

One of the key issues that arose during the development of this text concerned the level and amount of grammar to be included. Research has shown that there exists considerable disparity in intermediate-level classes from one institution to another. Even within a single language department, the knowledge and skills level of intermediate students can vary widely. Therefore, the decision was made to cover the basics thoroughly enough that the book could be used by those with very limited previous exposure to German grammar, yet would provide enough detail on some of the finer points to benefit more advanced students as well. As a result, **Handbuch** can be used as either a review or a reference grammar. The grammar can be treated sequentially or in a modular fashion, since neither grammar nor vocabulary building is cumulative from one chapter to the next.

How the instructor chooses to test the material in each chapter is a matter of personal choice. We recommend, however, that as much as possible written testing of grammar should be learner-generated rather than instructor-imposed. For example, instead of doing fill-in activities, multiple-choice questions, etc., students should be asked to produce their own sentences, statements, or compositions using specific structures indicated by the instructor. Assessment items of various kinds are available in the Instructor's Resource Manual.

The following are suggestions for working with several task types that are included in *Handbuch.* They are certainly not exhaustive; we hope they will spark creative ideas for classroom application.

## Wortschatz

The use of synonyms and words that translate identically into English but actually have different meanings poses considerable difficulty for many German learners. Students should be encouraged to write the words in the *Wortschatz* sections on cards and to develop their own list of synonyms of new words. The best way for students to learn these words is of course to use them, both in writing and speaking. Indeed, instructors might consider requiring that specific words from a *Wortschatz* section be included in a particular writing assignment.

## Übungen

The *Übungen* range from structural manipulations to more open-ended activities. Many, while controlled, are nevertheless conducive to real communication and can be used to facilitate a genuine exchange of students' ideas, experiences, views, and knowledge. All of them can be done as homework, and many can be redone in class several times as pair or group activities, each time with a different partner.

***Example I*** (*from Chapter 2, page 20*):

 **Wie lange schon.**     Erzählen Sie, wie lange/seit wann Sie Folgendes tun.

>   BEISPIEL     Tennis spielen
>   *Ich spiele (schon) seit fünf Jahren Tennis.*

1. Deutsch lernen
2. [eine Fremdsprache] können
3. Auto fahren
4. etwas besonders Interessantes tun
5. [noch eine Aktivität]

Here are five possible ways to work with this short, straightforward activity. You might choose to use any or all of these approaches.

1. *Homework task.* Students write or mentally prepare the exercise.

2. *Pair work.* Students do the exercise in class with a partner. Students monitor each other's output for grammatical accuracy.

3. *Partner-based communicative task.* Students ask various partners questions based upon the exercise. For example:
   >   *Seit wann fährst du Auto?*
   >   *Kannst du andere Sprachen? Wie viele? Seit wann?*
   >   *etc.*

4.  *Class or group activity.* Working in groups or as a class, students generate additional questions to ask other students and the instructor.

5.  *Task-based assignment.* Students research specific information about certain topics. They concentrate on discovering how long certain things have been going on (in their school, in their community, etc.). Students then share their information with the class. Some possible topic sentences might be:

    *Diese Schule gibt es seit ... Jahren.*
    *Deutsch lernt man in dieser Schule seit* [date].

*Example II (from Chapter 3, page 34):*

---

**D**  **Große Menschen, große Leistungen** *(accomplishments).*  Erzählen Sie, wie diese Menschen berühmt geworden sind. Verwenden Sie die angegebenen Verben.

> BEISPIEL  Alfred Nobel (das Dynamit)
> *Er hat das Dynamit erfunden.*

bauen  begründen *(to establish)*  entdecken *(to discover)*  erfinden *(to invent)*  erhalten *(to receive)*  komponieren  schreiben  singen  übersetzen  werden

1.  Friedrich Schiller (das Drama *Wilhelm Tell*)
2.  Siegmund Freud (die Tiefenpsychologie)
3.  Rudolf Diesel (Dieselmotor)
4.  Marlene Dietrich (Lieder)
5.  Gustav Mahler (*Das Lied von der Erde*)
6.  Gottlieb Daimler (das erste Auto)
7.  Maria Theresia (Kaiserin von Österreich)
8.  Heinrich Schliemann (Troja)
9.  Martin Luther (die Bibel)
10. Wilhelm Röntgen (der erste Nobelpreis für Physik)

---

Many of the *Übungen* are based on authentic situations and can be used as a springboard for broadening students' knowledge and cultural awareness. Here are five suggested ways for handling the above activity.

1.  Students write five additional present perfect statements about one of the persons listed in the exercise.

2.  Students prepare five to seven quiz questions in the present perfect about famous people and their accomplishments. The questions can be culturally specific. Students then quiz one another. Some possible questions might be:

    *Wer hat **Die Blechtrommel** geschrieben?* (Günter Grass)
    *Welcher deutsche Autor hat 1972 den Nobelpreis erhalten?* (Heinrich Böll)

3.  Students write five present perfect statements about the accomplishments of the most famous person they have met personally.

4. Students write five present perfect statements about the person (living or dead) they most/least admire.

5. Students create their own exercise for generating present perfect statements without talking about themselves.

The *Übungen* also include exercises that ask students to provide personal opinions or information about themselves. Instructors can configure such tasks in a variety of ways, from teacher-directed gathering of information, to simple pair work, to classroom surveys (in which each student tries to find out one particular piece of information about all the other students), to small group situations in which groups of students pool their information or opinions and pass them along to other students for comparison. Instructors will do well to bear in mind that natural language use translates in learners' minds to natural conversational patterns. They should avoid constructing overly artificial scenarios in which information is repeated, manipulated, or coerced in non-natural ways.

## Anwendung

When using these *Anwendung* activities, instructors should be flexible in allowing students to talk about what interests them. If an activity holds little interest for them, perhaps the students themselves can suggest a different topic to discuss using the same *Redemittel* and grammar structures. Instructors should view all the *Anwendungen* in the text as suggestions and as prompts for devising additional activities and tasks of their own. Following are some points to keep in mind when designing such activities:

1. Activities should be learner-based and learner-centered rather than instructor- or textbook-centered.

2. Activities should involve active speech production (output) based upon recall of meaningful input. Types of input include:

   ■ "real-world" input based upon the recall abilities, knowledge, experiences, and opinions of the students

   ■ listening/viewing input from cassette tapes, videotapes, radio, television, movies, etc.

   ■ reading input from a wide variety of texts: literary, journalistic, etc.

3. Grammar-based activities should be linked in a meaningful way to language skills (reading, listening, writing, speaking) and to cultural understanding.

4. Activities should involve genuine transfer and communication of information, knowledge, opinion, or reaction.

5. Activities should be interactive (involve more than one person, though the other person may be either a listener or a reader).

6. Activities should provide for primary monitoring of at least *one* structure for accuracy.

7. Activities should facilitate more than simple one-sentence utterances.

8. Activities should avoid structures and vocabulary beyond the abilities of the learners.

9. Activities should encourage thinking in German rather than in one's native tongue.

10. Activities should be of interest to the learners.

## Schriftliche Themen

Writing skills are frequently neglected in foreign language instruction, yet few activities better integrate the various facets of language learning. Writers have to combine content with vocabulary and structure, and form with (self-)expression. They also have to monitor carefully for grammatical accuracy. The writing activities in the *Schriftliche Themen* sections are designed as *Schreibproben* rather than as extensive compositions. In most instances, eight to twelve sentences per *Thema* should suffice. When doing the activities, students should concentrate on applying the major grammar points of the chapter. *Tipps zum Schreiben* offers suggestions on how to do this naturally and effectively. Instructors should modify the topics as they see fit. For example, in the case of the *Bildgeschichten*, students might tell the stories not only from their own perspective, but also from the point of view of various characters in the stories.

In using the *Schriftliche Themen*, instructors may find the following guidelines helpful:

1. Keep writing tasks short (in most cases eight to twelve sentences). It is better to assign more short writing tasks rather than a few long compositions.

2. Have students exchange ideas (brainstorm) in groups or as a class about particularly challenging writing assignments before they do them at home.

3. Emphasize development of a good writing style by reminding students to follow the suggestions in the *Tipps zum Schreiben* paragraph in each chapter's writing section.

4. Reward both personal creativity and grammatical accuracy in keeping with the goals of the class. Students must be aware of what the instructor expects and the criteria to be used for assigning points or grades. Teach students to edit their own drafts by looking at selected grammatical points.

5. Ask for at least two drafts, a rough draft for peer editing (in pairs or small groups) and a corrected final copy to be handed in for a grade.

6. Occasionally have students write a composition in pairs or small groups. This approach allows for considerable student interaction and peer correction.

7. Have students indicate at the top of every composition what reader(s) they "pictured" or had in mind when they wrote; writing to a specific audience will help students focus their thoughts and style.

8. Do not correct straightforward grammar errors on writing tasks; circle the most egregious ones and have students self-correct. Encourage students to use the index in the text for quickly locating grammar explanations to be reviewed.

9. Always write at least one comment or follow-up response to the *content* of every writing task. Students will be more willing to write if they think someone is interested in what they have to say.

10. Occasionally have students retell or explain orally what they have written, but only after they have handed in their compositions.

Instructors might consider saving copies of the best writing assignments for later publication in an *Aufsatzsammlung* to be distributed in that class or in other German classes. This approach may encourage students to put more effort into their compositions and be more rigorous in their self-correction.

## Zusammenfassung

Instructors may wish to have students quickly preview the material in each chapter by first having them look at the *Rules to Remember* in the *Zusammenfassung* section to see which grammar points they already know. Come test time, they can use the *Rules* and *At a Glance* for quick review.

# To the Student

If you have had one to two years of basic German instruction, either at the college or high-school level, and wish to refresh your knowledge of grammar, then this book is for you. For those of you who do well on grammar quizzes but have difficulty speaking the language, this book will also prove helpful. In language learning, understanding the concept is not enough: it is also necessary to remember the structures and practice them in contexts that are meaningful for you. Only then will you be able to recall these structures quickly and use them correctly.

This text provides exactly that kind of practice. *Grammatik* covers the grammar in small, manageable units for quick and easy reference, followed by useful vocabulary items in the *Wortschatz*. The exercises *(Übungen)* let you practice specific grammar structures in a somewhat controlled situation, while at the same time drawing on your own ideas, knowledge, and experiences. Next, the more general application activities *(Anwendung)* provide an opportunity to communicate on a range of issues, while utilizing the grammar structures you have just worked through. The writing sections *(Schriftliche Themen)* stress developing your writing skills in German in both content and form. The composition topics provide a variety of practical and creative writing tasks such as composing reports, letters, and short narratives. Finally, the *Zusammenfassung* sections contain a concise list of *Rules to Remember* and summary graphics, called *At a Glance,* that review the highlights of the chapter.

## Learning Vocabulary

In doing the exercises and activities in this book, you will find that the level of sophistication and accuracy of your spoken and written German depends in part on the amount and type of vocabulary you already know or are willing to learn. Since many of the activities in this book are open-ended, it is not possible to predict what words you will wish to use. Suggested vocabulary *(Vokabelvorschläge)*, themes *(Themenvorschläge)*, and conversational openers *(Redemittel)* accompany some of the activities; but you should also strive to expand your vocabulary base by looking up in a dictionary additional words and expressions that you need in order to express your thoughts and ideas. You might want to put clusters of vocabulary words for certain topics on 3" × 5" cards for quick and easy reference. Such clusters would consist mainly of nouns, verbs, adjectives, or adverbs. Since there are only a certain number of prepositions, conjunctions, and pronouns, you should learn these as soon as possible so that you can form more complex sentences and avoid redundancy when writing or speaking. All other words, expressions, and idioms can be learned as you need them.

## Learning Grammar

Grammar should not be learned in isolation or for its own sake. If you wish to work on particular grammar structures, you should consciously use them when discussing or writing about things you have read, heard, or experienced. You should also practice listening for particular structures when people speak or when you work with the Audio Program that accompanies the *Arbeitsheft.* These habits will help you reach what should be your goal: meaningful, accurate communication in German.

# Acknowledgments

As I worked through **Handbuch** in preparing this new edition, I was reminded on every page of Larry Wells' dedication and skill in the classroom, his gentle humor, and his vivid sense of what it means to be a teacher. I am grateful to have known him as a colleague and mentor. It is with sadness that we add the somber prefix "late of" to "Binghamton University" under his name on the title page, signaling his untimely death in 1998. The goal of this edition is to continue his project of learner-centered communicative teaching and learning, in the spirit of his love of language and its cultural context.

As he noted in the *Acknowledgments* to the Second Edition, it takes many people to produce a book. I am grateful to an array of students and colleagues at Princeton University for their input, in particular to Prof. Robert Ebert for his helpful comments on successive drafts of the chapters that were substantially rewritten. I also want to thank the various editors, artists, designers, and assistants who were involved in this undertaking. In particular I want to acknowledge the help of the Development Editor, Angela Schoenherr, with her creative flair and her fine ear for the nuances of spoken language; production editors Harriet C. Dishman and Caroline Sieg of Elm Street Publications; copyeditor Karen Hohner; and proofreaders Gertrud Rath-Montgomery and Susanne van Eyl.

Once again, we appreciate the work done by the following people during the preparation of the Third Edition of **Handbuch zur deutschen Grammatik.** Their review comments and suggestions were invaluable during the book's development.

Henning Falkenstein, *Valparaiso University (Indiana)*

Judith Fogle, *Pasadena City College (California)*

Zsuzsanna Ittzes, *University of California—Los Angeles*

Carla Love, *University of Wisconsin—Madison*

Walter von Reinhart, *University of Rhode Island*

Ruth Sanders, *Miami University (Ohio)*

—Jamie Rankin

# Handbuch
# zur deutschen
# Grammatik

# Grammatik

The most prominent feature of German word order is the position of the verb. Each of the three major clause types in German—main, question, and subordinate—requires the conjugated verb to occupy a different place within the clause, which can differ considerably from English:

### Main clause:

Eigentlich **verstehe** ich diese Regel schon.

*Actually, I already **understand** this rule.*

### Question:

**Verstehst** du diese Regel oder nicht?

*Do you **understand** this rule or not?*

### Subordinate clause:

Ich glaube zumindest, dass ich diese Regel schon **verstehe.**

*At least I think (that) I already **understand** this rule.*

But although the verb position varies from clause to clause, it is consistent within each clause type. The conjugated verb and any associated verbal elements (such as infinitives or participles) in fact form a stable framework into which the other elements can be placed in various ways. The important thing is to remember which kind of clause you are constructing and how that dictates the constraints and possible variations for word order within it.

## 1.1   WORD ORDER IN MAIN CLAUSES

### A. First elements

1. The most common first element in a German sentence is the grammatical subject.

   **Dieser Zug** fährt über Augsburg nach Frankfurt.

   *This train travels to Frankfurt via Augsburg.*

2. Words modifying the subject are considered part of the first element.

   **Der letzte Zug aus München** fährt über Nürnberg nach Frankfurt.

   *The last train out of Munich travels to Frankfurt via Nuremburg.*

3. German speakers often put adverbial expressions or prepositional verbal complements (see 30.1) in first position for the sake of style or to draw attention to this information as the actual "topic" of the statement. When this happens, the subject, which would normally be in first position, moves to a position after the conjugated verb. NOTE: Adverbial first elements are not set off by a comma, as they may be in English.

   **In wenigen Minuten** wird der Zug Frankfurt erreichen. *(adverbial modifier)*

   *In a few minutes, the train will reach Frankfurt.*

   **Auf unseren Besuch in Frankfurt** freuen wir uns sehr. *(prepositional verbal complement)*

   *We are very much looking forward to our visit to Frankfurt.*

4. Direct and indirect objects, infinitives, and participles can also occur in first position, but this is much less common. In such instances, they occur mainly (but not only) in response to specific questions asking for the information contained in these elements.

   **Den letzten Zug** haben wir verpasst. *(direct object)*

   *We missed the last train.*

   **Deiner Verspätung** haben wir das zu verdanken. *(indirect object)*

   *We have your lateness to thank for that.*

   **Warten** wollen wir nicht länger. *(infinitive)*

   *We don't want to wait any longer.*

   **Angerufen** habe ich dich nur, damit du's weißt. *(past participle)*

   *I only called you so you'll know.*

5. **Ja, nein,** and nouns of address are not considered first elements. They are set off by a comma, and the actual sentence begins after the comma.

   **Ja,** ich fahre zum ersten Mal mit der Bahn.

   *Yes, I'm traveling by train for the first time.*

   **Mein lieber Freund,** das hätte ich nicht von dir erwartet.

   *My dear friend, I wouldn't have expected that of you.*

## B. Position of the conjugated verb

1. The second sentence element in a main clause is always the conjugated verb ($V_1$), regardless of which element occupies first position.

    Die Arbeit **geht** jetzt gut. ⎫
    Jetzt **geht** die Arbeit gut. ⎬ *Work is going fine now.*
    Gut **geht** die Arbeit jetzt. ⎭

2. Even if the first sentence element is a subordinate clause, the conjugated verb of the following main clause is still in second position within the overall sentence.

    Weil wir mehr Zeit haben, **geht** die Arbeit jetzt gut.
    *Because we have more time, the work is going fine now.*

3. For purposes of word order, when two main clauses are connected by a coordinating conjunction (**aber, denn, oder, sondern,** and **und**) (see 11.1), the conjunction is not considered a first element of the second clause; thus the position of the conjugated verb in the second clause does not change.

    Sie studiert in Heidelberg, *aber* ihre        *She is studying in Heidelberg, but her*
      Familie **wohnt** in Köln.                      *family lives in Cologne.*

## C. Elements in the middle field

1. The conjugated verb ($V_1$) and any other verbal elements that appear later in the sentence ($V_2$; see D below) form a kind of bracket around the elements between them, which comprise what is often called the *middle field*. The middle field includes the subject if it is not in first position, as well as object nouns and pronouns (accusative and dative, including reflexive pronouns), adverbial modifiers, and verbal complements.

2. If the subject of the main clause follows $V_1$, it usually appears at (or near) the beginning of the middle field. Subject pronouns must stand directly after $V_1$. Subject nouns can be preceded by unstressed personal pronouns or, if the subject is to be emphasized, by other elements as well.

    Gestern hat **Tina** ein Geschenk in der       *Yesterday, Tina bought a present in*
      Stadt gekauft.                                  *the city.*
    Zuerst wollte **sie** es in einem               *At first, she wanted to buy it at a sporting*
      Sportgeschäft kaufen.                           *goods store.*
    Dann hat ihr **eine Freundin** beim             *Then a friend told her at lunch about a*
      Essen von einer neuen Buchhandlung              *new bookstore.*
      erzählt.

3. The order of dative and accusative objects in the middle field (see 4.4 and 4.5) is determined in general by the level of emphasis desired: *The farther to the right one of these*

*objects appears in the middle field, the greater the emphasis it receives.* This means in practice that

- a personal pronoun object appears *before* a noun object:

| | |
|---|---|
| Tina kaufte **es** ihrem Vater zum Geburtstag. | *Tina bought it for her father's birthday.* |
| Tina kaufte **ihm** ein kleines Buch zum Geburtstag. | *Tina bought him a little book for his birthday.* |

- with two noun objects, the one being emphasized appears second:

| | |
|---|---|
| Tina gab der Verkäuferin **das Geld.** | (*what* she gave is emphasized) |
| Sie gab das Geld **der Verkäuferin.** | (*to whom* she gave it is emphasized) |

Some grammars state that in such cases, the dative object should precede the accusative object, but this oversimplifies the matter. If **das Geld** has already been mentioned, for example, it is better to place **Geld** first and thereby emphasize **Verkäuferin:**

| | |
|---|---|
| A: Was machte sie mit dem Geld? | *What did she do with the money?* |
| B: Sie gab das Geld der Verkäuferin. | *She gave the money to the saleswoman.* |

4. If both objects are personal pronouns, the accusative pronoun comes first, regardless of emphasis.

| | |
|---|---|
| A: Wo denn? | *Where (did she do that)?* |
| B: Sie gab **es ihr** an der Kasse. | *She gave it to her at the register.* |

5. Adverbial modifiers generally follow the order of Time—Manner—Place (TMP rule), unless there is a need to emphasize a particular modifier, in which case the "emphasis to the right" rule prevails. Often, what one may think of as "place" indicators are not merely adverbial modifiers but verbal complements that specify direction in a way that "completes" certain verbs. Notice how the "time" and "manner" modifiers can be dropped in the following examples, but not the directional modifier, which is always positioned at the end of the middle field (see C7 below).

Ich ging ins Geschäft. (*place*)
Ich ging am Samstagmorgen ins Geschäft. (*time/place*)
Ich ging mit Andreas ins Geschäft. (*manner/place*)
Ich ging am Samstagmorgen mit Andreas ins Geschäft. (*time/manner/place*)
*I went to the store on Saturday morning with Andreas.*

6. For rules concerning the position(s) of **nicht,** see 6.1.

7. Verbal complements
As mentioned above, some verbs require information to "complete" their meaning in certain contexts. The element supplying this information is called the *verbal complement* and appears at the very end of the middle field. This means that it immediately precedes $V_2$ (see D.1) or stands as the final element in a main clause with no $V_2$. Here are the most common types of verbal complements:

- Predicate nominatives (see 4.3):

| | |
|---|---|
| Mein Bruder ist **Arzt.** | *My brother is a doctor.* |

■ Directional modifiers:

Ich bin später **nach Hause** gefahren.        *I drove home later.*

■ Separable prefixes (see 29.1):

Wann hört dieser Lärm **auf?**        *When is this noise going to stop?*

Er kommt in zwei Stunden **zurück.**        *He's coming back in two hours.*

■ Certain other elements—object nouns, infinitives (see 18.3 and 29.1), and adverbs (see 24.1), for example—that combine with verbs to create specific meanings:

Ich spiele seit Jahren **Klavier.**        *I've been playing the piano (i.e., I've known how to play) for years.*

Seit wann fährst du denn **Auto?**        *Since when have you been able to drive?*

Wir trinken in einer Stunde **Kaffee.**        *We're going to take a coffee break in an hour.*

Gehst du mit uns **spazieren?**        *Are you going to take a walk with us?*

Ich lernte neulich diese Leute **kennen.**        *I got to know these people recently.*

Sie lernte alle Vokabeln **auswendig.**        *She memorized all the vocabulary words.*

## D. V₂ elements

1. The right-hand portion of the verbal bracket ($V_2$) encloses the elements of the middle field and usually consists of an infinitive or a past participle.

Sie **möchte** mit uns zur Vorlesung **gehen.**        *She would like to go to the lecture with us.*

Ich **muss** noch mehr Wörter auswendig **lernen.**        *I have to memorize even more words.*

Jeden Tag **hat** er Klavier **gespielt.**        *He played the piano every day.*

Wann **bist** du denn heute **aufgestanden?**        *When did you get up today?*

2. Separable prefixes attach directly to the $V_2$ verb (see 29.1), forming either an infinitive or a past participle together with the root verb. Notice that past participles formed with **-ge-** insert this element between the prefix and the root verb.

Die Kinder **haben** laut **<u>mitgesungen</u>** – und **wollten** gar nicht **<u>aufhören.</u>**        *The children sang along loudly—and didn't want to stop at all.*

Warum **bist** du nicht früher **<u>angekommen?</u>**        *Why didn't you arrive sooner?*

## E. Final elements

While the first element, the verbal bracket, and the middle field contain almost all information in a main clause, some elements can appear after $V_2$. Here are some common examples:

■ Adverbial modifiers added as an afterthought:

In Frankfurt haben wir die Oper besichtigt **mit meinem Onkel.**        *In Frankfurt, we visited the opera—with my uncle.*

■ Elements to be emphasized:

| | |
|---|---|
| Ich habe mich besonders gefreut **auf den Abend.** | *I was particularly looking forward to the evening.* |

■ Comparative phrases beginning with **als** or **wie:**

| | |
|---|---|
| Sie hat einfach mehr gewusst **als ich.** | *She simply knew more than I (did).* |
| Du hast genauso gut gespielt **wie dein Bruder.** | *You played just as well as your brother.* |

---

## 1.2    POSITIONS OF THE CONJUGATED VERB IN QUESTIONS

1. The conjugated verb takes first position in yes-no questions, followed by the middle field, including the subject.

   | | |
   |---|---|
   | **Geht** die Arbeit jetzt gut? *(yes-no question)* | *Is the work going well now?* |

2. The conjugated verb follows an interrogative word or expression (see 15.2).

   | | |
   |---|---|
   | Was **macht** die Arbeit so schwer? | *What makes the work so difficult?* |
   | Bei was für einer Firma **arbeitest** du? | *For what sort of a company do you work?* |

3. In indirect questions, the question itself is a subordinate clause (see 1.3) and the verb stands in final position within this clause.

   | | |
   |---|---|
   | Sie will wissen, bei was für einer Firma du **arbeitest.** | *She wants to know what sort of a company you work for.* |

---

## 1.3    POSITIONS OF THE CONJUGATED VERB IN DEPENDENT CLAUSES

### A. Subordinate clauses

1. The conjugated verb occupies final position in subordinate clauses (see 11.3), even if the subordinate clause comes first in the sentence.

   COMPARE:

   **Main clause:**

   | | |
   |---|---|
   | Ich **kenne** niemanden dort. | *I don't know anyone there.* |

   **Subordinate clause:**

   | | |
   |---|---|
   | Ich gehe nicht zur Party, weil ich niemanden dort **kenne.** | *I'm not going to the party, because I don't know anyone there.* |
   | Weil ich niemanden dort **kenne,** gehe ich nicht zur Party. | *Because I don't know anyone there, I'm not going to the party.* |

2. The conjugated auxiliary verb ($V_1$) in a subordinate clause follows final position verbal elements ($V_2$).

| | |
|---|---|
| Christoph geht auch nicht, obwohl er mich *eingeladen* **hat.** | *Christoph isn't going either, although he invited me.* |

3. The only exception to this rule involves a double infinitive construction (see 18.6). The $V_1$ in such cases immediately precedes the two infinitives.

| | |
|---|---|
| Jetzt denke ich aber, dass ich doch zur Party **hätte** *gehen sollen.* | *But now I'm thinking that I really should have gone to the party.* |

4. As in English, the subordinating conjunction **dass** *(that)* may be omitted. When this happens, the second clause is considered a main clause and the verb stays in second position.

COMPARE:

| | |
|---|---|
| Manchmal denke ich, *dass* Christoph keine Ahnung **hat.** | *Sometimes I think that Christoph doesn't have a clue.* |
| Manchmal denke ich, Christoph **hat** keine Ahnung. | *Sometimes I think Christoph doesn't have a clue.* |

## B. Relative clauses

A relative clause (see 26.1) is a subordinate clause; the conjugated verb occupies final position within this clause.

| | |
|---|---|
| Menschen, die so was **machen,** gefallen mir nicht. | *I don't like people who do things like that.* |

# Wortschatz

## Erzählen Sie mal!

The following words occur more than once in the direction lines for the exercises and activities in this text.

### Verben

**ändern** to change, modify

**ausdrücken,**  to express, say
  **zum Ausdruck**
    **bringen** to express, say

**sich äußern (zu)** to express one's views, comment on

**austauschen** to exchange

**beenden** to end, complete

**berichten (über)** + *accusative* to report (on), tell about

**beschreiben** to describe

**besprechen** to discuss

**betonen** to emphasize, stress

**bilden** to form *(sentences)*

**einsetzen** to insert, supply *(missing words)*

**ergänzen (durch)** to complete (with)

**erklären** to explain

**ersetzen** to replace, substitute

**erzählen** to tell, narrate

| | |
|---|---|
| **gebrauchen**   to use, make use of | **unterstreichen**   to underline |
| **mitteilen**   to communicate | **verbinden**   to connect, combine |
|   *or* impart, tell | **verwenden**   to use, make use of |
| **übersetzen**   to translate | **wiederholen**   to repeat |
| **umformen**   to transform, recast | **zusammenfassen**   to summarize |

### Substantive (Nouns)

| | |
|---|---|
| **der Ausdruck, ⸚e** expression | **der Inhalt, -e**   content(s) |
| **die Aussage, -n**   statement | **das Thema, -en**   topic |
| **der Gebrauch**   use | **der Vorschlag, ⸚e** suggestion |

### Adjektive

| | |
|---|---|
| **fehlend**   missing | **passend**   suitable, proper |
| **fett gedruckt**   printed in boldface | **unterstrichen**   underlined |
| **kursiv gedruckt**   printed in italics | **verschieden**   various |

# Übungen

**A**  **Die schwere Prüfung.**    Schreiben Sie die Sätze um. Setzen Sie das kursiv gedruckte Element an erste Stelle.

BEISPIEL    Wir haben *gestern* eine schwere Prüfung geschrieben.
*Gestern haben wir eine schwere Prüfung geschrieben.*

1. Schwere Fragen waren *auf der Prüfung.*
2. Die Studenten konnten *die meisten dieser Fragen* nicht beantworten.
3. Die Professorin war *darüber* schwer enttäuscht.
4. Die Professorin hatte betont, *dass man das Material gut lernen sollte.*
5. Am Tag vor der Prüfung hatte die Professorin alles noch einmal *zusammengefasst.*
6. Ihre Studenten hatten allerdings (*to be sure*) etwas gelernt.
7. Sie hatten *aber* einige wichtige Punkte nicht verstanden.
8. Jetzt wusste die Professorin, *dass sie die Lektion würde wiederholen müssen.*

**B**  **Antworten auf Fragen.**    Beantworten Sie die folgenden Fragen. Stellen Sie die erwünschte Information an den Anfang Ihrer Antwort.

BEISPIEL    Wie alt sind Sie jetzt?
*Achtzehn Jahre alt bin ich jetzt.*

1. Seit wann lernen Sie Deutsch?
2. Wo wohnen Sie jetzt?

3. An welchen Tagen haben Sie einen Deutschkurs?
4. Was trinken Sie besonders gern oder ungern?
5. Was werden Sie heute Abend nach dem Essen tun? (z.B. lesen, fernsehen, ein wenig schlafen usw.)

**C** **Ein schöner Nachmittag.** Stellen Sie das Akkusativobjekt an eine andere Stelle, aber nicht an den Anfang des Satzes.

BEISPIEL Am Vormittag macht Melanie einige Einkäufe in der Kaufhalle.
*Am Vormittag macht Melanie in der Kaufhalle einige Einkäufe.*

1. Am Nachmittag traf Melanie eine Freundin in der Stadt.
2. Sie entschlossen sich *(decided)* einen Spaziergang in dem Park zu machen.
3. Nach einer Weile machte Melanie den Vorschlag, irgendwo Kaffee zu trinken.
4. Im Park fanden sie einen gemütlichen Gartenpavillon.
5. Dort bestellten sie Kaffee und verschiedene Kuchen.
6. Nach dem Kaffee hat Melanie einen Kurs an der Uni erwähnt *(mentioned)*.
7. Besonders diese Vorlesung wollte sie ihrer Freundin beschreiben.
8. Sie verließen den Park gegen Abend und fuhren nach Hause.

**D** **Fehlende Information.** Ergänzen Sie die Sätze durch die Wörter und Wortverbindungen in Klammern.

BEISPIEL Wir fahren morgen nach Bern. (mit dem Zug)
*Wir fahren morgen mit dem Zug nach Bern.*

1. Ich habe viel Zeit. (heute)
2. Sie gingen mit der Familie. (gestern; einkaufen)
3. Sie spricht mit anderen Passagieren. (während der Fahrt)
4. Die Jungen nahmen ihre Fahrräder auf die Exkursion. (mit)
5. Wir haben heute Morgen gelesen. (mit großem Interesse; die Zeitung)
6. Sie muss heute eine Postkarte schicken. (ihren Eltern)
7. Er wollte gestern bei der Aufgabe nicht helfen. (uns)
8. Hat er seiner Freundin den Brief geschrieben? —Ja, er hat geschrieben. (ihr; ihn)

# Anwendung

**A** **Partnergespräch.** Erzählen Sie jemandem im Kurs Folgendes. Beginnen Sie Ihre Sätze mit der fett gedruckten Information.

was Sie **manchmal** denken
was Sie **in diesem Kurs** lernen möchten
was Sie **besonders gern** tun
was Sie gern tun, **wenn Sie Zeit haben**

was Sie **gestern**...
was Sie **morgen**...
usw.

**B** **Ein Bericht.**   Berichten Sie im Kurs, was Sie in Anwendung A über Ihre Partnerin/ Ihren Partner erfahren haben.

BEISPIEL   Meine Partnerin heißt Oksana. Manchmal denkt sie, dass Deutsch schwer ist. In diesem Kurs möchte sie mehr sprechen. Besonders gern geht sie abends ins Kino. Usw.

# Schriftliche Themen

| Tipps zum Schreiben | **Beginning the Sentence** |
| --- | --- |
| | In German, using a variety of first-sentence elements is essential for effective writing. In addition to the sentence subject, adverbs, prepositional phrases, and subordinate clauses work particularly well. As a rule, try not to begin more than two or three sentences in a row with the sentence subject. |

**Berlin: Geschichte einer Stadt.**   Ändern Sie den folgenden Text stilistisch, damit *(so that)* nicht jeder Satz mit dem Satzsubjekt beginnt.

Berlin war von 1871 bis 1945 die Hauptstadt des Deutschen Reichs. Die Stadt gehörte vor dem Zweiten Weltkrieg mit mehr als 4,5 Millionen Einwohnern zu den wichtigsten Metropolen Europas. Diese Stadt lag aber am Ende des Krieges in Trümmern *(rubble)*. Die alliierten Mächte *(powers)* teilten die Stadt nach ihrem Sieg *(victory)* in vier Besatzungszonen *(occupation zones)*. Der östliche Teil der Stadt wurde während der Berliner Blockade von 1948–1949 Teil der Deutschen Demokratischen Republik (DDR). Man baute 13 Jahre später die Berliner Mauer, um die Flucht *(flight)* von Bürgern aus der Ostzone zu verhindern. Berlin blieb bis zum Sturz *(fall)* der Mauer im November 1989 eine geteilte Stadt. Die DDR und Berlin wurden wenige Monate später Teil eines neuen vereinigten Deutschlands. Das neu renovierte Reichs-tagsgebäude wurde im Frühling 1999 wieder eröffnet und dient jetzt als Sitz der Regierung.

# Zusammenfassung

### Rules to Remember

1 The conjugated verb comes first in yes-no questions or immediately after interrogative elements in information questions.

2 The conjugated verb is the second element in main clauses.

3 The conjugated verb occupies the final position in dependent clauses.

4 In the middle field, pronoun subjects come immediately after the verb. Noun subjects can be preceded by unstressed object pronouns or, if the subject is to be emphasized, by other elements as well.

5 Adverbial modifiers in the middle field generally follow the sequence Time—Manner—Place (TMP).

6 For direct- and indirect-noun/pronoun objects in the middle field:

   ■ pronouns precede nouns

   ■ the more emphasized of two nouns goes to the right of the less emphasized

   ■ direct-object pronouns precede indirect-object pronouns

7 Verbal complements come at the very end of the middle field.


### At a Glance

## Word order

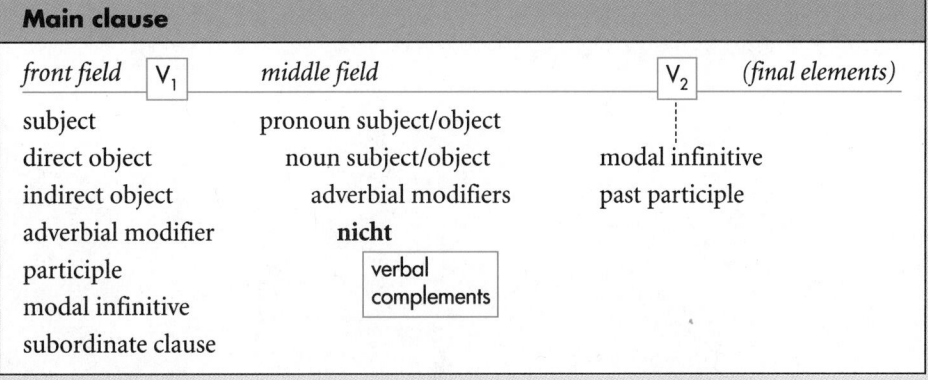

| Main clause | | | | |
|---|---|---|---|---|
| *front field* $V_1$ | *middle field* | | $V_2$ | *(final elements)* |
| subject | pronoun subject/object | | | |
| direct object | noun subject/object | | modal infinitive | |
| indirect object | adverbial modifiers | | past participle | |
| adverbial modifier | **nicht** | | | |
| participle | verbal complements | | | |
| modal infinitive | | | | |
| subordinate clause | | | | |

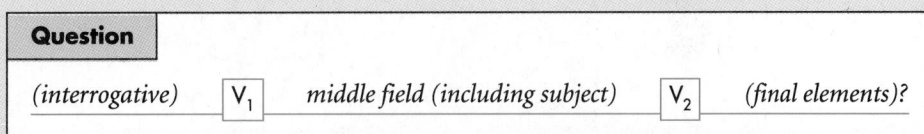

| Question | | | |
|---|---|---|---|
| *(interrogative)* $V_1$ | *middle field (including subject)* | $V_2$ | *(final elements)?* |

| Subordinate clause | | | | |
|---|---|---|---|---|
| | *connector* | *middle field (including subject)* | $V_2$ | $V_1$ |
| | subordinating conjunction | | | |
| | relative pronoun | | | |
| | interrogative conjunction | | | |
| | | | $V_1$ | double infinitive |

# Grammatik

## 2.1    PRESENT-TENSE CONJUGATIONS

### A. Regular verbs

1.  Most German verbs form the present tense (**das Präsens**) by dropping the **-en** from the infinitive and adding personal endings to the remaining stem.

| Singular | **kochen** *(to cook)* | **diskutieren** *(to discuss)* |
|---|---|---|
| *1st pers.* | ich koch **e** | ich diskutier **e** |
| *2nd pers. (informal)* | du koch **st** | du diskutier **st** |
| *3rd pers.* | er/sie/es koch **t** | er/sie/es diskutier **t** |
| **Plural** | | |
| *1st pers.* | wir koch **en** | wir diskutier **en** |
| *2nd pers. (informal)* | ihr koch **t** | ihr diskutier **t** |
| *3rd pers./*<br>   *2nd pers. sing. &*<br>   *pl. (formal)* | sie/Sie koch **en** | sie/Sie diskutier **en** |

2. If the verb stem ends in **-d** or **-t**, or if it ends in an **-m** or **-n** that is preceded by a consonant other than **l** or **r**, then an **e** is inserted before the **-st** and **-t** endings (second- and third-persons singular and second-person plural). This change facilitates pronunciation.

| arbeiten *(to work)* | | öffnen *(to open)* | |
|---|---|---|---|
| ich arbeit **e** | wir arbeit **en** | ich öffn **e** | wir öffn **en** |
| du arbeit **est** | ihr arbeit **et** | du öffn **est** | ihr öffn **et** |
| er/sie/es arbeit **et** | sie/Sie arbeit **en** | er/sie/es öffn **et** | sie/Sie öffn **en** |

3. If the verb stem ends in a sibilant (**-s, -ss, -ß, -tz, -z**), the **s** of the second-person singular **-st** ending is absorbed into the preceding sibilant.

**rei̱sen** *(to travel)*   **grü̱ßen** *(to greet)*   **si̱tzen** *(to sit)*
du reist                   du grüßt                 du sitzt

4. If the infinitive ends in **-ern** or **-eln,** the initial **e** in the first-person singular stem is optional.

**ärgern** *(to annoy)*   **sammeln** *(to collect)*
ich ärg(e)re             ich samm(e)le

5. If the infinitive ends in **-n** (instead of **-en**), **-ern,** or **-eln,** then the first- and third-person plural endings are identical to the infinitive.

**tu̱n** *(to do)*   **ärgern** *(to annoy)*   **sammeln** *(to collect)*
wir tun             wir ärg**ern**            wir samm**eln**
sie/Sie tun         sie/Sie ärg**ern**        sie/Sie samm**eln**

## B. Verbs with stem-vowel shifts

1. Some strong verbs (see 3.1) change a stem vowel **e** to **i** in the second- and third-persons singular. (See Appendix 4 for a complete listing.)

| brechen *(to break)* | |
|---|---|
| ich breche | wir brechen |
| du brichst | ihr brecht |
| er/sie/es bricht | sie/Sie brechen |

### Other common e → i verbs

essen *(to eat)* ⟶ du isst; er isst
geben *(to give)* ⟶ du gibst; sie gibt
helfen *(to help)* ⟶ du hilfst; er hilft
nehmen *(to take)* ⟶ du nimmst; sie nimmt[1]

---

[1]This verb also has a slight consonant change.

sprechen *(to speak)* ⟶ du sprichst; er spricht
sterben *(to die)* ⟶ du stirbst; sie stirbt
treffen *(to meet)* ⟶ du triffst; er trifft
treten *(to step; to kick)* ⟶ du trittst; sie tritt
vergessen *(to forget)* ⟶ du vergisst; er vergisst
werfen *(to throw)* ⟶ du wirfst; sie wirft

2.  Some strong verbs change a stem vowel **e** to **ie** in the second- and third-persons singular.

| **sehen** *(to see)* | |
| --- | --- |
| ich sehe | wir sehen |
| du siehst | ihr seht |
| er/sie/es sieht | sie/Sie sehen |

### Other common *e* ⟶ *ie* verbs

befehlen *(to command)* ⟶ du befiehlst; sie befiehlt
empfehlen *(to recommend)* ⟶ du empfiehlst; er empfiehlt
geschehen *(to happen)* ⟶ es geschieht
lesen *(to read)* ⟶ du liest; sie liest
stehlen *(to steal)* ⟶ du stiehlst; er stiehlt

3.  Some strong verbs change a stem vowel **a** to **ä** in the second- and third-persons singular.

| **fangen** *(to catch)* | |
| --- | --- |
| ich fange | wir fangen |
| du fängst | ihr fangt |
| er/sie/es fängt | sie/Sie fangen |

### Other common *a* ⟶ *ä* verbs

anfangen *(to begin)* ⟶ du fängst an; er fängt an
einladen *(to invite)* ⟶ du lädst ein; sie lädt ein
fahren *(to go; to drive)* ⟶ du fährst; er fährt
fallen *(to fall)* ⟶ du fällst; sie fällt
gefallen *(to please)* ⟶ du gefällst; er gefällt
halten *(to hold)* ⟶ du hältst; sie hält
lassen *(to let; to leave)* ⟶ du lässt; er lässt
schlafen *(to sleep)* ⟶ du schläfst; sie schläft
schlagen *(to hit, beat)* ⟶ du schlägst; er schlägt

tragen *(to carry; to wear)* ⟶ du trägst; sie trägt
wachsen *(to grow)* ⟶ du wächst; er wächst
waschen *(to wash)* ⟶ du wäschst; sie wäscht

4.  Several strong verbs change their stem vowels as follows:

laufen *(to run)* ⟶ du läufst; sie läuft
saufen *(to drink, guzzle)* ⟶ du säufst; er säuft
gebären *(to give birth)* ⟶ du gebierst; sie gebiert
stoßen *(to push, bump)* ⟶ du stößt; er stößt

## C. Auxiliary verbs and *wissen*

The following very common verbs conjugate irregularly in the present tense:

| sein<br>*(to be)* | haben<br>*(to have)* | werden<br>*(to become)* | wissen<br>*(to know)* |
|---|---|---|---|
| ich **bin** | habe | werde | **weiß** |
| du **bist** | **hast** | **wirst** | **weißt** |
| er/sie/es **ist** | **hat** | **wird** | **weiß** |
| wir **sind** | haben | werden | wissen |
| ihr **seid** | habt | werdet | wisst |
| sie/Sie **sind** | haben | werden | wissen |

## D. Modal verbs (See 9.1)

## E. Prefix verbs

1.  Verbs with the inseparable prefixes **be-, emp-, ent-, er-, ge-, miss-, ver-,** and **zer-** (see 29.2) conjugate in the present tense just like their root verbs.

COMPARE:

Sie **schreibt** einen Brief.            *She writes a letter.*

Sie **beschreibt** das Bild.            *She describes the picture.*

2.  Verbs with separable prefixes (**an-, aus-, fort-, mit-, weg-,** etc.) conjugate just like their root verbs, but in the present (and simple past) tenses the prefix separates from the verb and moves to the end of a main clause (see 29.1).

Ich **stehe** schon den ganzen Abend hier     *I've been standing here all evening*
und warte auf dich.                              *waiting for you.*

Ich **stehe** morgens um sechs Uhr **auf,**     *I get up at six in the morning, which is*
was manchmal ganz schön schwer ist.              *really hard sometimes.*

3. A separable prefix does not separate from its verb in a subordinate clause.

Aber samstags ist es oft so, dass ich erst
um neun Uhr **aufstehe.**

*But Saturdays I often don't get up until
nine.*

## 2.2 USES OF THE PRESENT TENSE

### A. Present time

English has three different ways to express present time; German has only one.

**ich schreibe**
  { *I write* (present tense)
  { *I am writing* (progressive present tense)
  { *I do write* (emphatic present tense)

### B. Continuing past actions

English expresses the idea of a past action continuing into the present with *have been* +
the *-ing* form of the verbs or *have* + the past participle + *for* or *since*. German expresses
the same idea with the present tense followed by the adverb **schon** + a time expression in
the accusative, the preposition **seit** + dative (see 10.2I), or **schon seit** + dative.

Sie **warten schon** eine Stunde.

*They have already been waiting (for)
an hour.*

Stefan **arbeitet seit** einem Jahr bei
Siemens.

*Stefan has been working (has worked) at
Siemens for a year.*

Wir **wohnen schon seit** dem Sommer
hier.

*We have been living (have lived) here
since the summer.*

### C. Narration

The present tense is used frequently when recounting jokes, episodes, and plots of films or
books, even though the context is clearly past time.

Da sitzen zwei Männer in einer Kneipe,
der eine aus Hamburg und der andere
aus München. Der Hamburger fragt den
Münchner: „Sagen Sie mal, tragen denn
wirklich alle Bayern eine Lederhose?"
Da antwortet ihm der Bayer ganz stolz ...

*So there are these two guys sitting in a bar,
one of them from Hamburg and the other
from Munich. The guy from Hamburg
asks the fellow from Munich, "Tell me,
do all Bavarians really wear Lederhosen?"
The Bavarian answers him proudly . . .*

### D. Future time

The present tense can be used to indicate what someone *is doing* or *is going to do* in the future, provided that context or an adverb of time makes the future meaning clear (see 8.1B).

Wir **gehen** *morgen* einkaufen.

*We're going / going to go shopping tomorrow.*

# Wortschatz

## *Man kann ja schließlich nicht alles wissen.*

| | |
|---|---|
| wissen | lernen |
| kennen | studieren |

### *Wissen* versus *kennen*

1. The verb **wissen** means to *know* something *as a fact*. It can never be used in the sense of knowing persons.

   Sie **weiß** die Antworten.          *She knows the answers.*

   Wir **wissen** viel über Briefmarken.          *We know a lot about postage stamps.*

2. **Wissen** is always used with the objects **alles, etwas, nichts, viel,** and **wenig.**

   Er denkt, dass er **alles** besser **weiß.**          *He thinks that he knows everything better.*

3. **Wissen** often prefaces clauses, particularly in questions.

   **Weißt** du, wann die Gäste kommen?          *Do you know when the guests are coming?*

4. The verb **kennen** *(to know)* expresses familiarity with someone or something. It cannot have a clause as a direct object.

   Wir **kennen** diesen Politiker nicht.          *We do not know this politician.*

   **Kennst** du die Alpen?          *Are you familiar with the Alps?*

   Note the difference between the following two sentences:

   Sie **weiß** viele europäische Hauptstädte.          *She knows (the names of) many European capital cities.*

   Sie **kennt** viele europäische Hauptstädte.          *She knows/is familiar with many European capital cities. (She has been there.)*

5. Neither **wissen** nor **kennen** can express the idea of *knowing* a language or knowing *how* to do something; the modal verb **können** must be used in these cases (see 9.2B).

   Ich **kann** Deutsch.          *I know German.*

   **Können** Sie tanzen?          *Do you know how to dance?*

### *Lernen* versus *studieren*

1. The verb **lernen** means *to learn* or *to acquire* specific subjects, skills, or information.

   Was hast du in diesem Kurs **gelernt?**          *What did you learn in this course?*

   Udo **lernt** seit zwei Jahren Spanisch.          *Udo has been studying Spanish for two years. (It is not his major.)*

2.  The verb **studieren** means to study at a university-level institution; it cannot refer to learning that takes place in elementary or high schools. **Studieren** also means to study or major in a particular field or discipline. Both meanings are too broad to refer to learning that precedes a test, as in *I have to study for a quiz tomorrow.* For this meaning, use **lernen** or (more casually) **büffeln** or **pauken,** colloquialisms that denote cramming or intense preparatory study.

| | |
|---|---|
| Barbara möchte in Heidelberg **studieren.** | *Barbara would like to study in Heidelberg.* |
| Ihr Bruder **studiert** Jura in Göttingen und muss im Sommer für seine Examen **lernen.** | *Her brother is studying law (as his major) in Göttingen and has to study this summer for his qualifying exams.* |

# Übungen

**A**   **In der Familie.**   Wer tut was?

BEISPIEL   kochen   (Vater)
           *Vater kocht.*

1. Musik hören   (die Mutter)
2. in einem Büro arbeiten   (der Vater)
3. Sport treiben   (die Schwester)
4. basteln *(to do handicrafts)*   (ich; die Eltern)
5. Feste feiern   (alle in der Familie)
6. viel über Politik reden *(talk)*   (der Onkel)
7. telefonieren   (der Bruder)
8. Bierdeckel *(beer coasters)* sammeln   (ich; die Tante)
9. verrückte *(crazy)* Dinge tun   (die Großeltern)
10. alles über die Nachbarn wissen   (die Mutter)

**B**   **Immer zu viel oder zu wenig.**   Thomas kritisiert alle Leute, die er kennt. Was sagt er zu diesen Personen?

BEISPIELE   zu seinem Vater: Taschengeld geben
            *„Vati, du gibst mir zu wenig Taschengeld."*

            zu seinen Eltern: arbeiten
            *„Liebe Eltern, ihr arbeitet zu viel."*

1. zu seiner Mutti: das Haus putzen
2. zu seinen Eltern: reisen

3. zum Haushund: fressen
4. zu seiner Freundin: herumsitzen und nichts tun
5. zu seinen Mitspielern in der Fußballmannschaft: laufen und Tore schießen *(shoot goals)*

**C** **Einiges über andere.**    Sie möchten einiges über andere Studenten erfahren. Stellen Sie Fragen mit den folgenden Verben. Berichten Sie dann über die Antworten.

BEISPIELE    schlafen
*Wie lange **schläfst** du gewöhnlich?*

essen
*Was **isst** du gern[2] zum Frühstück?*

1. schlafen
2. essen
3. studieren
4. waschen
5. tragen

6. sprechen
7. lesen
8. wissen (+ über)
9. laufen
10. kennen

**D** **Einiges über Sie.**    Bilden Sie mit den folgenden Verben Aussagen über sich selbst und andere Mitglieder *(members)* Ihrer Familie. Passen Sie bei den Präfixverben besonders gut auf!

BEISPIELE    ausgehen
*Ich **gehe** am Wochenende oft mit Freunden **aus.***

verstehen
*Meine Eltern **verstehen** mich oft nicht.*

1. ausgeben *(to spend money)*
2. studieren
3. fernsehen
4. helfen

5. anrufen
6. verbringen *(to spend time)*
7. fahren
8. lernen

**E** **Wie lange schon?**    Erzählen Sie, wie lange/seit wann Sie Folgendes tun.

BEISPIEL    Tennis spielen
*Ich spiele (schon) seit fünf Jahren Tennis.*

1. Deutsch lernen
2. [eine Fremdsprache] können
3. Auto fahren
4. etwas besonders Interessantes tun
5. [noch eine Aktivität]

---

[2]For the use of **gern,** see Chapter 9, **Wortschatz.**

**F** **Welches Verb passt?**   Sagen Sie, ob Sie Folgendes **wissen, kennen** oder **können.**

BEISPIELE   die Stadt Hamburg
*Nein, die Stadt Hamburg* **kenne** *ich nicht.*

wann Goethe gelebt hat
*Ja, ich* **weiß,** *wann Goethe gelebt hat.*

1. jemanden, der in Holland wohnt
2. das Geburtsjahr Goethes
3. wann der Zweite Weltkrieg geendet hat
4. alle europäischen Länder, in denen man Deutsch spricht
5. etwas Interessantes über die Schweiz
6. den Namen des deutschen Bundeskanzlers
7. die Frau des deutschen Bundeskanzlers
8. eine andere Fremdsprache außer Deutsch

**G** **Die Stadt, in der ich jetzt wohne.**   Was *wissen* Sie über die Stadt, in der Sie jetzt wohnen? Was *kennen* Sie in dieser Stadt besonders gut? Machen Sie ein paar Aussagen mit jedem Verb.

# Anwendung

**A** **Pläne für das Wochenende.**   Sprechen Sie mit jemandem im Kurs über Ihre Pläne für das kommende Wochenende. Verwenden Sie das Präsens.

REDEMITTEL

Das weiß ich noch nicht so genau.
Wahrscheinlich stehe ich am Samstag ... auf.
Zu Mittag esse ich ...
Am Nachmittag muss ich ...
Ich gehe dann am Abend ...
Und was hast *du* fürs Wochenende vor *(have in mind)*?

**B** **Sich vorstellen und andere kennen lernen.**   Erzählen Sie jemandem im Kurs von Ihren Hobbys, Interessen und Freizeitbeschäftigungen *(leisure time activities)*. Was tun Sie gern? Was tun Sie nicht so gern? Was tun Sie mit anderen Menschen zusammen? Merken Sie sich *(take note)*, was Ihre Partnerin/Ihr Partner erzählt (siehe **schriftliches Thema A**).

THEMEN- UND VOKABELVORSCHLÄGE

viel Sport treiben (z.B. Tennis/Golf/Fußball spielen)
Rad fahren
angeln *(to fish)*
Jogging gehen
reiten
segeln *(to sail)*
Inline-Skating gehen
sammeln (z.B. Briefmarken, Münzen, Sammelbilder von Sportlern)
fotografieren
Fitnesstraining machen
Fremdsprachen lernen
lesen (z.B. Bücher, Zeitungen, Zeitschriften)
mit Freunden zusammen etwas machen (z.B. spazieren gehen, ins Kino / ins Museum /
 tanzen gehen, Videospielfilme / MTV sehen, Karten / Schach *(chess)* / Scrabble spielen)

REDEMITTEL

Weißt du, was mir besonders viel Spaß macht?
Ich [lese] besonders gern …
Am liebsten [gehe] ich … *(Most of all I like to [go] . . .)*
In meiner [Briefmarken]sammlung habe ich …
Abends gehe ich manchmal …
Wenn ich viel Zeit habe, dann [fahre] ich …

**C** **Wo ich mich gern aufhalte** *(spend time).* Erzählen Sie anderen Studenten von einem Ort *(place)*, der Ihnen besonders gefällt. Erklären Sie, warum Sie diesen Ort so gern besuchen. Was gibt es dort? Was tut man dort?

THEMENVORSCHLÄGE

ein Strand *(beach)*
ein Park
ein Feriendorf
ein Geschäft
das Haus von einem Freund

REDEMITTEL

Ich finde ... ganz fabelhaft.
Weißt du, was mir so daran gefällt?
Viele Leute kommen ...
Dort sieht man auch, wie ...
Manchmal gibt es ...
Da findet man ...
Besonders gut gefällt/gefallen mir ... (+ *nominative*)

# Schriftliche Themen

| Tipps zum Schreiben | **Using Familiar Verbs and Structures** |
| --- | --- |
| | Always plan your composition around verbs and structures you already know. Do not attempt to translate English ideas and structures into German. Jot down your ideas in German using familiar vocabulary, then look up any other necessary words in a dictionary. To avoid misuse, check the meaning of these words in German as well as in English. You should also avoid using **haben** and **sein,** if a specific verb will describe an activity more precisely. Try not to repeat verbs, unless you wish to emphasize a particular activity through repetition. A good variety of verbs will make your writing more interesting. |

**A** **Darf ich vorstellen?** Stellen Sie jemanden im Kurs schriftlich vor. Geben Sie Alter und Wohnort an. Erzählen Sie unter anderem (*among other things*) von ihren/seinen Hobbys, Interessen und Freizeitbeschäftigungen.

BEISPIEL Christian ist 20 Jahre alt und kommt aus ... Im Sommer arbeitet er als Jugendberater (*youth counselor*) in einem Sportklub. Wenn er Zeit hat, segelt er gern mit seinen Freunden ... Abends gehen er und seine Freunde oft ... Er sammelt CDs und möchte später ... usw.

**B** **Ein Arbeitstag.** Wie stellen Sie sich (*imagine*) einen Tag im Leben Ihrer Deutschprofessorin/Ihres Deutschprofessors vor? Erzählen Sie davon.

BEISPIEL Meine Deutschprofessorin arbeitet sehr schwer. Jeden Morgen fährt sie schon kurz nach acht Uhr zur Universität, wo sie drei Stunden unterrichtet. Danach macht sie Mittagspause und isst oft in der Mensa. Am Nachmittag hält sie Sprechstunden und manchmal nimmt sie an einer Arbeitssitzung mit Kollegen teil. Wenn sie abends nach Hause kommt, ... usw.

**C** **Alltägliche Menschen, alltägliches Leben.** Schildern Sie *(portray)* kurz die Arbeit oder den Tag eines Menschen, der mit seiner Arbeit zu unserem alltäglichen Leben gehört (z.B. die Busfahrerin, der Briefträger, der Verkäufer/die Verkäuferin im Geschäft, wo Sie sich manchmal etwas Kleines zum Essen holen, usw.).

BEISPIEL    der Schülerlotse *(school crossing guard)*
*Jeden Morgen sieht man ihn an der Ecke stehen. Wenn die Schüler kommen, hält er die Autos an und die Schüler gehen über die Straße. An kalten Wintertagen hofft er, dass die letzten Schüler bald kommen. Er denkt oft (daran), dass er auch einmal klein war und ... Manchmal träumt er von ... usw.*

# Zusammenfassung

## Rules to Remember

1 Conjugated verbs agree with their grammatical subjects in person and in number.

2 German has only one set of present-tense forms; English has three.

| Lerntipps | Learning Words in Context |
|---|---|
| | Studies show that we retain words better in context than as isolated vocabulary elements. Associate with each new verb you encounter or wish to learn two or three logical objects or verbal complements. For example,<br>**ankommen** *(to arrive):* am Bahnhof/mit Freunden/zu spät OR<br>**schreiben** *(to write):* einen Brief/einen Zettel/an Freunde |

## At a Glance

| Present-tense verb endings | |
|---|---|
| ich —e | wir —en |
| du —st | ihr —t |
| er/sie/es —t | sie/Sie —en |

## Stem-vowel shifts

**e → i**

ich gebe → du gibst

**e → ie**

ich sehe → du siehst

**a → ä**

ich trage → du trägst

**au → äu**

ich laufe → du läufst

## Auxiliary verbs and wissen

| | sein | haben | werden | wissen |
|---|---|---|---|---|
| ich | **bin** | **habe** | werde | **weiß** |
| du | **bist** | **hast** | **wirst** | **weißt** |
| er/sie/es | **ist** | **hat** | **wird** | **weiß** |
| wir | **sind** | haben | werden | wissen |
| ihr | **seid** | habt | werdet | wisst |
| sie/Sie | **sind** | haben | werden | wissen |

# 3 Present Perfect Tense

# Grammatik

**PRINCIPAL PARTS OF VERBS**

As in English, every German verb has three basic forms (often referred to as the "principal parts" of the verb), which can combine and change in various ways to form all tenses, voices, and moods of the verb.

- Infinitive      *do*      tun
- Simple past      *did*      tat
- Past participle      *done*      getan

Verbs are classified as weak, strong, or irregular, depending on how they form their second and third part.

## A. Weak verbs

1. A weak verb forms its past participle by adding an unstressed **ge-** prefix and the ending **-t** to the infinitive stem, and is therefore sometimes referred to as a *t-verb*.

## Ihre eigene Webseite? Gesagt, getan!

26

| Infinitive | | Simple past[1] | Past participle |
|---|---|---|---|
| lernen | (*to learn*) | lernte | gelernt |
| tanzen | (*to dance*) | tanzte | getanzt |
| reisen | (*to travel*) | reiste | ist[2] gereist |

2. When the stem ends in **-d** or **-t**, or in **-m** or **-n** preceded by another consonant other than **l** or **r**, an **e** is inserted before the final **-t** in both the simple past form and the past participle for the sake of pronunciation.

| Infinitive | | Simple past | Past participle |
|---|---|---|---|
| arbeiten | (*to work*) | arbeitete | gearbeitet |
| öffnen | (*to open*) | öffnete | geöffnet |

3. Verbs with infinitives ending in **-ieren,** most of which are weak, do not have a **ge-** prefix in the past participle.

| Infinitive | | Simple past | Past participle |
|---|---|---|---|
| diskutieren | (*to discuss*) | diskutierte | **diskutiert** |
| studieren | (*to study*) | studierte | **studiert** |

## B. Strong verbs

1. Strong verb participles, like those of weak verbs, begin with an unstressed **ge-** prefix. But beyond that they differ from weak verb participles in that they end with **-n** rather than **-t** (hence their designation in some grammars as *n-verbs*); and they change the stem vowel in the simple past form, and often in the past participle as well. While strong verbs are not as numerous as weak verbs in German, they denote important basic activities (**essen, trinken, sprechen, gehen, schlafen**) and therefore occur frequently in both spoken and written language. Their principal parts should be memorized. (See Appendix 4 for a more comprehensive list of strong verbs.)

| Infinitive | | Simple past | | Past participle | |
|---|---|---|---|---|---|
| beißen | (*to bite*) | biss | (*bit*) | gebissen | (*bitten*) |
| fliegen | (*to fly*) | flog | (*flew*) | ist geflogen | (*flown*) |
| geben | (*to give*) | gab | (*gave*) | gegeben | (*given*) |
| singen | (*to sing*) | sang | (*sang*) | gesungen | (*sung*) |

---

[1] Although this chapter focuses on past participles, the simple past forms are provided as well, since the principal parts of a verb are best learned together. Formation and use of the simple past tense is presented in Chapter 7.

[2] An **ist** before the past participle in this and similar lists (see Appendix 4) indicates that the present perfect tense is formed with the auxiliary verb **sein** instead of **haben** (see also 3.2).

2.  The auxiliaries **sein** and **werden** are strong verbs.

| Infinitive | Simple past | Past participle |
|---|---|---|
| sein  *(to be)* | war  *(was)* | ist gewesen  *(been)* |
| werden  *(to become)* | wurde  *(became)* | ist geworden  *(become)* |

3.  Strong verbs are often called irregular because of the vowel changes in the second and third principal parts. However, many of these vowel shifts do follow set patterns. Note, for example, the patterns in the following verb groups.

| Infinitive | Simple past | Past Participle |
|---|---|---|
| finden  *(to find)* | fand  *(found)* | gefunden  *(found)* |
| springen  *(to jump)* | sprang  *(jumped)* | ist gesprungen  *(jumped)* |
| trinken  *(to drink)* | trank  *(drank)* | getrunken  *(drunk)* |
| zwingen  *(to force)* | zwang  *(forced)* | gezwungen  *(forced)* |
| essen  *(to eat)* | aß  *(ate)* | gegessen  *(eaten)* |
| lesen  *(to read)* | las  *(read)* | gelesen  *(read)* |
| messen  *(to measure)* | maß  *(measured)* | gemessen  *(measured)* |
| sehen  *(to see)* | sah  *(saw)* | gesehen  *(seen)* |

## C. Irregular verbs

*[handwritten annotation: weak]*

1.  **Haben** is irregular in its simple past form:

| Infinitive | Simple past | Past participle |
|---|---|---|
| haben  *(to have)* | **hatte** | gehabt |

2.  Weak verbs are characterized in the simple past and past participle by a **-t** (spielen: spiel**te**, gespiel**t**), while strong verbs show a stem-vowel change (helfen: half, geh**o**lfen). But some verbs show both features in the simple past and past participle, and are therefore often called *irregular weak* or *mixed* verbs.

| Infinitive | Simple past | Past participle |
|---|---|---|
| brennen  *(to burn)* | bran**nte** | gebran**nt** |
| kennen  *(to know)* | kan**nte** | gekan**nt** |
| nennen  *(to name)* | nan**nte** | genan**nt** |
| rennen  *(to run)* | ran**nte** | ist geran**nt** |
| wissen  *(to know)* | wus**ste** | gewusst |

3.  Two weak verbs show consonant changes as well.

| Infinitive | Simple past | Past participle |
|---|---|---|
| bringen  *(to bring)* | bra**chte** | gebra**cht** |
| denken  *(to think)* | da**chte** | geda**cht** |

4. Two verbs have interchangeable regular and irregular forms.[3]

| Infinitive | Simple past | Past participle |
|---|---|---|
| senden   (*to send*) | sendete/sandte | gesendet/gesandt |
| wenden   (*to turn*) | wendete/wandte | gewendet/gewandt |

5. A few strong verbs are irregular in that they show consonant as well as vowel changes.

| Infinitive | Simple past | Past participle |
|---|---|---|
| gehen   (*to go*) | **ging** | ist ge**gang**en |
| nehmen   (*to take*) | **nahm** | ge**nomm**en |
| stehen   (*to stand*) | **stand** | ge**stand**en |
| tun   (*to do*) | **tat** | ge**tan** |

6. Modal verbs are also irregular in their past tense forms. They are discussed in Chapter 9.

## D. Prefix Verbs

1. Verbs with *separable* prefixes (see 29.1) insert **-ge-** between the separable prefix and the root verb. Separable prefixes can occur with weak, irregular weak, or strong verbs.

| Infinitive | Simple past | Past participle |
|---|---|---|
| ausatmen   (*to exhale*) | atmete aus | aus**ge**atmet   (*weak*) |
| abbrennen   (*to burn down*) | brannte ab | ab**ge**brannt   (*irregular weak*) |
| mitnehmen   (*to take along*) | nahm mit | mit**ge**nommen   (*strong*) |

2. Verbs with the *inseparable* prefixes **be-, emp-, ent-, er-, ge-, miss-, ver-,** and **zer-** (see 29.2) do not add **ge-** to form the past participle since the participle already begins with an unstressed prefix. Inseparable prefixes can also occur with weak, irregular weak, or strong verbs.

| Infinitive | Simple past | Past participle |
|---|---|---|
| besuchen   (*to visit*) | besuchte | **besucht**   (*weak*) |
| erkennen   (*to recognize*) | erkannte | **erkannt**   (*irregular weak*) |
| versprechen   (*to promise*) | versprach | **versprochen**   (*strong*) |

---

[3] Regular weak forms of **senden** must be used if one means *to broadcast on radio or TV*. The regular weak forms of **wenden** are used to mean *to turn over, inside out,* or *in the opposite direction*.

| | |
|---|---|
| MTV hat übers Wochenende überhaupt nichts Gutes gesendet. | *Over the weekend, MTV didn't broadcast anything good at all.* |
| Ich habe das Blatt gewendet und dann weitergeschrieben. | *I turned the page over and then continued writing.* |

### A. Formation

1. The German present perfect tense (**das Perfekt**) is formed with the conjugated auxiliary **haben** or **sein** + the past participle of the main verb.

| **haben** + *past participle* | **sein** + *past participle* |
|---|---|
| ich **habe** | ich **bin** |
| du **hast** | du **bist** |
| er/sie/es **hat** | er/sie/es **ist** |
| } + **gesehen** | } + **gekommen** |
| wir **haben** | wir **sind** |
| ihr **habt** | ihr **seid** |
| sie/Sie **haben** | sie/Sie **sind** |

2. Past participles are placed at the end of main clauses ($V_2$). In dependent clauses, however, the conjugated auxiliary ($V_1$) moves to final position.

| | |
|---|---|
| Sie **hat** eine interessante Nachricht **bekommen.** *(main clause)* | *She has received some interesting news.* |
| Wisst ihr, wer ihr diese Nachricht **geschickt hat?** *(dependent clause)* | *Do you know who sent her this news?* |

### B. *Haben* versus *sein*

1. The conjugated auxiliary **haben** is used to form the present perfect in most instances, including whenever the main verb has a direct object or is used reflexively.

| | |
|---|---|
| Sie **haben** gut geschlafen. | *They slept well.* |
| Sie **hat** die Zeitung gelesen. | *She read the newspaper.* |
| Wir **haben** uns verspätet. | *We were late.* |

2. A small but important set of verbs requires **sein** as an auxiliary to form the perfect tense. These verbs are all *intransitive*, that is, they have no direct object in the accusative case (including accusative reflexive pronouns) and can be grouped as follows:

   a. **sein** and **bleiben:**

| | |
|---|---|
| Ich **bin** gestern Abend auf der Party **gewesen.** | *I was at the party last night.* |
| Wie lange **seid** ihr da **geblieben?** | *How long did you all stay there?* |

   b. Verbs expressing motion from one location to another:

| | |
|---|---|
| Um elf **bin** ich nach Hause **gegangen.** | *I went home at eleven.* |
| Dirk **ist** natürlich mit seinem neuen Porsche dorthin **gefahren.** | *Of course, Dirk drove there in his new Porsche.* |

c. Verbs expressing a change of state:

| | |
|---|---|
| Wie **ist** er auf einmal so reich **geworden?** | *How did he get so rich all of a sudden?* |
| Ich **bin** vor Langeweile fast **gestorben.** | *I was practically dying of boredom.* |
| Ich glaube, Uli **ist** sogar **eingeschlafen.** | *I think Uli even fell asleep.* |

d. Verbs relating to happenings, failure, and success:

| | | |
|---|---|---|
| passieren: | Was **ist** dir gestern **passiert?** | *What happened to you yesterday?* |
| geschehen: | Wann **ist** das **geschehen?** | *When did that happen?* |
| erscheinen: | Um 12 **ist** Margit **erschienen.** | *Margit appeared at 12.* |
| begegnen: | Ich **bin** ihr zufällig **begegnet.** | *I met her by chance.* |
| misslingen: | Der Versuch **ist** völlig **misslungen.** | *The attempt failed completely.* |
| gelingen: | Das **ist** mir eigentlich nie **gelungen.** | *I've actually never succeeded at that.* |

3. When such verbs take a direct object (as some of them can), they use **haben** as the auxiliary verb to form the present perfect tense.

COMPARE:

| | |
|---|---|
| Ich **bin** also allein nach Hause **gefahren.** | *So I drove home alone.* |
| Leider **habe** ich meinen Wagen gegen das Garagentor **gefahren.** | *Unfortunately, I drove my car into the garage door.* |

## C. Use

1. The present perfect is primarily a *conversational tense* used when referring to actions in the past. It corresponds in meaning to several English forms:

$$\textbf{ich habe ... gehört} \begin{cases} \textit{I heard} \\ \textit{I was hearing} \\ \textit{I did hear} \\ \textit{I have heard} \\ \textit{I would hear} \end{cases}$$

*using repeatedly*

2. In most cases, the present perfect tense (**ich habe ... gehört**) has the same meanings as the simple past tense (**ich hörte**). The present perfect, however, is used much more frequently in spoken German and in written conversational situations such as letters and diaries.[4]

3. As main verbs, **haben** and **sein** occur more often in the simple past.

| | |
|---|---|
| Wo **warst** du gestern Nachmittag? | *Where were you yesterday afternoon?* |
| —Ich **hatte** einen Termin beim Zahnarzt. | *I had an appointment with the dentist.* |

---

[4] The present perfect tense is particularly prevalent in Southern Germany, Austria, and Switzerland, even in narration, whereas in Northern Germany the simple past tense is preferred for narration and sometimes even for conversation (see 7.1B).

# Wortschatz
## Viele Wege führen nach Rom.

German has a number of transitive weak verbs that evolved originally from strong verbs.[5] In each instance, the strong verb describes the basic activity and is usually intransitive (has no direct object). The weak verb expresses the idea of making this activity happen, takes the auxiliary **haben,** and can have a direct object.

1. **fahren, fuhr, ist/hat gefahren**   to go, travel; to drive
   **führen, führte, hat geführt (= fahren machen)**   to lead, conduct

   | | |
   |---|---|
   | Sie **sind** gestern nach Gera **gefahren.** | *They traveled to Gera yesterday. Gabi* |
   | Gabi **hat** (den Wagen) **gefahren.** | *drove (the car).* |
   | Diese Straße **führt** nach Garmisch. | *This road leads (goes) to Garmisch.* |
   | Sie **führt** ein sonderbares Leben. | *She leads a strange life.* |

2. **fallen, fiel, ist gefallen**   to fall
   **fällen, fällte, hat gefällt (= fallen machen)**   to fell

   | | |
   |---|---|
   | Heute **ist** viel Schnee **gefallen.** | *Lots of snow has fallen today.* |
   | Paul **hat** viele Bäume **gefällt.** | *Paul has felled many trees.* |

3. **hängen, hing, hat gehangen**[6]   to hang, be hanging
   **hängen, hängte, hat gehängt (= hängen machen)**   to hang (up)
   **henken, henkte, hat gehenkt**   to hang a person on the gallows

   | | |
   |---|---|
   | Das Bild **hing** an *der* Wand. | *The picture was hanging on the wall.* |
   | Der Maler **hängte** Bilder an *die* Wand. | *The painter hung pictures on the wall.* |
   | Man **henkte** die Mörder um sieben Uhr morgens. | *They hanged the murderers at 7:00 in the morning.* |

4. **liegen, lag, hat gelegen**   to lie, be situated
   **legen, legte, hat gelegt (= liegen machen)**   to lay, put in a lying position

   | | |
   |---|---|
   | Sie **lag** in *der* Sonne. | *She lay in the sun.* |
   | Sie **legte** die Decke in *die* Sonne. | *She laid the blanket in the sun.* |

---

[5] Most of these weak-verb infinitives developed from an umlauted form of the second principal part of the strong verb:

liegen, lag  $\longrightarrow$  legen (lägen)
fahren, fuhr  $\longrightarrow$  führen

[6] The strong verbs **hängen, liegen,** and **sitzen** describe stationary actions (**Wo?**) and require the dative case after two-way prepositions, whereas their weak-verb counterparts **hängen, legen,** and **setzen** describe directional actions (**Wohin?**) and require the accusative case after two-way prepositions (see 10.3).

5. **sinken, sank, ist gesunken**   to sink
   **senken, senkte, hat gesenkt** (= sinken machen)   to lower

   Die Sonne **sinkt** hinter den Horizont.   *The sun is sinking behind the horizon.*

   Der Fischer **senkte** seinen Angelhaken   *The fisherman lowered his fishhook*
     ins Wasser.   *into the water.*

6. **sitzen, saß, hat gesessen**   to sit, be sitting
   **setzen, setzte, hat gesetzt** (= sitzen machen)   to set, put in a sitting position

   Er **hat** in *diesem* Sessel **gesessen**.   *He sat in this easy chair.*

   Sie **hat** das Kind in *diesen* Sessel   *She set the child in this easy chair.*
     **gesetzt**.

7. **springen, sprang, ist gesprungen**   to jump, leap
   **sprengen, sprengte, hat gesprengt** (= springen machen)   to blow up; to break open

   Der Hund **sprang** über die Mauer.   *The dog jumped over the wall.*
   Die Truppen **sprengten** die Mauer.   *The troops blew up the wall.*

Other such pairs include:

**erschrecken, erschrak, ist erschrocken**   to be frightened   *vor dem Hund*
**erschrecken, erschreckte, hat erschreckt**   to frighten   *(like angst)*

**ertrinken, ertrank, ist ertrunken**   to drown, die by drowning
**ertränken, ertränkte, hat ertränkt**   to drown, kill by drowning

**verschwinden, verschwand, ist verschwunden**   to disappear   *von ....*
**verschwenden, verschwendete, hat verschwendet**   to squander

# Übungen

**A** **Welches Verb passt?**   Ergänzen Sie die Sätze durch die richtigen Verben.

BEISPIEL   Wir müssen nach Hause.   (fahren / führen)
   *Wir müssen nach Hause **fahren.***

1. Sie können das Buch auf den Tisch _____.   (liegen / legen)
2. Die Bücher _____ auf dem Boden.   (liegen / legen)
3. Jetzt _____ die Preise wieder.   (sinken / senken)
4. Das Kaufhaus _____ seine Preise jetzt.   (sinken / senken)
5. König Ludwig II von Bayern ist im Starnberger See südlich von München _____.
   (ertrinken / ertränken)
6. Manche Leute glauben, dass jemand den König *ertränkt* _____ hat.   (ertrinken / ertränken)   *ertrunken*
7. Das Gericht *(court)* hat ein Todesurteil *(death sentence)* über den Mörder _____.
   (fallen / fällen)   *gefällt*

8. Die Entscheidung *(decision)* ist kurz vor Mitternacht _____. (fallen / fällen)
9. Mozart hat viel gefeiert und sein Geld gern _____. (verschwinden / verschwenden)
10. Kein Wunder, dass sein Geld dann schnell _____ ist. (verschwinden / verschwenden)

**B  Was ist geschehen?**  Erklären Sie, mit Verben aus dem **Wortschatz,** was geschehen ist.

> BEISPIEL  Humpty Dumpty ist gestorben. Wie?
> *Er **ist von einer Mauer** **gefallen.***

1. Das Kind schreit jetzt vor Angst. Warum?
2. Zwei Stunden in Las Vegas, und Onkel Freds Geld ist weg. Wieso?
3. Auf der ersten Fahrt der *Titanic* sind viele Menschen gestorben. Wie?
4. Zwei Drachenflieger *(hang gliders)* sind mit ihren Drachen auf die Jungfrau (Berg in der Schweiz) gestiegen. Und dann?
5. Stephanie hat einen furchtbaren Sonnenbrand bekommen. Wieso?

**C  Fragen im Perfekt.**  Theo war heute Morgen nicht in der Deutschstunde. Jetzt fragt er jemanden, was man gemacht hat. Welche Fragen stellt er?

> BEISPIEL  Professorin / ein Quiz geben
> *Hat die Professorin ein Quiz gegeben?*

### Schwache (weak) Verben

1. ihr / viel arbeiten
2. man / das Gedicht von Goethe interpretieren
3. alle Studenten / Hausarbeiten einreichen *(hand in)*
4. ich / etwas Wichtiges versäumen *(miss)*

### Gemischte (mixed) Verben

5. die Professorin / denken, dass ich krank bin
6. du / wissen, wo ich war
7. Gabi / ihren Freund zur Stunde mitbringen

### Starke (strong) Verben

8. du / die Aufgabe für morgen aufschreiben
9. jemand / beim Quiz durchfallen *(to fail)*
10. ihr / ein neues Kapitel anfangen
11. die Professorin / über die Prüfung sprechen

**D  Große Menschen, große Leistungen** *(accomplishments).*  Erzählen Sie, wie diese Menschen berühmt geworden sind. Verwenden Sie die angegebenen Verben aus dem Wortschatzkasten.

> BEISPIEL  Alfred Nobel (das Dynamit)
> *Er hat das Dynamit erfunden.*

| | | |
|---|---|---|
| bauen | erhalten *(to receive)* | singen |
| begründen *(to establish)* | komponieren | übersetzen |
| entdecken *(to discover)* | schreiben | werden |
| erfinden *(to invent)* | | |

1. Friedrich Schiller (das Drama *Wilhelm Tell*)
2. Sigmund Freud (die Tiefenpsychologie)
3. Rudolf Diesel (Dieselmotor)
4. Marlene Dietrich (Lieder)
5. Gustav Mahler (*Das Lied von der Erde*)
6. Gottlieb Daimler (das erste Auto)
7. Maria Theresia (Kaiserin von Österreich)
8. Heinrich Schliemann (Troja)
9. Martin Luther (die Bibel)
10. Wilhelm Röntgen (der erste Nobelpreis für Physik)

**E** **Schlagzeilen** (*headlines*) **aus Boulevardzeitungen** (*tabloids*): **haben** oder *sein?* Erklären Sie, was passiert ist.

BEISPIEL Tauber Professor spricht mit Marsmenschen!
*Ein tauber Professor **hat** mit Marsmenschen **gesprochen.***

1. Sechsjähriges Mädchen wird Mutter von Zwillingen!
2. Museum hängt *Mona Lisa* im Keller auf!
3. Hund läuft beim Marathonlauf mit – und läuft sich zu Tode!
4. Börse sinkt wegen neuer *Star Wars* Filme!
5. Junge mit zwei Nasen bekommt neues Gesicht!
6. Zweijähriges Kind fährt Mercedes 10 km!

**F** **Auf dem Oktoberfest.** Auf dem Oktoberfest ist Michaela Folgendes passiert. Erzählen Sie im Perfekt davon.

Michaela kommt in München an. Nachdem sie in einer Pension ein preiswertes Zimmer findet, trifft sie Freunde und sie gehen zusammen zum Oktoberfest. Dort bleiben sie einige Stunden und alle benehmen sich (*behave*) sehr lustig. Sogar auf den Tischen tanzt man. Dann passiert aber etwas Schreckliches (*terrible*). Die Kellnerin bringt die Rechnung, aber Michaela findet ihre Handtasche nicht. O je, auch die Brieftasche ist weg. Die Freunde bezahlen für sie und den Verlust meldet sie (*reports*) bei der Polizei. Auf dem Heimweg verläuft sie sich (*gets lost*) dann auch noch. Als sie endlich in der Pension ankommt, siehe da! was erblickt (*sees*) sie auf dem Bett? Ihre Handtasche! Die Brieftasche ist auch dabei. Da freut sie sich, dass sie die Handtasche noch hat, und legt sich schlafen.

BEISPIEL *Michaela ist in München angekommen ...*

**G** **Übung zu zweit: starke Verben.** Schreiben Sie zehn starke Verbinfinitive auf (siehe Appendix 4) und tauschen Sie (*exchange*) Ihre Liste mit jemandem aus. Bilden Sie mit den Verben dieser Person wahre Aussagen oder Fragen im Perfekt. Beginnen Sie einige Aussagen mit den Redemitteln **Ich glaube, dass . . ., Ich hoffe, dass . . .** und **Weißt du, ob** (*whether*) . . .

BEISPIELE finden
*Weißt du, ob jemand meine Brille gefunden hat?*

essen
*Ich habe heute Morgen kein Frühstück gegessen.*

# Anwendung

**A**   **Vom Aufstehen bis zum Schlafengehen.**   Erzählen Sie jemandem von Ihrem gestrigen Tag. Machen Sie eine Aussage für jede Stunde, die Sie gestern wach waren. Wiederholen Sie keine Partizipien.

**B**   **Aus meinem Leben.**   Berichten Sie in einer Gruppe kurz über ein paar wichtige Daten, Ereignisse (*events*) oder bisherige Leistungen aus Ihrem Leben. Haben Sie vielleicht einmal etwas Ungewöhnliches gemacht? Erzählen Sie!

> **REDEMITTEL**
>
> Weißt du, was ich einmal gemacht habe?
> Ich glaube, ich habe dir nie erzählt, dass ...
> Vor einigen Jahren ist mir etwas Unglaubliches passiert.
> Zu den wichtigsten Ereignissen meines Lebens gehört ...
> Es hat sich nämlich so ereignet *(happened)*:

**C**   **Ein berühmter Mensch.**   Informieren Sie sich über einen berühmten Menschen. Schreiben Sie dann kurze Notizen, aber keine ganzen Sätze. (Wenn man Notizen macht, steht das Verb immer am Ende.) Berichten Sie mündlich und mit Hilfe Ihrer Notizen in ganzen Sätzen. Sagen Sie noch nicht, wer es war. Lassen Sie die anderen zuerst raten *(guess)*.

**BEISPIEL**     **Notizen**

1856 in Mähren geboren
war Jude (Jude gewesen)
in Wien gelebt und dort Medizin studiert
1885–1886 in Paris studiert und gearbeitet
Psychiater geworden
die Lehre der Psychoanalyse mitbegründet *(co-founded)*
viele Werke zur Psychoanalyse verfasst *(wrote)*
1938 nach England geflohen
1939 in England gestorben

Wer war es?[7]

**Mündlicher Bericht**

„Er ist in Mähren geboren und war Jude. Er hat in Wien gelebt und hat dort Medizin studiert. 1885-1886 hat er in Paris studiert und dort gearbeitet. Er ist Psychiater geworden. Später hat er die Lehre der Psychoanalyse mitbegründet und viele Werke zur Psychoanalyse verfasst. 1938 ist er nach England geflohen und 1939 dort gestorben. Wer war es?"

---

[7] Sigmund Freud

**D** **Texte im Perfekt.**   Finden Sie ein paar kurze Texte (z.B. Märchen, Anekdoten oder Witze), die im Präsens oder Imperfekt (*simple past*) geschrieben sind. Lesen Sie die Texte vor und ersetzen Sie beim Vorlesen alle Verben mit Perfekt-Formen.

**E** **Zum ersten Mal.**   Fragen Sie eine/einen oder mehrere Partnerinnen/Partner, ob sie/er zehn verschiedene Sachen zum ersten Mal gemacht hat/haben: „Wann hast du zum ersten Mal in deinem Leben _____?"

   **Tipps:** Rad fahren    eine große Stadt besuchen    ins Ausland fahren    Auto fahren

**F** **Das hat man (nicht) gemacht.**   Nehmen Sie einen Text, den Sie im Deutschunterricht gelesen haben oder gerade lesen, und diskutieren Sie (mit Verben im Perfekt), was ein paar von den Charakteren gemacht haben (oder auch nicht gemacht haben) – und warum (nicht).

# Schriftliche Themen

| Tipps zum Schreiben | **Using the Present Perfect Tense**<br>The present perfect tense is primarily for conversational or informal writing. You can intersperse it with the simple past tense (see 7.1) in order to avoid repeated use of the auxiliary verbs **haben** and **sein** or when the context is clearly one of narration. When explaining *why* or *in which sequence* something happened, link your ideas logically with conjunctions (**als, denn, da, weil,** etc.; see 11.3) or adverbial conjunctions (see 24.5). |
| --- | --- |

**A** **Ein Brief.**   Schreiben Sie jemandem auf Deutsch einen kurzen Brief, in dem Sie erzählen, was Sie in den letzten Tagen gemacht oder erlebt haben. (Zum Schreiben deutscher Briefe siehe Appendix 2, *Letter Writing*.)

BEISPIEL   Liebe Eltern!

Vielen Dank für euren lieben Brief und das kleine Paket. In den letzten zwei Wochen war ich sehr beschäftigt *(busy)*, denn ich hatte Prüfungen in drei Kursen. Ich habe sie aber alle mit *sehr gut* bestanden. Am letzten Wochenende haben mich ein paar Freunde von zu Hause besucht und mit ihnen bin ich abends essen gegangen. Als wir im Restaurant saßen, ... usw.

**B**  **Danke.**  Sie waren am Wochenende bei Bekannten *(acquaintances)* eingeladen. Jetzt schicken Sie eine Karte, in der Sie sich bei Ihren Gastgebern bedanken und ganz kurz erzählen, wie der Abend Ihnen gefallen hat.

BEISPIEL  Liebe Freunde!

Ich möchte mich für den schönen Abend bei euch bedanken. Alle Gäste waren ganz nett und ich habe mich fast eine Stunde mit eurem Papagei *(parrot)* über Politik unterhalten. Besonders gut hat mir die schöne Atmosphäre bei euch gefallen. Dass ich ein volles Glas Rotwein über euer neues Sofa gekippt *(tipped over)* habe, tut mir natürlich Leid. Hoffentlich gehen die Flecken *(spots)* weg. Die Brandlöcher im Orientteppich sind aber nicht von mir. Das war jemand anders. Ich hoffe, dass wir bald wieder Gelegenheit *(opportunity)* haben ein paar nette Stunden zusammen zu verbringen. Nochmals vielen Dank!

Herzliche Grüße

Peter

# Zusammenfassung

### Rules to Remember

1  There are three types of past participles: weak, strong, and irregular.

2  Weak and irregular weak verb past participles end in **-t** (**gespielt**); strong verb participles end in **-n** (**gefunden**).

3  Verbs with an unstressed, inseparable prefix do not use **ge-** to form the past participle (**erfunden**).

4  The present perfect tense is formed with the conjugated auxiliary verb (**haben** or **sein**) and a past participle.

5  The auxiliary **haben** is used with most verbs (**hat gefunden**).

6  The auxiliary **sein** is used with intransitive verbs in the following categories: (a) **sein** and **bleiben;** (b) verbs expressing motion from one location to another (**ist gegangen**); (c) verbs denoting a change of condition (**ist geworden**); (d) verbs expressing meeting, success, and failure, such as **begegnen** and **gelingen.**

7  In a main clause, the conjugated auxiliary verb is in second position ($V_1$) and the past participle functions as $V_2$ after the middle field. In subordinate clauses, the auxiliary verb comes after $V_2$.

8  The present perfect tense refers to the "completed" past, be it five seconds or five centuries ago.

## At a Glance

### A. *Sein* and *haben*

| Infinitive | 3rd p. present | Simple past | Present perfect |
|---|---|---|---|
| sein *(to be)* | ist | war | ist gewesen |
| haben *(to have)* | hat | hatte | hat gehabt |

### B. Past participles

| | |
|---|---|
| weak | ge$\left[\begin{array}{c}\textit{unchanged}\\\textit{stem}\end{array}\right]$t |
| strong | ge$\left[\begin{array}{c}\textit{changeable}\\\textit{stem}\end{array}\right]$en |
| irregular — weak | ge$\left[\begin{array}{c}\textit{changed}\\\textit{stem}\end{array}\right]$t |
| irregular — strong | ge$\left[\begin{array}{c}\textit{changed}\\\textit{stem}\end{array}\right]$en |

kennen ⟶ gekannt
wissen ⟶ gewusst

bringen ⟶ gebracht
denken ⟶ gedacht

senden ⟶ gesandt (gesendet)

nehmen ⟶ genommen
stehen ⟶ gestanden

| No (ge-) in past participle | |
|---|---|
| 1 | -ieren |
| 2 | Inseparable prefixes: <br> be-  ge- <br> emp-  miss- <br> ent-  ver- <br> er-  zer- |

### C. *Sein* as present perfect auxiliary

| | |
|---|---|
| 1 | bleiben, sein |
| 2 | gehen, fahren, reisen, ... |
| 3 | aufstehen, sterben, werden, ... |
| 4 | begegnen, gelingen, passieren, ... |

# 4 Cases and Declensions

# Grammatik

## 4.1  CASES

Every German noun has number (singular or plural), gender (masculine, feminine, or neuter; see 12.1), and case. The case of a noun indicates its function within a sentence. There are four cases in German, each showing multiple grammatical functions:

*Nominative*        *Accusative*        *Dative*        *Genitive*

Case is usually indicated by an article (see Chapter 5) accompanying the noun.

## 4.2  REGULAR NOUN DECLENSIONS

1. A noun listed in all four cases with either its definite or indefinite article is called a declension. Most nouns[1] decline as follows:

|      | Masc.        | Fem.     | Neut.        | Pl.         |
|------|--------------|----------|--------------|-------------|
| Nom. | der Tisch    | die Vase | das Buch     | die Tische  |
| Acc. | den Tisch    | die Vase | das Buch     | die Tische  |
| Dat. | dem Tisch(e) | der Vase | dem Buch(e)  | den Tischen |
| Gen. | des Tisch(e)s| der Vase | des Buch(e)s | der Tische  |

---

[1] For the declension of weak nouns, see 12.3.

2. In the dative singular, monosyllabic masculine and neuter nouns have an optional **-e** ending that is usually omitted, except in a few set expressions such as **nach Hause; auf dem Lande.**

3. If a noun plural does not already end in **-n,** an **-n** must be added in the dative plural (**auf den Tischen**).

   EXCEPTION: Noun plurals ending in **-s** (**mit den Autos**).

4. Masculine and neuter nouns add either **-s** or **-es** in the genitive. The **-es** is usually added when a noun is monosyllabic (**das Geld, des Geld(e)s**); it is required when the noun ends in **-s, -sch, -ß, -x,** or **-z** (**das Schulhaus, des Schulhauses**). Nouns ending in **-nis** double the **s** before the **-es** (**das Missverständnis, des Missverständnisses**).

   The ending **-s** is usually used when the noun has more than one syllable (**des Lehrbuchs** BUT **des Buches**), or ends in a vowel or a silent **h** (**der See, des Sees; der Schuh, des Schuhs**).

## 4.3   NOMINATIVE CASE

### A. Subjects

1. A noun or pronoun used as the *sentence subject*—that is, as the word that generates the action of the verb—is in the nominative case. A singular subject requires a singular verb; a plural subject, a plural verb.

   **Singular**

   | | |
   |---|---|
   | **Mein Zimmer** im Studentenheim ist ungefähr so groß wie eine Sardinenbüchse. | *My room in the dorm is about as big as a sardine can.* |
   | Und **die Heizung** geht auch nicht richtig. | *And the heat doesn't work right either.* |

   **Plural**

   | | |
   |---|---|
   | **Meine Klamotten** liegen überall herum. | *My stuff is lying around everywhere.* |

2. In German, the subject does not necessarily precede the conjugated verb, as it usually does in English (see 1.1).

   | | |
   |---|---|
   | Aber zum Glück funktioniert **der Fernseher.** | *But fortunately the TV works.* |

## B. Predicate nominatives

A noun used to complete the activity expressed by the linking verbs **sein, bleiben,** or **werden** is in the nominative case and is called the *predicate nominative.* A predicate nominative renames or describes the sentence subject.

| | |
|---|---|
| Dieses Haus *ist* **sein Wohnsitz.** | *This house is his official residence.* |
| Wir *bleiben* **Freunde.** | *We remain friends.* |
| Er *wurde* **ein alter Mann.** | *He became an old man.* |

---

## 4.4     ACCUSATIVE CASE

### A. Direct objects

1.  A noun or pronoun used to complete the activity of verbs other than linking verbs is called an object. A great many verbs take a *direct object,* also known as an *accusative object.*

    | | |
    |---|---|
    | Wir lesen **die Zeitschrift.** | *We read the magazine.* |
    | Er hat **keinen Ausweis.** | *He has no identification.* |

2.  Two accusative objects may be used after the verbs **fragen, kosten,** and **lehren.**[2]

    | | |
    |---|---|
    | Sie fragt **den Lehrer etwas Interessantes.** | *She asks the teacher something interesting.* |
    | Mein Studium hat **meine Eltern ein Vermögen** gekostet. | *My college education cost my parents a fortune.* |
    | Die Frau lehrt **das Kind ein Lied.** | *The woman teaches the child a song.* |

### B. Other uses of the accusative

1.  The accusative is used with verbs of motion to express a distance covered.

    | | |
    |---|---|
    | Wir sind **eine Meile** gelaufen. | *We ran a mile.* |
    | Sie kam **die Treppe** herunter. | *She came down the stairs.* |

---

[2] In colloquial German there is a strong tendency to put nouns of person after **kosten** and **lehren** in the dative case when another object is in the accusative. This practice is usually considered substandard.

| | |
|---|---|
| Sie lehrt **ihn.** | *She teaches him.* |
| BUT: | |
| Sie lehrt **ihn** (OR **ihm**) Deutsch. | *She teaches him German.* |

2. The accusative is used when expressing a measurement or amount.

Dieser Teppich ist nur **ein(en) Meter**[3] lang.     *This rug is only one meter long.*

Das Kind ist erst **einen Monat** alt.     *The child is only one month old.*

3. The accusative is used in many conventional greetings and wishes.

**Guten** Morgen/Tag/Abend; **Gute** Nacht.

**Herzlichen** Glückwunsch. *(Congratulations.)*

**Angenehme** Reise. *(Have a nice trip.)*

**Vielen** Dank. *(Many thanks.)*

**Gute** Besserung. *(Get well soon.)*

4. The accusative is used after the expression **es gibt** (see 19.3B); after numerous prepositions (see 10.1 and 10.3); in some time expressions denoting a period of time or a point in time (see 23.1C).

## 4.5    DATIVE CASE

### A. Indirect objects

1. The noun or pronoun used to indicate the person (less often, the thing) *to* or *for whom* an activity is done is called the *indirect object.* An indirect object is in the dative case; it may occur alone or together with an accusative object.

    DAT. OBJ.    ACC. OBJ.

Er hat **den Kindern einen Hund** gekauft.     *He bought the children a dog.*

2. Dative objects often precede accusative nouns (see 1.1C).

Sie schreibt **den Kindern.**     *She writes (to) the children.*

Sie schreibt **den Kindern** einen Brief.     *She writes the children a letter.*

Sie schreibt **ihnen** einen Brief.     *She writes them a letter.*

3. Dative objects always follow accusative pronouns.

Sie schreibt **ihn den Kindern.**     *She writes it to the children.*

Sie schreibt **ihn ihnen.**     *She writes it to them.*

4. Dative and accusative objects often occur together with the following types of verbs:

*Verbs of giving:* **bringen, geben, leihen** *(to lend),* **reichen** *(to hand, pass),* **schenken, spendieren** *(to buy, pay for, treat)*

*Verbs of showing:* **beibringen** *(to teach),* **beweisen** *(to prove),* **erklären, zeigen**

---

[3] **Meter** can be either masculine or neuter, although masculine seems to be more common.

*Verbs of telling:* **beschreiben** *(to describe),* **erzählen, mitteilen** *(to inform),* **sagen**
*Verbs of recommending:* **empfehlen, vorschlagen** *(to suggest)*

| | |
|---|---|
| Der Chef hat **seinen Kollegen eine Runde** spendiert. | *The boss paid for a round (of drinks) for his colleagues.* |
| Kann jemand **den Studenten diesen Satz** erklären? | *Can someone explain this sentence to the students?* |

5. Where English uses *to* as well as word order to indicate some indirect objects, German uses the dative case, rather than **zu** + an object, to express the idea of doing something *to* or *for* someone. **Zu** conveys a sense of motion or direction toward a person or a specific place.

COMPARE:

*She gave her father a shirt.*
*She gave a shirt **to** her father.*   }   Sie schenkte **ihrem Vater** ein Hemd.

| | |
|---|---|
| *When are you bringing the book back **to** the library?* | Wann bringst du das Buch **zur** Bibliothek zurück? |

## B. Verbs with dative objects

1. A fairly large yet limited number of verbs in German take a dative object instead of an accusative object to complete the action of the verb. Common verbs of this type include:

| | |
|---|---|
| ähneln   *to resemble* | gratulieren   *to congratulate* |
| antworten   *to answer* | helfen   *to help* |
| begegnen *(aux. sein)*   *to encounter, meet* | imponieren   *to impress* |
| | nutzen/nützen   *to be of use to* |
| danken   *to thank* | passen   *to suit, fit* |
| einfallen *(aux. sein)*   *to occur to, come to mind* | passieren *(aux. sein)*   *to happen* |
| | raten   *to advise* |
| folgen *(aux. sein)*   *to follow* | schaden   *to harm* |
| folgen   *to obey* | schmecken   *to taste, taste good* |
| gehorchen   *to obey* | schmeicheln   *to flatter* |
| gehören   *to belong to* | trauen   *to trust* |
| genügen   *to suffice* | weh tun   *to hurt, pain* |
| geschehen *(aux. sein)*   *to happen* | widersprechen   *to contradict* |

| | |
|---|---|
| Sie ähnelt **ihrer** Mutter sehr. | *She resembles her mother very much.* |
| **Mir** fällt gerade ein, dass ich dich gar nicht kenne. | *It's just occurred to me that I don't know you at all.* |
| Dass er die Wahrheit sagt, sollte **dem Polizisten** genügen. | *It should be enough for the police officer that he's telling the truth.* |
| Der Pullover passt **mir** schon lange nicht mehr. | *The sweater hasn't fit me for a long time.* |
| Das kann **dir** nicht schaden. | *That can't hurt you.* |
| Du meine Güte, was ist **deinem Auto** denn passiert? | *My goodness, what happened to your car?* |

2. The verb **glauben** takes a dative object with persons but an accusative object with things.

| | |
|---|---|
| Wir glauben **dem Sprecher** nicht. | *We do not believe the speaker.* |
| Ich glaube **seine Antwort** nicht. | *I do not believe his answer.* |

3. With several common verbs, the dative object in German is expressed in English as the subject (see also impersonal expressions, 19.3A).

**fehlen**      Das Geld fehlt **uns.**
             *We lack the money.*

**gefallen**    Der Film hat **den Kritikern** nicht gefallen.
             *The critics did not like the film.*

**gelingen**    Die Aufgabe gelingt **den Kindern.**
             *The children succeed in doing the task.*

**Leid tun**    Sie tun **uns** Leid.
             *We feel sorry for them.*

**reichen**     Jetzt reicht's **mir** aber!
             *I've had enough!*

4. Verbs of motion with the prefixes **ent-** (inseparable) and **nach-** (separable) take dative objects. The most common combinations occur with **gehen, kommen,** and **laufen.**

entgehen    *to escape, elude, avoid*
entkommen    *to escape*
entlaufen    *to run away from*

nachgehen    *to pursue, investigate; to follow*
nachkommen    *to come or follow after*
nachlaufen    *to run after; to chase*

| | |
|---|---|
| Der Dieb konnte **der Polizei** entkommen. | *The thief was able to escape from the police.* |
| Wir werden **der Sache** nachgehen. | *We will investigate the matter.* |

5. Some common verbs with the separable prefixes **bei-** and **zu-** also take dative objects.

beistehen    *to help, aid*
beistimmen    *to agree, concur*
beitreten    *to join (a party, club, etc.)*
beiwohnen    *to attend (a meeting, lecture)*

zuhören    *to listen to*
zulächeln    *to smile at*
zureden    *to (try to) persuade, urge*
zusagen    *to be to one's liking; to accept (an invitation)*
zusehen    *to watch, witness*
zustimmen    *to agree with, concur with*

| Hans *trat* **einem Schachverein** *bei.* | *Hans joined a chess club.* |
| Keine Angst, ich *stimme* **dir** *zu.* | *Don't worry—I agree with you.* |

## C. Other uses of the dative

1. Just as the dative conveys the idea of *to whom* or *for whom* with specific "giving" verbs such as **geben** and **schenken,** it can also be used to denote *toward whom an action is directed* in a more general way with many other verbs as well, where English uses either a direct object or a prepositional phrase (see also 5.1B).

| Er klopfte **dem Touristen** auf die Schulter. | *He tapped the tourist on the shoulder.* |
| Ich öffnete **meiner Oma** die Tür. | *I opened the door for my grandmother.* |
| Ziehe **dem Kind** diese Schuhe an. | *Put these shoes on the child.* |

2. The dative occurs after several prepositions (see 10.2 and 10.3), in time expressions with certain prepositions (see 23.1B), and with some adjectives (see 13.4A).

## 4.6    GENITIVE CASE

### A. General use

1. The genitive case in German indicates a relationship between two nouns, in which one noun is part of, or connected to, or belongs to, the other. In English, such a relationship can be expressed with an *of*-phrase (with the genitive noun second) or with the possessive —*'s* (with the genitive noun first). German favors the first method, with the genitive article and any attendant noun endings following the first noun, and only allows the second method in a few special cases, which are listed below. The usual form is thus:

| *the man's name . . .* | der Name **des Mannes ...** |
| *the store's location . . .* | die Lage **des Geschäfts ...** |
| *the pupils' grades . . .* | die Zensuren **der Schüler ...** |

2. With proper names and family-member terms used as names, German adds an **-s** (*without* an apostrophe) and positions the genitive noun before its related noun, as in English.

| **Christians** Wagen | **Bärbels** Freund |
| **Vaters** Computer | **Mutters** Hobby |

The addition of a determiner before a family-member term, as in *the father's computer* or *my father's computer*, changes the term from a name to a noun, for which the "genitive second" structure is required.

COMPARE:

| *Mother's hobby doesn't interest me.* | **Mutters** Hobby interessiert mich nicht. |
| *My mother's hobby doesn't interest me.* | Das Hobby **meiner Mutter** interessiert mich nicht. |

3. If the name ends in an **s** sound (**-s, -ß, -z, -tz**), no **-s** is added. In writing, the omission of this **-s** is indicated by an apostrophe. When speaking, a construction with **von** + dative is often used instead of the genitive (see Section B).

   **Agnes' Garten** *or* **der Garten von Agnes**

4. The genitive is *not used* after units of measurement, as it is in English.

   | | |
   |---|---|
   | Ich möchte eine Tasse **Kaffee.** (**Tasse** *and* **Kaffee** *are both accusative.*) | *I would like a cup **of** coffee.* |
   | Sie hat eine Packung **Rosinen** gekauft. | *She bought a package **of** raisins.* |

## B. *Von* as a substitute for the genitive case

1. The word **von** + dative is often used as a genitive substitute.

   das Haus unseres Onkels
   das Haus **von** unserem Onkel } *the house of our uncle / our uncle's house*
   die Bürger von Frankfurt     *the citizens of Frankfurt*

2. **Von** is always used if there is no article or adjective before the noun to indicate case.

   die Arbeit **von** Ausländern     *the work of foreigners*

## C. Other uses of the genitive

1. At one time, quite a number of German verbs took genitive objects, similar to English *to have need **of something*** or *to make use **of something.*** In recent years, most of these have come to be replaced with other verbs and prepositional phrases. Genitive verbs that are still in use tend to convey an elevated style.

   einer Sache bedürfen    *to need something*
   sich einer Sache bedienen    *to use something*
   sich einer Sache bemächtigen    *to take control of something*
   sich einer Sache erwehren    *to refrain from (doing) something*
   sich einer Sache erfreuen    *to enjoy, be the beneficiary of something*

   | | |
   |---|---|
   | Diese Situation bedarf **unserer ganzen Aufmerksamkeit.** | *This situation requires our complete attention.* |
   | Der Film erfreut sich im Moment **großer Beliebtheit.** | *At the moment, the film is enjoying wide popularity.* |

2. The genitive case is used with certain adjectives and adverbs (see 13.4B), after some prepositions (see 10.4), and in some time expressions (see 23.1D).

# Wortschatz
## *Ich mache doch bloß Spaß!*

---

## machen

---

1. **Machen** can mean *to do*. In such instances it is synonymous with **tun**.

   Was **machen/tun** Sie jetzt?      *What are you doing now?*
   —Ich **mache/tue** nichts.      *I am doing nothing.*

2. **Machen** can mean *to make* or *build*.

   Die Wanderer **machten** ein Feuer.      *The hikers made a fire.*

3. **Machen** can mean *to make* or *cause to be*.

   Das **macht** ihn traurig, aber nicht böse.      *That makes him sad, but not angry.*

4. **Machen** occurs in many different contexts and with a variety of direct-object complements. Some of these mirror English usage (**eine Ausnahme machen** = *to **make** an exception*), but others express ideas for which English uses a different verb (**Schulden machen** = *to **incur** debts*). Pay close attention to this second group as you learn these expressions.

   **Wie auf Englisch:**

   **eine Ausnahme machen**    *to make an exception*
   **eine Aussage machen**    *to make a statement*
   **einen Fehler machen**    *to make a mistake*
   **Fortschritte machen**    *to make progress*
   **jemandem** (*dative*) **eine große Freude machen**    *to make someone (very) happy*
   **(einen) Lärm machen**    *to make noise*
   **Musik machen**    *to make music*
   **jemandem** (*dative*) **Platz machen**    *to make room for someone*
   **einen Unterschied machen**    *to make a difference*
   **ein Vermögen machen**    *to make a fortune*
   **einen Versuch machen**    *to make an attempt*

   **Nicht wie auf Englisch:**

   **einen Ausflug machen**    *to go on an outing*
   **ein Foto machen**    *to take a picture*
   **eine Reise machen**    *to take a trip*
   **einen Spaziergang machen**    *to go for a walk*
   **eine Pause machen**    *to take a break*
   **Unsinn machen**    *to do something stupid*
   **einen Schritt machen**    *to take a step*
   **Schulden machen**    *to incur debts*
   **jemandem** (*dative*) **Sorgen machen**    *to cause someone to worry*

All of these expressions are negated with **kein-**.

Wir können **keine** Ausnahme machen.     *We cannot make an exception.*

Machen Sie **keinen** Unsinn!     *Don't do something foolish!*

# Übungen

**A** **Kluge Sprüche.** In welchen Fällen (*cases*) sind die Substantive in den folgenden Sprüchen? Erklären Sie Ihre Antworten.

1. Sprachkürze gibt Denkweite. (Jean Paul, 1763–1825)
2. Fleiß (*diligence*) ist aller Tugenden (*virtues*) Anfang. (Friedrich der Große, 1712–1786)
3. Aus faulen Eiern werden keine Küken (*baby chickens*). (Wilhelm Busch, 1832–1908)
4. Dem Glücklichen gehört die Welt. (Sprichwort)
5. Keine Erfindung ist wohl dem Menschen leichter geworden als die eines Himmels. (Georg Lichtenberg, 1742–1799)
6. Jedem Tierchen sein Pläsierchen. (Sprichwort)
7. Es ist noch kein Meister vom Himmel gefallen. (Sprichwort) *—requires hard work*
8. Der Irrtum ist viel leichter zu erkennen, als die Wahrheit zu finden. (Johann Wolfgang Goethe, 1749–1832)

**B** **Anders machen.** Drücken Sie die Sätze mit dem Verb **machen** anders aus.

1. Wir kommen mit der Arbeit schnell vorwärts.
2. Euer Besuch hat uns sehr gefreut.
3. Darf ich dich fotografieren?
4. Ohne Eintrittskarte darf man nicht ins Museum hinein, aber Herr Frei lässt eine Frau ohne Karte herein.
5. In ihrem Examen hat sie alles richtig gehabt.
6. Er borgt Geld und kauft allerlei Dinge.
7. Die Kinder waren sehr laut.
8. Sie hat vor Gericht (*court*) gegen den Angeklagten (*defendant*) gesprochen.
9. Im Laufe der Jahre wurde sie sehr reich.
10. Sie tut, was sie kann, um nach Europa zu kommen.

**C** **Das habe ich gemacht.** Machen Sie mit jedem Verb und einem passenden (*appropriate*) Objekt – Akkusativ oder Dativ – eine Aussage darüber, was Sie heute oder gestern gemacht (oder auch nicht gemacht) haben.

BEISPIEL *Ich habe **einen Freund** in der Mensa getroffen.*

bekommen   essen   lernen   widersprechen *contradict*   treffen
kaufen   schreiben   begegnen *aux. sein*   schmeicheln *to flatter*   trinken

**D**  **In der Stadt.**    Wer macht was? Verwenden Sie Nominativ, Akkusativ und Dativ mit Vokabeln von der Liste und aus dem Wortschatzkasten. Erzählen Sie dabei eine Geschichte.

> BEISPIEL    Sie lesen: *Der Kellner bringt* ____.
> Sie nehmen *Mutter* und *Eis* und schreiben: *Der Kellner bringt der Mutter ein Eis.*

Mutter   Vater   Sohn   Tochter   Tante   Onkel   Familie   Großeltern

Bier   Rathaus   Wein   Cola   Eis   Dom   Kaufhaus   Stadtplan (*m.*)   Pizza (*f.*)
Leute   Touristen (*pl.*)

1. Zuerst zeigt der Vater ____.
2. Auf dem Markt kauft ____.
3. Dann bringt ____.
4. Beim Mittagessen bestellt ____.
5. Danach begegnet ____.
6. Der Vater macht ____ eine große Freude, weil er ____.
7. Beim Kaffeetrinken um vier Uhr empfiehlt ____.
8. Zum Abendessen bringt der Kellner ____.
9. Die Tochter macht ____ Sorgen, weil sie ____.
10. Zum Schluss empfiehlt die Mutter ____, dass ____ kaufen soll.

**E**  **Durch Pronomen ersetzen.**    Ersetzen Sie in den Sätzen von Übung D zuerst alle Dativobjekte durch Pronomen, dann alle Akkusativobjekte durch Pronomen, und zum Schluss beide Objekte durch Pronomen.

> BEISPIEL    Der Kellner bringt der Mutter ein Eis.
> *Der Kellner bringt* **ihr** *ein Eis.*
> *Der Kellner bringt* **es** *der Mutter.*
> *Der Kellner bringt* **es ihr.**

**F**  **Der hilfreiche Hans.**    Hans ist immer hilfsbereit. Erzählen Sie, was er heute alles gemacht hat. Drücken Sie die Sätze mit einem Dativ anders aus.

> BEISPIEL    Hans macht ein Frühstück für seine Frau.
> *Hans macht* **seiner Frau** *ein Frühstück.*

1. Er hat einen Brief an seine Eltern geschrieben.
2. Er hat Blumen für seine Frau mitgebracht.
3. Er hat den Computer für seinen Chef repariert.
4. Er hat ein Märchen für seine Kinder erzählt.
5. Er hat den Wagen für seinen Freund Andreas gewaschen.

**G**  **Anders ausdrücken.**    Verwenden Sie die folgenden Verben aus dem Wortschatzkasten mit Dativobjekten.

> BEISPIEL    Das ist mein Buch.
> *Das Buch gehört* **mir.**

ähneln   danken   gehören   gehorchen   schmeicheln   widersprechen

1. Uli sieht wie sein Vater aus.
2. Kinder sollen tun, was die Eltern sagen.
3. Das ist der Wagen von meinem Lehrer.
4. Wenn der Professor *ja* sagt, soll man nicht *nein* sagen.
5. Tobias sagt allen Leuten immer das, was sie gern über sich hören.
6. Ich möchte ihm meinen Dank für seine Hilfe aussprechen.

**H** **Worterklärungen.** Erklären Sie die Wörter. Verwenden Sie den Genitiv.

BEISPIELE der Familienvater
*Das ist **der Vater der Familie.***

die Hosentaschen
*Das sind **die Taschen einer Hose.***

1. die Bleistiftspitze
2. der Berggipfel
3. der Hausbesitzer
4. die Bauernhöfe *(pl.)*

5. der Arbeiterstreik
6. die Autofahrer
7. die Lehrbuchpreise
8. der Schlossgarten

# Anwendung

**A** **Fragen zum Überlegen.** Diskutieren Sie mit jemandem in Ihrem Kurs über die folgenden Fragen. Berichten Sie Ihre Ideen in einer größeren Gruppe.

1. Welche Dinge sind im Leben von Studenten am wichtigsten?
2. Welche größeren Käufe würden Sie machen, wenn Sie das Geld dafür hätten?
3. Welche vier Dinge würden Sie unbedingt *(absolutely)* haben wollen, wenn Sie alleine auf einer kleinen Südseeinsel wären?
4. Welche fünf Erfindungen haben der Menschheit am meisten geholfen?

**B** **Ich kenne jenen Ort.** Jemand im Kurs hat vor *(plans)*, einen Ort (z.B. eine Stadt, einen Park) zu besuchen, den Sie gut kennen. Erzählen Sie ihr/ihm, was es dort alles zu sehen gibt und was man da alles machen kann.

**REDEMITTEL**

Du musst unbedingt ... sehen.
Vielleicht kannst du auch ... besichtigen.
Dort gibt es ...
Dort findet man auch ...
Der ... ist dort besonders gut/bekannt ...
Empfehlen kann ich dir auch ...

**C**  **Familienverhältnisse** *(family relationships).*  Bringen Sie Familienfotos zur Deutschstunde mit. Zeigen Sie Ihre Bilder und erklären Sie die Familienverhältnisse.

| | | | |
|---|---|---|---|
| **VOKABELVORSCHLÄGE: FAMILIENMITGLIEDER** | | | |
| der Schwager | *brother-in-law* | die Schwägerin | *sister-in-law* |
| der Stiefvater | *stepfather* | die Stiefmutter | *stepmother* |
| der Stiefbruder | *stepbrother* | die Stiefschwester | *stepsister* |
| der Halbbruder | *half-brother* | die Halbschwester | *half-sister* |
| die Großeltern | *grandparents* | das Enkelkind | *grandchild* |

**REDEMITTEL**

Wir sind [acht] in unserer Familie
Das sind …
Auf diesem Bild siehst du …
[X] ist der/die … von …

**D**  **Sei doch so nett!**  Denken Sie darüber nach, wie Sie jemandem eine kleine Freude machen könnten – und dabei ein paar Akkusative und Dative benutzen. Das bedeutet natürlich, dass Sie jemandem etwas schenken oder schreiben, oder dass Sie jemandem etwas Nettes tun.

BEISPIELE    *Ich könnte meiner Mutter einen Brief schreiben.*
*Ich könnte meiner Freundin Blumen schenken.*

Was könnten *Sie* wohl machen?

# Schriftliche Themen

| **Tipps zum Schreiben** | **Checking for Correct Cases** |
|---|---|
| | After writing a first draft of any composition in German, be sure to check whether all the nouns and pronouns are in the correct cases. Read through each sentence and mark each noun or pronoun for its function: Is it the subject? direct object? indirect object? object of a preposition? Remember that nouns in the predicate linked to the sentence subject with **sein, werden,** and **bleiben** are nominative, not accusative. |

**A** **Eltern und Kinder.** Wie sehen Sie das ideale Verhältnis zwischen Eltern und ihren Kindern? Wie können/sollen Eltern und Kinder einander helfen, um dieses Verhältnis zu verwirklichen? Verwenden Sie in Ihrem Aufsatz ein paar Redewendungen mit **machen,** z.B. jemandem Sorgen machen / einen Versuch machen / Lärm machen / Fortschritt machen / einen Fehler machen / usw.

**B** **Witze!** Erzählen Sie einen Witz auf Deutsch: Nehmen Sie einen Witz, den Sie schon kennen, und suchen Sie die Vokabeln dafür auf Deutsch. Passen Sie bei den Fällen – Nominativ, Akkusativ, Dativ, Genitiv – gut auf und versuchen Sie dabei Redewendungen mit **machen** zu benutzen.

BEISPIEL    Ein Fremder in der Stadt sieht einen alten Mann auf der Straße, der immer wieder auf eine Trommel (*drum*) schlägt. „Warum machen Sie so viel Lärm?" fragt der Fremde. „Naja," sagt der Alte, „das weiß doch jeder . . ." usw.

# Zusammenfassung

## Rules to Remember

1 There are four cases in German.

2 The cases of nouns are often indicated by preceding articles.

3 The cases of pronouns are indicated by the pronouns themselves.

4 The nominative case indicates the doer of an activity.

5 The accusative case indicates the object of an activity.

6 The dative case indicates *to* or *for* whom something is done.

7 The genitive case is similar to English *of* ____.

## At a glance

| Nominativ | |
|---|---|
| **der** Tisch<br>**die** Vase<br>**das** Buch<br>**die** Tische | 1   Sentence subject<br>2   Predicate nominative after<br>        **sein**<br>        **bleiben**<br>        **werden** |

| Akkusativ | |
|---|---|
| **den** Tisch<br>**die** Vase<br>**das** Buch<br>**die** Tische | 1   direct object<br>2   Accusative prepositions (10.1)<br>3   Two-way prepositions: motion (10.3)<br>4   Measured distances and amounts<br>5   Time expressions (23.1C)<br>6   **es gibt** _____ |

| Dativ | |
|---|---|
| **dem** Tisch(e)<br>**der** Vase<br>**dem** Buch(e)<br>**den** Tischen | 1   Indirect object<br>2   Verbs with dative objects<br>3   Dative prepositions (10.2)<br>4   Two-way prepositions: position (10.3)<br>5   Actions directed toward someone<br>6   Time expressions (23.1)<br>7   With adjectives (13.4A) |

| Genitiv | |
|---|---|
| **des** Tisches<br>**der** Vase<br>**des** Buch(e)s<br>**der** Tische | 1   Relationship of belonging<br>2   Genitive object of verbs<br>3   Genitive prepositions (10.4)<br>4   With adjectives and adverbs (13.4B)<br>5   Time expressions (23.1D) |

# Articles and Possessive Adjectives •
## Articles Used as Pronouns

# Grammatik

| 5.1 | **DEFINITE ARTICLES** |

### A. Declension

The definite article (**der bestimmte Artikel**)—English *the*—has masculine, feminine, neuter, and plural forms. It declines with the noun it modifies (see 4.2).

|  | **Masc.** | **Fem.** | **Neut.** | **Pl.** |
|------|-----------|----------|-----------|---------|
| Nom. | **der** Tisch | **die** Vase | **das** Buch | **die** Tische |
| Acc. | **den** Tisch | **die** Vase | **das** Buch | **die** Tische |
| Dat. | **dem** Tisch(e) | **der** Vase | **dem** Buch(e) | **den** Tischen |
| Gen. | **des** Tisch(e)s | **der** Vase | **des** Buch(e)s | **der** Tische |

### B. Use

1. German includes the definite article in reference to a specific noun. This usage parallels English.

   Kennst du **den** Mann von nebenan?       *Do you know the man from next door?*

2. The definite article is used in the following instances where it is usually omitted in English:

a. With names of days, months, seasons, and meals in certain contexts (see 23.1A).

| | |
|---|---|
| Sie kommen **am** (= **an dem**) Mittwoch **zum** (= **zu dem**) Abendessen. | *They are coming for dinner on Wednesday.* |
| **Der** Frühling beginnt **im** (= **in dem**) März. | *Spring begins in March.* |

b. With means of transportation.

| | |
|---|---|
| Er fährt mit **dem** Zug, nicht mit **dem** Auto. | *He is traveling by train, not by car.* |

c. With proper names of streets, intersections, squares, churches, schools, universities, etc., even when they are in English. Also with names of lakes, canyons, mountains, and rivers.

| | |
|---|---|
| **Der** Stephansdom in Wien steht **am** (= **an dem**) Stephansplatz am Ende **der** Kärntnerstraße. | *St. Stephan's Cathedral in Vienna stands in Stephan's Square at the end of Kärntner Street.* |
| Freunde von uns wohnen **am** Eriesee. | *Friends of ours live on Lake Erie.* |

Speakers of German are apt to use English words for places in English-speaking countries, but with the same genders as their German equivalents: **in der Third Avenue** (= **in der Straße**); **am Washington Square** (= **am [an dem] Platz**).

d. With names of certain masculine, feminine, or plural countries: **der Jemen, der Kongo, der Sudan,** (sometimes **der Iran and der Irak); die Schweiz, die Slowakei, die Tschechische Republik, die Türkei, die Vereinigten Staaten** *(pl.)*.

| | |
|---|---|
| Zürich ist die größte Stadt in **der** Schweiz. | *Zurich is the largest city in Switzerland.* |

e. With geographical and proper names modified by preceding adjectives.

| | |
|---|---|
| **das** alte Deutschland | *old Germany* |
| **die** junge Frau Scherling | *young Mrs. Scherling* |

f. With nouns that denote concepts, abstractions, and beliefs.

| | |
|---|---|
| Lenin war ein bedeutender Kämpfer für **den** Kommunismus. | *Lenin was an important fighter for communism.* |
| **Das** Christentum hat im ersten Jahrhundert begonnen. | *Christianity began in the first century.* |

g. With a number of words such as **Arbeit, Kirche, Schule,** and **Stadt,** particularly after prepositions.

| | |
|---|---|
| Nach **der** Arbeit muss ich in **die** Stadt. | *After work I have to go into town.* |
| Vor **der** Schule gehen sie **zur** Kirche. | *Before school they go to church.* |

h. With verbs used as nouns.

| | |
|---|---|
| Schon als Kind hat er mit **dem Lügen** angefangen. | *He began lying already as a child.* |
| **Das Meckern** in dieser Firma muss sofort aufhören! | *The complaining in this company must stop at once!* |

i. With proper names of mutual acquaintances. In colloquial German the definite article is sometimes used before first and last names (e.g., **der** Klaus, **die** Frau Messner) to indicate that both speaker and hearer are acquainted with the person referred to.

| | |
|---|---|
| Hast du **den** Klaus heute gesehen? | *Have you seen Klaus today (the one we both know)?* |
| Das Buch habe ich bei **der** Frau Messner geholt. | *I picked up the book at Mrs. Messner's house (the Mrs. Messner we both know).* |

3. German favors the use of the definite article in several situations where English speakers would expect possessive adjectives:

a. when parts of the body are used as direct objects or objects of prepositions;

b. when parts of the body are the subject of the phrase **weh tun;** and

c. when articles of clothing are used as direct objects or objects of prepositions.

A dative reflexive pronoun (see 17.1) can be used to clarify or emphasize personal reference.

| | |
|---|---|
| Ich muss (mir) **die** Hände waschen. | *I have to wash **my** hands.* |
| Sie schüttelte **den** Kopf heftig. | *She shook **her** head vehemently.* |
| Beim Laufen tun (mir) **die** Knie weh. | ***My** knees hurt when I run.* |
| Sie zog sofort **den** Mantel aus. | *She took off **her** coat immediately.* |

Otherwise, when parts of the body or articles of clothing are the sentence subject, or when the context requires clarification, German does use possesive pronouns.

| | |
|---|---|
| „Ach, **deine** Augen sind so blau," sagte sie und legte **ihre** Hand auf **seine**. | *"Oh, **your** eyes are so blue," she said and laid **her** hand on **his**.* |

4. In a series of nouns with different genders, the definite article (or any other gender-specific determiner, for that matter) must be repeated to indicate gender distinctions. Since plural nouns of any gender take the same article, no such repetition is necessary.

*Do you see **the** house and garden over there?* (neuter and masculine singular)
  Siehst du **das** Haus und **den** Garten da drüben?
***The** boys and girls playing there are friends of my daughter.* (masculine and feminine plural)
  **Die** Jungen und Mädchen, die dort spielen, sind mit meiner Tochter befreundet.

### C. Omission of the definite article

1. German generally omits the definite article before nouns that are used in conjunction with verbs to denote certain activities in general, rather than specific occurrences. In such cases, the noun functions as a verbal complement rather than a direct object (see 1.1C and 29.1).

| | |
|---|---|
| Ich spiele gern **Klavier.** | *I like to play **the** piano.* |
| Meine Schwester spielt lieber **Geige.** | *My sister prefers to play **the** violin.* |
| Abends lesen meine Eltern oft **Zeitung.** | *In the evening, my parents often read **the** newspaper.* |

But to be more specific, the definite article is used:

| | |
|---|---|
| Ich spiele gern **das Klavier,** weil der Klang davon so rein ist. | *I like to play **that** piano because its tone is so clean.* |

2. German normally omits the definite article with personal names, even in those instances in the plural where English includes an article.

| | |
|---|---|
| **Höflechners** haben uns zum Abendessen eingeladen. | *The Höflechners have invited us to dinner.* |

---

## 5.2     INDEFINITE ARTICLES

### A. Declension

The endings of the indefinite article (**der unbestimmte Artikel**)—English *a(n)*—are very similar to those of the definite article. They differ only in the masculine nominative singular and the neuter nominative and accusative singulars, which have no endings.

| | **Masc.** | | **Fem.** | | **Neut.** | | **Pl.** | |
|---|---|---|---|---|---|---|---|---|
| Nom. | ein | Vater | ein **e** | Mutter | ein | Kind | kein **e**[1] | Väter |
| Acc. | ein **en** | Vater | ein **e** | Mutter | ein | Kind | kein **e** | Väter |
| Dat. | ein **em** | Vater | ein **er** | Mutter | ein **em** | Kind (e) | kein **en** | Vätern |
| Gen. | ein **es** | Vaters | ein **er** | Mutter | ein **es** | Kindes | kein **er** | Väter |

### B. Use

Indefinite articles generally refer to nonspecific nouns, that is, *a* book as opposed to *the* book, just as in English. A nonspecific noun normally has no article in the plural.

| | |
|---|---|
| Wir suchen **eine Blume.** | *We are looking for a flower.* |
| Gibt es **Blumen** in deinem Garten? | *Are there flowers in your garden?* |

---

[1] Since **ein** has no plural form, **kein** is used here as the plural article.

## C. Omission of the indefinite article

German does *not* use the indefinite article before nouns of *occupation, nationality,* or *general class of person* (religious denomination, military rank, marital status, etc.) when they are used as predicate nominatives or after **als** *(as).*

| | |
|---|---|
| Max Planck war **Deutscher** und **Physiker.** | *Max Planck was **a** German and **a** physicist.* |
| Eva-Marie arbeitet als **Steuerberaterin.** | *Eva-Marie works as **a** tax advisor.* |

---

**5.3**    *DER*-WORDS

## A. Forms

1. The following article modifiers (**Artikelwörter**) take the same endings as the definite article. For this reason they are called **der**-words.

| | |
|---|---|
| **all-** *all* (sing. and pl.) | **manch-** *many a,* (pl.) *some* |
| **dies-** *this;* (pl.) *these* | **solch-** *such (a),* (pl.) *such* |
| **jed-** *each, every* | **welch-** *which* |
| **jen-** *that;* (pl.) *those* | |

2. **Der**-words decline as follows:

| | Masc. | Fem. | Neut. | Pl. |
|---|---|---|---|---|
| Nom. | dies **er** (der) | dies **e** (die) | dies **es** (das) | dies **e** (die) |
| Acc. | dies **en** (den) | dies **e** (die) | dies **es** (das) | dies **e** (die) |
| Dat. | dies **em** (dem) | dies **er** (der) | dies **em** (dem) | dies **en** (den) |
| Gen. | dies **es** (des) | dies **er** (der) | dies **es** (des) | dies **er** (der) |

## B. Use of *der*-words

1. **All-** by itself occurs mainly before plural nouns (see also 13.3D); its use in the singular is somewhat less common.[2]

   | | |
   |---|---|
   | **Alle** Geschäfte sind jetzt geschlossen. | *All stores are now closed.* |

   BUT:

   | | |
   |---|---|
   | Wir haben **alle Hoffnung** aufgegeben. | *We have given up all hope.* |

2. To express the idea of *all* or *all the* in the singular, German often uses a definite article plus the adjective **ganz.**

   | | |
   |---|---|
   | Er hat **die ganze** Arbeit selbst gemacht. | *He did all the work himself.* |

---

[2] For uses of **all-** *(sing.)* in phrases such as **alles Gute,** see 21.1B.

3. When followed by a **der-** or **ein-**word, **all-** has no ending in the singular and an optional ending in the plural.

| | |
|---|---|
| Was hat die Firma mit **all** *dem Geld* gemacht? | *What did the firm do with all the money?* |
| Sie hat **all(e)** *ihre Verwandten* in Luxemburg besucht. | *She visited all her relatives in Luxemburg.* |

4. **Jed-** occurs only in the singular.

| | |
|---|---|
| **Jedes** Kind kann das verstehen. | *Every child can understand that.* |

5. **Jen-** is fairly uncommon as a noun modifier and used mainly in contrast to **dies-**.

| | |
|---|---|
| Willst du **dieses** Getränk oder **jenes** (Getränk)? | *Do you want this drink or that one?* |

6. **Manch-** is common in the plural, but much less frequent in the singular. When the singular does occur, it is often used in conjunction with **ein-**. In such instances, **manch-** is not declined and **ein-** takes indefinite article endings.

| | |
|---|---|
| **Manche** Leute lernen nie von ihren Fehlern. | *Some people never learn from their mistakes.* |
| Ich habe **manch eine** Person/**manche** Person getroffen, die einfach nicht gern reist. | *I have met many a person who simply does not like to travel.* |

7. **Solch-** is common in the plural, but less so in the singular, where speakers of German prefer **so ein-/solch ein-** *(such a or a [. . .] like that)*.

| | |
|---|---|
| **Solche** Leute wie Philip brauchen wir. Kennst du **so einen** Menschen/**solch einen** Menschen? | *We need such people as Philip. Do you know such a person/a person like him?* |
| Jedes Kind möchte **so ein** Fahrrad/**solch ein** Fahrrad haben. | *Every child would like to have such a bicycle/a bicycle like that.* |

8. **Welch-** is most commonly used as an interrogative article (see 15.2C), but the forms **welch ein-** or **was für ein-** occur often in exclamations.

| | |
|---|---|
| **Welch ein/was für ein** herrliches Wetter! | *What glorious weather!* |

## 5.4    POSSESSIVE ADJECTIVES

### A. Forms

1. Every pronoun (see 16.1) and noun has a corresponding possessive adjective (**das Possessivpronomen**).[3]

---

[3] German grammarians classify possessive adjectives as possessive pronouns, hence the term **Possessivpronomen**. A possessive adjective used as a pronoun (see 5.5B) is a **substantiviertes Possessivpronomen**.

| Pronoun | Noun | Possessive adjective | |
|---------|------|---------------------|---|
| ich | | **mein** | *(my)* |
| du | | **dein** | *(your)* |
| er | **der**-*noun* | **sein** | *(his; its)* |
| sie | **die**-*noun* | **ihr** | *(her; its)* |
| es | **das**-*noun* | **sein** | *(his; its)* |
| man | | **sein** | *(his; their)* |
| wir | | **unser** | *(our)* |
| ihr | | **euer** | *(your)* |
| sie | *plural noun* | **ihr** | *(their)* |
| Sie | | **Ihr** | *(your)* |

2. Possessive adjectives have the same endings as the indefinite article (see 5.2). For this reason they are called **ein**-words.

| | **Masc.** | **Fem.** | **Neut.** | **Pl.** |
|------|-----------|----------|-----------|---------|
| **Nom.** | mein | mein e | mein | mein e |
| **Acc.** | mein **en** | mein e | mein | mein e |
| **Dat.** | mein **em** | mein **er** | mein **em** | mein **en** |
| **Gen.** | mein **es** | mein **er** | mein **es** | mein **er** |
| **Nom.** | unser | unser e | uns(e)r | uns(e)r e |
| **Acc.** | uns(e)r **en** | unser e | uns(e)r | uns(e)r e |
| **Dat.** | uns(e)r **em** | uns(e)r **er** | uns(e)r **em** | uns(e)r **en** |
| **Gen.** | uns(e)r **es** | uns(e)r **er** | uns(e)r **es** | uns(e)r **er** |

3. Note that the **-er** of the plural forms **unser** and **euer** is part of the adjective, not an ending. When these words have endings, the interior unstressed **-e-** is often dropped.

## B. Use

1. The choice of possessive adjective is determined by the noun or pronoun to which it refers; the *ending* depends on the case, number, and gender of the noun it modifies.

Wir haben **unser-en** Wagen gefunden.      *We have found our car.*

Monika schreibt **ihr-em** Vater.      *Monika writes to her father.*

Heinz besucht **sein-e** Mutter.      *Heinz visits his mother.*

2. Since **er, sie,** and **es** can refer to things as well as persons, the possessive forms **sein-** and **ihr-** can both mean *its* in English.

| | |
|---|---|
| Der Ahorn verliert **seine** Blätter im Winter. | *The maple tree loses **its** leaves in the winter.* |
| Die Tanne verliert **ihre** Nadeln nicht. | *The fir does not lose **its** needles.* |

## 5.5 DER- AND *EIN*-WORDS USED AS PRONOUNS

### A. *Der*-word pronouns

1. When a noun is understood from context and thus not repeated, the accompanying definite article or **der**-word can function as a pronoun.

| | |
|---|---|
| Ich nehme diese Lampe. **Welche** willst du? | *I'll take this lamp. Which one do you want?* |
| —Ich möchte **die** da. | *I'd like the one there.* |
| **Manche** mögen es heiß. | *Some (people) like it hot.* |
| Diese CD habe ich schon und **jene** werde ich mir bald kaufen. | *This CD I already have, and that one I will buy soon.* |

2. The pronouns **dies-** and **jen-** often express the idea of the *latter* and the *former*, respectively.

| | |
|---|---|
| Der Kommunismus und der Sozialismus sind in Osteuropa verschwunden. Über **jenen** haben wir schon gesprochen und mit **diesem** werden wir morgen anfangen. | *Communism and socialism have disappeared in Eastern Europe. We have already talked about the former, and we will begin with the latter tomorrow.* |

3. **Dies-** and **jen-** also appear as pronouns in the phrase **dieses und jenes.**

| | |
|---|---|
| Wir haben über **dieses und jenes** gesprochen. | *We spoke about this and that.* |

4. The pronoun forms **dies** (*this, these*) and **das** (*that, those*) are commonly used as subject forms with the verb **sein** when pointing out objects. The verb will be either singular or plural, depending upon whether one or more items are being pointed out.

| | |
|---|---|
| **Dies** ist mein Auto, **das** ist seins. | *That is my car, this is his.* |
| **Dies / Das** sind unsere Bücher. | *These/Those are our books.* |

### B. *Ein*-word pronouns

**Ein**-words, including **so ein-, manch ein-,** and **was für ein-,** can also function as pronouns as long as they retain their endings. In the three instances where the article **ein-** has no ending, a **der**-word ending must be added to indicate number, gender, and case, as highlighted in the following chart. The genitive forms occur rather infrequently.

| *Ein*-word pronoun declensions | | | |
| --- | --- | --- | --- |
| | **Masc.** | **Fem.** | **Neut.** | **Pl.** |
| **Nom.** | mein**er** | mein**e** | mein**(e)s** | mein**e** |
| **Acc.** | mein**en** | mein**e** | mein**(e)s** | mein**e** |
| **Dat.** | mein**em** | mein**er** | mein**em** | mein**en** |
| **Gen.** | mein**es** | mein**er** | mein**es** | mein**er** |

Hier ist mein Buch. Wo ist **dein(e)s?**   *Here is my book. Where is **yours?***

Ich brauche einen Bleistift.   *I need a pencil.*
—Hier liegt **einer.**   *Here is **one.***

Sie will Briefmarken kaufen, aber   *She wants to buy stamps, but she can't*
sie findet **keine.**   *find **any.***

Wir haben ein Zwei-Mann-Zelt. In   *We have a two-person tent. What kind*
was für **einem**[4] schlaft ihr?   *(of **one**) are you sleeping in?*

Wortschatz

*Platz da!*

| der Raum | der Ort |
| --- | --- |
| der Platz | die Stelle |

1.  The noun **der Raum, ̈-e** means *space* or *room* as a general area or volume. It often occurs as a compound noun: **der Lebensraum** *(living space)*, **der Weltraum** *(outer space)*, **das Weltraumschiff, die Raumfahrt** *(space travel)*. **Der Raum** can also mean *a room,* though **das Zimmer** is much more common.

Die Stadt braucht mehr **Raum** zum Bauen.   *The city needs more room for building.*

Wir müssen diesen kleinen **Raum** noch   *We must still furnish this small room.*
möblieren.

---

[4] The use of **was für** does not influence the case, which in this instance depends upon the preposition **in** (see 15.2D).

2. The noun **der Platz, ⁎e** also means *space* or *room,* but in a more specific sense than **der Raum.** It often denotes a definite *space* or *place* that someone or something occupies or where an activity takes place. In this context it occurs frequently as a compound noun: **der Arbeitsplatz** *(place of work, work station),* **der Marktplatz** *(marketplace),* **der Parkplatz** *(parking lot),* **der Spielplatz** *(playing field),* **der Tennisplatz** *(tennis court).* **Der Platz** can also refer to a *seat* (**Ist dieser Platz noch frei?**) or a *square* in a town (**Mozartplatz**).

| | |
|---|---|
| Ich brauche einen besseren **Platz** zum Arbeiten. | *I need a better place to work.* |
| Kannst du mich später am **Sportplatz** abholen? | *Can you pick me up later at the sports field?* |
| Nehmen Sie bitte **Platz.** | *Please take a seat.* |

3. The noun **der Ort, -e** can mean a *place, spot,* or *site* but does not denote an exact point. It can also refer to a city, town, village, or hamlet.

| | |
|---|---|
| Wir suchen einen **Ort,** wo wir allein sein können. | *We are looking for a spot where we can be alone.* |
| Hier ist nicht **der Ort,** über solche Dinge zu sprechen. | *Here is not the place to talk about such things.* |
| Sein **Geburtsort** ist Salzburg. | *His birthplace is Salzburg.* |

4. The noun **die Stelle, -n** refers to a precise *spot, place,* or *location,* usually on or within a larger entity, such as the human body. It can occasionally occur interchangeably with **der Ort,** but always refers to a more defined *spot.* **Die Stelle** can also mean *stead* (that is, in someone's place). Finally, **die Stelle** can denote a *passage* in a book, or a *job* or *position.*

| | |
|---|---|
| An dieser **Stelle** im Wald wachsen besonders große Pilze. | *Particularly large mushrooms grow in this spot in the woods.* |
| An dieser **Stelle** (an meinem Arm) tut es weh. | *This spot (on my arm) hurts.* |
| An deiner **Stelle** würde ich anders handeln. | *In your position I would act differently.* |
| Lesen Sie diese **Stelle** im Buch noch einmal. | *Read this passage in the book once more.* |
| Sie sucht eine bessere **Stelle.** | *She is looking for a better position.* |

5. The uses of **Ort, Stelle,** and **Platz** often overlap, but with subtle differences in meaning.

An dieser **Stelle** ist der Mann gestorben. *(the specific spot)*

An diesem **Ort** ist der Mann gestorben. *(the general location)*

ALSO:

*In* diesem **Ort** ist der Mann gestorben. *(village or town)*

*Auf* diesem **Platz** ist der Mann gestorben. *(the place/seat where he was sitting)*

# Übungen

**A**  **Welches Wort passt?**   Ergänzen Sie durch passende Substantive. (Ab und zu passt mehr als ein Wort hinein, aber dann hat der Satz auch eine etwas andere Bedeutung.)

1. Der Kommissar fuhr zu d- ____ ____ des Mordes.
2. Wer Golf spielen will, braucht ein- ____ ____ zum Spielen.
3. Sie erzählt gern von d- ____ ____ , wo sie aufgewachsen ist.
4. In vielen deutschen Städten gibt es kaum noch ____ zum Bauen.
5. An Ihr- ____ ____ hätte ich das nicht gesagt.
6. An dies- ____ ____ ist der Unfall passiert.
7. Hier ist d- ____ richtige ____ für einen Garten.
8. Wir brauchen mehr ____ .

**B**  **Von großer Bedeutung.**   Nennen Sie jeweils zwei **Orte** und zwei **Plätze,** die für Sie große Bedeutung haben oder hatten.

**BEISPIEL**   *Seattle bedeutet mir viel, denn in diesem **Ort** bin ich geboren und aufgewachsen.*

**C**  **Die Hansestadt[5] Hamburg.**   Ergänzen Sie die Sätze durch passende Formen von **der** oder **ein.**

1. Im 9. Jahrhundert wurde „Hammaburg" an ____ Elbe *(f.)* gegründet.
2. Im Mittelalter entwickelte sich ____ Ort zu ____ wichtigen Handelsmetropole *(f.)*.
3. Mit ____ Aufkommen ____ Dampfschifffahrt *(steamboat travel)* wurde Hamburg ____ wichtiger Hafen für Seefahrer aus ____ ganzen Welt.
4. Trotz seines Alters ist Hamburg ____ moderne Stadt.
5. ____ Bombenangriffe *(bombing raids)* von 1943-45 zerstörten ____ Stadtzentrum. Fast 55.000 Menschen kamen ums Leben *(perished)*.
6. Heute umfasst *(encompasses)* ____ Hafen ____ Gebiet *(n.)* von 16 km Länge.
7. In ____ Stadtteil Stellingen gibt es ____ sehenswerten Tierpark.
8. Im Westen ____ Stadt liegt ____ Hafenviertel St. Pauli mit ____ vielbesuchten *Reeperbahn (f.)*.[6]
9. Mit mehr als 1,6 Millionen Einwohnern gehört Hamburg zu ____ Weltstädten Europas.

**D**  **Gewohnheiten.**   Was machen Sie in der Regel **vor, während** und/oder **nach** den folgenden Aktivitäten?

**BEISPIEL**   die Deutschstunde
*Vor der Deutschstunde lerne ich gewöhnlich neue Vokabeln.*

---

[5] During the Middle Ages, Hamburg was a member of the Hanseatic League, a powerful alliance of key port cities along the North and Baltic Seas. It is still often referred to as **die Hansestadt Hamburg** (HH).

[6] The *Reeperbahn* is a street known for its bars, nightclubs, arcades, and other forms of adult entertainment.

1. das Frühstück
2. die Schule
3. die Deutschstunde
4. die Arbeit
5. das Abendessen

Fragen Sie andere Studenten, was sie vor, während oder nach diesen Aktivitäten machen.

**E** **Beruf und Nationalität.** Ergänzen Sie die Sätze.

BEISPIEL Mein Großvater war ____ und ____.
*Mein Großvater war **Deutscher** und **Klavierbauer.***

1. Von Beruf ist mein Onkel/meine Tante ____.
2. Meine Mutter ist ____. Früher war sie ____.
3. Ich bin jetzt ____.
4. Mein Vater arbeitet jetzt als ____. Früher war er ____.
5. Meine Vorfahren waren ____.
6. Beruflich möchte ich ____ werden.

**F** **Modefragen.** Lesen Sie die Sätze und dann ergänzen Sie sie mit den passenden Artikelwörtern aus dem Wortschatzkasten (und mit passenden Endungen, natürlich!). Verwenden Sie dabei jedes Artikelwort.

BEISPIEL Kauf dir doch ____ Pullover.
*Kauf dir doch **diesen** Pullover.*

all-  dies-  jed-  so ein-  solch-  welch -

1. Soll ich mir ____ Hemd kaufen oder nicht?
2. Und wenn ja, dann in ____ Farbe?
3. Eigentlich habe ich ____ Hemd ja schon, aber ich könnte doch noch eins gebrauchen, oder?
4. ____ Freund von mir hat drei oder vier davon.
5. Hmm ... warum tragen eigentlich ____ meine Freunde die gleiche Kleidung?
6. An ____ Fragen sollte man im Kleidungsgeschäft lieber nicht denken.

**G** **Jeder für sich.** Bilden Sie mit jedem der folgenden Pronomen oder Substantive einen Satz, der auch ein Possessivpronomen enthält. Wiederholen Sie dabei kein Verb.

BEISPIELE sie
*Sie schreibt **ihrem** Freund.*

der Vogel
*Der Vogel baut **sein** Nest in einem Baum.*

1. ich
2. du
3. die Katze
4. der Mensch
5. das Mädchen
6. wir
7. ihr
8. die Arbeiter
9. Sie
10. man

# Anwendung

**A**  **Bei uns zu Hause.**   Erzählen Sie anderen Studenten im Kurs über das Leben bei Ihnen zu Hause. Berichten Sie, was Sie von diesen Leuten erfahren.

> **REDEMITTEL**
>
> Bei uns zu Hause muss jeder sein-/ihr- (eigenes) …
> Vater hat sein- …
> Mutter hat ihr- …
> Von unserem … muss ich auch erzählen.
> Und wie ist es bei euch?
> Habt ihr auch eur- …?

**B**  **Sein? Ihr?**   Vergleichen Sie zwei Bekannte – eine Frau und einen Mann. Schreiben Sie mindestens fünf Sätze darüber, was bei den beiden alles unterschiedlich (*different*) ist: Eigenschaften (*personality traits*), Gewohnheiten (*habits*), Familien, Interessen, Hobbys usw. Verwenden Sie dabei **sein-** und **ihr-** mit passenden Endungen.

BEISPIEL    *Ihre Eltern wohnen in New York, **seine** Eltern in Cleveland.*
*Ihr Zimmer im Studentenheim sieht immer ordentlich aus, **sein** Zimmer ist eine wahre Katastrophe.*

**C**  **Charaktere.**   Schreiben Sie eine Liste mit Charakteren aus ein paar Texten auf, die Sie in Ihrem Deutschunterricht gelesen haben. Machen Sie dann mit einer Partnerin/einem Partner ein paar Aussagen über jeden Charakter mit Vokabeln wie **sein-, ihr-, jed-, dies-, so ein-** usw.

# Schriftliche Themen

| **Tipps zum Schreiben** | **Editing Your Writing** |
| --- | --- |
| | When preparing an introduction to or a description of a person or place, read aloud what you have written. Do the sentences provide essential information in a manner that is easy for your listeners to comprehend? Have you managed to avoid beginning every sentence with the name of the person or place or with the subject pronouns **er** and **sie**? When you use the possessive adjectives **sein** and **ihr**, do they match the nouns to which they refer in number and gender? |

**A** **Wir stellen vor.** Kennen Sie jemanden aus einem anderen Land, der jetzt in Ihrer Heimat studiert oder arbeitet? Stellen Sie diese Person in einem kurzen Bericht vor. Erwähnen *(mention)* Sie Nationalität, Beruf, Wohnort, Adresse (in welcher Straße, bei wem), Beruf der Eltern, besondere Interessen und Leistungen *(accomplishments)* usw.

BEISPIEL   Ich möchte meine Freundin Natsu Nemoto vorstellen. Sie ist Japanerin und Studentin. Abends arbeitet sie als Kassiererin in einem Studentencafé am University Square. Ihr Vater ist Ingenieur in Tokio, ihre Mutter Übersetzerin. Sie wohnt jetzt bei Familie Gretter in der Grand Avenue. Nach ihrem Studium möchte sie Journalistin werden und ... usw.

**B** **Ortskundig.** Beschreiben Sie einen Ort, den Sie gut kennen. Geben Sie Informationen über die Sehenswürdigkeiten *(places of interest)* und die Geschichte und alles, was diesen Ort sonst noch interessant macht. Benutzen Sie dabei Vokabeln aus dem ganzen Kapitel, wie **so ein, jed-, all-, dies-, mein, dein, unser** und auch **Ort, Platz, Stelle,** und **Raum.**

BEISPIEL   In dem Dorf, wo mein Vater aufwuchs, gibt es eigentlich recht viel zu sehen. Der interessanteste Platz ist sicher die Festung *(fort)*, die während eines Krieges noch vor der Amerikanischen Revolution gebaut wurde. So eine Festung hat nicht jeder Ort in den USA! Hinter dieser Festung steht ein kleines Museum, wo mein Vater ... usw.

# Zusammenfassung

### Rules to Remember

1   There are two types of articles, **der**-words and **ein**-words.

2   Articles mark the case, number, and gender of nouns.

3   The **der**-words are **all-, dies-, jed-, jen-, manch-, solch-,** and **welch-.**

4   The **ein**-words are the possessive adjectives **mein, dein, sein, ihr, unser, euer,** and **Ihr** plus **kein.**

5   **Der**-words and **ein**-words can be used as pronouns.

## At a Glance

| Definite articles | | | | |
|---|---|---|---|---|
| | **Masc.** | **Fem.** | **Neut.** | **Pl.** |
| Nom. | der | die | das | die |
| Acc. | den | die | das | die |
| Dat. | dem | der | dem | den |
| Gen. | des | der | des | der |

| Indefinite articles | | | | |
|---|---|---|---|---|
| | **Masc.** | **Fem.** | **Neut.** | **Pl.** |
| Nom. | ein | eine | ein | (keine) |
| Acc. | einen | eine | ein | (keine) |
| Dat. | einem | einer | einem | (keinen) |
| Gen. | eines | einer | eines | (keiner) |

| *der*-words | |
|---|---|
| **all-** | all *(s. and pl.)* |
| **dies-** | this *(s.)*; these *(pl.)* |
| **jed-** | each, every *(s.)* |
| **jen-** | that *(s.)*; those *(pl.)* |
| **manch-** | many a *(s.)*; some *(pl.)* |
| **solch-** | such [a] *(s.)*; such *(pl.)* |
| **welch-** | which *(s. and pl.)* |

| *ein*-word pronouns | | | | |
|---|---|---|---|---|
| | **Masc.** | **Fem.** | **Neut.** | **Pl.** |
| Nom. | meiner | meine | mein(e)s | meine |
| Acc. | meinen | meine | mein(e)s | meine |
| Dat. | meinem | meiner | meinem | meinen |
| Gen. | meines | meiner | meines | meiner |
| | so ein- | | | |
| | manch ein- | | | |
| | was für ein- | | | |

| Possessive adjectives | |
|---|---|
| **Singular** | |
| ich | → **mein** |
| du | → **dein** |
| er/es/man | → **sein** |
| sie *(s.)* | → **ihr** |
| **Plural** | |
| wir | → **unser** |
| ihr | → **euer** |
| sie *(pl.)* | → **ihr** |
| Sie | → **Ihr** |

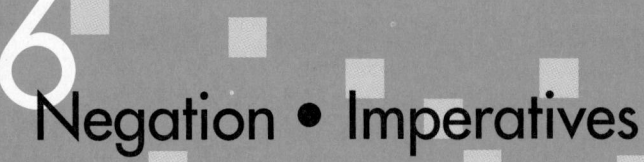

# 6 Negation • Imperatives

# Grammatik

### A. *Kein-*

1. **Kein-** *(no, not a, not any)* is the negative form of the indefinite article **ein-** and takes the same endings (see 5.2). It is used only to negate nouns preceded either by **ein-** or by no article at all, although they may be preceded by adjectives.

   | | |
   |---|---|
   | Hat sie *einen* Computer? | *Does she have a computer?* |
   | —Nein, sie hat **keinen** Computer. | *No, she does not have a computer.* |
   | Gibt es hier in der Nähe gute Geschäfte? | *Are there any good stores around here?* |
   | —Nein, hier gibt es **keine** guten Geschäfte. | *No, there are no/not any good stores here.* |

2. **Kein-** cannot be used to negate a noun preceded by a definite article or a possessive adjective. **Nicht** must be used instead.

   COMPARE:

   | | |
   |---|---|
   | Sie findet **keinen** Computer. | *She finds **no** computer.* |
   | Sie findet den/meinen Computer **nicht**. | *She does **not** find the/my computer.* |

### B. *Nicht (nie, niemals)*

1. **Nicht** *(not)* and **nie/niemals** *(never)* are used to negate all elements of a sentence other than nouns preceded by **ein-** or by no article at all.

**70**

2. The position of **nicht** in a clause depends on what is being negated, that is, whether the **nicht** relates to the clause in general, or focuses on a particular piece of information within it. In *clause-level negation*, the position of **nicht** is determined by the grammatical context as follows:

a. **Nicht** *follows* conjugated verbs, dative and accusative objects, and specific time expressions.

| | |
|---|---|
| Sie kauft das Kleid **nicht.** *(accusative object)* | *She isn't buying the dress.* |
| Er schreibt seinen Eltern **nicht.** *(dative object)* | *He isn't writing his parents.* |
| Wir sehen den Film heute **nicht.** *(specific time expression)* | *We're not going to see that film today.* |

b. **Nicht** *precedes* adverbs and prepositional phrases that are not specific time expressions, and final-position verbal complements (see 1.1C).

| | |
|---|---|
| Er kann **nicht** schnell rechnen. *(adverb)* | *He cannot calculate quickly.* |
| Wir gehen **nicht** mit ihnen tanzen. *(prepositional phrase)* | *We're not going dancing with them.* |
| Du kannst diesen Kurs **nicht** belegen. *(infinitive)* | *You cannot take this course.* |
| Sie haben die Gefahr **nicht** erkannt. *(past participle)* | *They didn't recognize the danger.* |
| Der Lärm hört **nicht** auf. *(separable prefix)* | *The noise does not stop.* |
| Sie ist **nicht** die richtige Frau für ihn. *(predicate nominative)* | *She is not the right woman for him.* |
| Das Wetter wird **nicht** besser. *(predicate adjective)* | *The weather is not getting any better.* |

3. In *element-level negation*, however, where one specific element is highlighted for negation, **nicht** precedes this element directly. Contrasting information following the negated element is usually introduced by **sondern.** Compare:

**Clause-level negation:**

Sie kennt meinen Bruder. $\longrightarrow$ Sie kennt meinen Bruder **nicht.**

**Element-level negation:**

Sie kennt meinen Bruder. $\longrightarrow$ Sie kennt doch **nicht** meinen Bruder, oder?
(*with emphasis on* **meinen** *or* **Bruder**)

**With contrasting information:**

Sie kennt **nicht** meinen *Bruder,* **sondern** meinen *Vetter.*

Sie kennt **nicht** *meinen* Bruder, **sondern** *seinen* Bruder.

## 6.2     IMPERATIVES

### A. Formation

1. The imperative (**der Imperativ**) has four forms in German.

**du**-form     *(familiar, singular)*
**ihr**-form    *(familiar, plural)*
**Sie**-form    *(formal, singular or plural)*
**wir**-form    *(first person plural: Let's . . .)*

2. Imperatives are generated from the present tense. The **du**-imperative consists of the present-tense stem + an optional **-e** that is usually omitted, particularly in colloquial German.

| | |
|---|---|
| **Schreib(e)** bald! | *Write soon!* |
| **Bring(e)** deine Freunde **mit!** | *Bring your friends along!* |

The final **-e** is *not* omitted if the infinitive stem ends in **-d, -t, -ig,** or in **-m** or **-n** preceded by a consonant other than **l** or **r**.

| | |
|---|---|
| **Antworte!   Entschuldige!   Atme!** | *Answer!   Pardon (me)!   Breathe!* |

3. Verbs with the present-tense vowel shifts **e ⟶ i** or **e ⟶ ie** also shift in the **du**-imperative, but they do not add an **-e**.

| | |
|---|---|
| Du sprichst ⟶ **Sprich!** | *Speak!* |
| Du liest ⟶ **Lies** bitte schneller! | *Please read more quickly!* |
| EXCEPTION: **werden:** du wirst ⟶ Stirb und **werde!** (Goethe)[1] | *Die and become!* |

However, verbs with the stem changes **a ⟶ ä, au ⟶ äu,** or **o ⟶ ö** do *not* have vowel shifts in the **du**-imperative and may take the optional **-e**.

| | |
|---|---|
| Du trägst ⟶ **Trag(e)** es! | *Carry it!* |
| Du läufst ⟶ **Lauf(e)!** | *Run!* |

4. The **ihr**-form imperative is the same as the **ihr**-form of the present tense, but the pronoun is omitted.

| | |
|---|---|
| Gabi und Heidi, **kommt** bald **wieder!** | *Gabi and Heidi, come again soon!* |
| **Sprecht** deutlicher! | *Speak more clearly!* |

5. German occasionally includes the pronouns **du** and **ihr** with the familiar imperative for emphasis or clarification.

| | |
|---|---|
| Ich habe dreimal aufgeräumt. **Mach du** es mal! (**Macht ihr** es mal!) | *I have cleaned up three times. You do it for a change!* |

---

[1] From Goethe's poem "Selige Sehnsucht" in *Westöstlicher Divan.*

6. The **Sie**-form imperative is the same as the **Sie**-form of the present tense, but the verb is always followed by the pronoun **Sie.**

| | |
|---|---|
| Meine Damen und Herren, **treten Sie** bitte näher! | *Ladies and gentlemen, please step closer!* |
| Herr Ober, **bringen Sie** uns bitte eine Speisekarte. | *Waiter, please bring us a menu.* |

7. The **wir**-form imperative is the same as the **wir**-form of the present tense, but the verb is always followed by the pronoun **wir.**

| | |
|---|---|
| **Gehen wir** heute einkaufen! | *Let's go shopping today!* |
| **Nehmen wir** nun **an,** dass niemand die Antwort weiß. | *Let's assume now that no one knows the answer.* |

8. The imperatives for the verb **sein** are irregular.

| | | |
|---|---|---|
| **Sei** **Seid** **Seien Sie** | ⎫⎬⎭ ruhig! | *Be quiet!* |
| **Seien wir** | vorsichtig! | *Let's be careful!* |

## B. Use

1. The imperative is used to express not only commands, but also requests, instructions, suggestions, or warnings. Normally an imperative ends with an exclamation point, although a period is permissible if no emphasis is implied.

| | |
|---|---|
| Passen Sie auf! *(command/warning)* | *Watch out!/Pay attention!* |
| Übersetzen Sie die Sätze. *(instruction)* | *Translate the sentences.* |
| Essen wir jetzt. *(suggestion)* | *Let's eat now.* |

2. In some social contexts, an imperative (such as **Gib mir die Butter!**) is perceived as inappropriately direct. Inserting **bitte** into the command softens the authoritarian tone somewhat, but German speakers often make use of alternatives such as modal verbs (see Chapter 9) and subjunctive forms (see 20.3D) to convey such desires:

| | |
|---|---|
| **Kannst** du mir die Butter geben? | *Can you give me the butter?* |
| **Würden** Sie mir bitte die Butter geben? | *Would you please give me the butter?* |

In colloquial usage, one often hears such desires expressed as questions with rising intonation:

| | |
|---|---|
| Gibst du mir die Butter? | *Could you give me the butter?* |

3. Directives for the general public (such as signs, announcements, and instructions) are often expressed with an infinitive and no pronoun, which conveys a very impersonal tone. The infinitive is placed at the end of the command.

| | |
|---|---|
| Bitte nicht **hinauslehnen!** | *No leaning out!* |
| Den Rasen nicht **betreten!** | *No walking on the grass!* |

### C. *Bitte* and flavoring particles with the imperative

1. **Bitte** or any one of several flavoring particles (see 25.2) can accompany the imperative. **Bitte** makes a command more polite. When it begins a sentence, it is set off by a comma only when stressed. It also occurs in other positions, but it may not immediately precede pronouns.

| | |
|---|---|
| **Bitte** tun Sie das! | *Please do that!* |
| **Bitte** vergessen Sie die Nummer nicht! | *Please don't forget the number!* |
| Zeigen Sie es ihnen **bitte** nicht! | *Please don't show it to them!* |

2. **Doch** adds a sense of impatience to imperatives.

| | |
|---|---|
| Hilf mir **doch**! | *Come on, help me!* |

3. **Mal** adds a sense of mild impatience best expressed by the English word *just*.

| | |
|---|---|
| Hört **mal** zu! | *Just listen!* |
| Seien Sie **mal** ruhig! | *Just be quiet!* |

4. **Nur** often adds a stipulative tone to imperatives, implying that consequences—either good or bad—will result.

| | |
|---|---|
| Versuchen Sie es **nur**! | *Just try it (and see)!* |

5. Several flavoring particles may accompany an imperative.

| | |
|---|---|
| Hören Sie **doch bitte mal** zu! | *Come on, just listen, please!* |

# Wortschatz
## *Nichts geht mehr.*

The most common expressions of negation include the following words and phrases.

**kein-**   no, not any
**kein- ... mehr**   no more . . .
**nicht**   not
**nicht mehr**   no more, no longer
**nichts**   nothing, not anything
**nie/niemals**   never
**niemand**   no one, not anyone
**nirgends/nirgendwo**   nowhere, not anywhere
**nicht einmal**   not even
**nicht nur (sondern auch)**   not only (but also) (see 11.2)
**noch nicht**   not yet

**noch kein-**   not any . . . yet
**noch nie**   not ever (yet)
**ich nicht**   not me/not I
**ich auch nicht**   me neither, nor (do) I
**gar nicht/überhaupt nicht**   not at all
**gar nichts/überhaupt nichts**   nothing at all
**gar kein-/überhaupt kein-**   not any . . . at all
**lieber nicht**   (preferably) not, (would) rather not
**weder . . . noch**   neither . . . nor (see 11.2)
**durchaus nicht/keinesfalls**   by no means, not at all
**auf keinen Fall**   by no means

# Übungen

**A** **Alles falsch.**   Berichtigen Sie die Aussagen. Verwenden Sie **kein-, nicht** oder **nie**.

1. Fische haben lange Beine.
2. Vancouver ist die Hauptstadt von Kanada.
3. Immanuel Kant hat an einer Universität in Japan studiert. Dort wurde er später Professor.
4. Es schneit oft in Miami.
5. Hasen fressen gern Mäuse.
6. Frankfurt liegt im Norden von Deutschland.
7. Man soll den Tag vor dem Abend loben *(praise)*.
8. *Alle* Studentinnen und Studenten in diesem Deutschkurs werden gute Noten bekommen.

**B** **Der ewige Neinsager.**   Markus sieht alles negativ. Wie wird er wohl auf diese Fragen antworten?

BEISPIELE   Markus, macht dir dein Studium Spaß?
*Nein, mein Studium macht mir **keinen** Spaß.*

Markus, liest du gern?
*Nein, ich lese **nicht** gern.*

1. Bekommst du Post?
2. Hast du deine CD gefunden?
3. Verstehst du meine Fragen?
4. Möchtest du Sportler werden?
5. Kannst du deine Hausaufgaben morgen abgeben?
6. Bekommst du in Deutsch gute Noten?
7. Gehst du morgen mit uns schwimmen?

8. Ist dein Vater Chef einer Bank?
9. Interssiert du dich für Musik?
10. Spielst du Fußball?

**C**  **Das mache ich nicht.**    Gibt es Dinge, die Sie nicht haben, nicht oder nie tun oder nicht gern tun? Machen Sie sieben Aussagen.

BEISPIELE    *Ich spiele kein Musikinstrument.*
*Ich tanze nicht gern.*

**D**  **Nicht immer so höflich.**    Herr Haase äußert seine Bitten immer sehr höflich. Drücken Sie ihre Wünsche und Bitten durch den Imperativ der kursiv gedruckten Verben stärker aus.

BEISPIELE    Du sollst lauter *sprechen.*
***Sprich** lauter!*

Würdet ihr uns bitte *helfen?*
***Helft** uns bitte!*

1. Herr Kollege, könnten Sie bitte den Projektor *holen?*
2. Leute, bitte etwas lauter *reden!*
3. Du kannst mich heute Abend zu Hause *anrufen.*
4. Marco, könntest du bitte die Tür *öffnen?*
5. Herr Moritz, darf ich Sie bitten mir zu *helfen?*
6. Kinder, *seid* ihr bitte ruhig?
7. Josef, ich hoffe, du *wirst* nicht böse.
8. Rainer, du sollst dich doch *beruhigen!*
9. Es wäre *(would be)* für uns gut etwas fleißiger zu *sein.*

**E**  **Überhaupt nicht. Völlig falsch.**    Machen Sie Aussagen über sich *(yourself)* mit den folgenden Ausdrücken.

BEISPIELE    *Ich habe meinen Aufsatz in Deutsch **noch nicht** abgegeben.*
*Ich war **noch nie** in Europa.*

1. noch nie                 5. durchaus nicht
2. noch nicht               6. weder ... noch
3. gar kein- / überhaupt kein-     7. keinesfalls
4. nie / niemals            8. überhaupt nicht

**F**  **Situationen.**    Was sagen Sie? Verwenden Sie auch passende Partikeln.

BEISPIEL    Ein Freund von Ihnen will Eintrittskarten für ein Rockkonzert kaufen und fragt Sie, ob er Ihnen auch welche kaufen soll.
*Ja, kauf(e) mir bitte auch eine Karte!*

1. Studenten plaudern *(chat)* neben Ihnen in der Bibliothek, während Sie zu lesen versuchen.
2. Sie haben die Frage Ihrer Deutschprofessorin entweder nicht gehört oder nicht verstanden.

3. Sie wollen mit jemandem irgendwo gemütlich zusammensitzen und plaudern.
4. Sie wollen, dass Sie jetzt niemand in Ihrem Zimmer stört und hängen einen kleinen Zettel (note) an die Tür.
5. Sie haben eine schwierige Hausaufgabe und möchten, dass ein paar Freunde Ihnen dabei helfen.
6. Sie haben Ihre Mutter beim Sprechen unterbrochen und wollen sich entschuldigen.
7. Ihr Schäferhund bellt schon wieder und das wollen Sie sich nicht mehr anhören.
8. Ihre kleine Schwester kommt mit ganz schmutzigen Händen zum Essen.

**G** **Bitten!** Was für Bitten haben Sie an die folgenden Personen?

BEISPIEL an Ihren Vater
*„Vati, schick mir bitte mehr Geld!"*

1. an Ihre Eltern
2. an Ihre Geschwister (Schwester/Bruder)
3. an eine Freundin/einen Freund
4. an Ihre Deutschprofessorin/Ihren Deutschprofessor
5. an eine berühmte Person

# Anwendung

**A** **Faule Menschen.** Wer kann den faulsten Menschen beschreiben? Erzählen Sie von einem wirklichen oder erfundenen (imaginary) Menschen, der gar nichts hat und gar nichts tut.

---

REDEMITTEL

Mensch, kenne ich aber eine faule Person!
Sie/Er ist so faul, dass sie/er...
Weil sie/er nie ... [tut], hat sie/er auch kein- ...
Natürlich [tut] sie/er auch kein- ...
Meistens [tut] sie/er ... und [tut] gar nicht(s).
Sie/Er will nicht einmal (not even) ...

---

**B** **Ratschläge** (pieces of advice). In diesem Rollenspiel übernimmt eine Partnerin/ein Partner die Rolle einer erfahrenen Studentin oder eines erfahrenen Studenten, und die/der andere die Rolle einer Person, die nächstes Jahr zur Uni kommt. Die erfahrene Studentin/Der erfahrene Student gibt dieser Person Ratschläge in Form von Imperativen (**du**-Form) und verwendet dabei verschiedene Formen von **nicht** und andere Negationswörter aus dem **Wortschatz.** Die Partnerin/Der Partner kann fragen, was hinter diesen Ratschlägen steckt.

**BEISPIELE**  Belege keine Kurse vor dem Mittagessen! (*Don't sign up for any classes before lunch!*)

Iss auf keinen Fall in der Mensa, wenn es Fisch gibt! (*Whatever happens, don't eat in the cafeteria when they're serving fish.*)

**C**  **Wer nicht hören will, muss fühlen.**  Das folgende Gedicht enthält Befehle (*commands*), die manche Kinder sicher schon öfter gehört haben. Welche Befehle (**du**-Imperative) mussten *Sie* sich als Kind anhören? Welche Befehle werden Ihre Kinder später wohl von Ihnen zu hören bekommen? Wie deuten Sie die Zeilen: „Wer nicht hören will, muss fühlen"? Diskutieren Sie mit anderen Studenten darüber.

Erziehung

laß[2] das
komm sofort her
bring das hin
kannst du nicht hören
hol das sofort her
kannst du nicht verstehen
sei ruhig
faß das nicht an
sitz ruhig
nimm das nicht in den Mund
schrei nicht
stell das sofort wieder weg
paß auf
nimm die Finger weg
sitz ruhig
mach dich nicht schmutzig
bring das sofort wieder zurück
schmier dich nicht voll
sei ruhig
laß das

wer nicht hören will
muß fühlen

—Uwe Timm

---

[2] This poem retains its original spelling, rather than the spelling of the recent **Rechtschreibreform** (see Appendix for more details).

# Schriftliche Themen

| Tipps zum Schreiben | **Writing First Drafts and Checking for Common Errors** |
|---|---|
| | Always jot down a few ideas in German before beginning a composition. Then write a first draft. Read through this draft to see whether you have used a variety of verbs. Now is also a good time to check for common errors such as misspellings, uncapitalized nouns, verbs not in second position, and the use of **nicht ein-** instead of **kein-** (see 6.1). Have you also kept your sentences concise and to the point, or do they tend to ramble on and on and on? When writing a second or final draft, be sure to vary your style by starting some sentences with elements other than the sentence subject. |

**A** **Selbstanalyse.**    Schreiben Sie eine Selbstanalyse mit dem folgenden Titel: „Was ich nicht bin, nicht habe, nicht tue und nicht will." (Siehe auch **Wortschatz.**)

BEISPIEL    Ich bin kein fauler Mensch, aber ich will nicht immer arbeiten. Ich will auch nicht ... Natürlich habe ich auch keine Lust ... usw.

**B** **Reicher Mensch, armer Mensch.**    Man kann sich leicht das Leben eines reichen Menschen vorstellen *(imagine)*. Wie ist es aber bei einem armen Menschen, der wenig oder nichts hat? Erzählen Sie davon.

**C** **Diese Stadt!**    Gibt es manches, was Ihnen an der Stadt, in der Sie jetzt wohnen, nicht gefällt? Erzählen Sie aus einer etwas negativen Sicht davon. Verwenden Sie einige der Ausdrücke aus dem **Wortschatz.**

BEISPIEL    Diese Stadt gefällt mir nicht so sehr. Es gibt keine netten Studentenlokale und nirgendwo kann man sich abends im Stadtzentrum gemütlich treffen. Aber ich gehe abends sowieso lieber nicht in die Stadt, denn es fahren nach zehn Uhr keine Busse zur Universität zurück. Außerdem gibt es nicht einmal ... usw.

## das darf doch **nicht** wahr sein!

# Zusammenfassung

## Rules to Remember

1 **Kein**- negates nouns preceded by **ein**- or no article at all.

2 **Nicht** negates everything else.

3 **Nicht** *follows* verbs in second position, direct or indirect objects, and specific time expressions.

4 **Nicht** *precedes* other adverbial expressions that come after the verb.

5 In most cases, no pronoun is used after **du**- and **ihr**-imperatives (**Komm; Kommt**).

6 Pronouns are always used after **wir**- and **Sie**-imperatives (**Gehen wir; Gehen Sie**).

## At a Glance

| *Nicht:* Element-level negation | | | | |
|---|---|---|---|---|
| nicht | x | (...) | sondern | y |

| *Nicht:* Clause-level negation | | | | | |
|---|---|---|---|---|---|
| first elements | V₁ | objects | specific time adverbs | nicht | other adverbials | verbal complements | V₂ |

| Imperative Forms | | | | | |
|---|---|---|---|---|---|
| | **gehen** | **mitsingen** | **antworten** | **sprechen (e → i)** | **tragen (a → ä)** |
| du | Geh(e) | Sing(e) ... mit | Antworte | Sprich | Trag(e) |
| ihr | Geht | Singt ... mit | Antwortet | Sprecht | Tragt |
| Sie | Gehen Sie | Singen Sie ... mit | Antworten Sie | Sprechen Sie | Tragen Sie |
| wir | Gehen wir | Singen wir ... mit | Antworten wir | Sprechen wir | Tragen wir |

# Simple Past Tense • Past Perfect Tense

# Grammatik

**7.1    SIMPLE PAST TENSE**

### A. Formation

1.  The simple past tense (**das Präteritum**) is the second principal part of the verb (see 3.1). The simple past tense of *weak verbs* is formed by adding a **-t** plus a set of personal endings to the infinitive stem.

    If the infinitive stem ends in **-d, -t,** or in a single **-m** or **-n** preceded by a consonant other than **l** or **r,** then an **e** is added before the **-t** to facilitate pronunciation.

| | **lernen** | **arbeiten** | **atmen** *(to breathe)* |
|---|---|---|---|
| ich | lern**t e** | arbeit**et e** | atm**et e** |
| du | lern**t est** | arbeit**et est** | atm**et est** |
| er/sie/es | lern**t e** | arbeit**et e** | atm**et e** |
| wir | lern**t en** | arbeit**et en** | atm**et en** |
| ihr | lern**t et** | arbeit**et et** | atm**et et** |
| sie/Sie | lern**t en** | arbeit**et en** | atm**et en** |

2.  *Strong verbs* (see also 3.1B) form the past-tense stem by changing the vowel and sometimes also the consonant of the infinitive stem; they *do not* add a **-t** to this stem, as do the weak verbs. There are no endings in the first- and third-persons singular of strong verbs.

**81**

| liegen | gehen | sitzen |
|---|---|---|
| ich lag ☐ | ging ☐ | saß ☐ |
| du lag **st** | ging **st** | saß **est**[1] |
| er/sie/es lag ☐ | ging ☐ | saß ☐ |
| wir lag **en** | ging **en** | saß **en** |
| ihr lag **t** | ging **t** | saß **t** |
| sie/Sie lag **en** | ging **en** | saß **en** |

For a listing of strong verbs, see Appendix 4.

3. *Irregular weak verbs* (see also 3.1C) form the simple past tense like the weak verbs, but they also change the stem vowel. The verbs **bringen** and **denken** have consonant changes as well. (The modal verbs are irregular; their tense formation is discussed in Chapter 9.)

| wissen | |
|---|---|
| ich wuss̱t **e** | wir wuss̱t **en** |
| du wuss̱t **est** | ihr wuss̱t **et** |
| er/sie/es wuss̱t **e** | sie/Sie wuss̱t **en** |

*also:* brennen ⟶ brannte       nennen ⟶ nannte
bringen ⟶ brachte       rennen ⟶ rannte
denken ⟶ dachte        senden ⟶ sandte / sendete[2]
kennen ⟶ kannte        wenden ⟶ wandte / wendete[2]

4. The auxiliaries **sein** and **werden** are strong verbs; **haben** is an irregular weak verb.

| haben | sein | werden |
|---|---|---|
| ich **hatte** | **war** ☐ | **wurde** |
| du **hattest** | **warst** | **wurdest** |
| er/sie/es **hatte** | **war** ☐ | **wurde** |
| wir **hatten** | **waren** | **wurden** |
| ihr **hattet** | **wart** | **wurdet** |
| sie/Sie **hatten** | **waren** | **wurden** |

---

[1] Past-tense stems ending in **-s, -ss,** and **-ß** require an **e** before the **-st** in the second-person singular. This **e** often occurs with many other strong verbs as well, particularly in poetry: **du fand(e)st; du hielt(e)st; du schnitt(e)st;** BUT **du kamst; du lagst; du warst.**

[2] For the use of these verb forms, see 3.1C, footnote 3.

5. In the past tense, all verbs with separable prefixes function as they do in the present tense (see 2.1E); the prefix goes to the end of a main clause, but reconnects to the verb in subordinate clauses, or when the verb appears as an infinitive.

| | |
|---|---|
| Gregor **schlief** oft während der Vorlesung **ein.** | *Gregor often fell asleep during the lecture.* |
| Alle wussten, dass er oft während der Vorlesung **einschlief.** | *Everyone knew that he often fell asleep during the lecture.* |

## B. Use

1. The German simple past tense is sometimes called the *narrative past;* it has several English equivalents.

**ich fragte** {
*I asked*
*I was asking*
*I did ask*
*I used to ask*
*I would ask (used to ask)*
}   —not würde

2. In German, both the simple past and present perfect tense refer to actions and events that have taken place in the past. In general, the *present perfect* is used in conversational renditions of past events (hence its designation by some as the *conversational past*), while the *simple past* is more common in certain kinds of writing (and therefore often referred to as the *narrative past*). Sometimes they are interchangeable: speakers in Northern Germany use the simple past in some situations to express the same information that speakers from Southern Germany convey with the present perfect tense. The following comparison, however, points out their differing perspectives.

### Present perfect tense

- Refers to events just prior to the moment of speaking:

| | |
|---|---|
| Ich **habe** meine Schlüssel **gefunden!** | *I've found my keys (i.e., just now)!* |

- Refers to past events that are linked (often by consequence) to the present:

| | |
|---|---|
| Ich **habe** mein Buch **vergessen.** | *I've forgotten my book (which is now a problem).* |
| Wir **sind** zu weit **gefahren.** | *We've driven too far (and now have to go back).* |

### Simple past tense

- Lends a sense of sequence and connection, if used consistently;

- Suggests moving through narrative time, rather than standing in the present looking back:

| | |
|---|---|
| Ich **fand** meinen Schlüssel. | *I found my key (and then . . .).* |
| Wir **fuhren** zu weit. | *We drove too far (which then led to . . .).* |

3. The simple past tense of **haben, sein,** and the modal verbs (see 9.1) is preferred over the present perfect tense, even in conversation (see 3.2C).

> Er **war** gestern hier, aber ich **konnte** ihm nicht helfen, denn ich **hatte** keine Zeit.

> *He was here yesterday, but I could not help him, for I didn't have any time.*

4. In actual practice, spoken German is usually a mixture of the two tenses—past and present perfect—dictated by a sense of rhythm and style.

> Am Sonntag **sind** wir aufs Land **gefahren.** In Pöllauberg **fanden** wir ein nettes Restaurant, von wo aus man fast die ganze Oststeiermark **sehen konnte,** da gutes Wetter **herrschte** *(prevailed).* Danach **besichtigten** wir die Kapelle im Ort und dann **sind** wir ein paar Stunden **gewandert.** Am frühen Abend **waren** wir schon wieder in Wien. Die paar Stunden an der frischen Luft **haben** mir gut **getan.**

5. With the exception of **haben, sein,** and the modal verbs, the second-person singular and plural forms (**du, ihr**) seldom occur in the simple past.

## 7.2      PAST PERFECT TENSE

### A. Formation

The *past perfect* tense (**das Plusquamperfekt** or **das Pluperfekt**) is a compound tense; it is formed with the *simple past* of either **haben** or **sein** + the past participle. The choice of **haben** or **sein** follows the same rules as in the present perfect (see 3.2B). The participle is placed at the end of the clause, as $V_2$ (see 1.3A).

| haben + *past participle* | | sein + *past participle* | |
|---|---|---|---|
| ich | **hatte** | | **war** |
| du | **hattest** | | **warst** |
| er/sie/es | **hatte** | | **war** |
| | } + gelesen | | } + gelaufen |
| wir | **hatten** | | **waren** |
| ihr | **hattet** | | **wart** |
| sie/Sie | **hatten** | | **waren** |

### B. Use

1. The German past perfect tense corresponds to the English past perfect; it expresses that an action has taken place *prior* to some other past-time event. The past perfect tense does not occur by itself; there is always some other past-time context, whether expressed or implied.

> Als wir mit der Pizza ankamen, **hatte** Stephanie schon **gegessen.**

> *When we arrived with the pizza, Stephanie **had** already **eaten.***

| | |
|---|---|
| Sie war böse, weil sie stundenlang auf uns **gewartet hatte**. | *She was mad because she **had been waiting** for us for hours.* |

2. The past perfect tense is *not* used when describing a sequence of events, even though some actions occurred prior to others.

| | |
|---|---|
| Also **nahmen** wir sie **mit, gingen** zum Auto und **fuhren** in die Stadt. | *So we **took** her **along, walked** to the car and **drove** into the city.* |

3. The past perfect is very common, however, in dependent clauses introduced by **nachdem.**

| | |
|---|---|
| Wir gingen zusammen ins Kino, nachdem wir endlich einen Parkplatz **gefunden hatten**. | *We went to see a movie together, after we **had** finally **found** a parking space.* |

# Wortschatz

## Komm, wir laufen um die Wette!

1. The following strong verbs express various basic types of *going;* they require the auxiliary **sein. Fahren** and **fliegen** take the auxiliary **haben** when used with direct objects (see 3.2B).

| | | | |
|---|---|---|---|
| **gehen** | to go | **kommen** | to come |
| **fahren** | to go *(by vehicle);* to drive | **laufen** | to run |
| **fallen** | to fall | **schwimmen** | to swim |
| **fliegen** | to fly | **steigen** | to climb |

B
sitzen

2. A number of additional verbs prove useful for telling precisely *how* a person or thing moves. Because they describe motion, these verbs also require the auxiliary **sein.** Strong verbs are marked with an asterisk, irregular verbs with a double asterisk.

| | | | |
|---|---|---|---|
| **eilen** | to hurry, hasten | **schlendern** | to saunter, stroll |
| **humpeln** | to hobble, limp | **schreiten*** | to stride — Schritt |
| **klettern** | to climb *(a steep surface),* scramble | **springen*** | to jump, leap, bound |
| | | **stolpern** | to stumble |
| **kriechen*** | to creep, crawl | **stürzen** | to fall; to plunge, rush |
| **rennen**** | to run, race, dash | **treiben*** | to drift, float |
| **rutschen** | to slip, slide | **treten*** | to step, walk |
| **sausen** | to rush, whiz → like a car | **waten** | to wade |
| **schleichen*** | to creep, slink, sneak | **watscheln** | to waddle |

| | |
|---|---|
| Die Kinder **rutschten** auf dem Eis hin und her. | *The children slid back and forth on the ice.* |
| Eine große Ente *(duck)* **watschelte** über den Hof. | *A large duck waddled through the yard.* |
| Der Herr **trat** vor den Spiegel. | *The gentleman stepped in front of the mirror.* |

# Übungen

**A** **Zu ihrer Zeit.** Oma erzählt von ihrer Jugend. Damals machte man natürlich alles besser. Was sagt sie?

BEISPIEL meine Mutter / uns jeden Morgen das Frühstück machen
*Meine Mutter **machte** uns jeden Morgen das Frühstück.*

1. junge Leute / nicht so viel rauchen
2. wir / mehr im Freien spielen
3. Studenten / nicht immer gegen alles demonstrieren
4. ich / mehr in der Schule aufpassen
5. Schüler / mehr Hausaufgaben machen
6. Teenager / nicht denken / dass / mehr wissen als die Eltern
7. wir / öfter Museen und Theater besuchen
8. Leute / fleißiger arbeiten
9. Kinder / ihren Eltern besser zuhören

Was werden Sie Ihren Kindern (falls Sie später welche haben) von Ihrer Jugend erzählen? Machen Sie bitte fünf Aussagen.

BEISPIEL *Als ich ein Kind war, war alles nicht so teuer wie heute.*

**B** **Amadeus.** Ergänzen Sie die Sätze durch die folgenden Verben im Präteritum.

> arbeiten hören machen spielen bringen kennen lernen
> reisen sterben geben kommen schreiben werden
> heiraten komponieren sein ziehen *(to move)*

1. Mozart war 1756 in der Stadt Salzburg zur Welt.   2. Schon mit drei Jahren _____ er Klavier.   3. Wenig später _____ Wolfgang sein erstes Musikstück.   4. Sein musikalisches Talent _____ ihn berühmt.   5. Als Wunderkind _____ er mit seiner Schwester durch Europa.   6. In vielen aristokratischen Häusern _____ man ihn spielen.   7. Im Jahre 1780 zog er nach Wien.   8. Dort arbeitete er als Musiklehrer und gab private Konzerte.   9. Er heiratete Konstanze Weber im Jahre 1782.   10. Bald danach lernte er Haydn kennen und sie wurden gute Freunde.   11. Zwischen 1782 und 1791 _____ er Opern, Singspiele und Sinfonien.   12. Diese Werke _____ ihm Ruhm *(fame)*.   13. Als er 1791 _____, _____ er erst only 35 Jahre alt.

**C** **Eine tolle Party.** Erzählen Sie mit Verben im Imperfekt *(simple past tense)* über eine (fiktive?) Party auf Ihrem Campus und verwenden Sie dabei mindestens zehn Verben der Fortbewegung aus dem **Wortschatz.** Seien Sie kreativ!

BEISPIEL Als die Party **begann, wusste** ich, dass der Abend interessant werden könnte. Kirk **schlenderte** ganz stolz durch die Tür zu meinem Zimmer mit zwei Frauen, die ich nicht **kannte.** George **kletterte** durch das Fenster, statt die Treppe hoch zu laufen ...

**D** **Plusquamperfekt: Und wie war es vorher?** Setzen Sie die Sätze in die Vergangenheit.

BEISPIEL Barbara spielt CDs, die sie in Europa gekauft hat.
*Barbara **spielte** CDs, die sie in Europa **gekauft hatte**.*

1. Jemand, der noch nichts gesagt hat, hebt *(raises)* seine Hand. *hob*
2. Herr Ulmer sitzt im Gasthaus. Er ist den ganzen Tag Ski gefahren.
3. Herr und Frau Meyer können ins Konzert gehen, weil sie Karten bekommen haben.
4. Nachdem du eingekauft hast, fährst du wohl mit der Bahn nach Hause.
5. Elke beginnt ihr Referat. Sie hat zum Thema drei Bücher gelesen.

**E** **Von Märchen, Sagen und Heldentaten.** *presentation* Was war schon vorher geschehen? Ergänzen Sie die Sätze.

*Do these @ home.*

BEISPIEL Dornröschen schlief ein, nachdem ... (Finger stechen)
*Dornröschen schlief ein, nachdem sie sich in den Finger gestochen hatte.*

1. Als Rotkäppchen das Haus der Großmutter erreichte, ... (der Wolf / Großmutter fressen)
2. Die Nibelungen machten Siegfried zu ihrem König, weil ... (er / den Drachen Fafnir erschlagen)
3. Dornröschen wachte erst dann auf, nachdem ... (hundert Jahre verfließen) *verflossen* *s.b. only woke up after*
4. Die böse Hexe *(witch)* verbrannte, nachdem ... (Gretel / sie in den Backofen stoßen)
5. Der Rattenfänger bekam die tausend Taler nicht, die *(which)* ... (der Stadtrat *[city council]* von Hameln / ihm versprechen)

**F** **Genauer beschreiben.** Ersetzen Sie die fett gedruckten Teile der Sätze durch Verben, die die Art der Fortbewegung genauer oder stärker zum Ausdruck bringen.

BEISPIEL Autos **fuhren** schnell an uns vorbei.
*Autos **sausten** an uns vorbei.*

1. Ein Boot **fuhr** ruderlos den Strom hinunter. *treiben*
2. Beim Laufen **traf** das Kind **einen Stein** und **fiel zu Boden.** *stürzen*
3. Einige Wanderer **gingen bis zu den Knien im Wasser** durch den Bach *(stream)*. *waten*
4. Georg **stieg** gern steile Felsen *(steep cliffs)* hinauf. *klettern*
5. Als sie von dem Unfall erfuhr *(found out)*, **ging** die Ärztin **schnell** ins Krankenhaus. *eilen*
6. Feierlich *(ceremoniously)* **ging** die Königin durch die Halle. *schreiten*

**G** **Das passende Verb.** Bilden Sie Sätze mit den folgenden Subjekten und mit Verben, die die Art der Fortbewegung genau beschreiben.

BEISPIEL eine Katze
*Eine Katze schlich in das Haus.*

1. Parkbesucher
2. einige Radfahrer in Eile
3. Autos auf dem Glatteis *(glare ice)*
4. die Preise *(prices)* während einer Depression
5. ein Hund mit einer verletzten *(injured)* Pfote *(paw)*
6. die Schüler nach der letzten Unterrichtsstunde des Jahres

# Anwendung

| Tipps zum mündlichen Erzählen | **Telling Stories**<br>Telling stories has nearly become a lost art. This is too bad, as it provides excellent language practice. Prepare for oral narratives by making only the most necessary chronological notes in telegram style, with verb infinitives last. Tell your story in many short, simple sentences. Avoid complex structures such as subordinating conjunctions or relative pronouns. The oral topics of activities A, B, and C can also be written as compositions. |
| --- | --- |

**A** **Aus meinem Leben.**   Erzählen Sie anderen Leuten von einem besonderen Ereignis aus Ihrem Leben oder aus dem Leben eines anderen Menschen, den Sie kennen.

**THEMENVORSCHLÄGE**

eine unvergessliche Begegnung *(encounter)*
das Schlimmste, was mir je passierte
eine große Dummheit von mir
ein unglaubliches Erlebnis *(experience)*
der schönste Tag meines Lebens
eine große Überraschung *(surprise)*

**REDEMITTEL**

Einmal / einst war(en) ...
Früher [wohnte] ich ...
Eines Tages / eines Morgens / eines Abends / eines Nachts ...
Schon vorher waren wir ... [gegangen].
Ich hatte auch vorher ... [getan].
Und plötzlich ...
Na ja, wie gesagt, ich ...
Später ...
Zu meinem Entsetzen *(fright)* / zu meiner Überraschung ...
Kurz danach ...
Zum Schluss ...

**B** **Es war einmal.**   Erzählen Sie im Kurs ein bekanntes Märchen oder eine von Ihnen erfundene Geschichte.

**C** **Erzählen Sie mal!**   Nehmen Sie ein Blatt Papier und schreiben Sie darauf sechs Verben (nehmen Sie ein paar aus dem **Wortschatz**!) und sechs andere Wörter (Adjektive, Adverbien usw.). Dann geben Sie einer Partnerin/einem Partner das Papier und sie/er muss sich eine Erzählung mit diesen Vokabeln im Imperfekt (*simple past tense*) ausdenken!

**D** **Nacherzählung**   Erzählen Sie im Imperfekt eine Geschichte, die Sie in Ihrem Deutschunterricht gelesen haben, aus der Perspektive einer Person daraus. Benutzen Sie auch hier einige spezifische Verben der Fortbewegung!

# Schriftliche Themen

| Tipps zum Schreiben | **Choosing Precise Verbs** |
|---|---|
| | Verbs are the key! Avoid general verbs such as **haben, sein,** and **machen** in favor of verbs that precisely convey the actions or events you are describing. For example, **gehen** denotes activity but does not describe it. Consider how many different ways there are to *go* in English: *walk, run, stumble, hobble, limp, race*, etc. (see **Wortschatz**, Chapter 7). Once you have a precise English verb, look up its German equivalent. Then cross-check this verb as a German entry, to see whether it really means what you think it does. Have in mind a person (not necessarily your instructor) for whom you are writing, and continually ask yourself how you can make your narrative more interesting to this reader. |

**A** **Eine Bildgeschichte.**   Erzählen Sie die Bildgeschichte auf Seite 90 im Präteritum. Benutzen Sie die Erzählskizze dabei.

**Der Verdacht**

bei Nacht • tragen • das Paket • die Brücke • ins Wasser werfen • Polizist sehen • glauben • stehlen • verhaften *(arrest)* • andere Polizisten • kommen • festhalten • telefonieren • das Baggerschiff • herausfischen • heraufholen • aufschneiden • eine Bowle • kitschig aussehen • erzählen • schenken • um Entschuldigung bitten • wieder ins Wasser werfen

Drawing by Gardner Rea; © 1932, 1960 The New Yorker Magazine, Inc.

**B** **Lebenslauf.**   Schreiben Sie einen Lebenslauf von *sich* oder von einem bekannten *(well-known)* Menschen. Der Lebenslauf muss nicht lang sein, aber er soll die wichtigsten Informationen enthalten.

BEISPIEL   **Helga Schütz** wurde 1937 im schlesischen Falkenhain geboren und wuchs dann in Dresden auf. Nach einer Gärtnerlehre machte sie an der Potsdamer Arbeiter-und-Bauern-Fakultät ihr Abitur und studierte Dramaturgie an der Deutschen Hochschule für Filmkunst in Potsdam-Babelsberg. Für die Defa[3] schrieb sie Dokumentar- und Spielfilme – zum Beispiel „Die Leiden des jungen Werthers".

1970 erschien ihr erster Prosaband: „Vorgeschichten oder Schöne Gegend Probstein", eine Chronik von kleinen Leuten in der niederschlesischen Provinz. Im Westen erschienen im Luchterhand-Verlag ihre Erzählung „Festbeleuchtung" und die Romane „In Annas Namen" und „Julia oder Erziehung zum Chorgesang".

Helga Schütz wurde mit dem Heinrich-Greif-Preis, dem Heinrich-Mann-Preis und dem Theodor-Fontane-Preis ausgezeichnet.

# Zusammenfassung

## Rules to Remember

**1** The simple past is primarily a narrative tense; it is used to tell stories, recite anecdotes, etc.

**2** Weak and irregular weak verbs add **-t** + personal endings to the stem to form the simple past (**ich lernte; rannte;** *pl.* **wir lernten; rannten**).

**3** Strong verbs form the simple past by changing the stem vowel and sometimes a consonant and adding endings (**ich ging; sah; wir gingen, sahen**). However, the first- and third-persons singular have no ending (**ich/er/sie/es ging**).

**4** The second-person simple past tense forms of most verbs **du lerntest (ranntest, gingst); ihr lerntet (ranntet, gingt)** are seldom used.

**5** The past perfect tense is never used by itself, but rather only within the context of some other past time event, which it then precedes.

---

[3] **Defa: Deutsche Film-Aktiengesellschaft.** The official film company of the former German Democratic Republic.

## At a Glance

### Simple past: Auxiliaries

|  | haben | sein | werden |
|---|---|---|---|
| ich | hatte | war ☐ | wurde |
| du | hattest | warst | wurdest |
| er/sie/es | hatte | war ☐ | wurde |
| wir | hatten | waren | wurden |
| ihr | hattet | wart | wurdet |
| sie/Sie | hatten | waren | wurden |

### Simple past: Weak verbs

|  | lernen | arbeiten |
|---|---|---|
| ich | lernte | arbeitete |
| du | lerntest | arbeitetest |
| er/sie/es | lernte | arbeitete |
| wir | lernten | arbeiteten |
| ihr | lerntet | arbeitetet |
| sie/Sie | lernten | arbeiteten |

### Simple past: Strong verbs

|  | liegen | gehen | sitzen |
|---|---|---|---|
| ich | lag ☐ | ging ☐ | saß ☐ |
| du | lagst | gingst | saßest |
| er/sie/es | lag ☐ | ging ☐ | saß ☐ |
| wir | lagen | gingen | saßen |
| ihr | lagt | gingt | saßt |
| sie/Sie | lagen | gingen | saßen |

### Simple past: Irregular verbs

|  | wissen | denken | kennen |
|---|---|---|---|
| ich | wusste | dachte | kannte |
| du | wusstest | dachtest | kanntest |
| er/sie/es | wusste | dachte | kannte |
| wir | wussten | dachten | kannten |
| ihr | wusstet | dachtet | kanntet |
| sie/Sie | wussten | dachten | kannten |

### Pluperfect: Forms

| hatte + *participle* | | war + *participle* | |
|---|---|---|---|
| ich | hatte ... gelernt | ich war ... gegangen | |
| du | hattest ... gelernt | du warst ... gegangen | |
| er/sie/es | hatte ... gelernt | er/sie/es war ... gegangen | |
| wir | hatten ... gelernt | wir waren ... gegangen | |
| ihr | hattet ... gelernt | ihr wart ... gegangen | |
| sie/Sie | hatten ... gelernt | sie/Sie waren ... gegangen | |

# Future Tense • Future Perfect Tense

# Grammatik

8.1 **FUTURE TENSE**

### A. Formation

1. The future tense (**das Futur**) is formed with the conjugated present tense of the auxiliary **werden** *(will)* + a main verb infinitive.

| werden + *main verb infinitive* | | |
|---|---|---|
| ich **werde** | | *I* |
| du **wirst** | | *you* |
| er/sie/es **wird** | | *he/she/it* |
| | **+ gehen** | *will go* |
| wir **werden** | | *we* |
| ihr **werdet** | | *you* |
| sie/Sie **werden** | | *they/you* |

2. In the future tense the main verb infinitive is at the end of the sentence or main clause.

Hoffentlich **werde** ich diese Prüfung **bestehen.**

*I hope I'll pass this test.*

3. In dependent clauses, however, the conjugated auxiliary **werden** moves to final position. However, if final position is occupied by a double infinitive (see 18.6), the auxiliary **werden** directly precedes the double infinitive.

| | |
|---|---|
| Meinst du, dass du diese Prüfung **bestehen wirst?** | *Do you think you'll pass this test?* |

BUT:

| | |
|---|---|
| Leider glaube ich nicht, dass ich die Prüfung **werde bestehen können.** | *Unfortunately, I don't believe I'll be able to pass the test.* |

## B. Use

1. German uses the future tense more sparingly than English. Although English sometimes appropriates the present progressive to convey future meaning, as in *They're arriving tomorrow*, it often stipulates the future tense even when future meaning is clear, as in *I'll do it later*. German generally prefers the present tense whenever the context indicates the future: **Sie kommen morgen an** as well as **Ich mach's später.**

2. There are, however, several situations in which German favors the future tense:

   a. To emphasize intentions or assumptions.

| | |
|---|---|
| Was **wirst** du jetzt **tun?** | *What are you going to do now?* *What do you intend to do now?* |
| Das **wird** bestimmt nicht **klappen.** | *That's definitely not going to work.* |

   b. To refer to states or actions in a relatively distant future.

COMPARE:

| | |
|---|---|
| Was **macht** Georg heute Abend? | *What is Georg doing tonight?* |
| Was **wird** er wohl in zehn Jahren **machen?** | *What will he be doing in ten years?* |

   c. To distinguish future states or actions from present states or actions.

| | |
|---|---|
| Ich **glaube** dir jetzt nicht und ich **werde** dir nie **glauben!** | *I don't believe you now and I never will believe you!* |

3. The German future tense is also used with the particles **wohl** or **schon** to express *present probability*.

| | |
|---|---|
| Das **wird** *schon* richtig **sein.** | *That's probably right.* |
| Die Polizei **wird** *wohl* etwas von dem Unfall **wissen.** | *The police probably know something about the accident.* |

---

## 8.2    FUTURE PERFECT TENSE

### A. Formation

The future perfect tense (**das zweite Futur**) is formed like the future tense, with **werden** plus an infinitive—except that for the future perfect, the infinitive used is not the *present* *infinitive* (**machen/bleiben**) but the *perfect infinitive,* formed with the past participle and the perfect auxiliary in infinitive form: **gemacht haben/geblieben sein.** Notice how the sense of completion that characterizes the perfect tense extends to the future perfect tense as well:

| *Perfect:* | Sie **hat** die Arbeit **getan.** | *She did the work.* |
| *Future perfect:* | Sie **wird** die Arbeit **getan haben.** | *She will have done the work.* |

## B. Use

1. The future perfect tense can express the idea that something *will have happened* by a specified point in the future.

| Bis heute Abend **wird** er unser Auto **repariert haben.** | *He will have repaired our car by this evening.* |
| Sie **werden** vor unserer Ankunft nach Bremen **abgeflogen sein.** | *They will have taken off for Bremen before our arrival.* |

2. The future perfect can also be used to express probability concerning something that *has already happened,* often in conjunction with the particles **wohl** or **schon.**

| Adina **wird** ihr Auto wohl schon **verkauft haben.** | *Adina has probably already sold her car.* |
| Der Baum **wird** wohl während eines Sturms **umgestürzt sein.** | *The tree probably fell over during a storm.* |

| fortfahren | fortsetzen | weiter[machen] |

1. **Fortfahren** means *to continue doing.* It is intransitive and normally complemented by an infinitive phrase (see 18.1).

| **Fahren** Sie bitte **fort** zu lesen. | *Please continue reading.* |
| Wir **fahren** heute **fort,** wo wir gestern aufgehört haben. | *We are continuing today where we stopped yesterday.* |

2. **Fortsetzen** means *to continue something.* The verb is transitive and a direct object is required.

| Sie **setzten** ihre Reise **fort.** | *They continued their trip.* |
| **Setzen** Sie die gute Arbeit **fort.** | *Continue the good work.* |

3.  When used as a separable prefix, **weiter** means *to continue an activity:*

    **Mach** nur **weiter!**                                     *Just keep (on) doing it.*

    Danach sind wir **weitergefahren.**                          *After that we continued driving.*

    Geh doch weg! Ich will **weiterschlafen.**                   *Go away! I want to sleep some more.*

    NOTE:

    **Weiter** also functions as a comparative adverb, with the meaning of *further* (see 29.1):

    Ich kann **weiter** laufen als du.                           *I can run further than you (can).*

# Übungen

**A**  **Lottogewinner!**   In einem Fernsehinterview erzählen Herr und Frau Lindemann, was sie mit ihrem Lottogewinn machen werden. Sie sprechen im Präsens. Erzählen Sie *im Futur* von den Plänen der Familie Lindemann.

HERR UND FRAU LINDEMANN:

Mit unserem Lottogewinn von DM 500.000 machen wir erst mal eine Reise nach Amerika. Unsere Tochter reist mit. In Boston mieten wir uns einen Wagen und fahren dann quer durch Amerika nach San Francisco, und im Herbst eröffnen wir dann in Wuppertal eine Herrenboutique. Wir hoffen, dass viele Leute bei uns einkaufen.

**B**  **Morgen.**   Was werden Sie morgen tun? Was haben Sie vor zu machen? Ergänzen Sie die Sätze mit Verben im Futur und mit Beispielen von **fortfahren** und **fortsetzen.**

BEISPIELE  Am Nachmittag ...
*Am Nachmittag werde ich meine Arbeit an einem Aufsatz fortsetzen.*

Um acht Uhr ...
*Um acht Uhr werde ich aufstehen.*

Um zehn Uhr ...
*Um zehn Uhr wird meine Deutschstunde beginnen.*

1.  Um acht Uhr ...
2.  Um halb zehn ...
3.  Zu Mittag ...
4.  Nach der Mittagspause ...
5.  Am späteren Nachmittag ...
6.  Am Abend ...

Und jetzt drei weitere Aussagen im Futur. *Sie* sollen eine Zeit wählen.

7.  Ich denke, dass ...
8.  Es ist möglich, dass ...
9.  Ich weiß noch nicht, ob ...

**C** **Im Deutschkurs: Was wird wohl geschehen sein?** Erklären Sie, warum die
Leute sich wohl so benehmen *(behave)*.

BEISPIEL　　Georg hat heute Morgen einen schweren Kopf.
　　　　　　*Er **wird wohl** gestern Abend zu viel **gelernt haben.***

1. Jessica ist ganz böse auf den Lehrer.
2. Stella ist heute bedrückt *(depressed)*. Sie weint leise während des Unterrichts.
3. Kelly döst *(dozes)* in der letzten Reihe *(row)*, während der Lehrer spricht.
4. Gavin sitzt ganz still auf seinem Platz. Er hat ein blaues Auge.
5. Jeremy kommt immer pünktlich zur Deutschstunde. Heute ist er aber nicht da.

**D** **Zweites Futur: Bis dahin.** Was wird bis dahin schon geschehen sein?

BEISPIEL　　Vor dem Ende dieses Jahres ...
　　　　　　***werde** ich ein Auto **gekauft haben.***
　　　　　　***wird** die Uni einen neuen Präsidenten **gefunden haben.***
　　　　　　***werden** Freunde von mir nach Europa **gereist sein.***

1. Bis *(by)* zum nächsten Freitag ...
2. Vor dem Ende des Semesters ...
3. Bevor ich 30 werde, ...
4. Vor dem Jahre 2020 ...
5. Bis man Krebs *(cancer)* besiegt haben wird, ...

**E** **Weitermachen.** Beenden Sie die Sätze. Verwenden Sie die folgenden Verben.

fortfahren　fortsetzen　weiter[machen]

1. Es tut mir Leid, dass ich Sie beim Lesen stören musste. Sie können jetzt ...
2. Diese Übersetzung ist gut. Du sollst ...
3. Wir werden diese Diskussion morgen ...
4. Wenn Sie zu der Brücke kommen, dann haben Sie den Campingplatz noch nicht erreicht. Sie müssen noch ein paar Kilometer ...
5. Bei der 20. Meile des Marathons konnte ich ...

# Anwendung

**A** **Was andere machen werden.** Fragen Sie jemanden im Kurs nach ihren/seinen
Plänen und berichten Sie darüber.

| THEMENVORSCHLÄGE | |
| --- | --- |
| nächsten Sommer | im späteren Leben |
| nach dem Studium | wenn alles nach Plan geht |

REDEMITTEL

Weißt du schon, was du machen wirst, wenn ... ?
Hast du dir überlegt *(thought about)*, was ... ?
Was hast du für ... vor *(have in mind)*?
Wenn alles nach Plan geht, dann werde ich ...
Vielleicht wird es mir gelingen *(succeed)* ... zu [tun].
Ich werde wohl ...

**B** **Prognosen für die Zukunft.**    Diskutieren Sie mit anderen Studenten, wie die Welt Ihrer Meinung nach in 2, 5, 10, 20 oder 30 Jahren aussehen wird. Was wird wohl anders sein als heute? Was wird es (nicht mehr) geben?

**THEMENVORSCHLÄGE**

Umwelt (Stadt, Landschaft, Meer)
Medien (Fernsehen, Presse, Internet)
Technik und Informatik
Auto und Verkehr
Film und Theater
Sport und Freizeit
Schule und Universität
Politik und Gesellschaft *(society)*
Städte
Medizin und Gesundheitsfragen

**REDEMITTEL**

In ... Jahren wird ...
Höchstwahrscheinlich werden wir (nicht) ...
Ich denke, es wird wohl so sein: ...
Es ist leicht möglich, dass ...
Vielleicht werden die Menschen auch ...
Es wird mich (nicht) überraschen, wenn ...
Es kann sein, dass wir in (der) Zukunft ...
Es wird wahrscheinlich (keine) ... (mehr) geben.

**C** **Voraussagungen** *(predictions).*    Schreiben Sie eine Liste mit zehn bekannten Menschen auf. Dann lesen Sie die Liste einer Partnerin/einem Partner vor, die/der für jeden Namen eine (fiktive) Voraussagung fürs Jahr 2010 macht.

BEISPIEL    George Lucas
*Im Jahr 2010 wird Lucas die nächste Weltall-Trilogie beginnen, mit dem Titel Krieg der digitalen Effekte.*

# Schriftliche Themen

| | |
|---|---|
| **Tipps zum Schreiben** | **Qualifying Statements About the Future**<br><br>There is a saying in English: "Man proposes, God disposes." (German: **Der Mensch denkt, Gott lenkt.**) In other words, things may not always turn out as planned. Thus, when conjecturing about the future or when telling of your own plans, you may want to qualify some of your statements with adverbial expressions such as **eventuell** *(possibly, perhaps)*, **hoffentlich, unter Umständen** *(under certain circumstances)*, **unter keinen Umständen** *(under no circumstances)*, **vielleicht, wohl (schon)***(probably)*, and **(höchst)wahrscheinlich** *([most] likely)*. You can even stress the tentative nature of your future statements by beginning sentences with these qualifiers. Time expressions also work well in first position; they supply the reader with an immediate future context for what is to follow. Remember to use a mixture of present and future tense for the sake of stylistic variety, and be sure to vary your verbs. |

**A** **Meine Zukunftspläne.**   Erzählen Sie mit zehn Sätzen von Ihren Zukunftsplänen.

BEISPIEL   Ich bin jetzt im zweiten Studienjahr. In zwei Jahren werde ich mein Studium als *undergraduate* abschließen. Was danach kommt, weiß ich noch nicht ganz genau. Vielleicht werde ich weiterstudieren. Es kann aber sein, dass ich zuerst ein paar Jahre arbeite oder einen Beruf erlerne. Auf jeden Fall werde ich ... usw.

**B** **Die Zukunft.**   Wie sehen Sie die Zukunft Ihres Landes? Schreiben Sie entweder aus positiver oder negativer Sicht.

# Zusammenfassung

## Rules to Remember

1  The future tense (*das Futur*) is formed with **werden** + infinitive, using the same word order as modal verbs with infinitives.

2  The future perfect tense (*das zweite Futur*) is formed with **werden** + past participle + infinitive form of **sein** or **haben,** depending on which auxiliary the verb requires.

3  German favors the present tense in many cases where English uses the future tense. The future tense is used in German in contexts where the present tense would be misleading, to emphasize intentions or assumptions, or to refer to the distant future.

4  The future perfect tense is used to relate what will have been done by some point in the future, or to speculate (often using **wohl** or **schon**) that something has probably happened or been done in the past.

## At a Glance

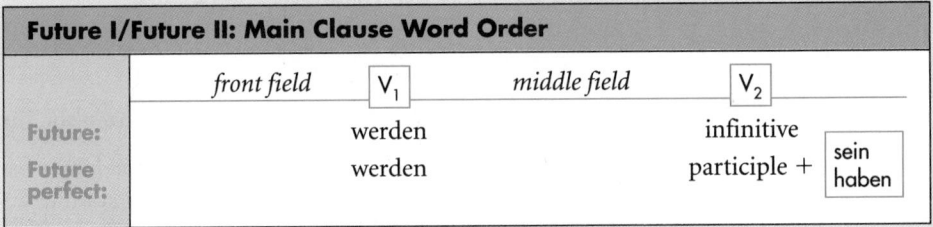

| **Future I/Future II: Main Clause Word Order** | | | | |
|---|---|---|---|---|
| | *front field* | V₁ | *middle field* | V₂ |
| **Future:** | | werden | | infinitive |
| **Future perfect:** | | werden | | participle + sein / haben |

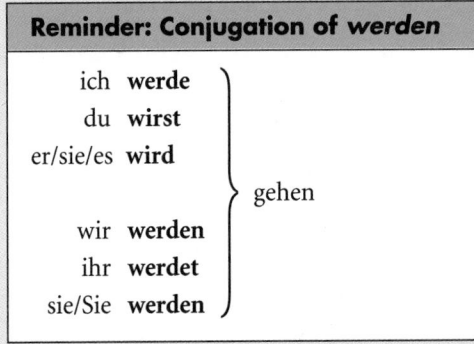

| **Reminder: Conjugation of *werden*** |
|---|
| ich **werde** |
| du **wirst** |
| er/sie/es **wird** |
| } gehen |
| wir **werden** |
| ihr **werdet** |
| sie/Sie **werden** |

# Modal Verbs

# Grammatik

**PRESENT AND PAST TENSES OF MODAL VERBS**

## A. Forms

1. Present-tense modal verbs conjugate irregularly in the singular, showing similarities to strong verbs in the simple past tense (see 7.1A). Plural forms, however, are regular.

| Present Tense of Modal Verbs | | | | | |
|---|---|---|---|---|---|
| **dürfen** | **können** | **mögen** | **müssen** | **sollen** | **wollen** |
| ich **darf**☐ | **kann**☐ | **mag**☐ | **muss**☐ | **soll**☐ | **will**☐ |
| du **darfst** | **kannst** | **magst** | **musst** | **sollst** | **willst** |
| er/sie/es **darf**☐ | **kann**☐ | **mag**☐ | **muss**☐ | **soll**☐ | **will**☐ |
| wir dürfen | können | mögen | müssen | sollen | wollen |
| ihr dürft | könnt | mögt | müsst | sollt | wollt |
| sie/Sie dürfen | können | mögen | müssen | sollen | wollen |

*may*

2. Modal verbs form their past tense like weak verbs (see 7.1A), except that there are no umlauts carried over from infinitive stems and **mögen** undergoes a consonant change.

| Past Tense of Modal Verbs | | | | | |
|---|---|---|---|---|---|
| **dürfen** | **können** | **mögen** | **müssen** | **sollen** | **wollen** |
| ich  durfte | konnte | mochte | musste | sollte | wollte |
| du  durftest | konntest | mochtest | musstest | solltest | wolltest |
| er/sie/es  durfte | konnte | mochte | musste | sollte | wollte |
| wir  durften | konnten | mochten | mussten | sollten | wollten |
| ihr  durftet | konntet | mochtet | musstet | solltet | wolltet |
| sie/Sie  durften | konnten | mochten | mussten | sollten | wollten |

*had permission to go*

## B. Use

Modal verbs indicate the attitude of the speaker toward what is being said, which is usually expressed by another verb in the clause known as the *dependent infinitive*. A simple sentence such as **Ich schreibe** (*I write/I am writing*) is enhanced considerably when the speaker expresses how she or he stands in relation to that activity by adding modal verbs:

| Ich **will** schreiben. | *I want to write.* |
|---|---|
| Ich **muss** schreiben. | *I have to write.* |
| Ich **kann** aber nicht schreiben. | *But I'm not able to write.* |

The main differences between German and English modal usage involve word order, allowable deletions, and the meanings that modal verbs can take on in specific contexts.

1. Modal verb constructions in main clauses make use of the same "bracket" structure as does the present perfect tense (see 1.1 and 3.2). The modal verb functions as $V_1$ (like the auxiliary) and the dependent infinitive is $V_2$, which follows the middle field (like the past participle).

   | Ich **muss** unbedingt meine Sachen **waschen.** | *I've just got to wash my clothes.* |
   |---|---|

2. In dependent clauses, the conjugated verb ($V_1$) moves to final position.

   | Aber ich weiß nicht, ob ich genug Kleingeld **finden kann.** | *But I don't know if I can find enough small change.* |
   |---|---|

3. If a modal verb and a dependent infinitive occur in an infinitive **zu**-phrase (see 18.1, 2), they appear at the end of the phrase in the order dependent infinitive + **zu** + modal verb (as an infinitive).

   | Du, Georg, ich brauche etwas Kleingeld, um meine Wäsche **machen zu können.** | *Hey, Georg, I need some money to be able to do my wash.* |
   |---|---|
   | Kannst du wechseln? | *Can you give me change?* |

4. Like English, German allows the dependent infinitive to be deleted, or replaced by **das** or **es**, if the meaning is obvious from the immediate context.

   | Christina, kannst *du* wechseln? | *Christina, can you give me change?* |
   |---|---|
   | —Tut mir Leid, ich **kann** (es) nicht. | *—Sorry, I can't.* |

5. If a sentence contains adverbial modifiers or separable prefixes that express motion in a direction, German (unlike English) allows dependent infinitives such as **gehen, fahren, fliegen,** and **laufen** to be deleted. **Machen** and **tun** can sometimes be deleted as well, if the context clearly points to those verbs.

| | |
|---|---|
| Was **soll** ich denn jetzt?? | *What am I supposed to do now??* |
| Naja, ich **muss** sowieso in drei Wochen nach Hause. | *Oh well, I have to go home in three weeks anyway.* |

6. In all of the examples above, the infinitive refers to the same time as the modal verb. Occasionally, modal verbs appear with a perfect infinitive (such as **gemacht haben** or **geblieben sein**; see 8.2), which expresses that the action or state conveyed by the infinitive is already completed and thus precedes the time of the modal verb.

| | |
|---|---|
| Ich **muss** mein ganzes Kleingeld schon **ausgegeben haben**. | *I must have already spent all my change.* |
| Das **kann** doch nicht **passiert sein**! | *That can't have happened!* |

---

## 9.2    MEANINGS OF MODAL VERBS

### A. *Dürfen* (Permission)

1. **Dürfen** means *may* in the sense of having permission or being allowed. It is commonly used in polite questions.

| | |
|---|---|
| Sie **dürfen** nächste Woche zu Hause bleiben. | *They may/have permission to stay home next week.* |
| **Darf** ich Sie etwas fragen? | *May I ask you something?* |

2. In the negative (with **nicht** or **kein-**), **dürfen** means *must not* or *may not*. (Compare with **müssen nicht** in Section C.)

| | |
|---|---|
| In vielen Ländern **darf** man **nicht** ohne Führerschein Auto fahren. | *In many countries one must not / is not permitted to drive a car without a license.* |
| Du **darfst keinem** Menschen sagen, wie alt ich bin. | *You may not tell anybody how old I am.* |

3. Besides expressing permission, English *may* can denote possibility (*She may be waiting for us*). To convey this meaning in German, one should use adverbs such as **vielleicht** (*maybe*) or **möglicherweise** (*possibly*) in conjunction with the verb, rather than **dürfen**.

| | |
|---|---|
| **Vielleicht** steht sie draußen vor dem Geschäft. | *She **may** be standing outside in front of the store.* |

### B. *Können* (Ability; possibility)

1. **Können** means *can* or *to be able to* and expresses the idea of ability.

| | |
|---|---|
| **Könnt** ihr uns verstehen? | *Can/Are you able to understand us?* |
| Wir **konnten** das Rätsel nicht lösen. | *We were not able to solve the riddle.* |

2. **Können** can also express possibility.

| | |
|---|---|
| So etwas **kann** passieren. | *Such a thing can happen.* |

3. **Können** also has a special meaning of *to know* a language or *to know how to do* something.

| | |
|---|---|
| Sie **kann** Deutsch. | *She knows German. (She can speak German.)*[1] |
| Er **kann** schwimmen. | *He knows how to swim.* |

4. **Können** is sometimes used interchangeably with **dürfen,** just as *can* and *may* are often confused in English. Strict grammarians of German (and English) still regard this usage as substandard.

| | |
|---|---|
| Wo **kann/darf** ich hier parken? | *Where can/may I park here?* |

## C. *Müssen* (Necessity; probability)

1. **Müssen** is the equivalent of English *must* or *have to* and expresses the idea of necessity.

| | |
|---|---|
| Die Schüler **müssen** jetzt schreiben. | *The pupils must/have to write now.* |
| Gestern **mussten** die Geschäfte um halb sieben schließen. | *Yesterday the stores had to close at six-thirty.* |

2. **Müssen** can express probability, the idea that something must be or is probably true.

| | |
|---|---|
| Neuseeland **muss** sehr schön sein. | *New Zealand must be very beautiful.* |

3. **Müssen** can also be used for English *need to*.

| | |
|---|---|
| Ich **muss** dir etwas sagen. | *I need to tell you something.* |

Particular care must be taken here, however, since the three-way correspondence involving English *need*, German **müssen**, and the other German word for *need*, **brauchen**, is rather complex. One must distinguish between English *need* as an independent verb (*I need that*) and as a modal (*I need to leave*), and then between negative and positive meanings for each of these (*I need that / I don't need that; I need to leave / I don't need to leave*). In German, only **brauchen** can be used for *need* as an independent verb, either positive or negative (**Ich brauche das / Ich brauche das nicht**). For *need* as a modal verb, only **müssen** can be used in the positive meaning (**Ich muss gehen**), while both **müssen nicht** and **brauchen nicht** (+ **zu**)[2] can express the negative meaning (**Ich muss nicht gehen / Ich brauche nicht [zu] gehen**).

4. The meaning of **müssen nicht** is restricted to *don't need to/don't have to*. To express the more forceful *must not*, use **dürfen nicht** (see Section A). Compare:

| | |
|---|---|
| Sie **müssen** es nicht **essen**, wenn's Ihnen nicht schmeckt. | *You don't have to eat it, if you don't like it.* |
| Diese Pilze **darf** man nicht **essen.** | *You must not eat these mushrooms.* |

---

[1] Like the verbs of motion (see 9.1B), the verb **sprechen** is understood and therefore usually omitted in this context.

[2] The use of **brauchen nicht** without **zu** was originally considered colloquial but is now acceptable.

5. **Müssen** + perfect infinitive suggests the strong sense of probability assumed by the speaker or writer regarding an action or state that has already happened.

| | |
|---|---|
| Er **muss** doch **gewusst haben,** dass wir nicht kommen konnten. | *He must have known that we couldn't come.* |
| Die Diebe **müssen** durch die Hintertür **hereingeschlichen sein.** | *The thieves must have sneaked in through the back door.* |

## D. *Sollen* (Obligation)

1. **Sollen** means *supposed to* or *is to.* It implies a rather strong order or obligation.[3]

| | |
|---|---|
| Du **sollst** auf die Kinder aufpassen. | *You are to watch the children.* |
| Was **sollten** wir tun? | *What were we supposed to do?* |

2. **Sollen** can also mean *to be said to,* indicating that the statement is hearsay and thus may or may not be true.

| | |
|---|---|
| Die Familie Krupp **soll** sehr reich sein. | *The Krupp family is said to be very rich.* |
| Lee Harvey Oswald **soll** als Sowjetagent gearbeitet haben. | *Lee Harvey Oswald is said to have worked as a Soviet agent.* |

## E. *Wollen* (Desire; wanting; intention)

1. **Wollen** means *to want to* or *to intend to.* In some contexts its meaning is very close to the future tense (see 8.1), but it always emphasizes intention over prediction.

| | |
|---|---|
| Diese Firma **will** nach Hamburg übersiedeln. | *This firm wants to/intends to move to Hamburg.* |
| Niemand **wollte** das Risiko eingehen. | *No one wanted to take the risk.* |
| Das **will** ich morgen machen. | *I intend to (and will) do that tomorrow.* |

2. **Wollen** can also mean *to claim to.*

| | |
|---|---|
| Hans **will** alles besser wissen. | *Hans claims he knows everything better (than we do).* |
| Hertha **will** die Vase nicht zerbrochen haben. | *Hertha claims not to have broken the vase.* |

3. **Wollen** is often used as a main verb with a direct object.

| | |
|---|---|
| Alle **wollen** den Frieden. | *Everyone wants peace.* |

---

[3] The subjunctive II form **sollte(n)** *(should)* is normally used instead of the indicative to express suggestion or recommendation (what one *ought to do*), as opposed to obligation (what one *is supposed to do*).

| | |
|---|---|
| Du **sollst** hier bleiben. *(obligation)* | *You are to stay here.* |
| Du **solltest** hier bleiben. *(recommendation)* | *You ought to stay here.* |

4. **Wollen** is sometimes used in the first-person plural to introduce a polite question.

   **Wollen** wir jetzt gehen?                    *Shall we go now?*

5. If the subject of a sentence wants someone else to do something, then a **dass**-clause is necessary.

   COMPARE:

   Sie will Golf spielen.                         *She wants to play golf.*

   Sie will, **dass er Golf spielt.**             *She wants him to play golf.*

## F. *Mögen* (Liking)

1. The verb **mögen** is used mainly in its subjunctive II form **möchte(n)** *(would like)* (see 20.2E) to express a wish or request.

   Er **möchte** im Sommer nach Italien          *He would like to travel to Italy in the*
     fahren.                                         *summer.*

   Herr Ober, ich **möchte** ein Glas Saft        *Waiter, I would like a glass of juice*
     bitte.                                          *please.*

2. In positive statements in the indicative, **mögen** can be used with direct-object nouns and pronouns to express the meaning *to like.*

   **Magst** du Stephan oder nicht?               *Do you like Stephan or not?*
     —Ich weiß nicht, ob ich ihn **mag.**           *—I don't know if I like him.*

   To express the idea of *liking to do something,* use verb + **gern** (see this chapter's **Wortschatz** for examples).

3. **Mögen** does occur frequently in negative statements, both with direct objects and with following infinitives. In a general statement, **nicht mögen** means *not to like (to);* in reference to a specific time, it means *not to want (to).*

   Sie **mögen** Wein nicht.                      *They do not like wine.*

   Sie **mögen** *jetzt* keinen Wein.             *They do not want any wine now.*

   Thomas **mag** nicht tanzen.                   *Thomas does not like to dance.*

   Thomas **mag** *jetzt* nicht tanzen.           *Thomas does not want to dance now.*

4. **Mögen** is used occasionally in the indicative to express conjecture or possibility, in the sense of *may* or *might.*

   Das **mag** schon sein.                        *That may very well be.*

   Ich **mag** das vielleicht früher             *I may perhaps have thought that*
     gedacht haben, aber ...                         *at one time, but . . .*

5. **Mögen** + perfect infinitive suggests the possibility that the action or state expressed by the infinitive may have happened.

   Sie **mag** das schon **gesagt haben.**        *She may already have said that.*
                                                    *(It's possible that she said that.)*

6. As is the case with **wollen,** if the subject of a sentence would like someone else to do something, then a **dass**-clause must be used.

Ich möchte dir helfen.      *I would like to help you.*

Ich möchte, **dass du mir hilfst.**      *I would like you to help me.*

## 9.3    PERFECT TENSES OF MODAL VERBS

### A. Formation

1. The present perfect and past perfect of modal verbs are formed like those of other verbs.

| haben + *past participle (no infinitive)* | | |
|---|---|---|
| | gedurft. | *He has/had been permitted to do it.* |
| | gekonnt. | *He has/had been able to do it.* |
| Er hat/hatte es | gemocht. | *He has/had liked it.* |
| | gemusst. | *He has/had had to do it.* |
| | gesollt. | *He was/had been supposed to do it.* |
| | gewollt. | *He has/had wanted to do it.* |

2. In practice, however, modal verbs rarely stand alone, so that the present perfect and past perfect tenses of a modal verb must deal not only with the modal but also its dependent infinitive. One might expect to see the auxiliary as $V_1$, with the dependent infinitive and the past participle of the modal verb functioning together as $V_2$. But in this case, German prefers to have both $V_2$ verbs—the dependent infinitive as well as the modal—in infinitive form, creating a *double infinitive* construction. The auxiliary in the case of modal double infinitives is always **haben**[4], regardless of the dependent infinitive, since the auxiliary here applies only to the modal verb.

| haben + *double infinitive*[5] | | |
|---|---|---|
| | tun dürfen. | *She has/had been permitted to do it.* |
| | tun können. | *She has/had been able to do it.* |
| Sie hat/hatte es | tun müssen. | *She has/had had to do it.* |
| | tun sollen. | *She was/had been supposed to do it.* |
| | tun wollen. | *She has/had wanted to do it.* |

---

[4] Some speakers use an infinitive structure (**ich habe es dürfen/können,** etc.) *without* an accompanying main verb infinitive; such usage is considered regional.

[5] **Mögen** is excluded here and in 9.4, since it is extremely rare in a double infinitive construction.

3.  In dependent clauses, the conjugated auxiliary **haben** precedes the two infinitives.

    Wer weiß, ob sie den Artikel **haben**          *Who knows whether they have been able*
      **lesen können?**                               *to read the article?*

## B. Use

1.  In the present perfect tense, modals can occur without accompanying infinitives when these can be inferred from the context.

    Hat sie gestern in die Stadt **gemusst?**       *Did she have to go into town yesterday?*

    Kannst du Französisch?                          *Do you know French?*
      —Ja, aber ich habe es früher besser           —*Yes, but I knew it better before.*
      **gekonnt.**

2.  There is virtually no difference in meaning between the simple past tense and the present perfect tense of modals. The simple past tense is much more common.

    Ich **habe** den Aufsatz noch nicht            *I **have** not yet **been able** to write the*
      **schreiben können.**                          *composition.*

    MORE COMMON:

    Ich **konnte** den Aufsatz noch nicht          *I **was** not yet **able** to write the*
      **schreiben.**                                 *composition.*

---

**9.4     FUTURE TENSE OF MODAL VERBS**

1.  The future tense with modals is formed using the conjugated auxiliary **werden;** the modal becomes an infinitive and moves to $V_2$ position, resulting in a double infinitive construction (see 18.6).

| werden + *double infinitive* | | | |
|---|---|---|---|
| Er/Sie wird es { | **tun dürfen.** | He/She will { | *be permitted to do it.* |
| | **tun können.** | | *be able to do it.* |
| | **tun müssen.** | | *have to do it.* |
| | **tun sollen.** | | *be supposed to do it.* |
| | **tun wollen.** | | *want to do it.* |

COMPARE:

Er muss bald abfahren. *(modal*                 *He must depart soon.*
  *statement)*

                          MUSS

Er **wird** bald **abfahren müssen.**           *He will have to depart soon.*
  *(future modal statement)*

2. In dependent clauses, the conjugated future auxiliary is placed directly before the double infinitive.

| | |
|---|---|
| Ute schreibt, dass sie uns im März nicht **wird besuchen können.** | *Ute writes that she will not be able to visit us in March.* |

# Wortschatz
*Lust auf Leben.*

| Liking | Inclination |
|---|---|
| gern haben | möchten |
| mögen | hätte(n) gern |
| gefallen | würde(n) gern tun |
| gern tun | Lust haben auf/zu |

1. The expressions **gern haben** and **mögen** mean *to like* in the sense of affection or approval. They express the emotions of someone toward the thing liked.

Sie **hat** dich **gern.**
Sie **mag** dich. } *She likes you.*

Ich **habe** es nicht **gern,** wenn du so sprichst.
Ich **mag** es nicht, wenn du so sprichst. } *I don't like it when you talk like that.*

2. In English translation, **gefallen** is virtually synonymous with **gern haben** and **mögen.** However, **gefallen** describes the pleasing effect something has on someone, rather than the actual emotion of the person who likes it. For this reason, the "liker" is in the dative case and receives the action; whether **gefallen** is singular or plural is determined by the subject, the thing(s) liked.

| | |
|---|---|
| Dieser Film **gefällt mir.** | *I like this film. (It has a pleasing affect upon me.)* |
| Diese Filme **gefallen** mir. | *I like these films.* |

3. The adverb **gern** used with a verb other than **haben** means *to like to do* the activity expressed by the verb, i.e., in general.

| | |
|---|---|
| Wir **wandern gern.** | *We like to hike.* |
| Sie **wohnt** nicht **gern** allein. | *She doesn't like to live alone.* |

4. The subjunctive forms **möchte(n) (tun)**, **hätte(n) gern**, and **würde(n) gern tun** (see 20.2) are polite ways of expressing inclination or asking what someone *would like (to do)*, i.e., at the moment.

Ich **möchte** einen Kaffee.
Ich **hätte gern** einen Kaffee. } *I would like a (cup of) coffee.*

**Möchten** Sie mitfahren?
**Würden** Sie **gern** mitfahren? } *Would you like to come along?*

5. The expression **Lust auf/zu etwas haben** is commonly used to express what someone *feels like having or doing*. It is close in meaning to **möchte(n)** and can be made more polite by using the subjunctive form **hätte(n)** instead of **haben** (see 20.2). The preposition **auf** is used with objects and **zu** with activities.

**Hast** du **Lust auf** einen Apfelsaft?       *Do you feel like (having) an apple juice?*
   *(object)*

**Hättest** du **Lust auf** einen Apfelsaft?     *Would you like to have an apple juice?*

Wir **haben** keine **Lust zum** Tanzen.
   *(activity)*                                } *We do not feel like dancing.*
Wir **haben** keine **Lust zu** tanzen.

# Übungen

**A**   **Ratschläge** *(advice)* **mit Modalverben.**   Wie viele Ratschläge können Sie in den folgenden Situationen geben? Wer hat die besten Ratschläge?

**BEISPIELE**   Günther Dünnleib ist etwas zu dick geworden.   (Er ...)
    *Er **soll** ein paar Kilo abnehmen.*
    *Er **muss** viel laufen und Sport treiben.*

    Ihre Freundin Monika sucht eine Arbeitsstelle.   (Du ...)
    *Du **kannst** zum Arbeitsamt gehen.*
    *Du **sollst** die Annoncen in der Zeitung lesen.*

1. Ich habe hohes Fieber und fühle mich nicht wohl.   (Du ...)
2. Eine Bekannte/Ein Bekannter von Ihnen sucht ohne Erfolg eine neue Wohnung. (Sie/Er ...)
3. Freunde wollen im Restaurant essen, aber sie haben ihr Geld zu Hause vergessen. (Ihr *[you]* ...)
4. Wir (du und ich) haben morgen eine schwere Prüfung in Deutsch   (Wir ...)
5. Eine Bekannte/Ein Bekannter von uns hat einen schrecklichen Minderwertigkeitskomplex *(inferiority complex)*. Es wird jeden Tag schlimmer mit ihr/ihm.   (Sie/Er ...)
6. Die Eltern von einer/einem Bekannten fliegen nächste Woche zum ersten Mal nach Europa.   (Sie *[they]* ...)

**B** **Gefällt's Ihnen?**    Was meinen Sie zu den folgenden Themen? Verwenden Sie Ausdrücke aus dem **Wortschatz**, um Ihre Meinung auszudrücken.

BEISPIEL    tanzen / heute Abend tanzen
*Ich tanze **gern**. Ich **habe** aber **keine Lust** heute Abend zu tanzen.*

1. die Universität, an der Sie jetzt studieren
2. Fremdsprachen lernen
3. fernsehen
4. Rechtsanwältin/Rechtsanwalt *(lawyer)* werden
5. wenn jemand Ihnen Ratschläge *(advice)* gibt
6. einen Roman lesen
7. zu einem Heavy-Metal-Konzert gehen
8. ein Studiensemester im Ausland verbringen
9. der letzte Film, den Sie gesehen haben
10. die politische Stimmung im Lande/an Ihrer Uni

**C** **Mit Modalverben geht's auch.**    Drücken Sie den Inhalt dieser Sätze mit Modalverben aus.

BEISPIEL    Hier ist Parkverbot.
*Hier darf man nicht parken.*

1. Max spricht und versteht kein Serbokroatisch.
2. Die Studenten fanden die Leseaufgabe unmöglich.
3. Man sagt, dass zu viel Sonne ungesund ist.    soll ungesund sein sein.
4. Den Rasen bitte nicht betreten!
5. Machen Sie das lieber nicht!
6. Während des Flugs war das Rauchen verboten.
7. Christoph behauptet immer, dass er alles besser weiß.
8. Erlauben Sie, dass ich eine Frage stelle?
9. Es ist nicht nötig, dass du mitkommst.

**D** **So bin ich.**    Erzählen Sie von sich und Ihren Meinungen mit Modalverben und Ausdrücken aus dem **Wortschatz**.

1. Was Sie überhaupt nicht gern haben
2. Was Sie besonders gut machen können
3. Wozu Sie im Moment Lust haben
4. Was/Wen Sie mögen
5. Was jede Studentin/jeder Student machen soll/wissen sollte
6. Was Sie heute Abend machen möchten
7. Was Ihnen an Ihrer Uni (nicht) gefällt
8. Was Sie am Wochenende machen müssen/sollen/wollen

**E** **Forderungen!** *(Demands)*    Jeder will etwas von mir! Was wollen oder möchten Leute von Ihnen? Machen Sie bitte vier Aussagen.

BEISPIELE    *Meine Mutter **will, dass** ich gute Noten bekomme.*
*Mein Freund **möchte, dass** ich ihn oft anrufe.*

Und was müssen Sie zum Glück *nicht* machen? Machen Sie drei Aussagen.

BEISPIELE    *Ich **muss nicht** auf meine kleine Schwester aufpassen.*
*Ich **brauche nicht** beim Kochen **(zu)** helfen.*

**F**    **Alles nur vom Hörensagen.**    Ist es wahr, was andere vom Hörensagen berichten? Machen Sie vier Aussagen. Lesen Sie Ihre Aussagen im Unterricht vor.

BEISPIELE    *Elvis Presley soll noch am Leben sein.*
*Unser Lehrer soll gestern in einer Disko getanzt haben.*

---

**REAKTIONEN**

Das stimmt gewiss.
Das mag sein.
Sehr unwahrscheinlich!
Unsinn!

---

**G**    **Damals.**    Drücken Sie die Sätze im Perfekt aus.

BEISPIEL    Als Kind wollte ich oft meinen Eltern helfen.
*Als Kind **habe** ich oft meinen Eltern **helfen wollen.***

1. Früher musste ich meinen Eltern oft helfen.
2. Manchmal durfte ich nicht ausgehen, wenn ich ihnen nicht geholfen hatte.
3. Es stimmte aber nicht, dass ich ihnen nicht helfen wollte.
4. Aber manchmal konnte ich es nicht, weil ich etwas anderes machen musste.
5. Das konnten meine Eltern nicht immer verstehen.

**H**    **Eine schöne Zukunft?**    Erzählen Sie davon.

BEISPIEL    Heute muss ich noch (nicht) ... , aber in zwei Jahren ...
*Heute **muss** ich noch **studieren**, aber in zwei Jahren **werde** ich nicht mehr studieren müssen.*

1. Heute muss ich (nicht) ... , aber in vier Jahren ...
2. Heute kann ich (nicht) ... , aber ich weiß, dass ich in acht Jahren ...
3. Heute will ich (nicht) ... , aber in zwölf Jahren ...
4. Heute darf ich (nicht) ... , aber ich hoffe, dass ich in zwanzig Jahren ...
5. Heute soll ich (nicht) ... , aber in 30 Jahren ...

# Anwendung

**A**    **Rollenspiel: Machen Sie mit?**    Sie wollen etwas tun, aber Sie wollen es nicht allein tun. Versuchen Sie, jemanden dazu zu überreden *(persuade)* mitzumachen. Diese andere Person will nicht und hat viele Ausreden *(excuses)*.

Heute Abend zum Essen oder zu einer Party gehen
Am Wochenende einen Ausflug *(excursion)* machen
Mit Ihnen zusammen die Hausaufgabe machen
An einer Protestaktion teilnehmen

| **für** | **gegen** |
|---|---|
| Du, ich habe eine tolle Idee! | O, das klingt interessant, aber ... |
| Wir können/sollen ... | Leider kann ich nicht, denn ... |
| Wir müssen nicht ... | Ach weißt du, ich möchte schon, aber ... |

**B** **Gebote** *(commands)* **und Verbote.**   Als Kind gab es sicher manches, was Sie (nicht) tun *durften, konnten, mussten* oder *sollten*, aber doch (nicht) tun *wollten*. Erzählen Sie in einer Gruppe davon. Fragen Sie auch Ihre Professorin/Ihren Professor, wie es in ihrer/seiner Kindheit war. Machen Sie einige Aussagen im Präteritum (**ich musste tun**) und einige Aussagen im Perfekt (**ich habe tun müssen**).

beim Essen
in der Schule
im Haushalt
auf Reisen
mit Freunden

# Schriftliche Themen

| **Tipps zum Schreiben** | **Providing Explanation** |
|---|---|
| | Modal verbs do not describe; they help provide reasons and motivations. Thus in explanations you can repeat them more frequently than you should other verbs. To link ideas by explaining *why* something happens, consider using adverbial conjunctions such as **daher, darum, deshalb,** and **deswegen** *(therefore, for that reason)* (see 24.5). These conjunctions are really adverbs and can either begin a clause or occur elsewhere in it. |

Ich habe keine Zeit, (und) **daher**
kann ich nicht kommen.

*I don't have any time, and thus I can't come.*

Ich habe keine Zeit und ich kann
**daher** nicht kommen.

**A** **Bildgeschichte.** Erzählen Sie die folgende Bildgeschichte im Präteritum. Verwenden Sie mehrere Modalverben und benutzen Sie die Erzählskizze dabei.

der Drachen • in den Baum fliegen • hängen bleiben • das Tor • der Pförtner (*gateman*) • nicht hineingehen • nach Hause • Vater bitten • holen • sich fein anziehen • denken, dass • auf den Baum klettern • der Junge wird in Zukunft ... (*Modalverb im Futur*)

**B** **Sich entschuldigen.** Schreiben Sie einen Brief, in dem Sie sich bei jemandem dafür entschuldigen, dass Sie etwas *nicht tun können* oder *nicht getan haben* (z.B. nicht geschrieben; nicht angerufen; nicht zur Geburtstagsfeier gekommen). Nennen Sie die Gründe dafür. (Siehe Appendix 2, *Letter Writing*)

BEISPIEL    Es tut mir Leid, dass ich gestern nicht auf Ihrer Geburtstagsfeier dabei sein konnte. Ich wollte kommen, aber ich war schon anderswo eingeladen worden und musste deshalb ... usw.

**C** **Die zehn Gebote** (*commandments*).    Schreiben Sie eine Liste mit zehn Geboten für eine der folgenden Personen: eine Politikerin/einen Politiker; eine Studentin/einen Studenten; einen Gebrauchtwagenhändler (*used car salesman*); ein Fotomodell; eine Zimmerkollegin/einen Zimmerkollegen. Benutzen Sie dabei das Modalverb **sollen**!

BEISPIEL    (für einen Professor)
*1. Sie sollen uns übers Wochenende keine langen Hausaufgaben aufgeben.*
*2. Sie sollen bei der Benotung der Prüfungen etwas Gnade* (mercy) *zeigen.*
usw.

# Zusammenfassung

## Rules to Remember

1 Modal verbs conjugate irregularly in the present-tense singular, but they conjugate like other verbs in the present-tense plural.

2 *Must not* is **dürfen nicht; müssen nicht** means *not to have to*.

3 **Ich will/möchte gehen** means *I want/would like to go*. **Ich will/möchte, dass** *sie* **geht** means *I want/would like* her *to go*.

4 Modal verbs conjugate like weak verbs in the past tense, but without any infinitive stem umlauts (**wollen/wollte; müssen/musste**).

5 German speakers normally use the simple past tense of modals rather than the present perfect.

6 The perfect tenses of modals require a double infinitive construction if there is also a main verb (**Sie hat gewollt**, BUT **Sie hat** *gehen wollen*).

## At a Glance

### A. Conjugation of modal verbs

| Present tense | | | | | | |
|---|---|---|---|---|---|---|
| | **dürfen** | **können** | **mögen** | **müssen** | **sollen** | **wollen** |
| ich | darf☐ | kann☐ | mag☐ | muss☐ | soll☐ | will☐ |
| du | darfst | kannst | magst | musst | sollst | willst |
| er/sie/es | darf☐ | kann☐ | mag☐ | muss☐ | soll☐ | will☐ |
| wir | dürfen | können | mögen | müssen | sollen | wollen |
| ihr | dürft | könnt | mögt | müsst | sollt | wollt |
| sie/Sie | dürfen | können | mögen | müssen | sollen | wollen |

| Simple past | | | | | | |
|---|---|---|---|---|---|---|
| | **dürfen** | **können** | **mögen** | **müssen** | **sollen** | **wollen** |
| ich | durfte | konnte | mochte | musste | sollte | wollte |
| du | durftest | konntest | mochtest | musstest | solltest | wolltest |
| er/sie/es | durfte | konnte | mochte | musste | sollte | wollte |
| wir | durften | konnten | mochten | mussten | sollten | wollten |
| ihr | durftet | konntet | mochtet | musstet | solltet | wolltet |
| sie/Sie | durften | konnten | mochten | mussten | sollten | wollten |

## B. Sentence structure

| Present/Simple past |
| --- |
| **Main clause** |
| _____ [ kann / konnte ] _____ [ machen ] . |
| **Dependent clause** |
| (main) , _____ [ machen ] [ kann / konnte ] . |

| Present perfect |
| --- |
| **Main clause** |
| _____ [ habe ] _____ [ machen ] [ können ] |
| **Dependent clause** |
| (main) , _____ [ habe ] [ machen ] [ können ] |

| Future |
| --- |
| **Main clause** |
| _____ [ werde ] _____ [ machen ] [ können ] |
| **Dependent clause** |
| (main) , _____ [ werde ] [ machen ] [ können ] |

## C. Expressing need

|  | Positive | Negative |
| --- | --- | --- |
| **Independent verb** | brauchen | brauchen ⟨ kein- / nicht |
| **Modal verb** | müssen | brauchen nicht (+ zu) |
|  |  | müssen nicht |

# Grammatik

## 10.1 ACCUSATIVE PREPOSITIONS

### A. Forms

1. The accusative prepositions (**die Präposition, -en**) are as follows:

   bis   *until, to, as far as, by*     ohne   *without*
   durch   *through*                     um   *around; at*
   für   *for*                           wider   *against*[1]
   gegen   *against; toward*

2. The following contractions are quite common:

   **durchs** (durch das)     **fürs** (für das)     **ums** (um das)

### B. Use

1. An accusative preposition is followed by an object noun or pronoun in the accusative case (see individual prepositions below).

2. A preposition with its object and any related modifiers is called a *prepositional phrase*. Many prepositional phrases function as adverbs by telling *how* (***mit* ein paar Freunden**), *when* (***nach* dem Seminar**), or *where* (***ins* Café**) something occurs. Other prepositional phrases describe persons and things (**die Kellnerin *mit* den müden Augen**).

---

[1] **Wider** is infrequent and used mainly in a few idiomatic phrases: **wider Erwarten** (*against all expectation*).

3. Prepositional phrases functioning as adverbial modifiers follow the word order rules of the middle field, such as Time–Manner–Place (see 1.1C).

| | |
|---|---|
| Wir gingen nach dem Seminar mit ein paar Freunden ins Café. | *After the seminar we went with a few friends to a café.* |

## C. *Bis*

1. **Bis** means *until, as far as, up to,* or *by* a certain point or time.

| | |
|---|---|
| Ich fahre nur **bis** Frankfurt. | *I am driving only as far as Frankfurt.* |
| Lesen Sie **bis** morgen **bis** Seite 50. | *Read up to page 50 by tomorrow.* |
| Ich bleibe **bis** nächsten Montag. | *I am staying until next Monday.* |

2. **Bis** is frequently used in combination with other prepositions. In such constructions the case of the following objects is determined by the second preposition, not by **bis**.

| | |
|---|---|
| Die jungen Leute tanzten **bis** spät **in die** Nacht (hinein). | *The young people danced until late into the night.* |
| Wir fanden alle Fehler **bis auf** einen. | *We found all the mistakes except for one.* |
| Die Spieler waren **bis vor** wenigen Tagen im Ausland. | *The players were abroad up until a few days ago.* |
| Die Arbeiter blieben **bis zur** letzten Stunde. | *The workers stayed until the last hour.* |

## D. *Durch*

**Durch** means *through.*

| | |
|---|---|
| Diese Straße führt **durch** die Stadt. | *This road leads through the city.* |
| Einstein wurde **durch** seine Relativitätstheorie berühmt. | *Einstein became famous through his theory of relativity.* |

## E. *Für*

1. **Für** means *for.*

| | |
|---|---|
| Ich kaufe etwas **für** meine Mutter. | *I'm buying something for my mother.* |
| Dieses Handy habe ich **für** ganz wenig Geld gekauft. | *I bought this cellular phone for very little money.* |

2. **Für** can be used to indicate duration, as in English *for a week,* but only when the time element is unrelated to the main verb. This is the case, for example, in the following sentence:

| | |
|---|---|
| Er fuhr **für eine Woche** nach Wien. | *He traveled to Vienna **for a week.*** |

**Für eine Woche** tells us not how long it took to get there (**fuhr**), but rather how long he stayed or intended to stay.

3. When the duration does in fact apply to the verb, **für** is *not* used, but rather a time expression without any preposition (see 23.1C), as in the following example:

Er blieb aber nur **drei Tage** dort.    *But he only stayed there (for) three days.*

4. When a prepositional phrase is used to indicate how long an activity has been going on, German uses **seit** or **schon** rather than **für,** in conjunction with the present tense (see 2.2B).

Er ist **seit zwei Tagen** in Wien.    *He's been in Vienna for two days.*

## F. *Gegen*

1. **Gegen** means *against* or *into.*

Sie warf den Ball **gegen** den Zaun.    *She threw the ball against the fence.*

Der LKW fuhr **gegen** einen Baum.    *The truck drove into a tree.*

Wir protestierten **gegen** den Bau des Atomkraftwerks.    *We protested against the construction of the nuclear plant.*

2. **Gegen** means *toward* in time expressions (see 23.2A).

**Gegen** Abend hörte der Regen auf.    *Toward evening the rain stopped.*

## G. *Ohne*

**Ohne** means *without.*

Mach es **ohne** mich!    *Do it without me!*

## H. *Um*

1. **Um** means *around* and is often used with an optional **herum.**

Sie gingen **um** die Ecke.    *They went around the corner.*

Diese Straßenbahn fährt **um** die Wiener Altstadt (**herum**).    *This streetcar travels around the old part of Vienna.*

2. For the use of **um** in time expressions, see 23.2A.

## 10.2    DATIVE PREPOSITIONS

### A. Forms

1. The dative prepositions are as follows:

aus    *out of, of, from*    bei    *by, near, at; with, in case of,*
außer    *except for; besides*    *during; upon, when, while doing*

gegenüber  *across from, opposite*      seit  *since, for*
mit  *with, by*                          von  *from, of; by; about*
nach  *to, toward; after; according to*  zu  *to; at*

2.  The following contractions are quite common:

**beim** (bei dem)      **vom** (von dem)      **zum** (zu dem)      **zur** (zu der)

## B. Use

Dative prepositions are followed by objects in the dative case.

## C. *Aus*

**Aus** means *out of, (made) of,* or *from* the point of origin.

| | |
|---|---|
| Herr Bühler fuhr den Ferrari **aus der** Garage. | *Mr. Bühler drove the Ferrari out of the garage.* |
| Wein wird **aus** Trauben gemacht. | *Wine is made from grapes.* |
| Diese Familie kommt **aus** Stuttgart. | *This family comes from Stuttgart. (i.e., it is their hometown)* |

## D. *Außer*

1.  **Außer** usually means *except for, besides,* or *in addition to.*

| | |
|---|---|
| Alle sind verrückt **außer** dir und mir. | *Everyone is crazy except for you and me.* |
| **Außer** seiner Frau waren noch andere Leute im Zimmer. | *Besides (in addition to) his wife there were other people in the room.* |

2.  In a few idiomatic expressions **außer** means *out of.*

| | |
|---|---|
| Ich bin jetzt **außer Atem.** | *I am now out of breath.* |
| Der Lift ist **außer Betrieb.** | *The elevator is out of order.* |

## E. *Bei*

1.  **Bei** means *at, by,* or *near.*

| | |
|---|---|
| **Bei** Hertie gibt es immer tolle Preise. | *There are always great prices at Hertie's (department store).* |
| In Böblingen **bei** Stuttgart arbeiten viele Leute **bei** (der Firma) IBM. | *In Böblingen near Stuttgart, many people work at IBM.* |

2.  **Bei** is used to indicate location at a person's place.

| | |
|---|---|
| Wir essen heute Abend **bei** Sigrid. | *We are eating at Sigrid's place this evening.* |
| BUT: | |
| Wir gehen **zu** Sigrid. | *We are going to Sigrid's. (see **zu,** 10.2K)* |

3. **Bei** can express the idea of *in case of, during,* or *with.*

| | |
|---|---|
| **Bei** schlechtem Wetter geht man lieber nicht spazieren. | *In the case of/During bad weather one prefers not to take a walk.* |
| **Bei** deiner Erkältung würde ich lieber zu Hause bleiben. | *With your cold I would rather stay home.* |

4. **Bei** can also indicate *upon* or *while doing* an activity; in such instances, the activity itself is expressed by an infinitive used as a noun (see 18.5).

| | |
|---|---|
| Herr Hase schlief **beim** Lesen ein. | *Mr. Hase fell asleep while reading.* |
| **Beim** Erwachen hörte sie Stimmen im Korridor. | *Upon awakening, she heard voices in the corridor.* |

## F. *Gegenüber*

1. **Gegenüber** means *across from or opposite.* Pronoun objects usually precede this preposition.

| | |
|---|---|
| Sie saß **ihm** gegenüber. | *She sat across from him.* |

Noun objects can either precede or follow **gegenüber.**

| | |
|---|---|
| Er saß **seiner Frau** gegenüber. | *He sat across from his wife.* |
| Er saß gegenüber **seiner Frau.** | |

2. **Gegenüber** is often joined with **von,** in which case the object—noun or pronoun—follows **von.**

| | |
|---|---|
| Gegenüber **von mir** saß niemand, weil alle gegenüber von Marco sitzen wollten. | *Nobody sat across from me, because everyone wanted to sit across from Marco.* |

## G. *Mit*

1. **Mit** means *with.*

| | |
|---|---|
| Er spricht **mit** Freunden. | *He is talking with friends.* |

2. **Mit** also indicates the instrument or means with which an activity is performed (see also 28.1C).

| | |
|---|---|
| Sag mal, warum hast du deine Bewerbung **mit** einem Bleistift geschrieben? | *Tell me, why did you write your application with a pencil?* |

3. When describing means of transportation, **mit** means *by* and is normally used with a definite article.

| | |
|---|---|
| In Deutschland reist man manchmal schneller **mit** der Bahn als **mit** dem Auto. | *In Germany one sometimes travels faster by rail than by car.* |

## H. *Nach*

1. **Nach** means *(going) to* and is used with proper names of geographical locations such as towns, cities, countries, and continents. It is also used with directions and points of the compass.

Dieser Flug geht **nach** Genf.

*This flight is going to Geneva.*

Die Straße führt zuerst **nach** rechts und dann **nach** Süden.

*The street goes to the right first and then to the south.*

2. **Nach** can also indicate motion *toward* a place or object, as opposed to motion *to* (**zu**) such locations.

*[handwritten: Hardly ever heard]*

COMPARE:

Die Kinder liefen **nach** dem Brunnen.

*The children ran **toward** the fountain. (in that general direction)*

Die Kinder liefen **zu** dem Brunnen.

*The children ran **to** the fountain. (to that goal, implying arrival)*

3. **Nach** can mean *after* in either a temporal or a spatial sense.

Sie gingen **nach** dem Film in ein Restaurant.

*They went to a restaurant after the movie.*

**Nach** dem Feld kommt wieder Wald.

*After the field there are woods again.*

4. **Nach** sometimes means *according to* or *judging by,* in which case it usually follows its object.

Dem Wetterbericht **nach** soll es morgen in den Alpen schneien.

*According to the weather report it is supposed to snow in the Alps tomorrow.*

Ihrer Kleidung **nach** scheint sie sehr reich zu sein.

*Judging by her clothing, she appears to be very wealthy.*

5. **Nach** occurs in a number of idiomatic expressions.

nach Bedarf   *as needed*
nach Belieben   *at one's discretion*
nach dem Gehör   *by ear (as in* playing the piano by ear)
nach Hause   *(to go) home*
nach Wunsch   *as you wish, as desired*
(nur) dem Namen nach kennen   *to know by name (only)*
nach und nach   *little by little, gradually*
nach wie vor   *now as ever, the same as before*

*[handwritten margin note: eilmählich]*

## I. Seit

1. **Seit** indicates *for how long* or *since when* an action that started in the past *has* or *had been going on.* German uses **seit** with the present tense, where English requires the present perfect (see 2.2), and **seit** with the simple past tense where English uses the past perfect. **Seit** often occurs with the adverb **schon.**

Es regnet **seit** gestern.

*It has been raining since yesterday.*

Wir wohnten **(schon) seit** einem Jahr in Braunschweig, als unsere Großmutter starb.

*We had (already) been living in Braunschweig for a year when our grandmother died.*

2. **Seit** also functions colloquially as a shortened form of **seitdem** (see 11.3), a subordinating conjunction that introduces a dependent clause. Thus one must be careful to

discern the function of **seit** in a sentence. As a preposition, it requires the dative case for nouns associated with it; as a conjunction, it has no effect on the case of following nouns.

COMPARE:

| | |
|---|---|
| Seit **der** Hochzeit sehen wir ihn kaum. | *Since the wedding we've hardly seen him.* |
| Seit **die** Hochzeit stattfand, sehen wir ihn kaum. | *Since the wedding took place, we've hardly seen him.* |

## J. *Von*

1. **Von** means *from* a source, but not *out of* a point of origin (see **aus,** p. 119).

| | |
|---|---|
| In Deutschland bekommen viele Studenten ein Stipendium **vom** Staat. | *In Germany, many students receive a stipend from the government.* |
| Frau Salamun fährt oft **von** Wien nach Graz. | *Ms. Salamun often travels from Vienna to Graz.* |

BUT:

| | |
|---|---|
| Sie kommt **aus** Wien. | *She's from Vienna. (i.e., Vienna is her hometown)* |

2. **Von** means *of* when it expresses a relationship of belonging between two nouns. It is often a substitute for the genitive case (see 4.6B).

| | |
|---|---|
| Sie ist die Tante **von** meiner Freundin und eine Einwohnerin **von** Hameln. | *She is the aunt of my girlfriend and an inhabitant of Hameln.* |

3. **Von** can also mean *by* (authorship) or *about* (topic of discussion).

| | |
|---|---|
| *Faust* ist ein Drama **von** Goethe. | ***Faust** is a drama by Goethe.* |
| Er spricht nicht gern **von** seinen Fehlern. | *He doesn't like to talk about his mistakes.* |

4. **Von** in combination with **aus** indicates a vantage point or motion away from a particular location.

| | |
|---|---|
| **Vom** Fenster **aus** sieht man den Parkplatz nicht. | *From the window one doesn't see the parking lot.* |
| **Von** Freiburg **aus** ist man in einer halben Stunde am Titisee. | *From Freiburg one is at the Titisee in half an hour.* |

5. **Von** in combination with **an** indicates a point from which an activity starts and continues.

| | |
|---|---|
| **Von** jetzt **an** keine Fehler mehr! | *From now on no more mistakes!* |

## K. *Zu*

1. **Zu** means *to* and is used to express motion toward persons, stores, objects, locales, and events.

| | |
|---|---|
| Ein kranker Mensch sollte **zum** Arzt gehen. | *An ill person ought to go to the doctor.* |
| Wir gehen **zur** Sporthalle. | *We are going to the gym.* |
| Laufen wir **zum** Schillerplatz! | *Let's run to Schiller Square!* |

2. The contracted form **zum** commonly occurs with infinitives used as nouns.

| | |
|---|---|
| Wir haben nichts **zum** Essen. | *We have nothing to eat.* |
| Ich brauche etwas **zum** Schreiben. | *I need something for writing. (i.e., to write with)* |

3. **Zu** occurs in a number of idiomatic expressions.

zu dritt/zu viert usw.   *in threes, in fours, etc.*
zu Ende   *over, at an end*
zu Fuß   *on foot*
zu Hause   *at home (compare with* nach Hause*)*
zu Ihnen/dir   *(to go) to your place*
zu Eva   *(to go) to Eva's place*
zu Mittag   *at noon (but* am Abend*)*
zu Weihnachten, zu Ostern   *for/at Easter, for/at Christmas*
zum Beispiel   *for example*
zum Essen/Schreiben usw.   *for eating/writing, etc.*
zum Frühstück/zum Mittagessen   *for/at breakfast/the noonday meal*
zum Geburtstag   *for one's birthday*
zum Kaffee (nehmen)   *(to take) with one's coffee*
zum Schluss   *in conclusion*
zum Wohl!   *(Here's) to your health!*

4. **Zu** is sometimes used in the names of eating establishments.

| | |
|---|---|
| **(Gasthaus) zum Roten Bären** | *the Red Bear Inn* |

5. **Zu** *cannot be used* with **geben** and other verbs of giving. Such verbs require an indirect object (see 4.5B).

| | |
|---|---|
| Sie gibt es **ihrem** Freund. | *She gives it to her friend.* |

## 10.3   TWO-WAY PREPOSITIONS

### A. Forms

1. The following prepositions are called two-way prepositions (**Wechselpräpositionen**).

| | |
|---|---|
| an   *at, on, to* | über   *over, across; above; about* |
| auf   *on, upon, at* | unter   *under, beneath, below; among* |
| hinter   *behind* | vor   *before, in front of; ago* |
| in   *in, into, inside* | zwischen   *between* |
| neben   *beside, next to* | |
| entlang   *along* | |

*[handwritten: 2 sentences w/ each (akk & dat.)]*

2. The following contractions are very common and often preferred to the separated forms:

| | |
|---|---|
| **ans** (an das) | **am** (an dem) |
| **aufs** (auf das) | |
| **ins** (in das) | **im** (in dem) |

3. The following contractions are considered colloquial:

**hinters** (hinter das)      **hinterm** (hinter dem)
**übers** (über das)      **überm** (über dem)
**vors** (vor das)      **vorm** (vor dem)

## B. Use

1. Two-way prepositions take the *dative case* when they indicate *location.*

Wo steht sie?      *Where is she standing?*
—**Im** Garten.      —*In the garden.*

2. Two-way prepositions take the *accusative case* when they indicate direction or motion toward an object or place.

Wohin geht er?      *Where is he going?*
—**In den** Garten.      —*Into the garden.*

3. Motion itself does not necessarily mean that the object must be in the accusative. The motion can be taking place within the area of the object, in which case the object is in the dative, since there is no change of position with respect to this location.

**Wo** laufen die Kinder?      *Where are the children running (around)?*
—**Im** Garten.      —*In the garden.*

4. Two-way prepositions are widely used in a variety of idiomatic expressions which themselves determine whether the object of the preposition will be in the accusative or dative case. In a sentence such as **Ich habe Angst vor dieser Schlange** (*I'm scared of this snake*), for example, the dative is necessary not because of location, but because the phrase **Angst haben** + **vor** (*to be scared of*) stipulates a dative object for the preposition **vor.** Such phrases must be learned with the appropriate case assignments for their prepositions (see 13.5, 17.2, and Chapter 30).

## C. *An*

**An** can mean *to* with the accusative and *at* with the dative when used with some verbs; or *on* with reference to vertical surfaces.

Sie gingen **an die** Tafel. *(direction)*      *They went to the board.*
Sie standen **an der** Tafel. *(location)*      *They stood at the board.*
Das Bild von Gregor hing **an der** Wand. *(location)*      *The picture of Gregor hung on the wall.*

## D. *Auf*

1. **Auf** means *on (top of)* with the dative and *onto* with the accusative.

Sie sitzen **auf dem** Sofa. *(location)*      *They are sitting on the sofa.*
Sie setzten sich **auf das** Sofa. *(direction)*      *They sat down on the sofa.*

2. **Auf** is often used idiomatically to express being *at/in* or going *to* the countryside, public institutions, parties, weddings, and other festivities.

| | |
|---|---|
| Sie arbeitet **auf dem** Land. | *She works in the country(side).* |
| Wir waren gestern **auf einer** Hochzeit. | *We were at a wedding yesterday.* |
| Ich gehe heute **auf die** Post. | *I am going to the post office today.* |

3. With verbs of going, **zu** is frequently used instead of **an** and **auf.**

| | |
|---|---|
| Wir gehen **ans/zum** Fenster. | *We go to the window.* |
| Sie fährt **auf die/zur** Bank. | *She drives to the bank.* |

4. In some cases, the distinction between **auf** and **an** is blurred.

| | |
|---|---|
| Ich war gerade **am** (or **auf dem**) Bahnhof. | *I was just at the train station.* |
| Er lag **am** (or **auf dem**) Boden. | *He was lying on the ground.* |
| Bist du auch **auf** dem Bild? | *Are you also in the picture?* |

## E. *Hinter*

**Hinter** means *behind*.

| | |
|---|---|
| Sie spielt **hinter dem** Haus. *(location)* | *She plays behind the house.* |
| Sie läuft **hinter das** Haus. *(direction)* | *She runs behind the house.* |

## F. *In*

1. **In** means *in* with the dative and *into* with the accusative. It is also used in certain contexts where English uses *at* or *to*.

| | |
|---|---|
| Sie sind **in der** Schule. *(location)* | *They are at/in school.* |
| Die Familie fährt morgen **in die** Berge. *(direction)* | *The family is traveling to/into the mountains tomorrow.* |

2. In many instances **in** (accusative) and **zu** (dative) can be used interchangeably.

| | |
|---|---|
| Er geht **in ein/zu einem** Konzert. | *He goes to a concert.* |

3. In other instances, the meanings may differ slightly.

| | |
|---|---|
| Sie geht **ins** Gebäude. | *She goes into the building.* |
| Sie geht **zum** Gebäude. | *She goes to (but not necessarily into) the building.* |

4. **In** (accusative) is used instead of **nach** to indicate direction to countries whose German names include definite articles.

| | |
|---|---|
| Sie fliegt **in die** Türkei. | *She flies to Turkey.* |
| Viele Ausländer kommen jetzt **in die** USA. | *Many foreigners are now coming to the USA.* |

## G. *Neben*

**Neben** means *beside* or *next to*.

| | |
|---|---|
| Der Spieler stand **neben dem** Tor. *(location)* | *The player stood next to the goal.* |
| Der Ball fiel **neben das** Tor. *(direction)* | *The ball fell beside the goal.* |

## H. *Über*

1. **Über** means *over, above, across,* or *about*.

| | |
|---|---|
| **Über der** Stadt steht ein Schloss. *(location)* | *A castle stands above the city.* |
| Eine Brücke führt **über den** Wassergraben. *(direction)* | *A bridge leads across the moat.* |

2. **Über** appears in many idiomatic expressions that include a preposition (see 17.2 for several examples), and usually means *about*. In such cases it always takes the accusative case.

| | |
|---|---|
| Er sprach unaufhörlich **über seine** Reise. | *He spoke incessantly about his trip.* |

## I. *Unter*

**Unter** means *under, beneath, below,* or *among*.

| | |
|---|---|
| Der Hund schläft **unter dem** Tisch. *(location)* | *The dog sleeps beneath the table.* |
| Der Hund kriecht **unter den** Tisch. *(direction)* | *The dog crawls under the table.* |
| Sie sind hier **unter** Freunden. | *You are among friends here.* |

## J. *Vor*

1. **Vor** means *in front of* or *ahead of*.

| | |
|---|---|
| Wir treffen uns **vor dem** Museum. *(location)* | *We are meeting in front of the museum.* |
| Sie fährt **vor das** Museum. *(direction)* | *She drives in front of the museum.* |

2. In a temporal sense, **vor** means *before* and takes the dative.

| | |
|---|---|
| Du musst **vor** acht Uhr aufstehen. | *You have to get up before eight o'clock.* |
| Sie aßen **vor** uns. | *They ate before us.* |

3. With units of time (years, weeks, days, etc.) **vor** means *ago* and takes the dative case. Notice that it *precedes* rather than follows the time unit.

| | |
|---|---|
| Sie rief **vor** einer Stunde an. | *She telephoned an hour ago.* |

## K. *Zwischen*

**Zwischen** means *between*.

| | |
|---|---|
| Er sitzt **zwischen ihnen.** *(location)* | *He sits between them.* |
| Er setzt sich **zwischen sie.** *(direction)* | *He sits down between them.* |

## L. *Entlang*

**Entlang** means *along*. It normally precedes a noun in the dative case when indicating *position* along an object, but it follows a noun in the accusative case when indicating *direction* along an object.

| | |
|---|---|
| Prächtige Bäume standen **entlang dem** Fluss. *(location)* | *Magnificent trees stood along the river.* |
| Die Strasse führte **einen** Fluss **entlang**. *(direction)* | *The road led along a river.* |

---

**10.4**   GENITIVE PREPOSITIONS

---

### Frequent

| | | | |
|---|---|---|---|
| (an)statt | *instead of* | während | *during* |
| trotz | *in spite of* | wegen | *because of, on account of* |

### Less frequent

| | | | |
|---|---|---|---|
| außerhalb | *outside of* | unterhalb | *beneath* |
| innerhalb | *inside of* | diesseits | *on this side of* |
| oberhalb | *above* | jenseits | *on the other side of* |

There are also some fifty more genitive prepositions generally restricted to official or legal language: **angesichts** *(in light of)*, **mangels** *(in the absence of)*, etc.

## A. *(An)statt, trotz, während, wegen*

1. **(An)statt, trotz, während,** and **wegen** are normally followed by objects in the genitive case, though in colloquial German the dative is also quite common.

| | |
|---|---|
| Ich nehme das rote Hemd **(an)statt des** blauen/**dem** blauen. | *I'll take the red shirt instead of the blue one.* |
| Wir tun es **trotz des** Widerstands/**dem** Widerstand. | *We are doing it in spite of the resistance.* |

2. When genitive prepositions are followed by masculine or neuter nouns without articles, the genitive **-s** is dropped.

| | |
|---|---|
| Wir brauchen mehr Zeit **anstatt Geld.** | *We need more time instead of money.* |

3. Genitive prepositions are used infrequently with pronouns. The one exception is **wegen,** which either takes dative pronouns or combines with special pronoun forms: **wegen mir/meinetwegen; wegen dir/deinetwegen; wegen uns/unseretwegen,** etc.

| | |
|---|---|
| Ich tue es **seinetwegen.** | *I am doing it on his account/on account of him.* |

4. The form **meinetwegen** is used idiomatically to mean *for all I care* or *it's okay by me.* It often occurs all by itself in response to a question.

| | |
|---|---|
| Soll ich bleiben? | *Should I stay?* |
| —**Meinetwegen.** | *It's okay by me.* |
| **Meinetwegen** kannst du bleiben, wenn du willst. | *For all I care, you can stay if you want to.* |

## B. *Außerhalb, innerhalb, oberhalb, unterhalb; diesseits, jenseits*

*[handwritten: monthly]*

1. **Diesseits, jenseits,** and the prepositions with **-halb** can be followed by either the genitive or **von** + the dative.

| | |
|---|---|
| **Jenseits der/von der** Grenze wohnen auch Menschen. | *There are also people living on the other side of the border.* |
| Wir können die Brücke **innerhalb weniger/innerhalb von wenigen** Stunden erreichen. | *We can reach the bridge within a few hours.* |

2. In the plural, however, **von** + the dative must be used if there is no article to indicate case.

| | |
|---|---|
| Die Polizei war **innerhalb von** Minuten am Tatort. | *The police were at the scene of the crime within minutes.* |

# Wortschatz

## *Hol' mir doch bitte die Zeitung.*

| | |
|---|---|
| bekommen | erhalten |
| holen | kriegen |

1. **Bekommen** means *to get* or *receive.* It does not mean *to become.*

| | |
|---|---|
| Sie **bekommt** ein neues Kleid zum Geburtstag. | *She gets a new dress for her birthday.* |
| Er hat einen Orden **bekommen.** | *He received a medal.* |

2. **Erhalten** is close in meaning to **bekommen** but somewhat more formal.

| | |
|---|---|
| Wir haben Ihren Brief **erhalten.** | *We have received your letter.* |
| Er **erhielt** drei Jahre Gefängnis. | *He received three years in prison.* |

3. **Kriegen** is synonymous with **bekommen,** but very colloquial. It is avoided in formal writing.

| | |
|---|---|
| Was hast du von deiner Tante zum Geburtstag **gekriegt?** | *What did you get from your aunt for your birthday?* |

4. **Holen** means *to (go and) get* or *fetch* and is often used with the dative indicating *for whom.*

| | |
|---|---|
| **Hol** (mir) bitte einen Stuhl. | *Please (go and) get (me) a chair.* |
| Er **holte** (sich) ein Hemd aus der Kommode. | *He (went and) got (himself) a shirt from the dresser.* |

# Übungen

**A** **Anders ausdrücken.**   Drücken Sie die Sätze anders aus. Verwenden Sie die Vokabeln aus dem Wortschatzkasten.

BEISPIEL   Er warf den Ball und ein Fenster ging kaputt.
*Er warf den Ball durch/gegen das Fenster.*

| bekommen | bis | durch | erhalten | für | gegen | holen | kriegen | ohne | um |
|---|---|---|---|---|---|---|---|---|---|

1. Er ging in die Bank, aber er hatte keinen Ausweis dabei.
2. Hat deine Familie dir etwas zum Geburtstag geschenkt?
3. Wir begannen um 9 Uhr zu arbeiten und waren um 11 Uhr fertig.
4. Ich möchte etwas zu trinken; ich gehe in die Küche und suche mir etwas.
5. Hemingway schrieb seine Romane *(novels)* und wurde berühmt.
6. Thomas Mann hat auch Romane geschrieben; man gab ihm den Nobelpreis dafür.
7. Der Politiker mochte das Projekt nicht und er sagte es.
8. Auf allen Seiten des Parks steht eine Mauer.

**B** **Aussagen.**   Machen Sie wahre Aussagen mit fünf der Präpositionen in Übung A.

BEISPIEL   *Ich habe **für** meine Kurse viel zu tun.*

**C** **Welche Präposition passt?**   Ergänzen Sie die Sätze durch passende Dativpräpositionen und Endungen.

BEISPIEL   *Sie arbeitet **bei** Siemens.*

| aus | gegenüber | seit | außer | mit | von | bei | nach | zu |
|---|---|---|---|---|---|---|---|---|

1. Bist du _____ dein-_____ Wohnung zufrieden?
2. Ich habe ein Paket _____ Deutschland bekommen.
3. Das Postamt befindet sich _____ d-_____ Hauptbahnhof.
4. Wir essen heute Abend _____ unser-_____ Freund Andreas.
5. Du kriegst so viele E-Mails _____ dein-_____ Freundin!
6. Sie bauen ihr Haus _____ Holz.

7. Wir warten _____ ein-_____ Monat auf eine Antwort.

8. Die Kinder kommen heute sehr früh _____ d-_____ Schule _____ Hause.

9. Ich hole dir etwas _____ d-_____ Kühlschrank.

10. Sagt es niemandem _____ eur-_____ Eltern!

**D** **Fragen zu Ihrer Person.** Beantworten Sie die Fragen mit den folgenden Präpositionen. Verwenden Sie jede Präposition mindestens einmal. Stellen Sie diese Fragen an andere Personen im Kurs. Berichten Sie die Antworten.

aus bei mit nach seit von zu

1. Woher kommen Ihre Vorfahren (z.B. Ihre Großeltern) väterlicher- und mütterlicherseits?

2. Wie lange verdienen Sie schon Ihr eigenes Taschengeld?

3. Wohin würden Sie im Winter besonders gern in Urlaub fahren?

4. Wo arbeiten Ihre Eltern?

5. Wohin gehen Sie gern, wenn Sie abends ausgehen?

6. Wie kommen Sie jeden Tag zur Schule oder zur Uni?

7. Bei welchen Aktivitäten müssen Sie viel, wenig oder überhaupt nicht denken?

**E** *Aus, von, nach, oder zu?* Wie können die Sätze weitergehen?

1. Violinen baut man ...

2. Wenn man Löwen und Elefanten sehen will, dann muss man ...

3. Die Astronauten Aldrin und Armstrong fuhren ...

4. Die besten/teuersten Autos der Welt kommen ...

5. Wenn du eine wunderschöne Stadt sehen willst, dann musst du ...

6. Nach meinen Vorlesungen gehe ich manchmal ...

**F** **Wechselpräpositionen.** Bilden Sie kurze Beispielsätze mit den folgenden präpositionalen Ausdrücken.

**BEISPIELE** ins Stadtzentrum
*Wir fahren ins Stadtzentrum.*

neben dem Haus
*Die Kinder spielen neben dem Haus.*

1. hinter dem Supermarkt
2. in die Stadt
3. über dem Tisch
4. aufs Land
5. vor einem Computer
6. unter den Zeitungen
7. neben die Teller
8. den Rhein entlang
9. ans Meer
10. zwischen die Schiffe

**G** **Welches Verb passt?** Ergänzen Sie die Sätze mit dem passenden Verb.

bekommen erhalten holen kriegen

1. Euren netten Brief haben wir gestern _____.

2. Wo kann ich Karten für den Vortrag (lecture) _____?

3. _____ dir etwas zu essen und setz dich hin.

4. Linda _____ jetzt immer bessere Noten in Deutsch.

5. Ich _____ eine Wut (rage), wenn ich so was seh'.

**H**  **Dativ oder Akkusativ?**    Ergänzen Sie die Sätze mit passenden präpositionalen Ausdrücken. Ziehen Sie die Wechselpräpositionen und Artikel zusammen, wenn es geht.

1. Der Hund legt sich unter ...
2. Ein Stein fiel in ...
3. Stellen Sie die Bücher neben ...
4. Unser Professor spricht morgen über ...
5. Anita holt Briefmarken auf ...
6. Oma spaziert jeden Tag eine halbe Stunde in ...

**I**  **Was macht Onkel Helmut?**    Gehen Sie rechts um den Kreis herum. Bilden Sie einen Satz mit einer der Wechselpräpositionen. Wenn Sie zur nächsten Präposition kommen, bilden Sie einen weiteren Satz. Wenn Sie aber den ersten Satz mit einer Präposition *im Dativ* gebildet haben, dann sollen Sie mit der zweiten Präposition *den Akkusativ* verwenden, und umgekehrt *(vice versa)*. Und so geht es zwischen Dativ und Akkusativ weiter, bis Sie einmal um den ganzen Kreis gegangen sind. Bei dieser Übung sollen Sie auch kein Verb wiederholen!

BEISPIELE    *Onkel Helmut steht **am** Fenster.*
*Er schaut **auf den** Garten hinunter.*

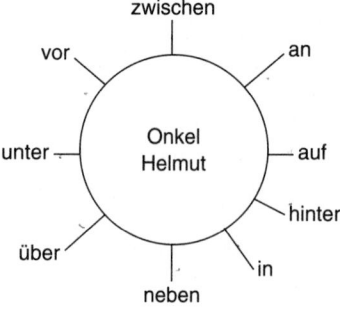

Gehen Sie noch einmal um den Kreis herum! Wo Sie vorhin den Dativ hatten, verwenden Sie jetzt den Akkusativ, und umgekehrt.

**J**  **Anders ausdrücken.**    Drücken Sie die Sätze mit den folgenden Genitivpräpositionen anders aus.

BEISPIEL    Die Arbeit war gefährlich, aber er machte sie.
***Trotz der Gefahr** machte er die Arbeit.*

| (an)statt | innerhalb | während |
|-----------|-----------|---------|
| außerhalb | trotz | wegen/[-et]wegen |

1. Barbara blieb, weil ihre Familie es wollte.
2. Die Arbeit war in weniger als zehn Tagen fertig.
3. Wir können im Sommer reisen.
4. Das Wetter ist schlecht, aber wir gehen wandern.
5. Ich habe nichts dagegen, wenn du mitkommst.
6. Seine Firma ist nicht direkt in der Stadt.
7. Sie sollte Französisch lernen, aber sie lernte Deutsch.

**K** **Einiges über Sie.** Machen Sie Aussagen über sich mit vier der Präpositionen in Übung J.

BEISPIELE   *Ich werde **während** des Sommers arbeiten.*
***Innerhalb** der nächsten Woche muss ich vier Aufsätze schreiben.*

**L** *An, auf, in, nach oder zu?* Wenn die Semesterferien endlich da sind, möchte jeder an einen schönen Urlaubsort fahren. Wohin möchten die Leute fahren?

BEISPIELE   Monika ⟶ Afrika
*Monika möchte **nach** Afrika.*

Ulrich ⟶ der Strand
*Ulrich möchte **an** den Strand.*

1. Jörg ⟶ Haus
2. Elisabeth ⟶ ihre Großeltern
3. Heidi ⟶ die Schweiz
4. Uwe ⟶ eine Südseeinsel   → auf
5. René ⟶ Skandinavien
6. Ed und Angelika ⟶ der Bodensee
7. Klaus ⟶ ein Ferienort in den Alpen
8. Bärbl ⟶ die Ostsee

**M** **Wohin?** Wohin gehen Sie, wenn Sie während des Semesters Folgendes tun wollen?

BEISPIELE   billig essen
*Ich gehe zu Wendys.*

schwimmen
*Ich gehe zum Hallenbad an der Universität.*

1. im Internet surfen
2. wandern
3. Fitnesstraining machen
4. tanzen       die Bibliothek
5. mit Freunden ausgehen
6. Hausaufgaben machen
7. Zeit vertreiben *(pass)*
8. Briefmarken kaufen       auf die Post / zur Post
9. Geld holen               auf die Bank / zur Bank
10. allein sein

**N** **Otto fuhr und fuhr und fuhr.** Mit wie vielen verschiedenen Präpositionen können Sie diesen Satz zu Ende schreiben? Schreiben Sie mindestens zwölf Sätze. Vergessen Sie auch den Genitiv nicht!

BEISPIELE   *Otto fuhr **in** den Park.*
*Otto fuhr **nach** Hamburg.*
*Otto fuhr **mit** seinen Freunden.*
usw.

# Anwendung

**A** **Wie kommt man dorthin?** Jemand im Kurs möchte Sie in den Ferien besuchen. Erklären Sie ihr/ihm, wie man zu Ihnen hinkommt.

Wie komme ich (am besten) zu dir hin?
Wie fährt/kommt man von hier zum/zur/nach/in ... ?
Nimm die [dritte] Straße rechts/links.
Fahre ...
  etwa eine halbe Stunde
  geradeaus
  nach links/nach rechts
  rechts/links in die [–]straße
  die Straße entlang
  noch zwei Straßen weiter
  bis zur ersten Verkehrsampel *(traffic light)*
  bis zur Kreuzung *(intersection)*
  an einem/einer ... vorbei
Dort siehst du dann auf der linken/rechten Seite ...

**B** **Rollenspiel: Auskunft geben.** Sie arbeiten bei der Touristeninformation im Zentrum *Ihres* Heimatorts. Jemand im Kurs ist Touristin/Tourist und stellt Ihnen viele Fragen. Verwenden Sie Präpositionen in Ihren Antworten.

Wo kann ich hier [Blumen/Medikamente usw.] bekommen?
Wo finde ich hier [eine Kirche/eine Synagoge/eine Moschee]?
Können Sie hier in der Nähe [ein Restaurant/ein Kaufhaus usw.] empfehlen? Wie komme
  ich dorthin?
Wann schließen hier die Geschäfte?
Wo gibt es hier in der Nähe [eine Bank/eine Tankstelle usw.]?
Wir suchen [den Zoo/die Polizei usw.].
Kann man hier irgendwo [baden/einkaufen usw.]?
Wie komme ich am besten von hier [zur Bushaltestelle/zum Flughafen/zum Bahnhof
  usw.]? Ich bin ohne Auto unterwegs.
Wie lange arbeiten Sie heute schon hier?

**C** **Ausarbeitung eines Planes.** Sie haben morgen frei und wollen mit drei oder vier anderen Personen im Kurs etwas unternehmen (z.B. einen Ausflug machen, ein Projekt ausführen, Sport treiben). Diskutieren Sie, wohin Sie gehen wollen, was Sie dort machen können und wann Sie es machen wollen. Teilen Sie anderen Gruppen im Kurs Ihren Plan mit. Verwenden Sie viele Präpositionen!

Ich schlage vor, dass wir ...
Wollen wir nicht ... ?
Wir können auch ...
Habt ihr nicht Lust, ... ?
Was haltet ihr davon, wenn ... ?

*Variante:* **Eine traumhafte Reise.**   Machen Sie einen Plan für eine tolle fünftägige Reise. Wohin wollen Sie fahren? Wie wollen Sie dorthin kommen? Was können Sie dort unternehmen?

# Schriftliche Themen

**Tipps zum Schreiben**

### Adding Information Through Prepositions

Prepositions are important linking words within sentences, and prepositional phrases can add both color and detail to your writing. For example, **Die Frau lachte...** is not as descriptive and interesting as **Die Frau** *in Rot* **lachte** *vor Vergnügen (delight)*. When used at the beginning of a sentence, a prepositional phrase can provide a setting (a time and/or place) for the main action: **An einem kalten Schneetag in Berlin ging Herr Moritz mit seinem blauen Hut spazieren.** Just remember that in German, initial prepositional phrases are not followed by a comma, as they may be in English (see 1.1A).

**A** **Beim Friseur.**   Erzählen Sie die Bildgeschichte und verwenden Sie dabei so viele Präpositionen wie möglich. Wenn Sie wollen, können Sie auch erzählen, was zwischen den Bildern oder nach dem letzten Bild passiert. Verwenden Sie entweder das Präsens oder das Präteritum (siehe 7.1).

**VOKABELVORSCHLÄGE**

| | | | |
|---|---|---|---|
| sitzen | gießen | die Biene, -n | rennen (wohin?) |
| der Friseur | sehr froh | fliegen/kreisen | nachfliegen |
| die Flasche | riechen | denken | stecken |
| das Haarwasser | gehen (wohin?) | Angst haben | das Waschbecken |

**B** **Verlaufen.**   Haben Sie sich je verlaufen *(taken the wrong way)*, so dass Sie Ihr Ziel nur mit großen Schwierigkeiten oder gar nicht erreicht haben? Erzählen Sie davon! Beschreiben Sie auch, wie Sie sich dabei gefühlt haben. Verwenden Sie präpositionale Ausdrücke und auch Adjektive (siehe Kapitel 13), um alles noch genauer zu schildern *(depict)*.

# Zusammenfassung

### Rules to Remember

**1** Prepositions govern cases.

**2** The prepositions **bis, durch, für, gegen, ohne, um,** and **wider** take an accusative object.

**3** The prepositions **aus, außer, bei, mit, nach, seit, von, zu,** and **gegenüber** take a dative object.

**4** The two-way prepositions **an, auf, hinter, in, neben, über, unter, vor, zwischen,** and **entlang** take the accusative when they indicate *change of position or state* and the dative when they indicate *location*.

**5** The prepositions **(an)statt, trotz, während, wegen,** and a number of other less common prepositions take a genitive object.

NOTE: Prepositions are discussed in this chapter in their very literal meanings. Many prepositions, particularly the two-way prepositions, have idiomatic meanings dependent upon the verbs they complement. These meanings are discussed in Chapter 30.

## At a Glance

### Accusative prepositions

| | |
|---|---|
| bis | ohne |
| durch | um |
| für | (wider) |
| gegen | |

| | | |
|---|---|---|
| durchs | fürs | ums |

### Dative prepositions

| | |
|---|---|
| aus | nach |
| außer | seit |
| bei | von |
| gegenüber | zu |
| mit | |

| | | | |
|---|---|---|---|
| beim | zur | vom | zum |

### Two-way prepositions

| | |
|---|---|
| an | entlang |
| auf | über |
| hinter | unter |
| in | vor |
| neben | zwischen |

| | | | | |
|---|---|---|---|---|
| ans | aufs | ins | am | im |

### Genitive prepositions

| Frequent | Less frequent |
|---|---|
| (an) statt | außerhalb |
| trotz | innerhalb |
| während | oberhalb |
| wegen | unterhalb |
| | diesseits |
| | jenseits |

# 11

## Conjunctions

# Grammatik

### A. Forms

The coordinating conjunctions are as follows:

| | | | |
|---|---|---|---|
| aber[1] | *but, however* | sondern | *but rather* |
| denn[1] | *for, because* | und | *and* |
| oder | *or* | | |

### B. Use

1.  Coordinating conjunctions (**die koordinierende Konjunktion, -en**) link words, phrases, or independent clauses by adding information (**und**) or by showing a contrast (**aber, sondern**), a cause (**denn**), or an alternative (**oder**). For purposes of word order, a coordinating conjunction is not considered part of the clause that follows; therefore, $V_1$ in the second clause is still in second position.

    Ich bin nach München geflogen, **denn** ich wollte dort studieren.

    *I flew to Munich because I wanted to study there.*

---

[1] **Aber** and **denn** can occur as flavoring particles (see 25.1). In addition, **aber** can be used as an adverb meaning *however*.

| | |
|---|---|
| Viele beschwerten sich über das Wetter, er sagte **aber** nichts. | *Many were complaining about the weather; he said nothing, however.* |

Ich wollte früher eintreffen, **aber** mein Zug hatte Verspätung.

*I wanted to arrive sooner, but my train was delayed.*

2. A comma usually precedes clauses and phrases introduced by **aber, denn,** and **sondern.** No comma is necessary before **und** and **oder** when they join clauses, but in some cases a comma can help prevent a misreading.

| | |
|---|---|
| Diego wohnte neben mir im Wohnheim **und** Philippe wohnte mir gegenüber. *(no comma needed)* | *Diego lived next to me in the dorm and Philippe lived across from me.* |

BUT:

| | |
|---|---|
| Diego telefonierte oft mit seiner Familie **und** mir erzählte er immer von seiner Heimat. | *Diego often spoke on the phone with his family(,) and he told me about his hometown all the time.* |

*better:*

Diego telefonierte oft mit seiner Familie, und mir erzählte er immer von seiner Heimat.

3. **Aber** (*but*) links clauses or phrases by providing *contrasting additional* information. The first clause can be positive or negative.

| | |
|---|---|
| Das Wohnheim war alt, **aber** die Zimmer waren schön möbliert. | *The dorm was old, but the rooms were nicely furnished.* |

4. **Sondern** (*but rather*) links clauses and phrases by providing *contrasting corrective* information regarding what was said in the first clause or phrase. The information to be corrected must contain a negating word such as **nicht, nie,** or **kein-** (see 6.1).

| | |
|---|---|
| Am ersten Tag fand **kein** Unterricht statt, **sondern** nur der Einstufungstest. | *On the first day, there was no instruction, but rather only the placement test.* |
| Nach dem langen Flug wollte ich **nicht** essen, **sondern** ich ging direkt ins Wohnheim. | *After the long flight, I didn't want to eat, but rather went directly to the dorm.* |

## 11.2  TWO-PART (CORRELATIVE) CONJUNCTIONS

1. The following two-part (correlative) conjunctions link words, phrases, or clauses in parallel fashion.

| | |
|---|---|
| sowohl ... als/wie (auch) | *both . . . and, as well as* |
| nicht nur ... sondern auch | *not only . . . but also* |
| entweder ... oder | *either . . . or* |
| weder ... noch | *neither . . . nor* |

Ich habe **sowohl** die Kunstmuseen **als auch** den Kunstpark-Ost kennen gelernt.

*I got to know the art museums as well as the "Art Park East" (dance clubs).*

Abends habe ich **entweder** im Wohnheim gegessen **oder** ich bin ins Restaurant gegangen.

*In the evening I would either eat in the dorm or go to a restaurant.*

Wegen Philippe und seiner lauten Musik konnte ich manchmal **weder** lernen **noch** schlafen.

*Because of Philippe and his loud music, sometimes I could neither study nor sleep.*

2. When **entweder ... oder** is used in two clauses, the position of **entweder** may vary, as well as the position of the finite verb in the first clause.

**Entweder** du *stellst* deine Musik leiser **oder** ich rufe die Polizei an!

**Entweder** *stellst* du deine Musik leiser **oder** ich rufe die Polizei an!

Du *stellst* **entweder** deine Musik leiser **oder** ich rufe die Polizei an!

*Either you turn down your music or I'll call the police!*

---

## 11.3 ▶ SUBORDINATING CONJUNCTIONS

### A. Forms

The following subordinating conjunctions are used frequently:

| | | | |
|---|---|---|---|
| als | *when, as* | nachdem | *after* |
| als ob | *as if, as though* | ob | *whether, if* |
| bevor/ehe | *before* | obgleich/obschon/obwohl | *although, even though* |
| bis | *until, by* | | |
| da | *since, because* | seit(dem) | *since (temporal)* |
| damit | *so that (intent)* | sobald | *as soon as* |
| dass | *that* | solange | *as long as* |
| anstatt dass | *instead (of doing)* (See also anstatt zu; 18.2.) | sooft | *as often as* |
| | | während | *while* |
| ohne dass | *without (doing)* (See also ohne zu; 18.2.) | weil | *because* |
| | | wenn | *when, if, whenever* |
| so dass/sodass | *so that (result only)* | wenn ... auch | *even if, even though* |
| falls | *in case, if* | wenn ... nicht/wenn ... kein- | *unless* |
| indem | *by (doing)* | | |

### B. Use

1. A subordinating conjunction (**die subordinierende Konjunktion, -en**) connects a subordinate clause to a main clause. Subordinate clauses include noun clauses (beginning with **dass**), relative clauses (see 26.1), and adverbial clauses that add information about when, how, why, or under what conditions the activity of the main clause occurs.

2. In a subordinate clause, the conjugated verb is always in final position (see 1.3). The two clauses are separated by commas.

| **Main clause** | **Subordinate clause** |
|---|---|
| Wir gehen im Englischen Garten spazieren, | **wenn** *(if)* das Wetter schön ist. |
| | **weil** *(because)* es dort so ruhig ist. |
| | **obwohl** *(although)* wir eigentlich lernen sollten. |

3. A subordinate clause can occur either before or after the main clause. If the subordinate clause comes first, the subsequent main clause must begin with a verb. In other words, within the overall sentence the subordinate clause is the first element and the main clause verb is still in second position.

| **Subordinate clause** | **Main clause** |
|---|---|
| **Wenn** das Wetter schön ist, | |
| **Weil** es dort so ruhig ist, | **gehen** wir im Englischen Garten spazieren. |
| **Obwohl** wir eigentlich lernen sollten, | |

4. Interrogative words (see 15.3) can also function as subordinating conjunctions. The conjugated verb is still in final position.

| Niemand wusste, **wie viel** eine S-Bahn-Karte zum Olympia-Park **kostete.** | *No one knew how much a streetcar ticket to the Olympic Park cost.* |
|---|---|

## C. *Als, wenn, wann*

1. English uses *when* in a variety of contexts: one-time past events (*When I saw you yesterday,* . . .), repeated events (*When I walked to school,* . . .), future events (*When she arrives,* . . .), as well as questions relating to all tenses (*When did you/When will you* . . .?). German distinguishes among these uses of *when* with different words, so that English speakers must be especially careful to match context and meaning correctly.

2. To refer to *one-time* events or situations in the past—including those occurring over a long period of time—German uses **als.**

| **Als** wir in Frankfurt landeten, ... | *When we landed in Frankfurt,* . . . |
|---|---|
| **Als** ich im ersten Semester war, ... | *When I was a first-semester student,* . . . |

3. To refer to *recurring* events in the past or present (as in English *whenever*), German uses **wenn.**

| Es war immer jemand im Fernsehraum, **wenn** ich ins Wohnheim zurückkam. | *There was always someone in the TV room when(ever) I would come back to the dorm.* |
|---|---|

4. German likewise uses **wenn** for *occurrences that have yet to happen* (but are related in the present tense).

| | |
|---|---|
| **Wenn** der Zug ankommt, müssen wir alle so schnell wie möglich einsteigen. | *When the train arrives, we'll all have to board as quickly as possible.* |

5. **Wenn** also means *if (as a condition)*, regardless of tense.

| | |
|---|---|
| **Wenn** du noch einmal um vier Uhr morgens deine Musik so laut stellst, ... | *If you play your music one more time that loud at four in the morning, . . .* |
| **Wenn** er rechtzeitig aufgestanden wäre, dann hätte er das Kafka-Seminar nicht verpasst. | *If he'd gotten out of bed on time, he wouldn't have missed the Kafka seminar.* |

6. To ask a *when*-question referring to a *specific time*—either as a direct or indirect question—German uses **wann**.

| | |
|---|---|
| **Wann** beginnt der Nachmittagskurs? | *When does the afternoon course begin?* |
| Weißt du, **wann** wir heute Abend essen? | *Do you know when we're eating tonight?* |

## D. *Als ob/als wenn*

1. **Als ob** (*less common:* **als wenn**) means *as if* and is used to express conjecture or a contrary-to-fact condition. Clauses beginning with **als ob/als wenn** are normally in the subjunctive mood (see 20.3E), and they frequently follow phrases such as **Es ist/war, Er tut/tat, Es scheint/schien.**

| | |
|---|---|
| Er tat, **als ob** gar nichts passiert **wäre**. | *He acted as if nothing at all had happened.* |

2. The word **ob** (or **wenn**) can be omitted and the meaning *as if* retained, providing **als** is followed immediately by the verb.

| | |
|---|---|
| Er tat, **als wäre** gar nichts passiert. | *He acted as if nothing at all had happened.* |

## E. *Bevor/ehe*

English *before* can be used as a preposition (*before the meal*), as an adverb (*I did that before, but now, . . .*), and as a conjunction to introduce a clause (*before you go, . . .*). German, however, has different words for these various uses: the preposition **vor** (see 10.3), adverbs such as **vorher** and **früher** (see 24.2), and the conjunction **bevor** (which is interchangeable with **ehe,** though this word is more literary than colloquial).

COMPARE:

| | |
|---|---|
| **Vor** dem Essen haben wir im Supermarkt eingekauft. | *Before the meal we shopped at the supermarket.* |
| **Früher** habe ich das gemacht, aber jetzt nicht mehr. | *I did that before, but not any more now.* |
| Alle kommen um 10, und **vorher** muss ich mein Zimmer aufräumen. | *Everyone's coming at 10, and before that I've got to clean up my room.* |
| **Bevor** du gehst, kannst du mir mal helfen? | *Before you go, can you help me a second?* |

## F. *Bis*

1. The conjunction **bis** *(until)* expresses the duration of an action *until* a certain time or place is reached. It also occurs as a preposition (see 10.1).

Wir arbeiten (solange), **bis** wir fertig
  sind. *(conjunction)*

*We are working until we are finished.*

2. **Bis** is often used to indicate the time *by when* an action is completed.

**Bis** die Vorlesung zu Ende war, hatte ich
  das Thema schon vergessen.

*By the time the lecture was over, I had
  already forgotten the topic.*

## G. *Da/weil*

1. **Da** *(since, as)* and **weil** *(because)* are often used interchangeably to explain *why* an action occurs. However, **da** normally explains the situation leading to an action, whereas the more emphatic **weil** often indicates the reason for doing something.

**Da** ich mich für alte Kunst interessiere,
  bin ich oft in die Alte Pinakothek
  gegangen.

*Since I'm interested in older artworks,
  I often went to the Alte Pinakothek.*

Ich blieb abends oft im Wohnheim, **weil**
  ich viele Hausaufgaben hatte.

*I often stayed in the dorm during
  the evening, because I had a lot of
  homework.*

2. The conjunction **da** should not be confused with the adverb **da** *(then, there:* see 24.2).

## H. *Damit/so dass (sodass)*

1. **Damit** *(so that)* signifies a *purpose* for doing something.

Die Kellnerin im Ratskeller brachte uns
  eine Speisekarte, **damit** wir bestellen
  konnten.

*The waitress at the Ratskeller brought us
  a menu so that we could order.*

2. If both clauses have the same subject, German frequently uses a construction with **um** + **zu** + infinitive instead of **damit** (see 18.2).

Sie stellte uns einige Fragen, **um** uns
  kennen **zu** lernen.

*She asked us a few questions in order to
  get to know us.*

3. **So dass** indicates the *result* of an action (as distinct from **damit**, which indicates the *purpose* of an action); as in English, the elements of this phrase can be used together, or spread over two clauses. When used together, they can be written as one word: **sodass.**

Es regnete tagelang, **so dass/sodass** ich
  im Englischen Garten nicht joggen
  konnte.

*It rained for days, **so that** I wasn't able
  to go jogging in the English Garden.*

Es regnete **so** stark, **dass** ich gar nicht
  aus meinem Zimmer ging.

*It rained **so** hard **that** I didn't even go
  out of my room.*

### I. *Dass*

1. **Dass** is equivalent to English *that* as an introduction to noun clauses. As in English, it can be omitted, which changes the word order to that of a main clause.

COMPARE:

Ich hoffe, **dass** wir ein billiges Restaurant finden *können*.

Ich hoffe, wir *können* ein billiges Restaurant finden.

*I hope (that) we can find a cheap restaurant.*

2. In English, it is permissible for some clauses (such as *when you get to know her*) to be embedded within other clauses (such as *that you'll like her*), with the two conjunctions back to back:

*I think* that when *you get to know her, you'll like her.*

But in German, this kind of embedding is considered awkward. Instead, two clauses like this appear in linear succession, and where possible the **dass** is omitted:

Ich glaube, **dass** sie dir gefallen wird, **wenn** du sie kennen lernst.

Ich glaube, sie wird dir gefallen, **wenn** du sie kennen lernst.

### J. *Falls*

**Falls** (*in case, if, providing*) is sometimes used instead of **wenn** to express possibility.

Du kannst zum Olympia-Park mitkommen, **falls** du Lust hast.

*You can come along to the Olympic Park if you feel like it.*

### K. *Indem*

To express the English construction *by [____]ing*, German uses a clause beginning with **indem** and repeats the subject from the first clause.

Du würdest mir echt helfen, **indem** du Philippes CDs versteckst.

*You could really help me by hiding Philippe's CDs.*

### L. *Nachdem*

As in the case of *before*, German distinguishes among the grammatical contexts of *after* by using the preposition **nach**, the adverbs **nachher** and **danach,** and the conjunction **nachdem**, depending on the function of *after* in the sentence.

COMPARE:

**Nach** dem Konzert gingen wir in ein Café in Schwabing.

*After the concert we went to a café in Schwabing.*

Wir blieben vielleicht eine Stunde und **danach** fuhren wir zum Wohnheim zurück.

*We stayed maybe an hour and afterwards rode back to the dorm.*

**Nachdem** ich mit ein paar Freunden geplaudert hatte, ging ich gleich ins Bett.

*After I had chatted with a few friends, I went right to bed.*

## M. *Ob*

1. **Ob** means *if*, but only where *if* is synonymous with *whether*.

   Weißt du, **ob** Kai mitkommen will?      *Do you know if (= whether) Kai wants to come along?*

2. In cases where *if* introduces a condition, **wenn** must be used.

   **Wenn** wir noch länger auf ihn warten müssen, verpassen wir den Zug.      *If we have to wait any longer for him, we'll miss the train.*

## N. *Obgleich/obschon/obwohl*

**Obgleich, obschon,** and **obwohl** all mean *although*, but **obwohl** is most common.

Am Sonntag hat es den ganzen Tag geregnet, **obwohl** es am Samstag in Salzburg so schön war.      *It rained all day Sunday, (al)though it was so nice on Saturday in Salzburg.*

## O. *Seit(dem)*

1. **Seitdem** (often abbreviated to **seit**) means *since* in a temporal sense. German uses the present tense with **seit(dem)** (see 2.2B) to express an action that began in the past and continues into present time; English requires the present perfect.

2. If the action in the **seit(dem)** clause is not ongoing, then German uses the present perfect tense in that clause.

   COMPARE:

   **Seit(dem)** ich in München wohne, kenne ich die Stadt viel besser.      *Since I've been living in Munich, I know the city much better.*

   **Seit(dem)** ich den Kurs angefangen habe, spreche ich viel besser Deutsch.      *Since I began the course, I speak German much better.*

3. In addition to the conjunction **seit(dem)**, there are the dative *preposition* **seit** *(since, for)* (see 10.2) and the *adverbs* **seitdem** and **seither** (see 24.2).

   Wir benutzen dieses Handbuch **seit** einigen Wochen und **seitdem/seither** verstehen wir die deutsche Grammatik viel besser.      *We have been using this handbook for several weeks, and since then we understand German grammar much better.*

## P. *Sobald/solange/sooft*

The conjunctions **sobald** *(as soon as)*, **solange** *(as long as)*, and **sooft** *(as often as)* are often used to indicate the condition for doing an action.

**Sobald** sie kommt, könnt ihr gehen.      *As soon as she comes, you can go.*

Du musst hier bleiben, **solange** es regnet.      *You must stay here as long as it is raining.*

Sie sprechen Deutsch, **sooft** sie können.      *They speak German as often as they can.*

### Q. *Während*

1. The conjunction **während** *(while)* indicates the simultaneous occurrence of two actions. This conjunction should not be confused with the *preposition* **während** *(during)* (see 10.4).

COMPARE:

| | |
|---|---|
| **Während** einige Kinder Fußball spielten, saßen andere im Sandkasten. *(conjunction)* | *While some children played soccer, others sat in the sandbox.* |
| Die Leute hinter uns haben **während** des ganzen Filmes geredet. *(preposition)* | *The people behind us talked during the whole film.* |

2. The conjunction **während** can also be used to contrast two actions.

| | |
|---|---|
| Im Rheinland trinkt man viel Wein, **während** man in Bayern lieber Bier trinkt. | *In the Rhineland people drink a lot of wine, while in Bavaria people prefer to drink beer.* |

### R. *Wenn ... auch/auch wenn*

**Wenn ... auch** and **auch wenn** mean *even if* or *even though*. **Wenn** and **auch** are normally separated by one or more words or phrases when **wenn** precedes **auch**. They normally occur together when **auch** comes first.

| | |
|---|---|
| Ich lese Kafkas Geschichten gern, **wenn** ich sie **auch** nicht verstehe (*or:* **auch wenn** ich sie nicht verstehe). | *I like to read Kafka's stories, even though/even if I do not understand them.* |

### S. *Wenn ... nicht/wenn ... kein-*

1. The phrases **wenn ... nicht** and **wenn ... kein–** approximate English *unless*.

| | |
|---|---|
| Ich kann ja nicht schlafen, **wenn** es nachts **nicht** ruhig ist. | *I can't sleep unless it's quiet at night (= if it isn't quiet at night).* |

2. The phrase **es sei denn** can also be used to express *unless*:

| | |
|---|---|
| Wir können noch einmal im Ratskeller essen, **es sei denn**, du hast Lust auf etwas Neues. | *We can eat again at the Ratskeller, unless of course you want to try something new.* |

# Wortschatz
*Denk daran!*

| | |
|---|---|
| denken | halten |
| glauben | nachdenken |

To express the English word *think*, German uses a variety of words and structures, depending on which meaning of *think* is intended.

1. In simple form, *to think* (as in *to cogitate*) is rendered with **denken. Denken** can also mean *to have an opinion*, and is often followed by a clause in this meaning.

   | | |
   |---|---|
   | Sie **denkt** viel. | *She thinks a lot.* |
   | Er **denkt,** die Band spielt gut. | *He thinks the band plays well.* |
   | Das **denke** ich auch. | *I think so, too.* |

2. **Glauben** (*believe*) can also mean *to think* in the sense of personal belief or opinion, but with the preposition **an** (+ accusative) it conveys the stronger meaning of *to believe in*.

   | | |
   |---|---|
   | Ich **glaube,** ich habe das falsch gesagt. | *I think I said that wrong.* |
   | —Das **glaube** ich auch. | —*I think so, too.* |
   | **Glaubst** du **an** Gott? | *Do you believe in God?* |

3. To express the idea *to think of, to dwell on*, or *to remember* (in the sense of *to call to mind*), German uses **denken + an** (*acc.*).

   | | |
   |---|---|
   | Ich **denke** oft **an** meine Familie. | *I often think of my family.* |
   | Du musst **an** deine Arbeit **denken.** | *You have to think about (that is, remember) your work.* |

4. To form the evaluative question *What do you think of . . . ?*, German uses either **halten + von** or **denken + von.**

   | | |
   |---|---|
   | Was **halten** Sie **von** diesen Leuten? | *What do you think of these people?* |
   | Was **denken** Sie **von** dem Film? | *What do you think of the film?* |

5. If **halten** is used in response to such questions, it must take either the form **halten + von,** with the object of **halten** being **viel, wenig, etwas** or **nichts** (or a close variation); or **halten + für,** which means *to think of someone (or something) as, to regard as, to consider to be*, followed by an adjective or a noun in the accusative.

   | | |
   |---|---|
   | Ich **halte** *wenig* **von** ihm. | *I don't think much of him* (that is, *I have a low opinion of him*). |
   | Aber ich **halte** *viel* **von** seiner Schwester. | *But I think a great deal of his sister* (that is, *I hold her in high esteem*). |
   | Ich **halte** ihn **für** hoffnungslos *naiv.* | *I think (that) he's hopelessly naive. I regard him as hopelessly naive.* |
   | Aber ich **halte** sie **für** einen klugen *Kopf.* | *But I consider her very bright.* |

6. To convey the idea of *to think about*, as in *to ponder* or *to consider*, German uses the separable-prefix verb **nachdenken + über** (see also 19.1–19.2).

   | | |
   |---|---|
   | Ich muss **darüber nachdenken.** | *I'll have to think about it.* |
   | **Denke darüber nach** und ruf mich morgen an. | *Think about it and call me tomorrow.* |

# Übungen

**A**   **Aber und *sondern*.**   Ergänzen Sie die Sätze durch **aber** und **sondern**.

BEISPIEL   Ich kann Deutsch nicht schreiben ...
*Ich kann Deutsch nicht schreiben, **sondern** (ich kann) es nur sprechen.*
*Ich kann Deutsch nicht schreiben, **aber** ich verstehe es.*

1. Meine Nachbarin ist keine Ärztin, ...
2. Wir wollen keinen Krieg, ...
3. Frankfurt liegt nicht am Rhein, ...
4. Man soll nicht alles glauben, was in der Zeitung steht, ...
5. Ich halte dich nicht für dumm, ...

**B**   **Verbindungen.**   Drücken Sie die Sätze durch gepaarte Konjunktionen anders aus.

BEISPIEL   Ich habe ein rotes Fahrrad und ein blaues Fahrrad.
*Ich habe **sowohl** ein rotes Fahrrad **als auch** ein blaues.*
OR: *Ich habe **nicht nur** ein rotes Fahrrad, **sondern auch** ein blaues.*

nicht nur ... sondern auch        entweder ... oder
sowohl ... als auch               weder ... noch

1. In dieser Stadt wohnen viele reiche Menschen, aber auch viele arme.
2. Ich möchte keinen Tee. Ich möchte keinen Kaffee.
3. Wir wollen nach Deutschland fahren. Wir wollen auch in die Schweiz fahren.
4. Sie denkt an Jan-Henning. Sie denkt auch an Sebastian.
5. Er hält viel von Tennis spielen und Rad fahren.

Machen Sie wahre Aussagen mit jeder der gepaarten Konjunktionen.

**C**   **Anders ausdrücken.**   Drücken Sie die Sätze anders aus, indem Sie die präpositionalen Ausdrücke durch subordinierte Nebensätze ersetzen.

BEISPIEL   Ich komme **nach dem Essen.**   (nachdem)
*Ich komme, **nachdem** ich gegessen habe.*

1. Beim Lesen schlafe ich manchmal ein.   (wenn)
2. Man kann durch viel Arbeit zum Erfolg *(success)* kommen.   (indem/wenn)
3. Sonia fährt wegen der Krankheit ihrer Mutter nach Hause.   (weil)
4. Trotz des Regens machen wir heute ein Picknick.   (obwohl)
5. Die Menschen zahlen Steuern *(taxes)* bis zu ihrem Tod.   (bis)
6. Man soll den Tag nicht vor dem Abend loben *(praise)*.   (bevor)
7. Seit Beginn des Semesters schlafe ich ganz wenig.   (seit[dem])
8. Während ihres Studienjahres in München hat Jessica eine Reise nach Frankreich gemacht.   (als)

**D**   **Wie geht es weiter?**   Beenden Sie die Aussagen mit den folgenden Konjunktionen. Beginnen Sie jeden zweiten Satz (2, 4, 6, 8) mit einem subordinierten Nebensatz.

BEISPIEL  Ich weiß, ...

*Ich weiß, dass manche Menschen sehr intolerant sind.*

OR: *Dass manche Menschen sehr intolerant sind, weiß ich.*

| | | |
|---|---|---|
| als ob | damit | nachdem |
| bevor/ehe | dass | ob |
| bis | indem | wenn |

1. Es gefällt mir überhaupt nicht, ...
2. Ich lerne Deutsch, ...
3. Man kann gute Noten bekommen, ...
4. Manchmal weiß ich nicht, ...
5. Am besten putzt man sich die Zähne, ...
6. Es wird sicher noch eine Weile dauern, ...
7. Manche Menschen können sich nicht konzentrieren, ...
8. Man muss lange studieren, ...
9. Manche Menschen tun so, ...

**E** **Logisch weiterdenken.**  Mit wie vielen verschiedenen Nebensätzen (koordinierend oder subordinierend) können Sie die folgenden Sätze beenden?

BEISPIEL  Karla bleibt zu Hause, ...

**weil** *sie krank ist.*

**denn** *sie hat keine Lust zur Uni zu fahren.*

**obwohl** *sie heute eine Prüfung hat.*

usw.

1. Man soll eine Fremdsprache lernen, ...
2. Mein Freund Matt lernte Deutsch, ...
3. Man lernt am besten segeln, ...
4. Es steht in der Zeitung, ...
5. Ich hole Geld von der Bank, ...

**F** *Denken, glauben, nachdenken oder halten?*  Welche Verben würden Sie verwenden?

BEISPIEL  an den Teufel ____

*an den Teufel (nicht)* **glauben**

1. nichts von der Politik ____
2. oft an seine Kindheit ____
3. an die Güte im Menschen ____
4. für gefährlich ____
5. ____, dass es einen Gott gibt
6. über etwas Wichtiges ____

**G** *Als, wenn und wann.*  Machen Sie mit den Konjunktionen **als, wenn** und **wann** jeweils zwei Aussagen über sich oder über Ihr bisheriges Leben.

BEISPIELE  *Als ich ein Kind war, habe ich mich immer gefreut, **wenn** wir Schnee hatten.*

*Ich weiß noch nicht, **wann** ich mit meinem Studium fertig werde.*

**H** **Warum?** Beantworten Sie die Fragen mit Hilfe der Konjunktionen **da, weil, denn** und **damit.**

BEISPIEL  Warum sind wir hier?
*Weil* wir nicht „dort" sind.

1. Warum sind Frauen/Männer so kompliziert?
2. Warum habe ich nie genug Zeit?
3. Warum bekomme ich immer das kleinste Stück vom Kuchen?
4. Warum müssen wir sterben?
5. Warum stellen wir immer solche Fragen?

Stellen Sie fünf weitere solche Fragen an andere Studenten. Wer hat die besten Antworten?

# Anwendung

**A** **Taten und ihre Folgen.** Haben Sie (oder jemand, den Sie kennen) einmal etwas besonders Großartiges/Wichtiges/Dummes gemacht? Erklären Sie jemandem, *wann das war*, *warum* es dazu kam und *was* die Folgen (*consequences*) davon waren.

REDEMITTEL

**wann**

Ja, das war damals, als ...
Bevor ich ...

**warum**

Vielleicht dachte ich, dass ...
Ich habe es gemacht, damit/da/weil/denn ...
Es war mir damals, als ob ...

**Folgen**

Aber obwohl/sobald/indem ich ...
Jedoch hatte ich nicht damit gerechnet *(figured)*, dass ...
So kam es, dass ...
Aber jetzt weiß ich, ...

**B** **Wann ... ?** Schreiben Sie zehn Fragen auf, in denen Sie eine Partnerin/einen Partner fragen, wann sie/er bestimmte Dinge macht (oder zum ersten Mal gemacht hat) oder wann sie/er bestimmte Erfahrungen (*experiences*) gemacht hat. Ihre Partnerin/Ihr Partner beantwortet die Fragen mit **als** oder **wenn.**

BEISPIELE  **Wann** bist du zum ersten Mal Rad gefahren?
—**Als** ich sechs war.

**Wann** fühlst du dich besonders wohl?
—**Wenn** ich so lange schlafen kann, wie ich will!

**C** **Werbung!**  Als Hausaufgabe schreiben Sie eine Werbung (*advertisement*) für ein Produkt Ihrer Wahl. Verwenden Sie dabei so viele Konjunktionen wie möglich! Bringen Sie dann das Produkt (oder ein Bild davon) zum Deutschunterricht mit und versuchen Sie die anderen in der Gruppe davon zu überzeugen, dass sie das Produkt unbedingt kaufen müssen!

**D** **Nach Meinungen fragen.**  Fragen Sie jemanden im Kurs nach ihrer/seiner Meinung über bekannte Menschen und Ereignisse aus den Tagesnachrichten. Stellen Sie zwei oder drei Fragen mit Verben aus dem Wortschatz. Bei den Antworten sollen Sie auch Ausdrücke aus dem Wortschatz verwenden.

BEISPIEL  *Was denkst/hältst du von einer Zensur im Internet?*
*—Das halte ich nicht für gut/notwendig* (necessary), *weil ...*

# Schriftliche Themen

| **Tipps zum Schreiben** | **Writing with Conjunctions**<br><br>You can make your sentences more interesting by using coordinating and subordinating conjunctions. Coordinating conjunctions enable you to add information (**und**) or show a contrast (**aber**), a cause (**denn**), or an alternative (**oder**). Subordinate conjunctions prove particularly useful when expressing intention (**damit**), cause (**da**), reason (**weil**), or contrast (**obwohl, während**).<br><br>Vary your writing style by mixing longer sentences with shorter ones. Complex sentences with more than one clause work well in explanations, but you might make key points and conclusions in shorter, simple sentences.<br><br>If a subordinate clause contains information you wish to stress, consider beginning the sentence with this clause. Remember that all subordinate clauses in German must be set off by commas and that the inflected verb is placed in final position. |
|---|---|

**A** **Rotkäppchen neu erzählt.**  Verbessern Sie die folgende kleine Rotkäppchen-Geschichte durch den Gebrauch von Konjunktionen. Wenn Sie wollen, können Sie auch den Inhalt der Geschichte ändern oder sogar eine ganz neue Version schreiben.

Rotkäppchen sollte der Großmutter einen Korb mit Wein und Kuchen bringen.
Die Großmutter fühlte sich nicht wohl.    Sie lag im Bett.
Das Rotkäppchen fuhr in seinem Sportwagen durch den Wald.
Das Rotkäppchen sah seinen Nachbarn Herrn Wolf am Rande der Straße stehen.
Es bremste und fragte Herrn Wolf.    „Wohin willst du?"
Er antwortete.    Er wollte an den Strand fahren.
Er fragte.    Wohin fuhr Rotkäppchen?
Es erzählte.    Es sollte zur Oma fahren.
Jetzt hatte es keine Lust mehr seine Oma zu besuchen.
Es wollte lieber an den Strand fahren.
Es lud Herrn Wolf ein mitzufahren.    Sie fuhren an den Strand.
Sie verbrachten einen wunderschönen Nachmittag.
Die arme Oma wartete vergebens *(in vain)* auf den Korb mit Wein und Kuchen.

**B**  **Eine Bildgeschichte.**    Erzählen Sie nicht nur, was geschieht, sondern auch, was das Mädchen Susi und der Hund Bello denken. Warum denken sie so? Verwenden Sie mindestens fünf verschiedene Konjunktionen.

**VOKABELVORSCHLÄGE**

| | | |
|---|---|---|
| die Wanne *(tub)* | ausziehen *(take off)* | packen *(to grab, seize)* |
| füllen *(fill)* | glauben *(believe)* | die Bürste *(brush)* |
| der Schlauch *(hose)* | neugierig *(curious)* | sehr böse *(very angry)* |
| um die Ecke *(around the corner)* | zuschauen *(watch)* | in Zukunft *(in the future)* |
| näher kommen *(to come closer)* | stecken *(to stick)* | nie wieder *(never again)* |

**C**  **Einen Standpunkt vertreten.**    Schreiben Sie über ein Thema, wofür Sie sich besonders interessieren. Erklären Sie nicht nur, *wie* Sie dazu stehen, sondern auch *warum*.

**THEMENVORSCHLÄGE**

Sollten Kinder und Erwachsene weniger fernsehen?
Brauchen wir eine Energiesparpolitik?
Sollte es eine Zensur *(censorship)* im Internet geben?
Sollte man den Verkauf von Gewehren and Pistolen an Privatpersonen verbieten?
Sollten Ausländer unbegrenzt in die USA/nach Deutschland einwandern dürfen?
Sollte man das Klonen von Tieren oder Menschen erlauben?
Sollten alle Kinder eine Fremdsprache lernen?

**BEISPIEL** *Obwohl* ich Fremdsprachen für sehr wichtig halte, bin ich nicht der Meinung, *dass* alle Schulkinder unbedingt eine Fremdsprache lernen sollten. Manche Kinder wollen es tun, *denn* sie interessieren sich für andere Länder und Kulturen. Aber es gibt andererseits Kinder, die... *Indem* man sie dazu zwingt Fremdsprachen zu lernen, ... usw.

# Zusammenfassung

### Rules to Remember

1 The conjunctions **aber, denn, oder, sondern,** and **und** are *coordinating;* they do not affect the position of the conjugated verb in the clauses that follow them.

2 Almost all other conjunctions are *subordinating;* the conjugated verb moves to final position within the subordinated clause.

### At a Glance

| Coordinating conjunctions |
| --- |
| — V$_1$ ——— V$_2$ [ c ] — V$_1$ ——— V$_2$ |
| aber |
| denn |
| oder |
| (nicht) ...   sondern |
| und |

| Subordinating conjunctions | |
| --- | --- |
| — V$_1$ ——— V$_2$, [ c ] ——— V$_2$V$_1$ | |
| als | ob |
| als ob | obgleich |
| bevor | obschon |
| ehe | obwohl |
| bis | seit(dem) |
| da | sobald |
| damit | solange |
| dass | sooft |
|   anstatt dass | während |
|   ohne dass | weil |
|   so dass/sodass | wenn |
| falls | wenn ... auch |
| indem | wenn ... nicht |
| nachdem | wenn ... kein- |

| Correlative conjunctions |
| --- |
| sowohl ... als/wie auch ... |
| nicht nur ... sondern auch ... |
| entweder ... oder ... |
| weder ... noch ... |

# 12
# Noun Genders • Noun Plurals • Weak Nouns

# Grammatik

All German nouns, whether they represent persons, things, or ideas, have a grammatical gender that is indicated by the definite article: masculine **der (männlich; das Maskulinum)**, feminine **die (weiblich; das Femininum)**, or neuter **das (sächlich; das Neutrum)**. While grammatical gender **(das Genus)** overlaps with sexual gender (male beings are usually grammatically masculine, and female beings feminine), the designation follows no predictable pattern for the great majority of nouns. Thus a tree (**der Baum**) consists of a trunk (**der Stamm**), covered with bark (**die Rinde**), which emanates into a branch (**der Ast**) and eventually a leaf (**das Blatt**). There are, however, several general guidelines for determining grammatical gender, based on meaning and characteristics of the word itself (suffixes, for example), and this section lists the most useful of these.

## A. Masculine nouns

The following types of nouns are usually masculine:

1. Words designating male beings, their professions, and their nationalities

   | | | |
   |---|---|---|
   | der Mann, ⸚er | der Arzt, ⸚e | der Engländer, - |
   | der Sohn, ⸚e | der Chemiker, - | der Franzose, -n |

2. Agent nouns derived from verbs by adding the suffix **-er** to the infinitive stem

   | | |
   |---|---|
   | der Arbeit**er,** - (arbeiten) | der Mal**er,** - (malen) |
   | der Fahr**er,** - (fahren) | der Schreib**er,** - (schreiben) |

3. Days of the week, months of the year, seasons, and most weather elements

(der) Montag    der Frühling    der Regen
(der) Mai    der Herbst    der Schnee

4. Names of most *non-German* rivers

der Mississippi    der Nil
der Mekong    der Delaware

EXCEPTIONS: **die Wolga    die Themse    die Seine**

5. Nouns ending in the suffixes **-ig, -ling, -or,** or **-us**

der Kä**fig,** -e *(cage)*    der Lieb**ling,** -e
der Hon**ig,** -e    der Schwäch**ling,** -e *(weakling)*
der Mot**or,** -en    der Sozialis**mus**
der Fakt**or,** -en    der Zirk**us,** -se

6. Most nouns ending in **-en**

der Gart**en,** ⸚    der Krag**en,** - *(collar)*    der Ost**en**
der Haf**en,** ⸚ *(harbor)*    der Mag**en,** - *(stomach)*    der Süd**en**

## B. Feminine nouns

The following types of nouns are usually feminine:

1. Words designating female beings, their professions, and their nationalities

die Frau, -en    die Ärztin, -nen    die Französin, -nen
die Tochter, ⸚    die Chemikerin, -nen    die Engländerin, -nen

2. Agent nouns with the feminine suffix **-in** corresponding to masculine agent forms

die Arbeiter**in,** -nen    die Maler**in,** -nen
die Fahrer**in,** -nen    die Schreiber**in,** -nen

3. Most nouns ending in **-e** (plural **-n**)

die Krawatt**e,** -n    die Maschin**e,** -n    die Sprach**e,** -n

4. Nouns ending in the suffixes **-anz, -ei, -enz, -ie, -ik, -ion, -heit, -keit, -schaft, -tät, -ung,** or **-ur**

die Disson**anz,** -en    die Musik    die Land**schaft,** -en
die Konditor**ei,** -en    die Relig**ion,** -en    die Rivali**tät,** -en
die Frequ**enz,** -en    die Dumm**heit,** -en    die Bedeut**ung,** -en
die Demokrat**ie,** -n    die Schwierig**keit,** -en    die Proze**dur,** -en

EXCEPTION: **der Papagei, -en** *(parrot)*

5. Names of many rivers in Germany

die Donau    die Elbe    die Havel    die Isar    die Mosel

EXCEPTIONS: **der Rhein    der Inn    der Lech    der Main    der Neckar**

## C. Neuter nouns

The following types of nouns are usually neuter:

1.  Names of continents, cities, and most countries. However, they only require an article when modified by adjectives.

    Ich fliege nach Frankfurt/Europa/Deutschland. *(no article)*
    Es gibt heute **ein** vereinig**tes** Europa. *(article)*

2.  Nouns for many metals

    | | | |
    |---|---|---|
    | das Blei *(lead)* | das Eisen *(iron)* | das Gold |
    | das Metall | das Silber | das Uran |

    EXCEPTIONS: **der Stahl**     **die Bronze**

3.  Letters of the alphabet

    ein kleines G     das große H

4.  Infinitives and other parts of speech when used as nouns

    (das) Lesen *(reading)*     das Ich *(ego)*
    (das) Schreiben *(writing)*     das Für und Wider *(arguments for and against)*

5.  Nouns ending in the suffix **-tum**

    das Christen**tum**     das Juden**tum**     das Eigen**tum**, ¨er *(possession)*

    EXCEPTIONS: **der Reichtum**, ¨er *(wealth)*     **der Irrtum**, ¨er *(error)*

6.  Nouns with the diminutive suffixes **-chen, -lein** (and their dialect variations **-erl, -el, -le, -li**). Also nouns with the suffixes **-ment** and **-(i)um**.

    | | |
    |---|---|
    | das Mäd**chen**, - | das Experi**ment**, -e |
    | das Büch**lein**, - | das Dat**um**, die Daten |
    | das Buss**erl**, - *(kiss, smooch)* | das Muse**um**, die Museen |
    | das Häus**le**, - | das Med**ium**, die Medien |

7.  Most collective nouns beginning with the prefix **Ge-**

    | | |
    |---|---|
    | Berge → das **Ge**birge | Wolken → das **Ge**wölk |
    | Büsche → das **Ge**büsch | Schreie → das **Ge**schrei *(screaming)* |

## D. Compound nouns

In compound words, both gender and plural are governed by the last word in the compound.

**das** Eisen, - *(iron)*
**die** Eisen**bahn**, - en *(railroad)*
**der** Eisenbahn**schaffner**, - *(railroad conductor)*
**die** Eisenbahnschaffner**uniform**, - en *(railroad conductor's uniform)*

## E. Nouns with dual gender

1.  Some words appear to have multiple genders, depending on meaning. Here are some common examples:

| | |
|---|---|
| der Band, ⸚e  (volume) | das Band, ⸚er  (ribbon, tape) |
| | die Band, -s  (band, music group) |
| der Flur, -e  (hallway) | die Flur, -en  (meadow, pasture) |
| der Gefallen, -  (favor) | das Gefallen  (pleasure) |
| der Gehalt, -e  (content[s]) | das Gehalt, ⸚er  (salary, wages) |
| der Kunde, -n  (customer, client) | die Kunde  (news, notice, information) |
| der Messer, -  (gauge) | das Messer, -  (knife) |
| der Moment, -e  (moment) | das Moment, -e  (factor) |
| der Schild, -e  (shield) | das Schild, -er  (sign, signboard) |
| der See, -n  (lake) | die See, -n  (sea) |
| der Tor, -en  (fool) | das Tor, -e  (gate) |

2. The word **Teil** (*part, element, share*) can be either masculine or neuter, but the respective meanings differ only slightly. It is usually masculine (**der Teil**) when referring in general to a *part* of something (**ein großer *Teil* der Bevölkerung** = *a large part of the population*); it is neuter (**das Teil**) when referring to *mechanical parts* (**das Autoteil, -e**) or (colloquially) to articles of clothing (**Du, ich hab' *ein neues Teil* gekauft!**). It can be either masculine or neuter in the more abstract meaning of *share:* **Die Frau hat wirklich *ihr(en) Teil* gegeben** = *That woman really did her share.* Compounds using **Teil** can be either masculine, as in **der Vorteil** (*advantange*) and **der Nachteil** (*disadvantage*); or neuter, as in **das Gegenteil** (*opposite*) and **das Urteil** (*verdict, judgment*).

3. **Meter** and its compounds and **Liter** are now usually treated as masculine, although some dictionaries still list neuter as the officially preferred gender (see 22.3B).

## 12.2 NOUN PLURALS

There are five basic plural endings for German nouns: **–, -e, -er, -en,** and **-s.** In some instances, the stem vowel of the noun also has an umlaut. In the plural, all nouns take the same article (**die**). The following guidelines should be considered rules of thumb only, for there are exceptions.

### A. No plural ending (– or ⸚)

Most masculine and neuter nouns ending in **-el, -en, -er** take no plural ending, though many that are masculine do take an umlaut.

| | |
|---|---|
| der Sessel, **die Sessel** | der Mantel, **die Mäntel** |
| der Wagen, **die Wagen** | der Garten, **die Gärten** |
| der Fahrer, **die Fahrer** | der Vater, **die Väter** |
| das Kissen (*pillow*), **die Kissen** | |
| das Fenster, **die Fenster** | |

EXCEPTIONS:  **der Stachel, -n** (*thorn, prickle, stinger*)
**der Vetter, -n** (*male cousin*)

### B. Plural ending -e or ⸚e

1. A large number of monosyllabic masculine and neuter nouns take an **-e** ending in the plural. Some of these masculine nouns also take an umlaut.

   der Tisch, **die Tische**     der Bach, **die Bäche**
   das Jahr, **die Jahre**     der Stuhl, **die Stühle**

   EXCEPTIONS:  der Mann, **die Männer;** der Wald, **die Wälder**

2. About thirty monosyllabic feminine nouns also take the plural ending **-e;** all also have an umlaut in the plural.

   die Angst, **die Ängste**     die Bank, **die Bänke**
   die Hand, **die Hände**     die Wand, **die Wände**

   ALSO:  **die Brust, die Faust** (fist), **die Frucht, die Haut** (skin; hide), **die Kraft** (strength), **die Kuh, die Kunst, die Laus, die Luft, die Macht** (power), **die Maus, die Nacht, die Wand, die Wurst,** and a few others.

### C. Plural ending -er or ⸚er

Many monosyllabic neuter words take an **-er** plural ending and also have an umlaut when possible.

   das Buch, **die Bücher**     das Bild, **die Bilder**
   das Dorf, **die Dörfer**     das Kleid, **die Kleider**

### D. Plural ending -(e)n

1. Almost all feminine nouns, including all those with feminine suffixes, take an **-(e)n** plural ending, but no umlaut.

   die Mauer, **die Mauern**     die Zeitung, **die Zeitungen**
   die Stunde, **die Stunden**     die Universität, **die Universitäten**

2. Nouns with the feminine suffix **-in** double the **-n** before the plural ending.

   die Autorin, **die Autorinnen**     die Polizistin, **die Polizistinnen**

### E. Plural ending -s

Many foreign words, particularly those ending in the vowels **-a** or **-o,** take an **-s** plural ending.

   das Büro, **die Büros**     die Kamera, **die Kameras**

### F. Nouns without plurals

1. German nouns designating materials such as **Zucker** (sugar), **Wolle** (wool), and **Stahl** (steel), or abstract concepts like **Liebe** (love), **Hass** (hatred), and **Intelligenz** (intelligence) have no plural form.

2. Many collective nouns beginning with **Ge-** appear most often in the singular. Their English forms are often plural.

das Gebirge   *(mountains)*    das Geschirr   *(dishes)*
das Gebüsch   *(bushes)*       das Gewölk   *(clouds)*

3. Certain English nouns always take a plural form, whereas their German equivalents have both singular and plural forms like most nouns.

*eyeglasses* ⟶ die Brille *(one pair);* **die Brillen** *(multiple pairs)*
*scissors* ⟶ die Schere *(one pair);* **die Scheren** *(multiple pairs)*
*trousers/pants* ⟶ die Hose *(one pair);* **die Hosen** *(multiple pairs)*

## G. Non-standard plural formations

A small number of nouns in both German and English have no plural form as such, yet the language has contrived a way to refer to multiple cases by manipulating or adding to the word, as in *jewelry* ⟶ *pieces of jewelry,* which parallels the German **der Schmuck** ⟶ **die Schmuckstücke.** Like English, the German word used for such plurals sometimes has a singular form of its own as well (for example, **das Schmuckstück**).

| | |
|---|---|
| das Alter   *(age)* | **die Altersstufen** |
| der Betrug   *(deception)* | **die Betrügereien** |
| die Furcht   *(fear)* | **die Ängste** |
| der Kaufmann   *(businessman)* }| **die Kaufleute** |
| die Kauffrau   *(businesswoman)* | |
| der Kummer   *(anxiety)* | **die Kümmernisse** |
| der Rat   *(advice)* | **die Ratschläge** |
| der Streit   *(quarrel)* | **die Streitereien** |

---

**12.3   WEAK NOUN DECLENSIONS**

1. A particular group of masculine nouns adds **-(e)n** to all cases singular and plural except the nominative singular.

| | Sing. | Pl. |
|---|---|---|
| Nom. | der Mensch | die Menschen |
| Acc. | den Menschen | die Menschen |
| Dat. | dem Menschen | den Menschen |
| Gen. | des Menschen | der Menschen |

Nouns of this type include:

a. Some nouns denoting male beings in general

| | | |
|---|---|---|
| der Bauer *(farmer)* | der Herr[1] | der Kunde *(customer)* |
| der Bote *(messenger)* | der Junge | der Nachbar |
| der Experte | der Knabe *(boy)* | der Riese *(giant)* |

b. A number of nouns indicating nationality or religious affiliation

| | | | |
|---|---|---|---|
| der Chinese | der Russe | der Buddhist | der Katholik |
| der Grieche | der Türke | der Jude | der Protestant |

c. All nouns designating male beings and ending in the foreign suffixes -**ant**, -**arch**, -**ast**, -**ege**, -**ent**, -**ist**, -**oge**, -**om**, -**oph**, -**ot**

| | | | | |
|---|---|---|---|---|
| der Komödi**ant** | der Stud**ent** | der Astron**om** | der Mon**arch** | der Poliz**ist** |
| der Philos**oph** | der Enthusi**ast** | der Psychol**oge** | der Pil**ot** | der Koll**ege** |

2.  Most weak nouns designating male beings have feminine equivalents with the suffix -**in**.

| | | |
|---|---|---|
| die Expertin | die Herrin | die Russin |
| die Jüdin | die Bäuerin | die Pilotin |

3.  A few weak nouns have a genitive singular ending in -**ens.**

|  | **Sing.** | **Pl.** |
|---|---|---|
| **Nom.** | der Name | die Namen |
| **Acc.** | den Namen | die Namen |
| **Dat.** | dem Namen | den Namen |
| **Gen.** | des Nam**ens** | der Namen |

Other common nouns of this type include:

| | | |
|---|---|---|
| der Friede(n) *(peace)* | der Glaube *(belief)* |
| der Gedanke *(thought)* | der Wille *(will)* |

4.  The weak neuter noun **das Herz** is irregular in the singular.

|  | **Sing.** | **Pl.** |
|---|---|---|
| **Nom.** | das **Herz** | die Herzen |
| **Acc.** | das **Herz** | die Herzen |
| **Dat.** | dem **Herzen** | den Herzen |
| **Gen.** | des **Herzens** | der Herzen |

---

[1] **Herr** takes -**n** in the singular (**des Herrn, dem Herrn,** etc.), but -**en** in the plural (**der Herren, den Herren,** etc.).

# Wortschatz
## Tierisch gut!

How many of these animal names do you already know or can you guess? Weak nouns (see 12.3) are indicated by *wk.* in parentheses. Where appropriate, sounds made by these animals are indicated. Write in plurals based upon the guidelines in this chapter. Answers are printed upside down on the last page of this chapter.

| Animal | Plural | Sound |
|---|---|---|
| der Affe *(wk.)* | | schreien |
| die Ameise *(ant)* | | — |
| der Bär *(wk.)* | | brüllen/brummen |
| die Biene | | summen |
| der Bock | | meckern |
| der Delphin | | — |
| das Eichhörnchen *(squirrel)* | | — |
| die Ente *(duck)* | | quaken, schnattern |
| der Esel | | schreien |
| die Eule *(owl)* | | schreien |
| der Falke *(wk.)* | | schreien |
| der Fink *(wk.)* *(finch)* | | zwitschern |
| die Fliege | | summen |
| der Floh | | — |
| der Frosch | | quaken |
| der Fuchs | | bellen |
| die Gans | | schnattern |
| die Gemse *(chamois)* | | |
| die Giraffe | | |
| der Hai(fisch) | | |
| der Hahn; das Huhn | | krähen/gackern |
| der Hund | | bellen |
| der Igel *(hedgehog)* | | quieken |
| der Jaguar | | brüllen |
| das Kamel | | — |
| die Katze; der Kater | | miauen |
| die Kröte *(toad)* | | quaken |
| die Kuh | | muhen |
| das Lamm | | blöken |
| der Löwe *(wk.)* | | brüllen |

| Animal | Plural | Sound |
|---|---|---|
| der Maulwurf (*mole*) | | — |
| die Maus | | quieken |
| die Motte | | — |
| die Mücke (der Moskito) | | surren |
| das Nilpferd (*hippopotamus*) | | — |
| der Orang-Utan | | brüllen |
| der Panther | | brüllen |
| der Papagei | | sprechen |
| der Pinguin | | — |
| das Pferd | | wiehern |
| die Ratte | | quieken |
| das Schaf | | blöken |
| die Schlange | | zischen |
| der Schmetterling (*butterfly*) | | — |
| das Schwein; die Sau | | grunzen |
| der Seehund | | bellen |
| die Spinne | | — |
| der Stier | | brüllen |
| das Stinktier | | — |
| der Strauß (*ostrich*) | | — |
| der Tausendfüßler | | — |
| der Tiger | | brüllen |
| der Uhu (*large owl*) | | schreien |
| der Vogel | | zwitschern; piepsen |
| der Wal(fisch) | | — |
| der Waschbär (*wk.*) (*raccoon*) | | — |
| der Wellensittich (*parakeet*) | | piepsen |
| der Wolf | | heulen |
| die Ziege (*goat*) | | meckern |

# Übungen

**A** **Der, die oder das?** Geben Sie Genus und Plural.

1. Diktatur
2. Spitze (*point*)
3. Winter
4. Pessimist
5. Männlein
6. Kater

7. Meldung (*announcement*)
8. Getränk
9. Käfig (*cage*)
10. Häftling (*prisoner*)
11. Name
12. Baustelle
13. Nation
14. Portugiese
15. Wissenschaft (*science*)
16. Bogen (*bow, arch*)
17. Trainerin
18. Partei
19. Kollege
20. Eichhörnchen
21. Geldverdiener (*wage earner*)
22. Maus
23. Anachronismus
24. Fabrik (*factory*)
25. Schläfchen
26. Anwalt (*lawyer*)
27. Band
28. Nilpferd

**B** **Männlich, weiblich oder sächlich?** Welches Wort passt auf Grund des Genus nicht in die Reihe? Warum nicht?

BEISPIEL Christentum, Judentum, Heldentum, Irrtum
*Irrtum ist **der** (männlich), die anderen sind alle **das** (sächlich).*

1. Kirche, Jude, Riese, Junge
2. Brust, Macht, Kunst, Gehalt
3. Winter, Sommer, Herbst, Frühjahr
4. Klugheit, Vehemenz, Soziologe, Legalität
5. Gebäck, Gemüse, Geschmack, Getränk
6. Garten, Wagen, Ofen, Laufen
7. Neckar, Elbe, Oder, Mosel
8. Schreiber, Bäcker, Elektriker, Tochter
9. Präsident, Dissident, Experiment, Agent
10. Biene, Giraffe, Löwe, Mücke

**C** **Plural.** Welche Wörter in Übung B haben eine Pluralform? Nennen Sie diese Formen.

**D** **Der → Die.** Machen Sie aus männlichen Substantiven weibliche Substantive.

BEISPIEL der Wissenschaftler (*scientist*)
*die Wissenschaftlerin*

1. der Jude
2. der Polizist
3. der Tänzer
4. der Afrikaner
5. der Biologe
6. der Russe
7. der König
8. der Methodist
9. der Nachbar

**E** **Welche Tiere kennen Sie?** Nennen Sie...

*ein* Tier, das Federn hat, aber nicht fliegen kann,
*zwei* Tiere, die sechs Beine haben,
*drei* Tiere, die den Menschen etwas geben,
*vier* Tiere, die gut schwimmen,
*fünf* Tiere, die fliegen,
*sechs* Tiere, die wir im Haus haben können,
*sieben* Tiere, die im Dschungel leben,
*acht* Tiere, die kleiner sind als eine Katze.

**F** **Substantive mit schwacher Deklination.**   Ergänzen Sie die Sätze mit passenden Substantiven.

BEISPIEL   Nach so vielen Kriegen wünscht man sich den _____.
*Nach so vielen Kriegen wünscht man sich den **Frieden.***

1. Im Weißen Haus findet man den _____.
2. Bei einem Verbrechen *(crime)* ruft man einen _____.
3. Fliegen ist der Beruf eines _____.
4. Eine Person, die an die Lehren von Karl Marx glaubt, nennt man einen _____.
5. Der Papst im Vatikan ist das geistliche Oberhaupt *(head)* der _____.
6. Im Geschäftsleben hat der _____ immer recht.

# Anwendung

**A** **Themenbereiche *(topic areas).***   Wählen Sie *(choose)* ein Thema, das Sie interessiert. (Sie müssen sich nicht unbedingt *[absolutely]* an die Themenvorschläge halten.) Schlagen *(Look up)* Sie acht bis zehn Substantive zu diesem Thema nach. Merken Sie sich Genus und Plural von diesen Wörtern. Schreiben Sie Ihre Wörter *ohne* Genus und Plural auf eine Karte oder ein Blatt Papier. Nennen Sie auch den Themenbereich, zu dem Ihre Wörter gehören. Geben Sie die Karte an jemanden im Kurs weiter, der dieses Thema nicht gewählt hat. Sie/Er soll versuchen, Bedeutung, Genus und Plural von diesen Wörtern zu erraten *(guess)*. Wenn sie/er ein Wort nicht erraten kann, erklären Sie es ihr/ihm auf Deutsch.

|  | **THEMENVORSCHLÄGE** |
| --- | --- |
| das Auto | die Landschaft |
| Blumen und Pflanzen | der menschliche Körper |
| der Computer | die Musik |
| (der) Film | die Politik |
| das Fliegen | (die) Reise und (der) Urlaub |
| (das) Haus und (die) Wohnung | (der) Sport und Sportarten |
| Krankheiten | die Tierwelt (siehe **Wortschatz**) |

BEISPIEL   Thema: *der Garten*

| Spaten | der Spaten, - *(spade)* |
| --- | --- |
| Harke | die Harke, -n *(rake)* |
| Pflanze | die Pflanze, -n *(plant)* |
| Samen | der Samen, - *(seed)* |
| Beet | das Beet, -e *(bed, patch)* |
| Schlauch | der Schlauch, -¨e *(hose)* |
| Erde | die Erde, -n *(soil)* |
| Dünger | der Dünger, - *(fertilizer, manure)* |

**B** **Schlau wie ein Fuchs.** Ergänzen Sie die folgenden Redewendungen *(idiomatic expressions)* mit Tiernamen aus dem Wortschatzkasten. Jede Redewendung hat einen entsprechenden *(corresponding)* Ausdruck auf Englisch. Können Sie ihn erraten?

**BEISPIEL** Aus einer ____ einen ____ machen
*Aus einer* **Mücke** *einen* **Elefanten** *machen* (aus etwas Kleinem etwas Großes machen = *to make a mountain out of a molehill*)

---

Bock Fliegen *(pl.)* Katze Elefant Hühner *(pl.)* Säue *(pl.)* Eulen *(pl.)*
Hunde *(pl.)* Stier

---

1. die ____ aus dem Sack lassen
2. vor die ____ gehen
3. Perlen vor die ____ werfen
4. den ____ zum Gärtner machen
5. sich wie ein ____ im Porzellanladen benehmen *(behave)*
6. mit den ____ schlafen gehen
7. zwei ____ mit einer Klappe *(swatter)* schlagen
8. ____ nach Athen tragen
9. den ____ bei/an den Hörnern packen *(grab)*

**C** **Themenkreise.** Wählen Sie ein Thema aus und sammeln Sie Substantive zu diesem Thema. Schreiben Sie die Substantive wie in den Beispielen in einem Kreis *(circle)* um das Thema herum. Lesen Sie dann einer Partnerin/einem Partner die Vokabeln vor, ohne das Thema zu nennen. Kann die Partnerin/der Partner das Thema erraten? Bilden Sie dann mit Ihrer Partnerin/Ihrem Partner die Pluralformen der Substantive.

**BEISPIELE**

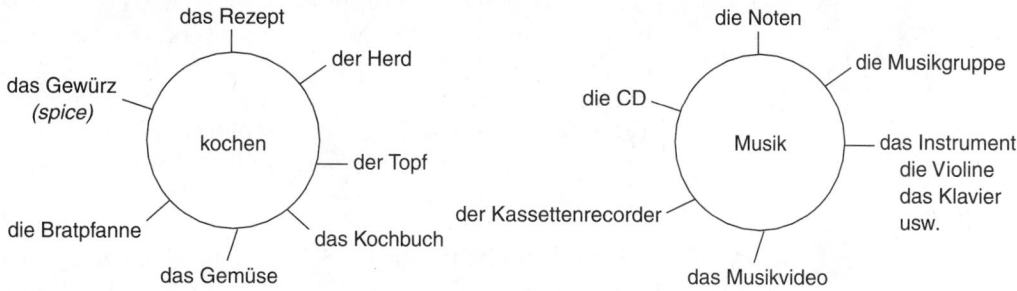

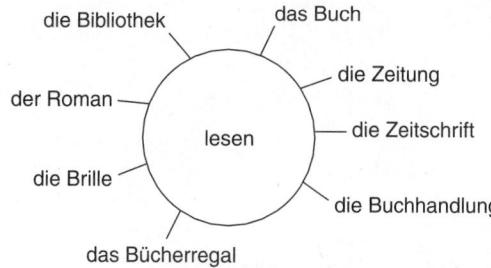

# Schriftliche Themen

| | |
|---|---|
| **Tipps zum Schreiben** | **Checking for Correct Genders and Plurals**<br>After writing the first draft of a composition, go back and reread it for meaning. Make any necessary revisions so that your ideas are clear. Then check to make sure all nouns and articles are used in the proper gender and with the correct plural endings. |

**A**  **Beschreibung eines Ortes oder eines Gegenstands.**    Beschreiben Sie ausführlich *(in detail)* einen Gegenstand oder einen Ort mit allem, was dazu gehört *(belongs)*.

**THEMENVORSCHLÄGE**

Ihr Auto
ein Garten (mit Gemüse und Blumen)
Ihr Heimcomputer
ein Spielplatz
etwas Besonderes, was Sie besitzen

BEISPIEL    Mein Vater hat noch einen ziemlich alten Computer bei uns zu Hause. Es ist ein Laptop-Gerät mit Festplatte *(hard drive)* und einem Diskettenlaufwerk *(floppy disk drive)* aber keinem CD-Laufwerk. Der Bildschirm *(screen)* ist schwarzweiß und recht klein und die Tastatur *(keyboard)* passt meinen Fingern überhaupt nicht. Im Computer befinden sich ein altes Textbearbeitungsprogramm *(word-processing program)* und einige einfache Videospiele. Der Drucker *(printer)* hat eine Druckgeschwindigkeit *(printing speed)* von nur sechs Seiten pro Minute und die Qualität ist ... usw.

**B**  **Kurze Einleitung *(introduction)*.**    Schreiben Sie eine kurze Einleitung zu einer Aktivität, die Sie besonders interessiert. Sie können z.B. erklären, welche Gegenstände man dazu braucht und wozu man sie braucht.

BEISPIEL    Zum Bergsteigen braucht man eine gute Ausrüstung. Dazu gehören vor allem stabile Schuhe und ein Rucksack. Eine Wanderkarte, einen Kompass, Wanderproviant *(hiking rations)* und eine warme Jacke darf man auch nicht vergessen. Wer in felsige *(rocky)* Regionen hochsteigt, muss auch ...

# Zusammenfassung

## Rules to Remember

**1** There are three genders, corresponding to the definite articles **der, die, das.**

**2** Most male beings are **der;** most female beings are **die.** Other nouns can be any of the three genders.

**3** There is no gender distinction in the plural; all nouns take the article **die.**

**4** Weak nouns take -**(e)n** in all forms but the nominative singular:  **der Experte, des Experten;** *pl.* **die Experten. Der Herr, des Herrn;** *pl.* **die Herren.**

**5** Most nouns ending in -**e** are feminine and take -**n** in the plural:  **die Tasche, -n.**

## At a Glance

| Masculine suffixes | |
|---|---|
| **-ig** | der Honig |
| **-ling** | der Schwächling |
| **-or** | der Motor |
| **-us** | der Zirkus |

| Feminine suffixes | |
|---|---|
| **-anz** | die Toleranz |
| **-ei** | die Partei |
| **-enz** | die Frequenz |
| **-ie** | die Aristokratie |
| **-ik** | die Grammatik |
| **-ion** | die Religion |
| **-heit** | die Schönheit |
| **-keit** | die Freundlichkeit |
| **-schaft** | die Freundschaft |
| **-tät** | die Universität |
| **-ung** | die Vorlesung |
| **-ur** | die Prozedur |

| Suffixes of weak masculine nouns | |
|---|---|
| **-ant** | der Komödiant |
| **-arch** | der Patriarch |
| **-ast** | der Enthusiast |
| **-ege** | der Kollege |
| **-ent** | der Präsident |
| **-ist** | der Komponist |
| **-oge** | der Meteorologe |
| **-om** | der Astronom |
| **-oph** | der Philosoph |
| **-ot** | der Pilot |

| Neuter suffixes | |
| --- | --- |
| **-chen** | das Mädchen |
| **-lein** | das Tischlein |
| **-ment** | das Testament |
| | das Datum |
| **-(i)um** | das Medium |
| **-erl** | |
| **-el** | |
| **-le** | *(dialect variants)* |
| **-li** | |

| Plural formations | |
| --- | --- |
| 1 –/ ̈ | Fenster → **Fenster** <br> Garten → **Gärten** |
| 2 -e/ ̈e | Tisch → **Tische** <br> Stuhl → **Stühle** |
| 3 -er/ ̈er | Bild → **Bilder** <br> Buch → **Bücher** |
| 4 -(e)n | Tür → **Türen** <br> Mauer → **Mauern** |
| 5 -s | Büro → **Büros** |

*Animal Plurals (see p. 161–162):* Affen, Ameisen, Bären, Bienen, Böcke, Delphine, Eichhörnchen, Enten, Esel, Eulen, Falken, Finken, Fliegen, Flöhe, Frösche, Füchse, Gänse, Gemsen, Giraffen, Haie (Haifische), Hähne, Hühner, Hunde, Igel, Jaguare, Kamele, Katzen, Kater, Kröten, Kühe, Lämmer, Löwen, Maulwürfe, Mäuse, Motten, Mücken (Moskitos), Nilpferde, Orang-Utans, Panther, Papageien, Pinguine, Pferde, Ratten, Schafe, Schlangen, Schmetterlinge, Schweine, Säue (Sauen), See-hunde, Spinnen, Stiere, Stinktiere, Strauße, Tausendfüßler, Tiger, Uhus, Vögel, Wale (Walfische), Waschbären, Wellensittiche, Wölfe, Ziegen.

# Adjectives

# Grammatik

## 13.1 ADJECTIVES WITHOUT ENDINGS

1. Adjectives (**das Adjektiv, -e**) provide additional information about nouns and pronouns. When they provide this information via the linking verbs **sein, werden,** and **bleiben,** that is, as *predicate adjectives,* they do not have endings.

   | | |
   |---|---|
   | Die Stadt Rosenheim *ist* **klein.** | *The city of Rosenheim is small.* |
   | Dieses Problem *wird* jetzt **kompliziert.** | *This problem is now becoming complicated.* |

2. In German, many adjectives can also be used without endings as adverbs.

   | | |
   |---|---|
   | Der Schnee fiel **leise.** | *The snow fell gently.* |
   | Du musst **fleißig** lernen. | *You must study diligently.* |

## 13.2 ADJECTIVES WITH ENDINGS

When adjectives are followed by the nouns they modify, they are called *attributive adjectives* and require endings. The ending depends on what kind of article (if any) precedes the adjective. If the article includes sufficient information about the number, gender, and case of the following noun, the following adjective takes a *weak* ending. If the article does not include this information, or if there is no article, the adjective requires a *strong* ending which approximates the definite article.

## A. Contexts for weak endings

Most articles in fact supply this information, so that most of the time, adjectives following an article require only a weak ending. This is true for all **der**-words—the definite articles, **dieser, jeder, jener, mancher, solcher,** and **welcher** (see 5.3)—in all cases. It is also true in most contexts for **ein**-words, which include **ein** and **kein** as well as **mein, dein, sein, ihr, unser, euer, ihr,** and **Ihr** (see 5.4). In fact, the only instances in which an article does not provide sufficient information are the three occasions where **ein**-words have no endings to distinguish gender: *masculine nominative singular* (**dein Freund ist hier**), and *neuter nominative and accusative singular* (**mein Buch liegt da/ich sehe kein Buch**). Except for these three instances, an adjective preceded by a **der**-word or an **ein**-word takes a *weak* ending. These are distributed over the genders and cases as follows:

|  | Masc. | Fem. | Neut. | Pl. |
|---|---|---|---|---|
| Nom. |  |  | -e |  |
| Acc. |  |  |  |  |
| Dat. |  |  | -en | -en |
| Gen. |  |  |  |  |

## B. Contexts for strong endings

1. When there is no **der**-word or **ein**-word preceding an attributive adjective, or when the **ein**-word gives only partial information (as in the three instances listed above), then the adjective takes a *strong* ending which provides the requisite information. The strong endings are as follows:

|  | Masc. | Fem. | Neut. | Pl. |
|---|---|---|---|---|
| Nom. | -er | -e | -es | -e |
| Acc. | -en | -e | -es | -e |
| Dat. | -em | -er | -em | -en |
| Gen. | -en | -er | -en | -er |

2. Notice how these endings bear strong resemblance to the definite articles (**-er** for **der, -es** for **das,** etc.), indicating their function of providing similar grammatical information. The only apparent exceptions to this pattern are the endings for *masculine* and *neuter genitive singular,* which are **-en** instead of the expected **-es.** But even these conform to principle: Since genitive masculine and neuter nouns show number and case with the **-(e)s** ending, the adjectives preceding them do not need to emphasize this information, as in **der Geschmack guten Käses** (the taste of good cheese).

## C. Adjective ending summary

At least one modifier before a noun—either an article or an adjective—must show information regarding number, gender, and case. Compare the following examples.

| Singular | | |
|---|---|---|
| *der-word* | *ein-word* | *No article* |
| der alte Wein | ein alter Wein | alter Wein |
| die große Macht | unsere große Macht | große Macht |
| (durch) das echte Glück | ein echtes Glück | echtes Glück |
| (mit) dem starken Willen | einem starken Willen | starkem Willen |
| (mit) der leisen Stimme | deiner leisen Stimme | leiser Stimme |
| **Plural** | | |
| die neuen Städte | keine neuen Städte | neue Städte |
| (wegen) der guten Spieler | seiner guten Spieler | guter Spieler |

## D. Additional rules

1. All adjectives in a series take the same ending.

   Du hast schöne blaue Augen.      *You have beautiful blue eyes.*

   Ich mag deine schönen blauen Augen.      *I like your beautiful blue eyes.*

2. Adjective stems ending in **-er** and **-el** drop the stem **e** when they have adjective endings.

   teuer:    ein teures Auto      dunkel:    eine dunkle Farbe

3. The adjective **hoch** drops the **c** when it has an adjective ending.

   hoch:    ein **hoher** Berg

4. The adjectives **beige, lila** *(lilac),* **orange, rosa** *(pink),* and **prima** *(great)* are invariable; they do not take endings.

   ein **rosa** Kleid      das **lila** Hemd      eine **prima** Idee

5. The adjectives **halb** and **ganz** do not take endings before names of towns, countries, and continents, unless the name requires an article (see 5.1).

   **halb** Europa *(half of Europe)*
   **ganz** Frankreich *(all of France)*
   BUT:
   die **ganze** Türkei *(all of Turkey)*
   die **halbe** Schweiz *(half of Switzerland)*

6. Adjectives of nationality behave like all other descriptive adjectives (**die Schweiz** is an exception; see below). They are capitalized only when used in proper names.

   **deutsche** Kultur      **französische** Städte      **russischer** Wodka
   BUT:
   Die **Deutsche** Bank      Die **Französischen** Eisenbahnen

7. Adjectives based on the names of cities or towns take no endings and are formed by adding the suffix **-er** to the noun. All capitalization is retained. The adjective of nationality based on **die Schweiz** also follows this rule.

Dieser Zug fährt zum **Frankfurter** Flughafen.

Er hat ein **Schweizer** Bankkonto.

## 13.3　LIMITING ADJECTIVES

### A. *Wenig, etwas, genug, viel*

The singular limiting adjectives **wenig** *(little)*, **etwas** *(some)*, **genug** *(enough)*, and **viel** *(much, a lot of)* are used only with singular nouns. They themselves take no endings[1], which means that adjectives following them require strong endings.

| | |
|---|---|
| Sie machte ein Sandwich mit **etwas** frisch**em** Brot. | *She made a sandwich with some fresh bread.* |
| Er trank normalerweise **wenig** kalt**es** Wasser. | *Normally, he drank little cold water.* |

### B. *Ein paar*

The plural limiting phrase **ein paar** *(a few, a couple of)*, used with plural nouns, likewise takes no ending, so that any following adjectives require strong endings.

| | |
|---|---|
| Sie hatte **ein paar** gut**e** Freunde. | *She had a couple of good friends.* |

### C. *Wenige, andere, einige, mehrere, viele*

Other plural limiting adjectives, such as **wenige** *(few)*, **andere** *(other)*, **einige** *(some, several)*, **mehrere** *(several, a number of)*, and **viele** *(many)*, function as adjectives themselves. Like all adjectives, their endings depend on the preceding article or (as is often the case with these) the absence of an article. All subsequent adjectives take the same ending.

| | |
|---|---|
| Ich kenne **einige** deutsch**e** Studenten hier. | *I know some German students here.* |
| Hier gibt es **viele** interessant**e** Geschäfte. | *There are many interesting stores here.* |
| Hast du seine **vielen** interessant**en** Briefmarken gesehen? | *Have you seen his many interesting postage stamps?* |

### D. *All-*

1. **All-** functions as a **der**-word. It seldom occurs in the singular (see 5.3).

2. In the plural, **all-** functions like a **der**-word; any adjectives following **all-** take the weak ending **-en.**

---

[1] Occasionally **viel** and **wenig** do occur in the accusative and dative with optional endings: **mit viel(em)** Ärger *(with much aggravation)*; **nach wenig(em)** Erfolg *(after little success)*. The ending is not optional in the expression **vielen Dank.**

**Alle großen** Geschäfte haben jetzt
Sommerschlussverkauf.

*All (the) large stores are now having
summer sales.*

3. When **all-** (plural) precedes an article or possessive adjective, its ending is often omitted. The articles and possessive pronouns remain unaffected by **all(e),** but any following adjectives still require the weak ending **-en.**

Hast du **all(e)** die komisch**en** Bilder
gesehen?

*Did you see all the strange pictures?*

Er hat die Namen **all(er) seiner** neu**en**
Schüler aufgeschrieben.

*He wrote down the names of all his new
pupils.*

## E. *Ganz instead of all-*

Instead of **all-** (singular and plural), German often uses an article or possessive pronoun followed by **ganz** *(all, whole, complete).* **Ganz** takes weak and strong endings like most descriptive adjectives.

Er hat **den ganzen** Tag gearbeitet.

*He worked all day.*

Wir haben **unsere ganzen** nass**en** Sachen
draußen gelassen.

*We left all our wet things outside.*

---

**13.4** | **ADJECTIVES GOVERNING CASES**

## A. Adjectives with the dative or with *für* + accusative

1. The following adjectives normally require a noun or pronoun in the dative when used as predicate adjectives. The adjective follows the noun or pronoun.

| | | | |
|---|---|---|---|
| (un)ähnlich | *(dis)similar, (un)like* | (un)klar | *(un)clear* |
| (un)bekannt | *(un)known* | nahe | *near, close* |
| (un)bequem | *(un)comfortable* | schuldig | *in debt (to owe)* |
| (un)bewusst | *(un)known (to)* | teuer | *expensive, valuable* |
| (un)dankbar | *(un)grateful* | überlegen | *superior* |
| fremd | *strange, alien* | wert | *worth, of value* |
| gehorsam | *obedient* | | |

Sie ist *ihrer Mutter* sehr **ähnlich.**

*She is very much like her mother.*

Sie war *ihrem Mann* in manchen Dingen
**überlegen.**

*She was superior to her husband in many
things.*

Deine Hilfe ist *mir* viel **wert.**

*Your help is worth a lot to me.*

2. Some common adjectives can be used either with the dative or with **für** + the accusative.

| | | | |
|---|---|---|---|
| (un)angenehm | *(un)pleasant* | nützlich | *useful* |
| leicht | *easy* | peinlich | *embarrassing* |
| (un)möglich | *(im)possible* | (un)wichtig | *(un)important* |

*learn*

| Dein Besuch war *ihm/für ihn* recht **angenehm.** | *Your visit was quite pleasant for him.* |
| Sein Benehmen ist *der Familie/für die Familie* sehr **peinlich.** | *His behavior is very embarrassing to/for the family.* |
| Es ist *mir/für mich* sehr **wichtig** zu wissen, ob sie kommt. | *It is very important to/for me to know whether she is coming.* |

## B. Adjectives with the genitive

The following adjectives normally require a genitive noun or pronoun when used as predicate adjectives. The adjective follows the noun or pronoun. The three adjectives marked with an asterisk are also used with the dative, but with slightly different meanings (see A, above).

| *sich *(dat.)* bewusst*   *conscious of, aware of* | *(un)schuldig*   *(not) guilty of* |
| gewiss*   certain of* | *wert*   *worth, worthy of* |
| müde*   tired of* | |

| Ich war mir *der Folgen* einer solchen Tat **bewusst.** | *I was aware of the consequences of such an action.* |
| Die Mannschaft war *ihres Sieges* **gewiss.** | *The team was sure of its victory.* |
| Der Plan war *unserer Unterstützung* **wert.**[2] | *The plan was worth our support.* |

## 13.5    ADJECTIVES WITH PREPOSITIONAL COMPLEMENTS

1.  Some adjectives occur in combination with a complementing prepositional phrase, which may come before or after the adjective. In many instances, the preposition is different from what one might expect based on English usage (COMPARE: **sicher *vor**—safe from*), and should be learned in conjunction with the adjective to convey the phrase's particular meaning.

arm/reich an *(dat.)*   *poor/rich in*
gewöhnt an *(acc.)*   *accustomed to*
interessiert an *(dat.)*   *interested in*

böse auf *(acc.)*   *angry at*
gespannt auf *(acc.)*   *in suspense about*
neidisch auf *(acc.)*   *envious of*
neugierig auf *(acc.)*   *curious about*
stolz auf *(acc.)*   *proud of*
verrückt auf *(acc.)*   *crazy about (something)*
wütend auf *(acc.)*   *furious at*

durstig/hungrig nach   *thirsty/hungry for*
verrückt nach   *crazy about (someone)*

---

[2] In some instances, German speakers use the adjective **wert** with the accusative.

Berlin ist *eine* Reise **wert.**    *Berlin is worth a trip.*

abhängig von    *dependent on*
begeistert von    *enthusiastic about*
überzeugt von    *convinced of*

blass vor (*dat.*)    *pale from/with*
sicher vor (*dat.*)    *safe from*

bereit zu    *ready to do*
fähig zu    *capable of (doing)*

| | |
|---|---|
| Manche Leute sind **verrückt auf** Sport. | *Many people are crazy about sports.* |
| Die Regierung war **von** ihrer Politik **überzeugt.** | *The government was convinced of its policy.* |

2. Many of these adjectives can also be used with an anticipatory **da**-construction (see 19.2), though the **da**-compound is often optional.

| | |
|---|---|
| Bist du (**dazu**) bereit, uns zu helfen? | *Are you ready to help us?* |
| Ich bin (**darauf**) gespannt, was morgen geschehen wird. | *I am anxious to know what will happen tomorrow.* |

---

**13.6    ADJECTIVE SUFFIXES**

Many descriptive adjectives are formed by adding suffixes to noun stems (and sometimes verb stems). Each suffix denotes some quality or aspect of the stem word. Knowing these suffixes can aid in determining the meanings of adjectives.

### A. The suffixes *-ig, -lich, -isch*

These three suffixes denote *having the quality* expressed by the noun stem. Some nouns used with these suffixes require an umlaut.

1. **-ig** often corresponds to English *-y.*

| das Blut: | **blutig** | *bloody* |
|---|---|---|
| die Lust: | **lustig** | *funny* |
| der Schatten: | **schattig** | *shadowy* |
| der Schlaf: | **schläfrig** | *sleepy* |

2. **-lich** indicates that the adjective has the quality or appearance denoted by the noun stem.

| der Ärger: | **ärgerlich** | *annoying* |
|---|---|---|
| der Frieden: | **friedlich** | *peaceful* |
| die Gefahr: | **gefährlich** | *dangerous* |
| die Natur: | **natürlich** | *natural* |

COMPARE:

der Geist:    **geist̲l̲i̲c̲h̲**    *spiritual*    **geist̲i̲g̲**    *intellectual*

3. **-isch** often corresponds to English *-ish, -cal,* or *-ic.* It is also common with nationalities and religions.

| | | |
|---|---|---|
| die Chemie: | **chemisch** | *chemical* |
| der Narr: | **närrisch** | *foolish* |
| der Franzose: | **französisch** | *French* |
| der Jude: | **jüdisch** | *Jewish* |
| der Katholik: | **katholisch** | *Catholic* |

COMPARE:

das Kind:  **kind<u>isch</u>**  *childish*    **kind<u>lich</u>**  *childlike*

## B. Other common suffixes

1. **-bar** corresponds to English *-ible, -able,* or *-ful.* It is often added to nouns or verb stems.

| | | |
|---|---|---|
| der Dank: | **dankbar** | *thankful* |
| die Sicht: | **sichtbar** | *visible* |
| tragen: | **tragbar** | *portable* |
| trinken: | **trinkbar** | *drinkable* |

2. **-(e)n/ern** are used to create adjectives from nouns for materials, such as wood, metal, cloth. Some of these nouns require an umlaut in the adjective form.[3]

| | | |
|---|---|---|
| das Glas: | **gläsern** | *of glass* |
| das Holz: | **hölzern** | *wooden* |
| das Silber: | **silbern** | *silver(y)* |
| der Stahl: | **stählern** | *of steel* |
| die Wolle: | **wollen** | *woolen* |

3. **-haft** (*from* **haben**) denotes *having the quality or nature* of the stem noun.

| | | |
|---|---|---|
| der Meister: | **meisterhaft** | *masterful/masterly* |
| die Fabel: | **fabelhaft** | *fabulous* |
| die Tugend: | **tugendhaft** | *virtuous* |

4. **-los** indicates a *complete lack* of the quality expressed by the stem. It corresponds to English *-less.*

| | | |
|---|---|---|
| die Hoffnung: | **hoffnungslos** | *hopeless* |
| die Kraft: | **kraftlos** | *powerless* |

---

[3] With some materials, German speakers often prefer a compound word to an adjective + noun.

**ein Glasauge** (*instead of* **ein gläsernes Auge**)
**ein Holzbein** (*instead of* **ein hölzernes Bein**)

5. **-reich/-voll** mean *full of* the quality expressed by the stem.

die Hilfe:  **hilfreich**  *helpful*      die Lehre:  **lehrreich**  *instructive*
die Liebe:  **liebevoll**  *loving*      der Wert:  **wertvoll**  *valuable*

6. **-sam** sometimes corresponds to English *-some*. It normally indicates a tendency to do the action expressed by a verb or noun stem.

biegen:      **biegsam**   *flexible, pliable*
die Mühe:    **mühsam**    *tiresome, laborious*
sparen:      **sparsam**   *thrifty, frugal*

# Wortschatz

## *Gut und schlecht.*

1. The following adjectives and adverbs describe very positive reactions and emotions.

**ausgezeichnet**  excellent
**erstklassig**  first-rate
**fabelhaft**  fabulous, marvelous, incredible
**fantastisch**  fantastic
**glänzend**  splendid, magnificent, brilliant
**großartig**  splendid, magnificent, marvelous
**herrlich**  splendid, magnificent, lovely
**klasse**  great
**prächtig**  splendid, magnificent, sumptuous
**prima**  great, first-rate  — *super!*
**toll**  fantastic, incredible, terrific
**vorzüglich**  superior, excellent choice, exquisite
**wunderbar**  splendid, wonderful, marvelous

*learn!*

2. The following adjectives and adverbs describe very negative reactions and emotions.

**abscheulich**  disgusting, revolting, repulsive
**armselig**  poor, pitiful, wretched, miserable
**böse**  bad, evil, wicked
**entsetzlich/fürchterlich/furchtbar/schrecklich**  dreadful, frightful, horrible, awful, terrible
**erbärmlich**  pitiful, miserable, wretched
**gehässig**  spiteful, hateful, malicious
**grässlich/grauenhaft**  dreadful, ghastly, hideous
**grausig**  ghastly, gruesome, horrid
**hässlich**  ugly, nasty, hideous
**lächerlich**  ridiculous, ludicrous, absurd
**scheußlich**  abominable, revolting, foul
**widerlich**  disgusting, repugnant, repulsive, nauseating

*eklig   disgusting*

# Übungen

→ **A** **Welche Endung fehlt?** Ergänzen Sie die Adjektive durch die fehlenden Endungen.

1. der jung_____ Nachbar; unser toll_____ Lehrer; ein erstklassig_____ Musiker
2. aus einem voll_____ Glas; aus der leer_____ Flasche; aus warm_____ Milch
3. durch ein groß_____ Feld; durch das hoh_____ Gras; durch tief_____ Wasser
4. trotz des heiß_____ Wetters; trotz eines klein_____ Sturms; trotz entsetzlich_____ Kälte *(f.)*
5. die reich_____ Familien; ihre verwöhnt_____ *(spoiled)* Kinder; gehässig_____ Leute
6. während der lang_____ Nächte; keine warm_____ Nachmittage; herrlich_____ Wintertage
7. ein braun_____ Tisch; sein rot_____ Buch; neu_____ Schuhe

→ **B** **Anders ausdrücken.** Beenden Sie die Sätze. Verwenden Sie Adjektive ohne Artikelwörter.

**BEISPIEL** Der Wein, den er trinkt, ist sehr herb. Er trinkt …
*Er trinkt herben Wein.*

1. Das Wetter ist heute fabelhaft. Wir haben heute …
2. Die Blumen in meinem Garten sind sehr schön. In meinem Garten wachsen …
3. Die Leute, bei denen er wohnt, sind sehr freundlich. Er wohnt bei …
4. Der Schnee vor dem Haus ist sehr hoch. Vor dem Haus liegt …
5. Ihre Familie ist sehr gut. Sie kommt aus …
6. Wenn das Wetter schlecht ist, wandern wir nicht. Wir wandern nicht bei …

→ **C** **Kluge Sprüche.** Die folgenden Sprüche sind noch nicht ganz richtig. Berichtigen Sie die Sprüche, indem Sie passende Adjektive aus der Liste einsetzen.

**BEISPIEL** Liebe rostet nicht.
***Alte** Liebe rostet nicht.*

| | |
|---|---|
| alt | kurz |
| geschenkt *(given as a gift)* | still |
| gut | voll |

1. Ein Bauch *(m.; belly)* studiert nicht gern.
2. Rat *(m.; advice)* ist teuer.
3. Lügen haben Beine.
4. Einem Gaul *(m.; horse)* schaut man nicht ins Maul.
5. Wasser sind tief.

**D** **Nützliche Ausdrücke.** Ergänzen Sie die Ausdrücke durch passende Adjektive aus der Liste.

| | | | |
|---|---|---|---|
| best- | gut | laut | offen |
| falsch | hoch | nett | schön |
| groß | lang | niedrig | zweit- |

BEISPIEL    Freunde haben
            *nette Freunde haben*

1. ein Gesicht machen  _langes_
2. Schulden (debts) machen  _hohe_
3. Menschen kennen lernen  _nette_
4. einen Nachmittag verbringen  _schönen_
5. mit Stimme schreien  _lauter_
6. in den Jahren sein  _besten_

7. wegen des Preises kaufen  _niedrigen_
8. mit Karten spielen  _offen_  (to lay your cards on the table)
9. eine Note bekommen  _gute_
10. die Geige spielen  _zweite_  (playing second fiddle)
11. aufs Pferd setzen  ~~keine~~ _falsche_  (to make a bad bet)
12. Lärm (noise) machen  _großen_

**E  Ein toller Mensch.**   Drücken Sie die Sätze viel stärker aus.

BEISPIEL    Sie ist ein netter Mensch.
            *Sie ist ein **großartiger** Mensch.*

1. Sie wohnt in einem schönen Haus mit einem hübschen Garten.
2. Sie fährt auch einen guten Wagen.
3. Sie schreibt interessante Bücher.
4. Sie hat einen angenehmen Ehemann.
5. Sie kann auch gut Klavier spielen.

Wie können Sie diese Frau in einigen weiteren Sätzen beschreiben?

**F  Altersstufen.**   Wie geht's weiter? Verwenden Sie Adjektive mit oder ohne Artikelwörter.

BEISPIEL    Mit fünf Jahren spielt man mit...
            *Mit fünf Jahren spielt man mit vielen Spielsachen.*

1. Mit zehn Jahren freut man sich auf (acc.) ...
2. Zwanzig kommt, und man träumt von ...
3. Dreißigjährige hoffen auf (acc.) ...
4. Vierzig ist man und plant ...
5. Mit fünfzig Jahren kann man ...
6. Mit sechzig genießt man ...
7. Was hat man mit siebzig schon alles gesehen! Zum Beispiel, ...
8. Achtzig Jahre zählt man und denkt an (acc.) ...
9. Wer neunzig wird, freut sich über ...

**G  Ein prima Leben.**   Für Angelika gibt es immer nur das Beste. Ergänzen Sie die Sätze mit Adjektiven aus dem Wortschatzkasten.

    ganz   hoch   holländisch   lila   Paris   prima   Schweizer   teuer  → _teuren_

BEISPIEL    Ihre Kleidung kommt direkt aus Paris. Sie trägt _____ Kleidung.
            *Sie trägt **Pariser** Kleidung.*

1. Ihr Geld hat sie auf einem _____ Sparkonto in Zürich.
2. Sie trägt Schuhe von _____ Qualität.
3. Für Kleidung gibt sie sehr viel Geld aus. Selbstverständlich trägt sie einen _____ Ledermantel.
4. Der Käse, den sie kauft, kommt aus Holland, denn sie isst _____ Käse besonders gern.

5. Sie fährt einen ＿＿ BMW.

6. Auf ihren Einkaufstouren reist sie jedes Jahr durch ＿＿ Europa.

7. Angelika führt ein ＿＿ Leben!

### H **Ob *viel* oder *wenig*, Graz hat's!** Ergänzen Sie die Endungen.

In der Grazer Altstadt gibt es viel＿＿ sehr gut＿＿ Restaurants. Dort kann man vor allem im Sommer einig＿＿ nett＿＿ Stunden im Freien sitzen und mit Leuten plaudern. Abends sucht man vielleicht am besten einig＿＿ der nicht wenig＿＿ gemütlich＿＿ Studentenkneipen auf, wo eine gut＿＿ Stimmung herrscht (*prevails*). Die viel＿＿ Touristen, die nach Graz kommen, können die Landeshauptstadt der Steiermark mit wenig＿＿ Geld aber viel＿＿ Zeit schon richtig genießen.

### I **Alles und ganz.** Machen Sie fünf Aussagen mit **all-** + Possessivpronomen (**mein-, dein-,** usw.). Dann drücken Sie Ihre Aussagen durch den Gebrauch von **ganz-** anders aus.

**BEISPIELE** *Ich habe **all mein** Taschengeld für dieses Semester schon ausgegeben.*
*Ich habe **mein ganzes** Geld für dieses Semester schon ausgegeben.*

**Alle meine** *Freunde lieben MTV.*
**Meine ganzen** *Freunde lieben MTV.*

### J **Dativ oder Genitiv?** Drücken Sie die Sätze durch den Gebrauch von Adjektiven aus dem Wortschatzkasten anders aus. Einige Adjektive müssen Sie mehr als einmal benutzen.

(un)bekannt   dankbar   fremd   gewiss   müde   nützlich   (un)schuldig   wert

**BEISPIEL** Dieser Vorschlag hilft den Leuten wenig.
*Dieser Vorschlag ist den Leuten nicht sehr nützlich.*

1. Von den finanziellen Schwierigkeiten unseres Nachbarn wussten wir nichts.
2. Der Angeklagte (*accused*) konnte beweisen, dass er den Mord nicht begangen (*committed*) hatte.
3. Er muss einem Sportgeschäft noch viel Geld zahlen.
4. Wir sind sehr froh, dass du uns geholfen hast.
5. Deine Ausreden (*excuses*) möchten wir uns nicht mehr anhören.
6. Ihr Verständnis für seine Probleme bedeutete ihm viel.
7. An eine solche Arbeitsweise war die Frau nicht gewöhnt.
8. Sie zweifelte nicht an ihrem Erfolg.
9. Sein neuer Roman verdient (*merits*) unsere Aufmerksamkeit.

### K **Welche Präposition?** Schreiben Sie Modellsätze mit den folgenden Adjektiven + Präposition.

**BEISPIEL** interessiert
*Ich bin **an** der europäischen Politik interessiert.*

1. neugierig
2. verrückt
3. überzeugt
4. stolz
5. gewöhnt
6. begeistert
7. wütend
8. gespannt

**L** **Exportdefizite.** Welche ausländischen Produkte kaufen oder benutzen Sie und Ihre Familie? Machen Sie fünf Aussagen.

BEISPIELE *Wir haben einen japanischen Fernseher.*
*Zu Hause essen wir gern holländischen Käse.*

**M** **Was ist das?** Suchen Sie eine passende Aussage aus der zweiten Spalte *(column)*.

BEISPIEL ein schweigsamer Mensch
*Man hört ihn selten.*

1. sparsame Menschen
2. eine friedliche Epoche
3. ein lehrreicher Satz
4. ein bissiger Hund
5. traumhafter Schnee
6. eine lustige Person
7. ein sportlicher Mensch
8. sorgenlose Kinder
9. arbeitsame Menschen
10. silberne Hochzeit

a. Vorsicht!
b. Das Leben ist immer schön.
c. 25 Jahre!
d. Davon kann man etwas lernen.
e. Sie sind sicher nicht faul.
f. Endlich keine Kriege mehr!
g. Wer den Pfennig nicht ehrt ...
h. Es gibt immer etwas zu lachen.
i. Er ist fit und gesund.
j. Ja, Pulver bis zu den Knien!

**N** **Anders ausdrücken.** Wiederholen Sie 13.6, dann drücken Sie den Inhalt der Sätze mit Adjektiven anders aus.

BEISPIELE Manche Wörter kann man nicht übersetzen.
*Manche Wörter sind nicht **übersetzbar**.*

Meine Eltern sparen viel.
*Meine Eltern sind sehr **sparsam**.*

1. Man kann dieses Radio leicht tragen.
2. Es hat keinen Sinn mehr Atomwaffen zu produzieren.
3. Die Zahl 12 kann man durch 2, 3, 4 und 6 teilen.
4. Während einer Rezession haben manche Menschen keine Arbeit.
5. Ein gutes Medikament wirkt sofort.
6. Das Dach vom renovierten Reichstagsgebäude ist aus Glas.
7. Wir fuhren gestern auf einer Bergstraße mit vielen Kurven.
8. Gedanken kann man nicht sehen, aber man kann sie denken.

# Anwendung

**A** **Alles verrückt!** Vielleicht kennen Sie die Geschichte auf Englisch, die so beginnt: *There was a crooked man and he went a crooked mile.* Erzählen Sie eine solche Geschichte mündlich und mit dem Adjektiv **verrückt** oder mit einem anderen Adjektiv, das Ihnen besonders gefällt.

BEISPIEL     Es waren einmal ein verrückter Mann und eine verrückte Frau. Sie wohnten in einem verrückten Haus und hatten verrückte Kinder. Ihre verrückten Kinder gingen in eine verrückte Schule, wo sie mit anderen verrückten Kindern spielten. Sie trugen auch ...

**B**  **Sich etwas genau merken.**     Arbeiten Sie mit einer Partnerin/einem Partner. Sie/Er zeigt Ihnen etwa zehn Sekunden lang ein Bild. Was können Sie jetzt mit Adjektiven noch genau beschreiben, wenn Sie das Bild nicht mehr sehen?

**C**  **Von der guten (oder schlechten) Seite sehen.**     Diskutieren Sie mit anderen Leuten im Kurs über die guten oder schlechten Seiten Ihrer Universität/Schule und der Stadt, in der Sie jetzt leben. Betonen Sie positive *und* negative Aspekte und verwenden Sie viele Adjektive.

> **REDEMITTEL**
>
> *positiv*
>
> Ich finde, die Stadt hat ...
> Besonders [schön] finde ich ...
> Warst du schon in ...?
> Mir gefällt/gefallen hier vor allem ...
> Die vielen ... finde ich ...
> Man darf auch ... nicht vergessen.
>
> *negativ*
>
> Das meinst du, aber ich sehe das anders.
> Aber andererseits gibt es nur wenig/wenige ...
> Besonders deprimierend *(depressing)* finde ich ...
> Vor allem stört/stören mich ...
> Die vielen ... finde ich ...
> Man darf auch nicht übersehen, dass ...

**D**  **Ach, die schöne Schweiz!**     Wählen Sie ein Land und teilen Sie Ihrer Partnerin/ Ihrem Partner mit, welches Land Sie gewählt haben. Ihre Partnerin/Ihr Partner bildet dann vier oder fünf kurze Wortverbindungen mit Adjektiven, die sie/er mit diesem Land assoziiert.

BEISPIEL     A: die Schweiz
             B: hohe Berge, viel weißer Schnee, viele alte Städte, guter Käse, ein schöner Urlaub ... usw.

**E**  **Freunde.**     Beschreiben Sie für jemand eine gute Freundin/einen guten Freund von Ihnen und verwenden Sie dabei so viele Adjektive aus dem Wortschatz wie möglich! Denken Sie an das Aussehen *(appearance)*, aber auch an Hobbys, Kleidung, Familie, Meinungen, besondere Talente usw. Wie lang können Sie über sie/ihn sprechen?

# Schriftliche Themen

| Tipps zum Schreiben | **Writing with Adjectives** |
|---|---|
| | A text with just nouns and verbs is like a picture in black and white; only adjectives can turn it into color. With adjectives you can convey *how* you view or react to the persons, things, or events you write about. When beginning a composition, write the first draft without adjectives. Next, check to see that all articles and nouns are in the proper cases. Then add the adjectives that best describe your topics and situations. |

**A** **Werbung.**   Sie studieren ein Jahr an einer deutschsprachigen Universität und organisieren eine Ferienreise für interessierte Studenten. Sie müssen eine kurze Werbeschrift *(prospectus)* zusammenstellen. Beschreiben Sie das Ferienziel so positiv wie möglich.

BEISPIEL   Wir fliegen im April nach Minorca! Unser preiswertes Hotel – selbstverständlich mit Vollpension! – liegt an einem traumhaft schönen Strand in der Nähe des sonnigen Städtchens Ciudadela. Tag und Nacht bietet das Hotel ein reiches Angebot an Sport- und Unterhaltungsmöglichkeiten. Auch für seine vorzügliche Küche ist das Hotel weit und breit bekannt ... usw.

**B** **Ein merkwürdiger *(remarkable)* Traum.**   Beschreiben Sie einen merkwürdigen Traum, den Sie einmal hatten. Wenn Sie sich an keinen Ihrer Träume erinnern, können Sie vielleicht einen tollen Traum erfinden.

BEISPIEL   Einmal hatte ich einen ganz tollen Traum. Ich fuhr an einem warmen Sommerabend in einem kleinen Boot auf einem dunklen See. Um den See herum waren hohe Berge und im Westen ging eine rote Sonne gerade hinter den Bergen unter. Wie ich nun dort saß, erschien *(appeared)* plötzlich über mir ein riesiger *(gigantic)* schwarzer Vogel mit ... usw.

**C** **Bildhaft beschreiben.**   Gehen Sie an einen Ort, der Ihnen gut gefällt. Nehmen Sie Papier und etwas zum Schreiben mit. Beschreiben Sie diesen Ort. Beginnen Sie Ihre Beschreibung mit *einem* Gegenstand an diesem Ort. Erweitern Sie dann Ihr Blickfeld allmählich *(gradually)*, bis Sie in die Ferne blicken. Nennen Sie erst im letzten Satz Ihrer Beschreibung diesen Ort.

BEISPIEL   An diesem Ort steht ein kleiner Baum mit graugrünen Nadeln. Der Baum ist so groß wie ein erwachsener Mensch und umgeben von einem breiten Rasen. Hinter dem Rasen ragt ein steinernes Haus mit einem hübschen Blumengarten hervor. Vom Haus aus hat man einen Ausblick auf ... usw.

# Zusammenfassung

## Rules to Remember

**1**  Predicate adjectives do not take endings; attributive adjectives require endings.

**2**  If an adjective is preceded by an article that shows number, case, and gender (**der**-words in all cases, and most cases of **ein**-words), the adjective takes a *weak* ending.

**3**  If there is no preceding **der**-word or **ein**-word, or if the **ein**-word does not show gender explicity (masculine nominative singular/neuter nominative and accusative singular), the adjective takes a *strong* ending.

**4**  Some adjectives take noun complements in the dative and the genitive case; in some cases the noun complement precedes the adjective.

**5**  An adjective can combine with a complementing prepositional phrase to convey a particular meaning.

## At a Glance

### Adjectives: Weak Endings

|        | Masc. | Fem. | Neut. | Pl. |
|--------|-------|------|-------|-----|
| Nom.   |       |      | -e    |     |
| Acc.   |       |      | -e    | -en |
| Dat.   |       |      | -en   |     |
| Gen.   |       |      | -en   |     |

### Adjectives: Strong Endings

|        | Masc. | Fem. | Neut. | Pl. |
|--------|-------|------|-------|-----|
| Nom.   | -er   | -e   | -es   | -e  |
| Acc.   | -en   | -e   | -es   | -e  |
| Dat.   | -en   | -er  | -em   | -en |
| Gen.   | -en   | -er  | -en   | -er |

### Limiting words

| Singular | |
|----------|--------------------------------|
| wenig<br>etwas<br>genug<br>viel | • No endings<br>• Subsequent adjectives take strong endings |

| Plural | |
|--------|--------------------------------|
| ein paar | • No ending<br>• Subsequent adjectives take strong endings |
| wenige<br>andere<br>einige<br>mehrere<br>viele | • Function like adjectives<br>• Subsequent adjectives take same endings |

# Comparative and Superlative

# Grammatik

## 14.1 COMPARATIVE AND SUPERLATIVE FORMS

### A. Regular forms

1. In German, almost all adjectives and adverbs, regardless of length, add **-er** to form the comparative and **-(e)st** to form the superlative.

2. German does *not* have forms equivalent to English *more* and *most* used with adjectives and adverbs of more than two syllables.

   lächerlich   *ridiculous*
   lächerlich**er**   *more ridiculous*
   lächerlich**st-**   *most ridiculous*

3. German does occasionally use the comparative **weniger** + adjective, which corresponds to English *less*.

   Sie ist **weniger fleißig** als er.        *She is less diligent than he.*

4. Adjectives and adverbs ending in **-e** add only an **r** in the comparative, while adjectives and adverbs ending in **-el** or **-er** drop the interior **e** in the comparative, but not in the superlative.

   | | | | |
   |---|---|---|---|
   | leise | *faint* | leise**r** | leisest- |
   | dunkel | *dark* | dunk**l**er | dunkelst- |
   | teuer | *costly* | teu**r**er | teuerst- |

5. Adjectives and adverbs ending in **-d, -t, -s, -ß, -z,** or **-sch** generally add an **e** before the **-st** superlative suffix.

laut   *loud*    laut**est**-
stolz  *proud*   stolz**est**-
heiß   *hot*     heiß**est**-
hübsch *pretty*  hübsch**est**-

6. Adjectives and adverbs ending in **-d, -t,** or **-sch** do not add an **e** before the **-st** suffix if they have more than one syllable and the final syllable is unstressed.

spannend   *exciting*         spannend**st**-
altmodisch *old-fashioned*    altmodisch**st**-
komisch    *funny (strange)*  komisch**st**-

## B. Umlauted and irregular forms

1. A limited number of monosyllabic adjectives and adverbs take an umlaut in the comparative and superlative.

| | | |
|---|---|---|
| alt *old* | älter | ältest- |
| arm *poor* | ärmer | ärmst- |
| dumm *dumb* | dümmer | dümmst- |
| grob *coarse, rough* | gröber | gröbst- |
| hart *hard* | härter | härtest- |
| jung *young* | jünger | jüngst- |
| kalt *cold* | kälter | kältest- |
| klug *smart* | klüger | klügst- |
| krank *sick* | kränker | kränkst- |
| kurz *short* | kürzer | kürzest- |
| lang *long* | länger | längst- |
| oft *often* | öfter | öftest- |
| rot *red* | röter | rötest- |
| scharf *sharp* | schärfer | schärfst- |
| schwach *weak* | schwächer | schwächst- |
| schwarz *black* | schwärzer | schwärzest- |
| stark *strong* | stärker | stärkst- |
| warm *warm* | wärmer | wärmst- |

2. Several adjectives form the comparative und superlative either with or without an umlaut.

| | | |
|---|---|---|
| gesund *healthy* | gesünder/gesunder | gesündest-/gesundest- |
| krumm *crooked, bent* | krümmer/krummer | krümmst-/krummst- |
| nass *wet* | nässer/nasser | nässest-/nassest- |
| schmal *narrow* | schmäler/schmaler | schmälst-/schmalst- |

3. Several adjectives and adverbs have an irregular comparative or superlative or use different forms altogether.

| | | | |
|---|---|---|---|
| bald *soon* | **eher** | **ehest-** | |
| groß *large* | größer | größt- | |

| gut | *good; well* | **besser** | **best-** |
|------|------|------|------|
| hoch | *high* | höher | höchst- |
| nahe | *near* | näher | nächst- |
| viel | *much* | **mehr** | **meist-** |

4. The adverb **gern** (used with verbs to express the idea of liking to do something) has a comparative and a superlative derived from the adjective **lieb** *(dear)*.

gern  *gladly*  **lieber**  **am liebsten**

| | |
|------|------|
| Steffi tanzt **gern,** aber ihre Schwester spielt **lieber** Skat. | *Steffi likes to dance, but her sister prefers to play skat.* |
| Boris spielt Schach **am liebsten.** | *Boris likes to play chess most of all.* |

## 14.2  USES OF THE COMPARATIVE AND SUPERLATIVE

### A. Comparative of adjectives and adverbs

1. Comparatives of adjectives used as adverbs or as predicate adjectives do not take endings.

| | |
|------|------|
| Sie spricht **lauter.** *(adverb)* | *She speaks louder.* |
| Die Stadt wird **größer.** *(predicate adjective)* | *The city is becoming larger.* |

2. Comparatives used attributively, that is, before nouns, take the same weak or strong endings as any other adjective (see 13.2).

| | |
|------|------|
| Sie hat ein **billigeres** Auto gekauft. | *She bought a less expensive car.* |
| Hans wohnt in einem **kleineren** Haus als seine Eltern. | *Hans lives in a smaller house than his parents.* |

3. **Mehr** and **weniger** do not take adjective endings.

| | |
|------|------|
| Jedes Semester habe ich **mehr** Hausaufgaben und **weniger** Zeit dafür. | *Every semester I have more homework and and less time for it.* |

### B. Superlative of adjectives

1. Attributive adjectives in the superlative take the same weak or strong endings as any other adjective (see 13.2).

| | |
|------|------|
| Sie hat den **längsten** Aufsatz geschrieben. | *She wrote the longest composition.* |
| Jutta ist seine **älteste** Tochter. | *Jutta is his eldest daughter.* |

2. If the noun after an adjective in the superlative is omitted but understood, the adjective still requires an ending.

| | |
|------|------|
| Alle Studenten haben einen Aufsatz geschrieben, aber Stefan hat den **interessantesten** eingereicht. | *All students wrote a composition, but Stefan handed in the most interesting one.* |

3. The prefix **aller-** *(of all)* can be added to superlatives for emphasis without any comparison necessarily implied, though one may be implied.

| | |
|---|---|
| Er hat die **allerliebsten** Kinder. | *He has the nicest children.* |

4. The superlative adjective **meist-** requires a definite article in situations where English *most* does not.

| | |
|---|---|
| Meinst du, dass **die meisten** Kinder in Amerika zu viel fernsehen? | *Do you think that most children in America watch too much television?* |

## C. Superlative of adverbs and predicate adjectives

1. Adverbs in the superlative require the prepositional construction **am (-)sten.**

| | |
|---|---|
| Sie weiß es **am besten.** | *She knows it (the) best.* |
| Dieser Sessellift fährt **am schnellsten.** | *This chairlift goes (the) fastest.* |

2. The **am [-]sten** construction is also used with predicate adjectives in the superlative, as is the attributive construction.

| | |
|---|---|
| Diese Blumen sind **am schönsten.** | *These flowers are the prettiest.* |
| Diese Blumen sind **die schönsten.** | *These flowers are the prettiest (ones).* |

Whether one should use **am [-]sten** or article + **[-]st-** in the predicate depends on the following rules:

a. If a noun after the adjective is implied, then either construction is acceptable.

| | |
|---|---|
| Wer von euch ist **am jüngsten?** | *Which of you is the youngest (person)?* |
| Wer von euch ist **die Jüngste?** | *Which of you is the youngest (woman)?* |
| Wer von euch ist **der Jüngste?** | *Which of you is the youngest (man)?* |

   Notice how the attributive construction restricts the gender, unlike **am (-)sten.**

b. If there is no clearly implied noun, or if the comparison is reflective *(at its most ____ )*, then the **am [-]sten** construction must be used.

| | |
|---|---|
| Wir könnten dort essen, aber es wäre **am teuersten.** | *We could eat there, but it would be the most expensive.* |
| Unsere Stadt ist im Herbst **am schönsten.** | *Our city is at its most beautiful in the fall.* |

c. If a noun is not merely implied but in fact follows the superlative, the attributive construction must be used.

| | |
|---|---|
| Berlin ist **die größte** aller deutschen Städte. | *Berlin is the largest of all German cities.* |

3. Why is **die Jüngste** capitalized, while **die schönsten** is not? It all depends on the presence or absence of a reference noun in the sentence. If the context includes such a noun (such as **Städte** in 2.c. above), the adjective in an attributive construction is not capitalized; if the context includes no reference noun, as in **Wer von euch ist ... ?,** then the adjective following the article must be capitalized. This applies to comparative as well as superlative adjectives.

| | |
|---|---|
| Von seinen drei *Söhnen* ist Eric der **älteste.** | *Of his three sons, Eric is the oldest.* |
| Dieses ist das **kürzere** der zwei *Beispiele.* | *This one is the shorter of the two examples.* |

BUT:

| | |
|---|---|
| Eric ist sein **Ältester.** | *Eric is his oldest (son).* |
| Sie macht immer das **Beste** daraus. | *She always makes the best of it.* |

4. The adjective or adverb in the **am [-]sten** construction is never capitalized.

## D. Absolute comparatives and superlatives

1. Comparatives can be used with no explicit comparison implied.

| | |
|---|---|
| Sie war eine (etwas) **ältere** Frau. | *She was a (somewhat) older woman.* |
| Wir werden eine **längere** Reise machen. | *We will be taking a rather long trip.* |

2. Superlatives can be used to express a high degree of quality with no comparison implied.

| | |
|---|---|
| Sie schreibt die **schönsten** Erzählungen. | *She writes the most beautiful stories.* |
| Ich habe gestern den **lustigsten** Witz gehört. | *I heard the funniest joke yesterday.* |

## E. Comparatives with *als*

1. German makes comparisons by combining the comparative with **als** *(than).*

| | |
|---|---|
| Das Matterhorn ist **höher als** andere Berge in der Schweiz. | *The Matterhorn is higher than other mountains in Switzerland.* |
| Ein Tiger läuft **schneller als** ein Wildschwein. | *A tiger runs faster than a wild boar.* |

2. In comparisons, the **als** phrase normally comes after $V_2$ elements (see 1.1D).

| | |
|---|---|
| Er kann höher springen **als** ich. | *He can jump higher than I.* |
| Sie hat den Satz genauer übersetzt **als** wir. | *She translated the sentence more precisely than we did.* |

## 14.3    OTHER TYPES OF COMPARISONS

1. German makes comparisons *without* the comparative by using **(nicht) so ... wie** *([not] as/so . . . as).*

| | |
|---|---|
| Die Schweiz ist **so groß wie** Ohio. | *Switzerland is as large as Ohio.* |

2. This type of comparison can be modified by other adverbs such as **ebenso, genauso, fast, nicht ganz so, zweimal so,** etc.).

| | |
|---|---|
| Düsseldorf wächst **nicht ganz so schnell wie** Köln. | *Dusseldorf is not growing quite as fast as Cologne.* |

3.  German expresses the equivalent of English phrases like *better and better, more and more, faster and faster* with **immer** + an adjective or adverb in the comparative.

| | |
|---|---|
| Es fällt **immer mehr** Schnee. | *More and more snow is falling.* |
| Unsere Professorin gibt uns **immer längere** Aufgaben. | *Our professor is giving us longer and longer assignments.* |

4.  German uses **je** + the comparative, followed by **desto** or **umso** and another comparative to express comparisons of the type *"The more the better"* or *"The bigger they are, the harder they fall."*

| | |
|---|---|
| **Je höher** der Berg, **desto tiefer/umso tiefer** der Sturz. | *The higher the mountain, the farther the fall.* |

5.  The **je**-clause in a comparison is a dependent clause; any conjugated verb in this clause is in final position. The verb in the follow-up clause comes immediately after **desto/umso** + comparative.

Der Reichtum gleicht dem Seewasser; **je mehr** man davon *trinkt*, **desto durstiger** *wird* man. (A. Schopenhauer)

## 14.4     OTHER SUPERLATIVE CONSTRUCTIONS

1.  The following superlative adverbs occur frequently in German.

frühestens    *at the earliest*
höchstens    *at (the) most*
meistens/meist    *mostly*
mindestens    *at least (with amounts)*
wenigstens/zumindest    *at (the very) least*
möglichst    *as . . . as possible*
spätestens    *at the latest*

| | |
|---|---|
| Hier kann man **frühestens** Ende November Ski laufen. | *Here one can ski at the earliest at the end of November.* |
| Hier wohnen **meistens/meist** Leute, die keine Kinder haben. | *There are mostly people living here who have no children.* |

2.  The adverb **mindestens** is used with amounts only; **wenigstens** (OR **zumindest**) is used in all other instances.

COMPARE:

| | |
|---|---|
| Sie könnte uns **mindestens** *eine* Postkarte schicken. | *She could send us at least **one** postcard.* |
| Sie könnte uns **wenigstens/zumindest** eine Postkarte schicken. | *She could at (the very) least send us a postcard.* |

3. The adverbs **äußerst** (*extremely, most*) and **höchst** (*highly*) add superlative emphasis to the base forms of adjectives.

Seine Bemerkung war **äußerst/höchst** merkwürdig.

*His remark was extremely/most/highly odd.*

# Wortschatz

## Höhen und Tiefen

A number of common German feminine nouns ending in **-e** are derived from adjectives. Most of these nouns indicate dimension, size, strength, or personal quality.

| | | | |
|---|---|---|---|
| **breit** | wide, broad | **die Breite** | width, breadth |
| **flach** | flat, level | **die Fläche** | surface |
| **groß** | large, great | **die Größe** | size, greatness |
| **gut** | good | **die Güte** | goodness |
| **hart** | hard | **die Härte** | hardness |
| **hoch** | high | **die Höhe** | height |
| **kalt** | cold | **die Kälte** | cold |
| **kurz** | short | **die Kürze** | shortness, brevity |
| **lang** | long | **die Länge** | length |
| **nah** | near | **die Nähe** | nearness, proximity |
| **schwach** | weak | **die Schwäche** | weakness |
| **stark** | strong | **die Stärke** | strength |
| **tief** | deep | **die Tiefe** | depth |
| **warm** | warm | **die Wärme** | warmth |
| **weit** | far; wide | **die Weite** | distance; width |

# Übungen

**A** **Formen üben.** Setzen Sie die Ausdrücke zuerst in den Komparativ, dann in den Superlativ.

**BEISPIELE**  ein alter Freund sein
*ein **älterer** Freund sein; **der älteste** Freund sein*

schnell laufen
*schneller laufen; am schnellsten laufen*

1. leise sprechen
2. mit großem Interesse zuhören
3. teure Kleidung tragen
4. meiner jungen Tochter schreiben
5. gern bleiben
6. viel verdienen
7. spannende Bücher lesen
8. gut arbeiten
9. in einem schönen Haus wohnen
10. eine schwere Prüfung schreiben

**B** **Aussagen.**    Machen Sie wahre Aussagen mit mindestens acht Substantiven aus dem Wortschatz.

BEISPIELE    *Ich habe eine **Schwäche** für alte Uhren.*
*Das Matterhorn hat eine **Höhe** von mehr als 4.000 Metern.*
*In der **Kürze** liegt die Würze (spice). (Brevity is the soul of wit).*

**C** **Vergleiche.**    Machen Sie jeweils zwei vergleichende Aussagen, eine mit **(nicht) so ... wie** und eine mit **als** + Komparativ. Verwenden Sie die angegebenen Verben!

BEISPIEL    zwei Tiere
*Ein Nilpferd ist **nicht so** groß **wie** ein Elefant.*
*Eine Spinne hat **mehr** Beine **als** eine Biene.*

1. zwei Tiere
2. zwei Automarken *(makes of car)*
3. zwei Filmschauspieler(innen)
4. zwei Politiker(innen)
5. zwei Sportler(innen)
6. zwei Menschen, die Sie kennen

**D** **Mehr Vergleiche.**    Bilden Sie fünf Aussagen mit attributiven Adjektiven im Komparativ. Verwenden Sie dabei immer ein anderes Verb.

BEISPIELE    *Wir fahren ein **größeres** Auto als unsere Nachbarn.*
*Mein Vater verdient **mehr** Geld als meine Mutter.*

**E** **Anders ausdrücken.**    Drücken Sie die Sätze anders aus.

BEISPIEL    Dieser Brunnen *(well)* ist fünf Meter tief.
*Dieser Brunnen hat eine **Tiefe** von fünf Metern.*

1. Sie wohnt nah der Grenze.
2. Das Paket darf höchstens 60 cm breit sein.
3. Wir mögen es nicht, wenn es so kalt ist.
4. Ein Diamant ist unglaublich hart.
5. Wir haben kein Hemd *(shirt)*, das für Sie groß genug ist.

**F** **Unsere moderne Welt.**    Die Welt ändert sich! Wird sie *immer besser* oder *immer schlechter?* Geben Sie bitte drei Argumente für jeden Standpunkt.

BEISPIELE    Besser:   *Die Menschen leben jetzt immer länger.*
Schlechter:   *Aber immer mehr Menschen werden ärmer.*

**G** **Sprüche machen.**    Was meinen Sie?

BEISPIEL    Je älter ...
*Je älter man wird, desto mehr weiß man.*

1. Je größer ...
2. Je mehr man ...
3. Je länger ...
4. Je älter ...
5. ein Spruch, der *Sie* besonders gut charakterisiert
6. ein Spruch, der eine Bekannte oder einen Bekannten von Ihnen treffend *(accurately)* charakterisiert
7. ein Spruch, der Ihre Professorin/Ihren Professor gut charakterisiert

**H** **Eine Welt der Superlative.** Machen Sie mindestens acht Aussagen. Verwenden Sie kein Adjektiv und kein Adverb mehr als einmal.

BEISPIELE   *Mt. Everest ist **der höchste** Berg.*
*Der Jaguar läuft **am schnellsten,** aber der Elefant hat **den längsten** Rüssel (trunk).*

THEMENVORSCHLÄGE

Edelsteine und Metalle (ein Diamant, das Gold, das Platin usw.)
Tiere (der Elefant, der Strauß *[ostrich]*, der Walfisch *[whale]* usw.)
Geografie (Berge, Seen, Länder, Flüsse, Meere, Wüsten *[deserts]* usw.)

**I** **Möglichst viele!** Machen Sie mindestens fünf wahre Aussagen mit Adverbien im Superlativ (siehe 14.4).

BEISPIELE   *Ich stehe am Wochenende **meistens** erst sehr spät auf.*
*Ich finde, man sollte **mindestens** eine Fremdsprache lernen.*

# Anwendung

**A** **Enthusiastischer Bericht.** Haben Sie kürzlich etwas besonders Schönes oder Interessantes erlebt? Erzählen Sie jemandem davon. Übertreiben *(exaggerate)* Sie ruhig ein bisschen, indem Sie Komparative und Superlative verwenden! Je enthusiastischer, desto besser! (Siehe auch den **Wortschatz.**)

THEMENVORSCHLÄGE

| eine Person | ein Film | eine Reise |
| ein Ort | eine Party | ein Kauf |

**BEISPIEL**     Du, ich habe einen äußerst interessanten Tag erlebt. Wir waren in den tollsten Geschäften und haben die schönsten Sachen gesehen. Es war alles noch viel schöner, als ich es mir vorher vorgestellt hatte. Das Beste habe ich aber noch gar nicht erwähnt ... usw.

**B**  **Eine bessere Alternative.**     Versuchen Sie jemanden im Kurs von einem Vorhaben *(plan of action)* abzubringen, indem Sie eine „bessere" Alternative vorschlagen.

---

**THEMENVORSCHLÄGE**

ein bestimmtes *(particular)* Auto kaufen
an einer bestimmten Universität studieren
eine bestimmte Fremdsprache lernen
in einer bestimmten Stadt wohnen
eine bestimmte Reise machen

---

**REDEMITTEL**

Ich finde ... viel schöner/interessanter usw. als ...
Ich glaube, das ist nicht so ... wie ...
Würdest du nicht lieber ... ?
Allerdings hat ... schönere/nettere/interessantere usw ... .
Eigentlich ist ... besser/schöner usw.

---

**KONZESSIONEN UND GEGENARGUMENTE**

Das mag wohl richtig sein, aber ...
Na gut, aber meinst du nicht, dass ... ?
Das schon *(that's true)*, aber du musst auch ...

---

**C**  **Wer hat's am besten?**     Sprechen Sie mit einer Partnerin/einem Partner und entscheiden Sie, (1) wer von Ihnen das bessere (oder das schlechtere) Zimmer hat. Vergleichen Sie die Größe der Zimmer, die Nähe zu wichtigen Gebäuden auf dem Campus, die Möbel usw. mit so vielen Komparativen wie möglich; und dann (2) wer von Ihnen dieses Semester die besseren Kurse belegt hat (außer Deutsch, natürlich!). Diskutieren Sie mit Komparativen und Superlativen über die Stärken und Schwächen Ihrer Kurse.

**D**  **Unvergleichlich!**     Sie und eine Partnerin/ein Partner schreiben für sich mindestens fünf Gegenstände und Personen auf, die mit *einem* Buchstaben beginnen—aber Sie sagen einander nicht, welchen Buchstaben Sie gewählt haben. Sie schreiben z.B. Ei, Elvis, Elefant usw. Ihre Partnerin/Ihr Partner schreibt aber Wörter, die alle mit „M" beginnen: Maus, Madonna, Milch usw. Dann lesen Sie einander je ein Wort von der Liste vor (z.B. Ei + Maus) und vergleichen die zwei Wörter mit Komparativen. Je verrückter, desto besser!

BEISPIEL   Ei + Maus
*Ein Ei schmeckt besser als eine Maus.*
*Ein Ei ist härter als eine Maus.*
*Eine Maus hat mehr Haare als ein Ei.*
usw.

# Schriftliche Themen

| Tipps zum Schreiben | **Comparing and Contrasting** |
|---|---|
| | Comparisons and contrasts are often used to point out the similarities or differences between two subjects. You can contrast specific aspects of two subjects by alternating between them from sentence to sentence. Alternatively, you may choose to deal first with one subject at more length and then switch to the second subject, thereby dividing your paragraph or composition into two contrasting halves. In both methods, you can use the comparative of adjectives and adverbs to measure and contrast two subjects with respect to each other. When such comparisons express your opinion rather than absolute fact, then you should indicate this situation with phrases such as **ich finde,** or **meiner Meinung nach,** or **mir scheint es.** |

**A** **Größer oder kleiner?**   Möchten Sie lieber an einer großen oder einer kleinen Universität studieren? Führen Sie überzeugende *(convincing)* Argumente an. Verwenden Sie den Komparativ und den Superlativ.

BEISPIEL   Ich würde lieber an einer größeren Universität studieren, denn je größer die Universität, desto breiter das Angebot an interessanten Kursen und Programmen. Auf einem großen Campus findet man ... Auf einem kleineren Campus dagegen *(on the other hand)* ... usw.

**B** **Lieber Tierfreund!**   Schreiben Sie einen Brief an die Zeitschrift *Der Tierfreund,* in dem Sie erzählen, warum sich Ihrer Meinung nach ein bestimmtes Tier (z.B. eine Katze) als Haustier besser eignet *(is suited)* als ein anderes (z.B. ein Hund).

BEISPIEL   Lieber Tierfreund,
meiner Meinung nach sind Fische die besten Haustiere, denn sie lernen viel schneller als Hunde, weil sie so oft in Schulen schwimmen. Sie miauen nicht so laut wie Katzen und fressen weniger als die meisten anderen Haustiere. Außerdem *(moreover)* sind Fische äußerst ... Aus diesem Grunde empfehle ich ... usw.

**Heute und früher.**   Ist Ihr Leben oder das Leben überhaupt im Laufe der letzten Jahre besser, schlechter, einfacher, komplizierter usw. geworden? Begründen Sie Ihre Antwort mit Vergleichen.

BEISPIEL   Ich glaube, dass es mir im Vergleich zu früher jetzt viel besser geht. Mir macht das Studium mehr Spaß als die Jahre in der Schule und ich lerne interessantere Menschen kennen. Allerdings muss ich jetzt viel intensiver lernen und ich habe weniger Freizeit. Im großen und ganzen aber finde ich … usw.

# Zusammenfassung

## Rules to Remember

1 The comparative is formed by adding **-er** to the stem of an adjective or adverb (**klar, klarer**).

2 The superlative is formed by adding (**e**)**st-** to the stem of an adjective or adverb (**klar-, klarst-**).

3 The comparative and superlative forms of adjectives take adjective endings according to the normal adjective ending rules.

4 Adverbs must use the **am** [-]**sten** construction in the superlative (**am ältesten**). Predicate adjectives may use this construction as well.

## At a Glance

| Comparative/Superlative: Normal formation | |
|---|---|
| **Adjective** | interessant → interessant**er**/ **am** interessant**est**en (der) interessant**est**e |
| **Adverb** | schnell → schnell**er**/ am schnellsten |

| Comparative/Superlative: Add umlaut | | | Optional umlaut |
|---|---|---|---|
| alt | kalt | rot | gesund |
| arm | klug | scharf | krumm |
| dumm | krank | schwach | nass |
| grob | kurz | schwarz | schmal |
| hart | lang | stark | |
| jung | oft | warm | |

## Comparative/Superlative: Irregular forms

bald   →  **eher/ehest-**
groß   →  größer/größt-
gut   →  **besser/best-**
hoch  →  höher/höchst-
nahe  →  näher/nächst-
viel   →  **mehr/meist-**

## Capitalization

- Reference noun included in context:   NO CAPITALIZATION
- No reference noun included in context:   CAPITALIZATION

## Superlative predicate of adjectives/adverbs: *am (-)sten or (der) [-]st-?*

| Adverbs | All contexts | am (-)en |
|---|---|---|
| Adjectives | • Implied noun | am (-)sten *or* der [-]st- |
| | • No implied noun<br>• Reflective comparison | am (-)sten |
| | • Subsequent noun | der (-)st- |

# 15

# Questions and Interrogatives

# Grammatik

1. Questions requiring a *yes* or *no* answer begin with the conjugated verb, which is followed by the subject. Separable prefixes retain their normal position at the end of the clause (see 1.1c).

| | |
|---|---|
| **Hast** du Franz gesehen? | *Have you seen Franz?* |
| **Nehmen** Sie unser Angebot **an?** | *Do you accept our offer?* |

2. In conversation, yes-no questions are frequently posed as statements followed by **nicht wahr?, nicht?** or **oder?** (*isn't it? don't you? haven't they?* etc.).[1]

| | |
|---|---|
| Liechtenstein liegt südlich von Deutschland, **nicht (wahr)?** | *Liechtenstein is south of Germany, isn't it?* |

3. German uses the particle **doch** (see 25.2E) to provide a *yes* answer to a question posed negatively.

| | |
|---|---|
| Habt ihr keine Bananen? | *Don't you have any bananas?* |
| —**Doch!** | *—Oh yes, we do!* |

---

[1] In Southern Germany and Austria, **gelt?** or **gell?** are often used colloquially instead of **nicht wahr?**

| | |
|---|---|
| Du kommst morgen, **gell?** | *You're coming tomorrow, aren't you?* |

**15.2**   **INTERROGATIVE WORDS**

Questions requiring an answer other than *yes* or *no* begin with an interrogative word and are followed immediately by the conjugated verb in second position.

| | |
|---|---|
| **Wann** kommt der nächste Zug? | *When does the next train come?* |
| **Wer** hat den Tisch gedeckt? | *Who set the table?* |

## A. *Wer* and *was*

1.  The interrogative pronoun **wer** *(who)* has masculine case forms only, but it refers to people of either gender. **Was** *(what)* has only one form, which is both nominative and accusative; it is also occasionally used after dative and genitive prepositions.

| | Persons | | Objects or ideas | |
|---|---|---|---|---|
| Nom. | **wer?** | *who?* | **was?** | *what?* |
| Acc. | **wen?** | *who(m)?* | **was?** | *what?* |
| Dat. | **wem?** | *(to) who(m)?* | **(mit) was?** | *(with) what?* |
| Gen. | **wessen?** | *whose?* | **(wegen) was?** | *(on account of) what?* |

| | |
|---|---|
| **Wer** kann uns helfen? *(nominative/subject)* | *Who can help us?* |
| **Wen** habt ihr im Restaurant getroffen? *(accusative/object)* | *Whom did you meet in the restaurant?* |
| **Wem** hat er die Theaterkarten gegeben? *(dative/indirect object)* | *To whom did he give the theater tickets?* |
| **Wessen** Buch liegt auf dem Boden? *(genitive/possessive)* | *Whose book is lying on the floor?* |
| **Was** macht so viel Lärm? *(nominative/subject)* | *What is making so much noise?* |
| **Was** siehst du? *(accusative/direct object)* | *What do you see?* |

2.  **Wer** and **was** are used with either singular or plural forms of the verb **sein,** depending upon whether the subsequent subject is singular or plural.

| | |
|---|---|
| **Wer** *war* Konrad Adenauer? | *Who was Konrad Adenauer?* |
| **Wer/Was** *sind* die Grünen? | *Who/What are the Greens (German environmental party)?* |

3.  Prepositions are placed directly before the forms of **wer.** They cannot occur at the end of the sentence in interrogatives, as frequently happens in colloquial English.

| | |
|---|---|
| **An wen** denkst du? | ***Who(m)*** *are you thinking* ***about?*** |
| **Von wem** hast du heute einen Brief bekommen? | ***Who(m)*** *did you get a letter* ***from*** *today?* |

4. Prepositions do not normally appear before **was** (see Section B, below).

5. Though **wessen** is a genitive form, the noun following it is not necessarily genitive. That noun's case is determined, as always, by its function in the sentence (subject, direct object, indirect object, or object of a preposition), independent of **wessen.**

| | |
|---|---|
| Wessen **Bleistift** ist das? *(subject)* | *Whose pencil is that?* |
| Wessen **Buch** hast du genommen? *(direct object)* | *Whose book did you take?* |
| Mit wessen **Freund** hast du gerade gesprochen? *(object of **preposition**)* | *With whose friend were you just speaking?/Whose friend were you just speaking with?* |

Adjectives following **wessen** must be declined to agree with the noun they modify, not **wessen.**

| | |
|---|---|
| Wessen gelb**er** Bleistift ist das? | *Whose yellow pencil is that?* |
| Wessen neu**es** Buch hast du genommen? | *Whose new book did you take?* |
| Mit wessen gut**em** Freund hast du gerade gesprochen? | *With whose good friend were you just speaking?/Whose good friend were you just speaking with?* |

## B. *Wo-compounds*

1. Using a preposition with **was** is considered quite colloquial and somewhat substandard; German normally uses a prepositional **wo(r)**[2]-compound instead. **Wo-**compounds refer to things, not to people.

| | |
|---|---|
| **Woran** denkst du? *(very colloquial:* **An was** denkst du?*)* | *What are you thinking about?* |
| **Worüber** sprecht ihr? *(very colloquial:* **Über was** sprecht ihr?*)* | *About what are you talking?* |

BUT:

| | |
|---|---|
| **Über wen** sprecht ihr? | *About whom are you talking?* |

2. **Außer, hinter, ohne, seit, zwischen,** and the genitive prepositions cannot be used in **wo-**compounds. On the rare occasion when one might wish to pose a question with one of these prepositions, **was** must be used instead.

| | |
|---|---|
| **Ohne was** bist du in die Schule gegangen? | *You went to school without what?* |

## C. *Welch-*

The interrogative article **welch-** *(which, what)* declines like the definite article (see 5.3B) and agrees with the noun to which it refers in gender, number, and case.

---

[2] When the preposition begins with a vowel, an **r** is inserted for pronunciation purposes.

| | |
|---|---|
| **Welche** Zeitung möchtest du lesen? | *Which newspaper would you like to read?* |
| **Mit welchen** Leuten haben Sie gesprochen? | *With which people did you speak?* |

## D. *Was für (ein)*

The preposition **für** in **was für (ein)** *(what kind of [a])* does not affect the case of a following article and noun; their case is determined by their function within the sentence.

| | |
|---|---|
| **Was für ein** Mann war er? *(subject)* | *What kind of (a) man was he?* |
| **Was für einen** Wagen willst du kaufen? *(direct object)* | *What kind of a car do you want to buy?* |
| In **was für einem** Haus wohnt ihr? *(object of preposition)* | *In what kind of a house are you living?* |
| **Was für** Leuten hat Therese geholfen? *(dative plural)* | *What kind(s) of people did Theresa help?* |

## E. Adverbs

The following interrogative adverbs are quite common.

wann   *when*
wo   *where*
wohin; woher   *to where; from where*
warum, weshalb   *why*
wie   *how*
wie lange   *how long*
wieso   *how is it that*
wie viel   *how much*
wie viele   *how many*

| | |
|---|---|
| **Wohin** gehen Sie? *(colloquial:* **Wo** gehen Sie **hin?**) | *Where are you going (to)?* |
| **Woher** kommen diese Leute? *(colloquial:* **Wo** kommen diese Leute **her?**) | *Where do these people come from?* |
| **Wieso** versteht sie deine Frage nicht? | *How is it that she does not understand your question?* |

1. Indirect questions are introduced by a clause or question opener. The interrogative word functions like a subordinating conjunction (see 11.3) and the conjugated verb is in final position.

COMPARE:

| | |
|---|---|
| Wo hast du das gelernt? *(direct)* | *Where did you learn that?* |
| Ich möchte gern wissen, **wo** du das gelernt **hast.** *(indirect)* | *I would like to know where you learned that.* |

2. Indirect yes-no questions require **ob** *(if, whether)* as a subordinating conjunction.

| | |
|---|---|
| Habt ihr den Vortrag verstanden? *(direct)* | *Did you understand the lecture?* |
| Darf ich fragen, **ob** ihr den Vortrag verstanden **habt?** *(indirect)* | *May I ask whether you understood the lecture?* |

# Wortschatz
## Hör doch auf!

---

| halten | aufhören |
|---|---|
| anhalten | stehen bleiben |
| aufhalten | stoppen |

---

1. **Halten** *(intransitive)* means *to come to a stop* (with persons or vehicles).

| | |
|---|---|
| Hier wollen wir nicht länger **halten.** | *We do not want to stop here any longer.* |
| Wissen Sie, ob der Bus hier **hält?** | *Do you know whether the bus stops here?* |

2. **Anhalten** *(transitive or intransitive)* means *to come* or *to bring something to a brief or temporary stop* (with persons or vehicles). In the case of vehicles, such a stop is usually unscheduled.

| | |
|---|---|
| Während der Fahrt haben wir mehrmals **angehalten.** *(intransitive)* | *During the drive we stopped several times.* |
| Weil Kühe auf der Straße standen, **hielt** der Fahrer den Wagen **an.** *(transitive)* | *Because cows were standing in the road, the driver stopped the car.* |

3. **Aufhalten** *(transitive)* means *to stop* or *hold up someone or something temporarily.*

| | |
|---|---|
| Ich will dich nicht länger **aufhalten.** | *I do not want to hold you up any longer.* |
| Die Katastrophe war nicht länger **aufzuhalten.** | *The catastrophe could not be stopped any longer.* |

4. **Aufhören (mit etwas)** *(intransitive only)* means *to stop (doing something), cease.*

| | |
|---|---|
| Wann **hat** der Lärm endlich **aufgehört?** | *When did the noise finally stop?* |
| Die Band **hörte auf** zu spielen. | *The band stopped playing.* |
| Ich **habe mit** dem Rauchen endlich **aufgehört.** | *I have finally stopped smoking.* |

5. **Stehen bleiben** *(intransitive only)* means *to (come to a) stop.* When used with vehicles and machinery, **stehen bleiben** implies that the stopping occurs for mechanical reasons.

| | |
|---|---|
| Das Mädchen lief in das Haus und **blieb** vor dem Spiegel **stehen.** | *The girl ran into the house and stopped in front of the mirror.* |
| Das Auto **ist** plötzlich einfach **stehen geblieben.** | *All of a sudden, the car simply came to a stop.* |

6. **Stoppen** *(intransitive)* means *to come to a stop* and is synonymous with **(an)halten.** **Stoppen** *(transitive)* means *to bring someone or something to a stop.*

| | |
|---|---|
| Der Autofahrer **stoppte** kurz vor der Kreuzung. | *The driver stopped shortly before the intersection.* |
| Die Grenzpolizei **stoppte** mehrere Autos an der Grenze. | *The border police stopped several cars at the border.* |
| Der Arzt musste zuerst den Blutverlust **stoppen.** | *The doctor first had to stop the loss of blood.* |

# Übungen

**A** *Ja, nein, oder doch?* Beantworten Sie diese Fragen. Vorsicht, manchmal ist mehr als eine Antwort möglich. Es kommt darauf an, wie *Sie* die Fragen verstehen und was *Sie* sagen wollen.

1. Lebt Ihr Großvater nicht mehr?
2. Wissen Sie nicht, wie die Hauptstadt von Togo heißt?
3. Trinken Sie gewöhnlich keinen Wein zum Abendessen?
4. Hat Goethe nicht das Drama *Wilhelm Tell* geschrieben?
5. Hat Mozart nicht *Die Zauberflöte* komponiert?
6. Halten Sie nie bei McDonald's an?
7. Finden Sie diese Aufgabe nicht lustig?

**B** **Fragen.** Ergänzen Sie die Fragen durch passende wer-Formen (**wer, wen, wem, wessen**).

BEISPIEL ＿＿＿ hat das beste Examen geschrieben?
*Wer hat das beste Examen geschrieben?*

1. _____ ist da drüben stehen geblieben?
2. _____ stoppt der Polizist gerade?
3. Von _____ haben Sie von diesem Kurs erfahren?
4. Für _____ machen Sie Notizen?
5. _____ Aufsatz hat die Professorin für den besten gehalten?
6. _____ würden Sie in diesem Kurs gern näher kennen lernen?
7. _____ würden Sie diesen Kurs empfehlen?

**C**  **Situationen.**     Sagen Sie, was Sie in den folgenden Situationen machen. Verwenden Sie Vokabeln aus dem Wortschatz.

BEISPIEL     Ein Freund fährt mit Ihnen in Ihrem Wagen. Er möchte an der nächsten Ecke aussteigen.
*Ich halte den Wagen an der nächsten Ecke an.*

1. Sie arbeiten seit Stunden und sind jetzt sehr müde.
2. Sie fahren in Ihrem Auto. Jemand, den Sie kennen, steht am Straßenrand und winkt Ihnen zu.
3. Beim Fußballspiel sind Sie im Tor. Ein Gegenspieler schießt aufs Tor.
4. Sie gehen im Tiergarten spazieren. Plötzlich ruft ein Affe Ihnen zu: „Wie geht's, Frau Kollegin/Herr Kollege *(colleague)*?"
5. Jemand hat sich tief in den Finger geschnitten und blutet stark.

**D**  **Bernds Entschluss.**     Sie können das, was Sie gerade über Bernd gehört haben, kaum glauben und fragen noch einmal nach dem Satzteil in Kursivschrift.

BEISPIELE     Bernd hört jetzt *mit seinem Studium* auf.
***Womit** hört Bernd jetzt auf?*

Er will *mit seiner Freundin* auf eine Kommune ziehen.
***Mit wem** will er auf eine Kommune ziehen?*

1. Bernd interessiert sich *für einen radikal neuen Lebensstil.*
2. *Mit seinem Beruf* will er aufhören.
3. Er träumt *von einem idyllischen Leben auf dem Land.*
4. *Von einem Bauern* hat er ein Stück Land gepachtet *(leased).*
5. Dort möchte er *ohne Stress und Verpflichtungen (obligations)* leben.
6. Natürlich will er noch Kontakt *zu seinen Freunden* haben.
7. *Über Besuche von Bekannten* wird er sich jederzeit freuen.
8. Aber *von seiner bisherigen (previous) Lebensweise* nimmt er jetzt Abschied.

**E**  **Gabis Eltern möchten einiges wissen.**     Gabi kommt während des Semesters auf kurzen Besuch nach Hause. Ihre Eltern möchten einiges wissen. Ergänzen Sie die Fragen ihrer Eltern durch **welch-**.

1. _____ Kurse hast du belegt?
2. _____ Kurs gefällt dir am besten?
3. An _____ Tagen hast du Deutsch?
4. _____ Kurs findest du am schwierigsten?
5. Mit _____ Studentin wohnst du zusammen?

**F** **Mehr erfahren.** Sie möchten mehr über jemanden im Kurs wissen. Stellen Sie Fragen.

BEISPIEL   In was für ...
*In was für einem Haus wohnst du?*

1. Was für ...
2. In was für ...
3. Mit was für ...
4. Für was für ...
5. Zu was für ...

**G** **Fragen zu einem Thema stellen.** Stellen Sie Fragen an jemanden im Kurs über eine interessante Reise oder schöne Ferien, die sie/er einmal gemacht hat. Verwenden Sie die folgenden Fragewörter.

| | | |
|---|---|---|
| 1. wohin | 5. was | 8. wie lange |
| 2. wer | 6. wo- | 9. warum |
| 3. wen | 7. wo | 10. was für (ein-) |
| 4. *Präposition* + wem/wen | | |

**H** **Ja, das möchte ich mal wissen.** Beenden Sie die Sätze, so dass die Aussagen für Sie eine Bedeutung haben. Verwenden Sie einige der folgenden Fragewörter.

BEISPIELE   Ich möchte wissen, ...
*Ich möchte wissen, ob wir morgen eine Prüfung haben.*
Weiß jemand, ...
*Weiß jemand, wie alt unsere Professorin/unser Professor ist?*

| | | |
|---|---|---|
| ob | was | wie viele |
| wann | wie | wer/wen/wem/wessen |
| warum | wie viel | wo/woher/wohin |

1. Ich möchte wissen, ...
2. Manchmal frage ich mich, ...
3. Frag mich bitte nicht, ...
4. Wer weiß, ...
5. Ich weiß nicht, ...
6. Ich möchte gar nicht wissen, ...

# Anwendung

**A** **Interview.** Sie sollen für die Studentenzeitung jemanden im Kurs interviewen. Versuchen Sie jetzt im Gespräch einiges über diese Person und ihre Interessen zu erfahren (etwa acht bis zehn Fragen). Gebrauchen Sie möglichst viele verschiedene Fragewörter! Verwenden Sie Redemittel in einigen Fragen und Reaktionen.

**Fragen**

Sag mal: ... ?
Darf ich fragen, ... ?
Ich möchte (gern) fragen/wissen, ...
Kannst du sagen, ... ?
Ich hätte gern gewusst, ...
Stimmt es (Is it true), dass ... ?

**Reaktionen**

Das ist aber interessant!
Erzähl doch mehr davon!
Wirklich?
Echt? (slang: Really?)
Ach was! (Come on, really!)
Das wusste ich gar nicht!

**B** **Gruppenarbeit: Fragen an Prominente.**   Sie wollen in einem Brief Fragen an eine prominente Person stellen. Wem wollen Sie schreiben? Einigen Sie sich mit drei oder vier anderen Personen in einer Gruppe über acht bis zehn Fragen (mit acht bis zehn verschiedenen Fragewörtern!), die Sie an diese Person stellen könnten. Erzählen Sie im Kurs, welche Person Sie ausgewählt (selected) haben und welche Fragen Ihre Gruppe stellen möchte.

| | | |
|---|---|---|
| Politiker | Geschäftsleute | Filmschauspieler |
| Wissenschaftler | Autoren | Sportler |

**C** **Moment mal!**   Als Hausaufgabe bereiten Sie eine kleine Geschichte oder Anekdote vor (prepare), die Sie einer Partnerin/einem Partner erzählen können. Beim Erzählen soll die Partnerin/der Partner Sie nach jedem Satz mit Fragen unterbrechen (interrupt). Sie sagen z.B.: „Gestern habe ich draußen vor meinem Wohnheim einen komischen Mann gesehen." Dann fragt Ihre Partnerin/Ihr Partner: „Moment mal! Wann war das genau? Wo ist dein Wohnheim? Wie hat dieser Mann ausgesehen? Warum hieltst du ihn für komisch?" usw.

**D** **Ab jetzt nicht mehr!**   Erzählen Sie, wann Sie in Ihrem bisherigen (up till now) Leben mit etwas Bestimmtem aufgehört haben.

BEISPIEL   *Als ich 12 Jahre alt war, habe ich aufgehört Violine zu spielen./*
*Als ich 12 Jahre alt war, habe ich mit Violine aufgehört.*

Ein paar Tipps: Windeln (diapers) tragen • Nachmittagsschläfchen machen • Kindersendungen im Fernsehen sehen • in die Grundschule gehen • Sport treiben • ein Musikinstrument spielen • viel Milch trinken • immer vor 12 Uhr nachts ins Bett gehen usw.

Und womit wollen Sie nie im Leben aufhören?

# Schriftliche Themen

| Tipps zum Schreiben | **Asking Rhetorical Questions** |
|---|---|
| | When writing expository prose, you will normally formulate statements rather than posing questions. Sometimes, however, questions can be effective rhetorical devices, as they address readers directly, thus eliciting their involvement or response. With rhetorical questions, you should strive for a stylistic balance between direct and indirect questions. |

**A** **Das möchte ich gern wissen.** Im Leben gibt es viele Fragen aber wenige Antworten. Was für Fragen haben Sie? Erzählen Sie. Verwenden Sie direkte und indirekte Fragen dabei.

BEISPIEL    Ich möchte gern wissen, warum die Völker der Erde nicht glücklich zusammenleben können. Wieso müssen sie einander hassen und so oft Krieg gegeneinander führen? Ich verstehe auch nicht, wodurch man diese Situation vielleicht ändern könnte. Wie lange werden wir Menschen ... ? usw.

**B** **Standpunkt.** Äußern Sie sich zu einem Problem an Ihrer Universität/Schule, in Ihrer Stadt, in Ihrem Land oder in der Welt, das Sie für besonders dringend *(urgent)* halten *(consider)*. Bringen Sie Ihren Standpunkt durch den Gebrauch von rhetorischen Fragen und Fragen an die Leser ganz deutlich zum Ausdruck.

BEISPIEL    Ich halte die Armut in diesem Land für ein großes Problem. Warum können wir dieses Problem nicht lösen? Weil die Menschen ... Manchmal muss ich mich fragen, ... Stimmt es also doch *(after all)*, dass wir ... ? Zum Schluss *(in the end)* bleibt noch die große Frage: „Wann ... ?"

# Zusammenfassung

### Rules to Remember

1   Yes-no questions begin with a conjugated verb.

2   Other questions begin with an interrogative word + conjugated verb.

**3**  The word **doch** is a *yes* answer to a question posed negatively: **Verstehst du kein Deutsch?–Doch! (Ich verstehe Deutsch.)**

**4**  Indirect questions are subordinate clauses; the conjugated verb ($V_1$) comes last.

## At a Glance

| wer? | | |
|---|---|---|
| | **Persons** | **Objects/Ideas** |
| Nom. | wer? | was? |
| Acc. | wen? | was? |
| Dat. | wem? | (mit) was? |
| Gen. | wessen? | (wegen) was? |

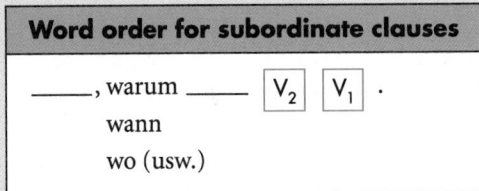

| wo-compounds: Objects/Ideas | | |
|---|---|---|
| wofür | woraus | woran |
| wodurch | wobei | worauf |
| wogegen | womit | worin |
| worum | wonach | woneben |
| | wovon | worüber |
| | wozu | wovor |

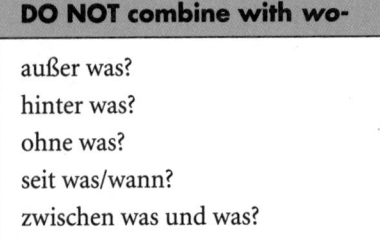

| DO NOT combine with wo- |
|---|
| außer was? |
| hinter was? |
| ohne was? |
| seit was/wann? |
| zwischen was und was? |

| Word order for subordinate clauses |
|---|
| _____ , warum _____ $\boxed{V_2}$ $\boxed{V_1}$ . |
|        wann |
|        wo (usw.) |

# Personal, Indefinite, and Demonstrative Pronouns

# Grammatik

**PERSONAL PRONOUNS**

### A. Forms

Personal pronouns (**das Personalpronomen, -**) have four cases.

|  | Nom. | Acc. | Dat. | Gen.[1] |
|---|---|---|---|---|
| 1st pers. sing. | ich | mich | mir | (meiner) |
| 2nd pers. sing. | du | dich | dir | (deiner) |
| 3rd pers. sing. | er | ihn | ihm | (seiner) |
|  | sie | sie | ihr | (ihrer) |
|  | es | es | ihm | (seiner) |
| 1st pers. pl. | wir | uns | uns | (unser) |
| 2nd pers. pl. | ihr | euch | euch | (euer) |
| 3rd pers. pl. | sie | sie | ihnen | (ihrer) |
| 2nd pers. formal sing. & pl. | Sie | Sie | Ihnen | (Ihrer) |

---

[1] Genitive case pronoun forms have become archaic. They do, however, form the basis for the possessive adjectives (see 5.4).

## B. Use

1. **Sie** and **du**: *"You can say 'you' to me ..."* When a German says this sentence in English, it's intended to be a joke, playing on the lack of distinctions in English for *you*. In German, however, **(Du) kannst zu mir „du" sagen** conveys a very real meaning: the speaker wants to dispense with the formality of **Sie** in favor of the more affectionate and bonding **du** as speaker and listener address each other in conversation. Jokes aside, the misuse of **Sie** and **du** by non-native speakers is anything but humorous. At best, a mistake here is regarded by Germans as touristic fumbling; at worst, it can carry overtones of slander and even racism. The use of **Sie** and **du** (along with **ihr,** the plural of **du**) has shifted over the years in German-speaking countries, often in differing degrees within various sub-cultures, so that sometimes even native speakers are unsure of what is correct in unfamiliar social contexts. Thus the following guidelines are by no means exhaustive, but they will point you in the right direction. In any case, it is wise to listen very carefully for native speaker cues and to let a German speaker take the lead in determining the correct form of address in a given situation.

2. **du**

   a. On one level, **du** signals inclusion in a group of social equals, with attendant overtones of affection, intimacy, and solidarity. It is used in this sense with family members, close friends, fellow schoolmates and students (acquainted or not), members of a club, or colleagues with whom one has explicitly agreed to use **du.** A special case of this sense is its appropriateness when speaking to God, based on biblical language.

   b. Outside of such contexts, its use can connote affectionate condescension. Thus it is considered appropriate when addressing children under 14 or so (as strangers), inanimate objects, and animals. But the same condescension can be taken as profound rudeness in contexts where lack of familiarity dictates **Sie** rather than **du.**

   c. Using **du** correlates in most cases with using the first name. A German who states as part of a greeting, **Ich heiße Wolfgang,** is indirectly conveying the message *Let's use "du" with each other.* One shouldn't expect this often from older adults: Germans use first names much more selectively than do Americans, and it is not uncommon for co-workers who have spent years in the same office to remain on a last-name (and therefore **Sie**) basis. In schools, it has become common for teachers to use **Sie** with pupils over age 14 or 15 but to continue addressing them by their first name—an asymmetrical arrangement that still requires the pupils to use **Sie** and the teacher's last name in response. University students routinely use **du** and first names in introductions; beyond the university, however, the social guidelines for **du** become more ambiguous.

3. **ihr**

   a. **ihr** is the plural form of **du,** used when addressing a group consisting of people with whom one would use **du** on an individual basis.

   b. If a group is "mixed," comprising people one would address with both **du** and **Sie,** then **ihr** can be used to cover both cases. Since it is both familiar and plural, it avoids the pompousness that **Sie** would convey to friends, as well the offensive overtones of a misdirected **du.**

    c. **ihr** can be used instead of **Sie** when referring to people as representatives of a group rather than individuals.

| | |
|---|---|
| Wie macht **ihr** Schweizer das? | *How do you Swiss do that?* |

4. **Sie**

    a. **Sie** is used for all social situations in which **du/ihr** would be inappropriate. Thus it is the default mode of address among adults who meet for the first time (beyond university), and conveys a respect for privacy and social position by implying a polite distance.

    b. While **Sie** is grammatically plural, it is used to address one person as well as a group. If a distinction must be made (addressing only one person within a group, for example), other cues are necessary, such as mention of the addressee's name or extra-linguistic cues. The plural can be stressed through the addition of **alle:**

| | |
|---|---|
| **Sie** wissen **alle,** was ich meine. | *You all know what I mean.* |

    c. Just as **du** correlates in most cases with first-name use, **Sie** is associated with the last name. As long as a German speaker addresses you as **Frau** _____ or **Herr** _____, the implication is clear: **Wir sind per Sie** (*We should use "Sie" with each other*). In some circles, adults will use first names and **Sie**, perhaps indicating a compromise between relaxed attitudes toward formality and a desire nonetheless for some social distance.

5. The third-person pronouns **er, sie,** and **es** can refer to persons. However, they also substitute for all **der-, die-,** and **das**-nouns respectively, whether persons or things. Thus, depending upon the noun, **er, sie,** or **es** can all be equivalent to English *it.* (For other uses of **es,** see 19.3.)

| | |
|---|---|
| Woher hast du den Ring? | *Where did you get the ring?* |
| —Ich habe **ihn** in Ulm gekauft. **Er** war gar nicht so teuer. | *—I bought **it** in Ulm. **It** was not at all that expensive.* |
| Hast du deine Jacke hier? | *Do you have your jacket here?* |
| —Nein, ich habe **sie** nicht dabei. | *—No, I do not have **it** with me.* |

6. After prepositions, pronouns are subject to the same case rules as nouns. However, if a third-person pronoun refers to inanimate objects, German generally requires a **da**-construction instead of preposition + pronoun (see 19.1).

COMPARE:

| | |
|---|---|
| Er ist mein Freund. Ich arbeite **mit ihm.** | *He is my friend. I work with him.* |
| Das ist mein Computer. Ich arbeite **damit.** | *That is my computer. I work with it.* |

## 16.2   INDEFINITE PRONOUNS

### A. Forms

The following indefinite personal pronouns (**das Indefinitpronomen, -**) are masculine in form, but they refer to persons of either sex. Their possessive is **sein,** their reflexive **sich.** For **jedermann, jemand,** and **niemand** the relative pronoun is the masculine **der** (see 26.2).

|        | **man** (one) | **jedermann** (everyone) | **jemand** (someone) | **niemand** (no one) |
|--------|---------------|--------------------------|----------------------|----------------------|
| Nom.   | man (einer)   | jedermann (jeder)        | jemand               | niemand              |
| Acc.   | (einen)       | jedermann (jeden)        | jemand(en)           | niemand(en)          |
| Dat.   | (einem)       | jedermann (jedem)        | jemand(em)           | niemand(em)          |
| Gen.   | (____)        | jedermanns (____)        | jemands              | niemands             |

## B. Use

1. **Man** is normally used when talking about *one, you, they,* or *people* in general. It often occurs as a substitute for the passive voice (see 28.3A). **Man** is a subject form only; in other cases the pronoun forms **einen** (accusative) or **einem** (dative) must be used.

   **Man** weiß nie, was **einem** passieren kann.

   *You (one) never know(s) what can happen to you (one).*

2. When **man** is used in a sentence, it cannot be subsequently replaced by **er**.

   Wenn **man** nichts zu sagen hat, soll **man** (*not:* **er**) schweigen.

   *If one has nothing to say, one (he) should remain silent.*

3. **Jedermann** (*everyone, everybody*) and **jeder** are interchangeable in general statements, although **jeder** is more common.

   **Jedermann/Jeder,** der Zeit hat, sollte mitkommen.

   *Everyone who has time should come along.*

4. When referring to women, German speakers sometimes avoid **jedermann** and use **jede** (feminine) with the possessive **ihr-** or the relative pronoun **die.**[2] This makes the reference specific rather than general.

   **Jede,** *die* Zeit hat, soll *ihre* Arbeit heute Abend schreiben.

   *Everyone (feminine) who has time is to write her paper this evening.*

5. **Jemand** (*somebody, someone, anybody, anyone*) and **niemand** (*nobody, no one*) can be used with or without endings in the accusative and dative. They take no endings when followed by forms of **anders.**

   Sie sagte **niemand(em)** die Wahrheit.

   *She told no one the truth.*

   Wir haben dich gestern mit **jemand anders** gesehen.

   *We saw you yesterday with someone else.*

6. The word **irgend** (*any, some*) is often combined with **jemand** to stress the latter's indefiniteness.

   **Irgendjemand** muss doch zu Hause sein.

   *Well, somebody (or other) must be home.*

   Kann mir nicht **irgendjemand** helfen?

   *Can't anybody (at all) help me?*

---

[2] **Jemand** and **niemand** are also used occasionally with the feminine possessive **ihr-** and the feminine relative pronoun **die** (instead of the masculine **der**).

7. **Irgend** is also used alone and in the following combinations:

| | |
|---|---|
| Bitte mach das, wenn **irgend** möglich! | *Please do that if it's at all possible!* |
| **Irgendetwas** stimmt hier nicht. | *Something (or other) isn't right here.* |
| Hast du **irgendeine** Idee, wie viel das kostet? | *Do you have any idea at all how much that costs?* |
| **Irgendwann** musst du mich endlich mal besuchen. | *Sometime or other you'll just have to visit me.* |
| Hast du auf der Party **irgendwen** gesehen? | *Did you see anyone at all at the party?* |
| Meine Schlüssel müssen ja **irgendwo** sein. | *My keys must be somewhere or other.* |

## 16.3 DEMONSTRATIVE PRONOUNS

### A. Forms

The demonstrative pronoun (**das Demonstrativpronomen, -**) is essentially a definite article used as a pronoun; only the forms of the genitive and the dative plural differ slightly from those of the definite article.

| | Masc. | Fem. | Neut. | Pl. |
|---|---|---|---|---|
| **Nom.** | der | die | das | die |
| **Acc.** | den | die | das | die |
| **Dat.** | dem | der | dem | **denen** |
| **Gen.** | **dessen** | **deren** | **dessen** | **deren** |

### B. Use

1. Demonstrative pronouns are used instead of personal pronouns to indicate stress or emphasis. German speakers often use them when pointing out someone or something, frequently with vocal emphasis or in combination with a strengthening **da** or **hier.**

| | |
|---|---|
| Ich suche einen Computer. Darf ich **den da** probieren? | *I am looking for a computer. May I try that one there?* |
| Du, nimm die andere Tasse. | *Hey, take the other cup.* |
| —Welche? | *Which one?* |
| —**Die hier.** | *This one here.* |

2. Demonstratives are also used with or without emphasis to indicate familiarity with specific persons or things. In such instances, they often begin the sentence. This usage is quite colloquial.

| Kennst du Eva Schmidt? | *Do you know Eva Schmidt?* |
|---|---|
| —Ja, **die** (*instead of* **sie**) kenne ich. | *—Yes, I know her.* |
| Siehst du Udo und Gabi oft? | *Do you often see Udo and Gabi?* |
| —Ja, mit **denen** (*instead of* **ihnen**) bin ich viel zusammen. | *—Yes, I am with them a lot.* |

3. The genitive demonstratives **dessen** (*his*) and **deren** (*her*) are used mainly to eliminate the ambiguity of **sein** or **ihr** when they could refer to either of two preceding nouns of the same gender. **Dessen** and **deren** refer only to the last previously mentioned male noun or female noun.

| Alex hat Sebastian mit **seiner** neuen Kamera gesehen. (*ambiguous*) | *Alex saw Sebastian with his new camera.* |
|---|---|
| Alex hat Sebastian mit **dessen**[3] neuer Kamera gesehen. | *Alex saw Sebastian with his (Sebastian's) new camera.* |
| Julia hörte Stefanie mit **ihrem** Vater sprechen. (*ambiguous*) | *Julia heard Stefanie speaking with her father.* |
| Julia hörte Stefanie mit **deren** Vater sprechen. | *Julia heard Stefanie speaking with her (Stefanie's) father.* |

## C. The demonstrative *derselbe*

1. The demonstrative pronoun **derselbe** (*the same one[s]*) consists of two parts: the first part (**der-/die-/das-**) declines as an article, the second part (**selb-**) and any subsequent adjectives take weak adjective endings (see 13.2).

|  | **Masc.** | **Fem.** | **Neut.** | **Pl.** |
|---|---|---|---|---|
| **Nom.** | derselbe | dieselbe | dasselbe | dieselben |
| **Acc.** | denselben | dieselbe | dasselbe | dieselben |
| **Dat.** | demselben | derselben | demselben | denselben |
| **Gen.** | desselben | derselben | desselben | derselben |

| Ich habe diese Bilder gekauft. Sind das **dieselben,** die du gestern gesehen hast? | *I bought these pictures. Are they the same ones that you saw yesterday?* |
|---|---|

2. **Derselbe** is used adjectivally (as if it were *article + adjective*) to mean *the very same ____* . **Der gleiche** indicates *one that is similar,* and is likewise declined according to the noun it modifies. Strictly speaking, **derselb-** and **der gleich-** are different in meaning:

---

[3] Literally, **dessen Kamera** means *the camera of that one,* that is, the latter-mentioned person.

**derselb-** refers to one entity, while **der gleich-** shows similarity between two or more entities. But in colloquial usage, German speakers often use **derselb-** to cover both meanings. You should be aware of the distinction and observe it at least in writing.

| | |
|---|---|
| Klaus und Angela wohnen in **demselben** Haus. | *Klaus and Angela live in the same house.* |
| Sie fahren **den gleichen** Wagen. | *They drive the same car. (i.e., the same make of car = two cars)* |

BUT:

| | |
|---|---|
| Sie fahren **denselben** Wagen. | *They drive the same car. (= one car)* |

## Wortschatz

### Noch eine Prüfung!?

| | |
|---|---|
| nur | ein ander- |
| erst | noch ein- |

1. **Nur** means *only* in the sense of *that is all there is.*

   | | |
   |---|---|
   | Er ist **nur** fünf Jahre alt geworden. | *He lived only to the age of five.* |
   | Wir haben **nur** ein Auto. | *We have only one car.* |

2. **Erst** means *only* in the sense of *up until now* or *so far* and implies that more is to come.

   | | |
   |---|---|
   | Sie ist **erst** fünf Jahre alt geworden. | *She has only turned five (so far).* |
   | Wir haben **erst** ein Auto. | *We have only one car (so far).* |

   **Erst** can also mean *only* in the sense of *not until.*

   | | |
   |---|---|
   | Sie ist **erst** gestern angekommen. | *She arrived only yesterday. (i.e., she did not arrive until yesterday.)* |

3. **Ein ander-** and **noch ein-** can both mean *another (an other)*, but the former implies *another kind* and the latter an *additional one.*

   | | |
   |---|---|
   | Wir brauchen **ein anderes** Auto. | *We need another (different) car.* |
   | Wir brauchen **noch ein** Auto. | *We need another (additional) car.* |

# Übungen

**A** **Welches Pronomen passt?** Ergänzen Sie durch Personalpronomen.

1. Heinz und Heidi brauchen Hilfe und fragen: „Wer hilft _____?"
2. Siggi fühlt sich missverstanden und lamentiert: „Ach, niemand versteht _____. Und nur meine Mutter schreibt _____."
3. Bärbl ist total begeistert von ihrem neuen Freund: „Er liebt _____ und spricht immer nur von _____."
4. Die Kinder fragen: „Wer will mit _____ spielen?"
5. Die Lehrerin fragt: „Kinder, wie geht es _____?"
6. Ich schreibe: „Markus, wir besuchen _____ erst am Wochenende."
7. „Herr Braun, wann kommen _____ uns besuchen?"
8. Ich möchte mit Frau Seidlhofer sprechen: „Frau Seidlhofer, darf ich mit _____ sprechen?"

**B** **Situationen: *du, ihr* oder *Sie*?** Welche Anredeform gebrauchen Sie in den folgenden Situationen in einem deutschsprachigen Land?

1. Sie sprechen im Zugabteil *(train compartment)* mit einer Mutter und ihrer kleinen Tochter.
2. Sie sprechen mit einer Verkäuferin im Kaufhaus.
3. Sie sind in ein Studentenheim eingezogen und treffen einige Studentinnen zum ersten Mal.
4. Sie treffen zum ersten Mal die 20-jährige Schwester eines Studienfreundes.
5. Sie spielen Volleyball im Sportverein, aber Sie kennen die anderen Spieler nicht. Es sind Jugendliche und Erwachsene dabei.
6. Bei einer Party im Studentenheim fordern Sie eine Studentin/einen Studenten zum Tanzen auf.
7. Sie sprechen mit den Tieren im Tierpark.
8. Sie treffen ganz unerwartet Ihren Deutschprofessor auf der Straße.
9. Sie sitzen im Gasthaus und ein Betrunkener, den Sie nicht kennen, redet Sie mit **du** an.

**C** **Fragen.** Beantworten Sie die folgenden Fragen. Ersetzen Sie in Ihren Antworten die kursivgedruckten Wörter durch Pronomen.

**BEISPIEL** Kennen Sie *die Romane von Ian Fleming?*
*Ja, ich kenne sie.*

1. Wie hieß *der erste James-Bond Film?*
2. Haben Sie *diesen Film* einmal gesehen?
3. Kennen Sie einen James-Bond Film mit *Roger Moore?*
4. Lesen Sie oft *Filmrezensionen (film reviews)?*
5. Wie heißt *Ihre Lieblingsband?*
6. Haben Sie *diese Band* im Konzert gesehen?
7. Haben Sie einmal an *diese Band* geschrieben?

**D** **Personalpronomen.** Machen Sie über jeden Gegenstand *eine* Aussage mit einem Pronomen im Nominativ und *eine* mit einem Pronomen im Akkusativ.

BEISPIEL mein Computer
*Er ist drei Jahre alt.*
*Ich finde **ihn** noch ganz gut.*

1. mein Bett im Studentenheim
2. mein Lieblingshemd
3. meine Armbanduhr
4. mein Wagen (oder Fahrrad)
5. die Schuhe, die ich im Moment trage
6. mein Studentenheim

**E** **Was bedeuten diese Sprüche?** Können Sie die Sprichwörter erklären oder anders ausdrücken? Verwenden Sie Strukturen mit **man, jemand** oder **niemand.**

BEISPIEL Morgenstund' hat Gold im Mund'.
*Wenn man früh aufsteht, kann man den Tag besser nützen.*
OR: *Wenn jemand früh aufsteht, kann sie/er den Tag besser nützen.*

1. Wer im Glashaus sitzt, soll nicht mit Steinen werfen.
2. Wie man sich bettet, so liegt man.
3. Es ist noch kein Meister vom Himmel gefallen.
4. In der Kürze liegt die Würze.
5. Kleider machen Leute.

**F** *Erst oder nur?* Welches Wort passt in die Lücke?

1. Tut mir Leid, aber das Essen ist noch nicht fertig. Wir können _____ um halb zwei essen.
2. Beeile dich doch! Wir haben _____ drei Minuten, bis unser Zug fährt!
3. Das Buch gefällt mir überhaupt nicht ... Ich habe zwar _____ das erste Kapitel gelesen, aber das hat mir voll gereicht.
4. Was, heute schon ein Test darüber? Aber wir haben doch _____ gestern damit angefangen!
5. Kannst du mir etwas Geld geben? Ich muss einkaufen und habe _____ zwei Dollar bei mir.
6. Naomi und Jessica wohnen _____ seit drei Wochen in dieser Wohnung.

**G** **Wer ist gemeint?** Ändern Sie die Sätze so, dass klar wird, dass mit dem Possessivpronomen die zuletzt genannte Person gemeint ist.

BEISPIEL Sie fuhren mit Freunden in ihrem Auto.
*Sie fuhren mit Freunden in **deren** Auto.*

1. Annette saß mit Monika in ihrem Zimmer.
2. Die Kinder sahen zwei fremde Kinder mit ihrem Spielzeug spielen.
3. Herr Schroeder rief seinen Nachbarn an und sprach mit seiner Tochter.
4. Johanna sprach mit ihrer Mutter in ihrem Schlafzimmer.
5. Herr Fischer sprach mit Herrn Scharping über seine Kinder.

**H** **Ich auch.** Hans Auch macht und erlebt immer dasselbe, was andere machen und erleben. Das sagt er jedenfalls immer. Was sagt er, wenn er Folgendes hört?

BEISPIEL  Uschi hat gute Noten bekommen.
*Ich habe **dieselben** guten Noten bekommen.*

1. Fred hat einen dummen Fehler gemacht.
2. Susi hat von einer interessanten Frau erzählt.
3. Micha hat die Frau eines berühmten Schauspielers gesehen.
4. Wir haben heute nette Leute aus Österreich kennen gelernt.
5. Das sage ich ja immer.

**I**  ***Ein ander-* oder *noch ein-*?**  Was sagen Sie in den folgenden Situationen?

BEISPIEL  In der Kleiderabteilung probieren Sie ein Hemd an, aber der Schnitt *(cut)* des
Hemdes gefällt Ihnen nicht.
*Ich möchte bitte **ein anderes** Hemd anprobieren.*

1. Ein Stück Kuchen hat so gut geschmeckt, dass Sie Lust auf ein zweites Stück haben.
2. Sie haben für vier Eintrittskarten bezahlt, aber nur drei Karten bekommen.
3. Sie wollen in den zoologischen Garten gehen, aber man hat Ihnen eine Karte für das Aquarium gegeben.
4. Ihr Zimmer ist für Sie zu klein geworden.

# Anwendung

**A**  **Das habe ich mitgebracht.**  Bringen Sie etwas (oder ein Foto davon) mit, was Sie im Kurs gern zeigen würden. Erklären Sie anderen Studenten diesen Gegenstand, und stellen Sie Fragen über die Gegenstände anderer Studenten.

**REDEMITTEL**

Ich möchte dir/euch mein- ... zeigen/vorstellen.
Er/Sie/Es ist/kann ...
Sein-/Ihr- ... sind aus Holz/Metall usw.
Ich habe ihn/sie/es ... bekommen/gekauft/gebaut usw.
Hast du auch ... ?
Wie sieht dein ... aus? Hast du ihn/sie/es auch dabei?
Und nun möchte ich dir/euch etwas anderes zeigen.

**B**  **So macht man das.**  Suchen Sie jemanden im Kurs, der etwas nicht macht oder machen kann, was Sie können. Geben Sie Ihrer Partnerin/Ihrem Partner eine genaue Anleitung *(instruction)* für diese Tätigkeit *(activity)*.

**THEMENVORSCHLÄGE**

| | | |
|---|---|---|
| ein Karten- oder Brettspiel | ein Garten | ein Sport |
| ein Hobby | eine Reise | ein bestimmtes Projekt |

Wenn man/jemand ... will, dann muss man ...
Man macht das so: Jemand muss ...
Jeder/Jedermann versucht ... [zu tun].
Niemand darf ...
Wenn jemand gewinnt/verliert, muss er ...

**C** **Was ist es?** Jede Partnerin/Jeder Partner macht Aussagen über einen Gegenstand mit passenden **der**-Wörtern, aber sagt nicht direkt, was „es" ist. Die andere Partnerin/Der andere Partner muss erraten, welcher Gegenstand das ist.

BEISPIEL *Er ist klein. Er ist lang und dünn. Man benutzt ihn zum Schreiben, aber er ist normalerweise nicht aus Holz ...*

**D** **Könnt ihr mir sagen ... ?** Bilden Sie Gruppen mit drei oder mehr Studentinnen und Studenten. Stellen Sie einander Fragen und benutzen Sie dabei die Pronomen **ihr** und **euch** so oft wie möglich,

BEISPIELE *Wo wohnt ihr? Wie gefällt euch das Leben hier auf dem Campus? Was für Kurse habt ihr dieses Semester belegt?*

# Schriftliche Themen

| Tipps zum Schreiben | **Using Pronouns in German** |
| --- | --- |
| | German generally uses the indefinite pronoun **man** instead of the editorial *we* or *you* characteristic of English *(If you want to succeed, you have to ...).* Remember, however, that if you begin a sentence with **man,** you cannot shift to **er** or to **du/Sie** in the same sentence. This rule does not mean that you cannot have a variety of pronouns in one passage. In subsequent sentences you might use a range of words such as other indefinite pronouns (**jemand, niemand**), nouns designating persons or people (**Leute, Mensch[en], Person[en]**), or the relative pronoun **wer** *(whoever, he who;* see 26.4). Keep in mind, however, that frequent use of a masculine noun and the pronoun **er** in general statements might be regarded as sexist, since it seems to exclude women, as in the example **Wenn *ein Mensch* erfolgreich sein will, muss *er* fleißig arbeiten.** *(If a person wants to be successful, he must work hard).* You can avoid this dilemma by using plural nouns and pronouns: **Wenn *Menschen* erfolgreich sein wollen, müssen *sie* fleißig arbeiten.** |

**A** **Kommentar.** Äußern Sie sich im Allgemeinen *(in general)* zu einer Tätigkeit, einer Handlung oder einer Handlungsweise.

Menschen, die immer …
die Politik einer Regierung
Fremdsprachen lernen
gesund/ungesund leben
wie man Glück im Leben findet

BEISPIEL   Wer dauernd vorm Fernseher hockt *(crouches)* und Kartoffelchips isst, lebt ungesund. Aber leben Menschen, die *(who)* täglich joggen und so ihre Knie ruinieren, auch nicht genauso ungesund? Zwar behauptet man, dass Joggen gesund sei, aber dasselbe könnte man vielleicht auch vom ständigen *(constant)* Fernsehen sagen. Jedenfalls kenne ich niemanden, der sich beim Fernsehen die Knie verletzt hat oder von einem Hund gebissen wurde. Irgendjemand hat einmal geschrieben, dass … usw.

**B** **Das sollte man nicht tun.** Erklären Sie, warum man gewisse Dinge lieber nicht machen soll. Begründen Sie warum.

BEISPIEL   Ich glaube, man sollte nicht Fallschirm *(parachute)* springen. Wenn jemand aus einem Flugzeug abspringt und der Fallschirm sich nicht öffnet, hat sie/er großes Pech gehabt. Es kann aber auch passieren, dass man sich beim Landen verletzt *(injures)* und … usw.

# Zusammenfassung

### Rules to Remember

1 **Du** *(you,* sing.) and **ihr** *(you,* pl.) are informal; **Sie** *(you,* sing. & pl.) is formal and always takes a plural verb form.

2 The pronouns **er, sie,** and **es** refer to **der-, die-,** and **das**-nouns respectively; **sie** refers to all plural nouns.

3 The pronoun **man** refers to persons in general without gender distinction. Thus it cannot be replaced with **er.**

4 The demonstrative pronouns **der, die, das,** and **die** are often used instead of the personal pronouns **er, sie, es,** and **sie** when referring to persons and things with which one is familiar.

## At a Glance

| Personal pronouns | | |
|---|---|---|
| **Nom.** | **Acc.** | **Dat.** |
| ich | mich | mir |
| du | dich | dir |
| er | ihn | ihm |
| sie | sie | ihr |
| es | es | ihm |
| wir | uns | uns |
| ihr | euch | euch |
| sie | sie | ihnen |
| Sie | Sie | Ihnen |

| Indefinite pronouns | | | | |
|---|---|---|---|---|
| | **man** | **jedermann** | **jemand** | **niemand** |
| **Nom.** | man | jedermann (jeder) | jemand | niemand |
| **Acc.** | einen | jedermann (jeden) | jemand(en) | niemand(en) |
| **Dat.** | einem | jedermann (jedem) | jemand(em) | niemand(em) |
| **Gen.** | _____ | jedermanns | jemands | niemands |

| Demonstrative pronouns: derselbe/dieselbe/dasselbe | | | |
|---|---|---|---|
| | **Masc.** | **Fem.** | **Neut.** | **Pl.** |
| **Nom.** | derselbe | dieselbe | dasselbe | dieselben |
| **Acc.** | denselben | dieselbe | dasselbe | dieselben |
| **Dat.** | demselben | derselben | demselben | denselben |
| **Gen.** | desselben | derselben | desselben | derselben |

# 17

# Reflexive Pronouns • *Selbst* and *selber* • *Einander*

# Grammatik

### A. Forms

In English, reflexive pronouns are indicated by adding *-self/-selves* to the object pronoun: *She hurt <u>herself</u>.* In German, the reflexives for the first-person (**ich, wir**) and second-person (**du, ihr**) pronouns are the same as regular accusative and dative forms; all third-person forms plus the formal **Sie** take the reflexive **sich.**[1]

|  | Nom. | Acc. | Dat. |  |
|---|---|---|---|---|
| 1st pers. sing. | ich | mich | mir | *myself* |
| 1st pers. pl. | wir | uns | uns | *ourselves* |
| 2nd pers. fam. sing. | du | dich | dir | *yourself* |
| 2nd pers. fam. pl. | ihr | euch | euch | *yourselves* |
| 3rd pers. sing. | er (der Mann) |  |  | *himself* |
|  | sie (die Frau) |  |  | *herself* |
|  | es (das Kind) |  | sich | *itself* |
| 3rd pers. pl. | sie (die Leute) |  |  | *themselves* |
| 2nd pers. formal sing. & pl. | Sie |  |  | *yourself/yourselves* |

---

[1] The interrogative pronouns **wer** and **was** (see 15.2) and the indefinite pronouns (**man, jemand, niemand, etwas, jedermann,** etc.) (see 16.2) are third-person pronouns and also take the reflexive **sich.**

## B. Positions of reflexive pronouns

1.  A reflexive pronoun comes immediately after the conjugated verb and before any remaining elements of the sentence.

    Er kauft **sich** ein Fahrrad.          *He is buying himself a bicycle.*

2.  When a subject follows the verb, the reflexive pronoun can either precede or follow a subject *noun,* but it must always follow a subject *pronoun.*

    Heute kauft **sich** *Tobias* ein Fahrrad.⎫
    Heute kauft *Tobias* **sich** ein Fahrrad.⎬  *Today Tobias is buying himself a bicycle.*

    Heute kauft *er* **sich** ein Fahrrad.      *Today he is buying himself a bicycle.*

---

**17.2**  **REFLEXIVE VERBS**

## A. Accusative reflexives with verbs

1.  An accusative reflexive pronoun can be used with virtually any transitive verb if the subject directs an activity at himself/herself/itself. The accusative reflexive pronoun functions as a *direct* object (see 4.4) and refers to the sentence subject.

... Bücher von Leykam

COMPARE:

| **Nonreflexive** | **Reflexive** |
|---|---|
| Ich wasche **das Kind.** <br> *I wash the child.* | Ich wasche **mich.** <br> *I wash myself.* |
| Du rasierst **den Kunden.** <br> *You shave the customer.* | Du rasierst **dich.** <br> *You shave (yourself).* |
| Sie sieht **ihn** im Spiegel. <br> *She sees him in the mirror.* | Sie sieht **sich** im Spiegel. <br> *She sees herself in the mirror.* |
| Die Frau schnitt **die Blumen.** <br> *The woman cut the flowers.* | Die Frau schnitt **sich.** <br> *The woman cut herself.* |
| Sie hörten **sie** auf dem Tonband. <br> *They heard them (other people) on tape.* | Sie hörten **sich** auf dem Tonband. <br> *They heard themselves on tape.* |

2.  Several German verbs are more consistently transitive than their English equivalents. For certain meanings, they require an object no matter what—which means that in

cases where English has no direct object, German supplies an accusative reflexive pronoun to fulfill the object function. Typical verbs of this category are:

(sich) ändern   *to change*      (sich) drehen   *to turn*
(sich) bewegen   *to move*       (sich) öffnen   *to open*

COMPARE:

| | |
|---|---|
| *The cat moved the curtain. (direct object)* | Die Katze bewegte **den Vorhang.** |
| *The curtain moved. (no object)* | **Der Vorhang** bewegte **sich.** |
| *That changes everything. (direct object)* | Das ändert **alles.** |
| *Everything is changing. (no object)* | **Alles** ändert **sich.** |

3. With certain meanings, a significant number of German verbs *always* take an accusative reflexive, even though the English equivalent may not include a reflexive. They are generally referred to as reflexive verbs. Reflexive verbs take the auxiliary **haben** in the perfect tenses. Here are some common examples.

sich amüsieren   *to enjoy oneself*
sich ausruhen   *to take a rest*
sich beeilen   *to hurry*
sich benehmen   *to behave*
sich entschuldigen   *to apologize*
sich erholen   *to recover*
sich erkälten   *to catch a cold*
sich (wohl/schlecht) fühlen   *to feel well/ill*
sich langweilen   *to be bored*
sich (hin)legen   *to lie down*
sich setzen   *to sit down*
sich umsehen   *to take a look around*
sich verlaufen   *to get lost, go the wrong way*
sich verspäten   *to be late, come too late*

*sich
verirren – get
lost in
woods*

*sich irren –
to be mistaken*

*(für die Klasse)*

| | |
|---|---|
| Habt ihr **euch** gut **amüsiert?** | *Did you enjoy yourselves?* |
| Die Schüler haben **sich** auf dem Weg zur Party **verlaufen.** | *The pupils got lost on the way to the party.* |
| Haben wir noch Zeit **uns** ein bisschen **umzusehen?** | *Do we still have time to look around a bit?* |

4. Many German verbs, including a number of accusative reflexive verbs, often complete their meaning with a prepositional phrase. Here are some common examples; you will find more in Chapter 30.

sich ärgern über *(acc.)*   *to be annoyed at*
sich beschäftigen mit   *to be occupied with*
sich erinnern an *(acc.)*   *to remember*   → *w/o reflexive, means to remind*
sich freuen auf *(acc.)*   *to look forward to*
sich freuen über *(acc.)*   *to be happy about*
sich fürchten vor *(dat.)*   *to be afraid of*

sich gewöhnen an *(acc.)*   *to get used to*
sich interessieren für   *to be interested in*
sich kümmern um   *to attend to, concern oneself with*
sich umsehen nach   *to look around for*
sich verlieben in *(acc.)*   *to fall in love with*
sich wundern über *(acc.)*   *to be amazed at*

| | |
|---|---|
| Ich kann **mich** nicht mehr **an** ihn **erinnern.** | *I can no longer remember him.* |
| Wir **freuen uns auf** deinen Besuch. | *We are looking forward to your visit.* |

5. The object of a prepositional phrase after a reflexive verb can also be a reflexive pronoun.

| | |
|---|---|
| Ich ärgere mich **über mich.** | *I am annoyed at myself.* |
| Sie kümmert sich nur **um sich.** | *She is only concerned about herself.* |

## B. Dative reflexives with verbs

1. Dative reflexives are sometimes used when the subject does something on his/her/its own behalf, in conjunction with an accusative direct object. If the context makes the recipient clear, the use of these reflexives is optional.

| | |
|---|---|
| Kaufst du (**dir**) neue Schuhe? | *Are you buying (yourself) new shoes?* |
| Ich habe (**mir**) ein Eis bestellt. | *I ordered ice cream (for myself).* |

2. German tends to avoid possessive adjectives when referring to body parts and clothing in conjunction with certain verbs (see 5.1B) and makes use of dative reflexives instead to clarify the reference. If the context is sufficiently clear, these are also optional.

| | |
|---|---|
| Später zog ich (**mir**) den Pulli aus. | *Later, I took off my sweater.* |
| Hast du (**dir**) die Zähne schon geputzt? | *Have you already brushed your teeth?* |

3. With **anziehen, waschen,** and related verbs, an accusative reflexive is normally used when referring to the activity in general (such as *getting dressed* or *washing*), and a dative reflexive when the direct object is specified.

| | |
|---|---|
| Zieh **dich** doch an! | *Come on and get dressed!* |
| Zieh **dir** heute *einen Anzug* an! | *Put on a suit today!* |
| Du siehst aber aus – wasch **dich** doch! | *You look a sight—go get washed!* |
| Vor dem Essen solltest du **dir** *die Hände* waschen. | *Before eating, you should wash your hands.* |

4. Some verbs always take dative reflexives with particular meanings.

sich etwas ansehen   *to take a look at something*
sich etwas einbilden   *to imagine or think something of oneself that is not true*
sich etwas leisten   *to afford something*
sich etwas merken   *to take note of something.* take it to memory
sich etwas überlegen   *to think something over*
sich etwas vorstellen   *to imagine, conceive of something*
sich etwas gönnen   to reward oneself / pamper oneself

| | |
|---|---|
| Ich möchte **mir** seine Gemälde genauer **ansehen.** | *I would like to take a closer look at his paintings.* |
| Kannst du **dir** einen Flug nach Europa **leisten?** | *Can you afford a flight to Europe?* |
| Sie können **sich** *(dative)* gar nicht **vorstellen,** wie lange wir **uns** *(dative)* diese Entscheidung **überlegt** haben. | *You cannot imagine how long we thought this decision over.* |

5. Sometimes the direct object accompanying the dative reflexive is actually a following *clause.*

| | |
|---|---|
| Ich muss (es) **mir** überlegen, was wir machen können. | *I must think (it) over what we can do.* |

## 17.3    *SELBST* AND *SELBER*

1. **Selbst** and **selber** both mean *-self;* they are intensifying adverbs, not reflexive pronouns. They can occur either by themselves or in combination with reflexive pronouns.

| | |
|---|---|
| Hast du dieses Haus **selber/selbst** gebaut? | *Did you build this house yourself?* |
| Sie hat *sich* **selbst/selber** angezogen. | *She got dressed (by) herself.* |

2. **Selbst** and **selber** often occur together with reflexive pronouns after some verbs that take only dative objects (see 4.5B).

| | |
|---|---|
| Du musst *dir* **selbst/selber** helfen. | *You will have to help yourself.* |
| Er hat *sich* **selbst/selber** widersprochen. | *He contradicted himself.* |

3. When **selbst** precedes the words it intensifies, it means *even.* **Selber** cannot be used in this context.

| | |
|---|---|
| **Selbst** am Mittelmeer hatten wir mieses Wetter. | *Even on the Mediterranean we had lousy weather.* |

## 17.4    THE RECIPROCAL PRONOUN *EINANDER*

1. Plural reflexive pronouns can be used to express reciprocal actions, that is, actions done by persons *to each other* or *one another.* This structure, however, may result in ambiguity, which is best eliminated by using **einander** *(each other).*

| | |
|---|---|
| Wir kauften **uns** kleine Reiseandenken. | *We bought each other* (OR: *ourselves*) *little travel souvenirs.* |
| Sie kauften **einander** auch Reise-andenken. | *They also bought each other travel souvenirs.* |

2. When used with prepositions, **einander** must be attached to the preposition to form one word.

Die Mannschaften spielen jetzt **gegeneinander.**

*The teams are now playing against each other.*

Fürchten sich Geister **voreinander?**

*Are ghosts afraid of one another?*

# Wortschatz

## Entscheidungen

1. **Entscheiden** means *to decide (for or against), settle a question intellectually.*

Ein Richter muss diesen Fall **entscheiden.**

*A judge must decide this case.*

2. **Sich entscheiden** means *to decide* or *choose between various options.* **Sich entscheiden (für)** means *to decide on one option, to choose.*

Hast du **dich entschieden,** ob du mitfahren willst oder nicht?

*Have you decided whether or not you want to go along?*

Ich habe **mich für** den grünen Mantel **entschieden.**

*I have decided on the green coat.*

3. **Eine Entscheidung treffen** means *to come to a decision.* It is roughly synonymous with **(sich) entscheiden,** though stylistically more emphatic.

Hast du schon **eine Entscheidung getroffen,** welchen Beruf du erlernen willst?

*Have you come to a decision as to which profession you want to learn?*

4. **Sich entschließen** means *to decide to take a course of action, to make up one's mind to do something.* → *to resolve something; was resolved to do something*

Er konnte **sich** nicht (dazu)[2] **entschließen,** ein neues Auto zu kaufen.

*He could not make up his mind to buy a new car.*

5. **Einen Entschluss fassen** means *to make a decision or resolution.* It is roughly synonymous with **sich entschließen,** but more emphatic.

Sie hat **den Entschluss gefasst,** ein anderes Studium anzufangen.

*She made the decision to begin a different course of study.*

---

[2] The anticipatory **dazu** is optional with **sich entschließen.**

6. **Beschließen** means *to resolve to take a course of action* or *to pass a resolution by virtue of some authority.*

Wir haben **beschlossen** eine neue
  Wohnung zu suchen.

*We have decided to look for a new
  apartment.*

Der Senat hat **beschlossen** einen
  neuen Wohnblock bauen zu lassen.

*The senate has resolved to have a new
  apartment complex built.*

# Übungen

**A**  **Nicht reflexiv** → **reflexiv.**   Machen Sie die Sätze reflexiv, indem Sie die kursiv gedruckten Wörter ersetzen.

> **BEISPIEL**   Narzissus sah *Bäume* im Wasserspiegel.
> *Narzissus sah **sich** im Wasserspiegel.*

1. Man sollte *die Sachen* regelmäßig waschen.
2. Ich habe *die Zeitung* auf das Sofa gelegt.
3. Sie zog *ihre Kinder* immer sehr schick an.
4. Zieh *ihm* die Jacke aus.
5. Wir legten *die Decken* in die Sonne.
6. Kinder, seht ihr *das Haus* im Spiegel?
7. Was hat sie *ihm* gekauft?
8. Haben Sie *die Kinder* schon angezogen?
9. Niemand konnte *der Polizei* den Unfall erklären.
10. Der Arzt hat *ihm* den Arm verbunden.

**B**  **Anders gesagt.**   Drücken Sie die folgenden Sätze mit Hilfe von Reflexivpronomen anders aus.

> **BEISPIEL**   Ich bin in zehn Minuten mit Chris verabredet.
> *Ich muss mich beeilen.*

1. Jetzt muss ich endlich mit ihr sprechen!
2. Die Tür ging langsam auf.
3. Eigentlich sollte das Essen um sieben Uhr beginnen, aber wir kamen erst um Viertel vor acht an.
4. Nach fünf Jahren war ich zum ersten Mal wieder an meiner Uni, aber da war inzwischen alles anders.
5. Die Party war furchtbar. Die Musik war doof und ich wusste gar nicht, was ich da sollte.
6. Was sagst du ihr denn nun, ja oder nein? Irgendetwas musst du ihr ja wohl sagen.
7. Entschuldigung, können Sie mir helfen? Ich muss zum Bahnhof, aber anstatt nach rechts bin ich nach links gelaufen und jetzt weiß ich überhaupt nicht mehr, wo ich bin.
8. Der Abend war toll! Ich habe noch nie so viel gelacht!

**C** **Wer die Wahl (choice) hat, hat die Qual (torment).**    Beantworten Sie die folgenden Fragen.

BEISPIEL    Was war die schwerste Entscheidung in Ihrem Leben?
*Ich musste mich entscheiden, an welcher Universität ich studieren wollte.*

1. Was war die beste/schlechteste Entscheidung, die Sie je getroffen haben?
2. Wann ist es für Sie schwer/leicht sich zu entscheiden?
3. Haben Sie sich je zu etwas entschlossen, was Sie später bereut (regretted) haben?
4. Haben Sie einmal einen ganz klugen Entschluss gefasst?
5. Wofür würden Sie sich nie entscheiden?

**D** **Situationen.**    Beenden Sie die Sätze. Verwenden Sie die folgenden Verben.

BEISPIEL    Der Hund von nebenan bellt seit Stunden.
Vielleicht sollte Herr Franzen ...
*Vielleicht sollte Herr Franzen sich bei seinem Nachbarn oder bei der Polizei beschweren.*

| | | |
|---|---|---|
| sich amüsieren | sich erkälten | sich bewerben um *(to apply for)* |
| sich ausruhen | sich umsehen | sich entschuldigen *(to apologize)* |
| sich beeilen | | sich irren *(to be mistaken)* |

1. Hans lief letzte Woche dauernd ohne Mantel im Regen herum. Kein Wunder, dass ...
2. Der Bus fährt in zehn Minuten und die Kinder sind noch nicht da. „Kinder, ... !"
3. Lufthansa hat jetzt Stellen frei und Monika sucht Arbeit. Vielleicht kann sie ...
4. Morgen ist eine tolle Party bei Sebastian. Sicher werden wir ...
5. „Es tut mir Leid, Herr Bogner", aber das stimmt nicht. „Ich glaube, dass ... "
6. Verkäuferin: „Suchen Sie etwas Bestimmtes?" „Nein, ich will ... "
7. Klaus hat seinen Kollegen beleidigt (insulted). Jetzt möchte er ...
8. „Ich bin sehr müde." „Dann solltest du ... "

**E** **Früher.**    Machen Sie fünf Aussagen über Ihr vergangenes Leben. Verwenden Sie reflexive Verben mit Präpositionen und Verben aus dem **Wortschatz.** Beginnen Sie zwei Ihrer Aussagen mit: **Ich glaube, dass ...**

BEISPIEL    *Früher habe ich mich vor Schlangen gefürchtet.*
OR: *Ich glaube, dass ich mich als Kind vor Schlangen gefürchtet habe.*

**F** **Akkusativ → Dativ.**    Bilden Sie Sätze mit Reflexivpronomen im Dativ.

BEISPIEL    Du wäschst dich.    (Hände)
*Du wäschst dir die Hände.*

1. Zieh dich aus!    (die Schuhe)
2. Habt ihr euch gewaschen?    (die Füße)
3. Ich muss mich abtrocknen *(to dry).*    (die Hände)
4. Sie kämmt sich.    (die Haare)
5. Sie sollen sich anziehen.    (andere Sachen)

**G**   **Einander.**   Drücken Sie die Sätze anders aus.

BEISPIEL     Wann habt ihr euch kennen gelernt?
*Wann habt ihr **einander** kennen gelernt?*

1. Wir haben uns öfter gesehen.
2. Die Schüler helfen sich mit den Hausaufgaben.
3. Habt ihr euch nicht geschrieben?
4. Julia und Leon machen sich oft kleine Geschenke.

# Anwendung

**A**   **Beim Aufstehen und vor dem Schlafengehen.**   Erzählen Sie jemandem im Kurs, wie Sie sich morgens nach dem Aufstehen und abends zum Schlafengehen fertig machen. Was machen Sie zuerst? Was kommt danach? Was machen Sie zuletzt? Berichten Sie dann, was jemand Ihnen erzählt hat.

| VOKABELVORSCHLÄGE | |
| --- | --- |
| sich anziehen/ausziehen | sich strecken *(stretch)* |
| (sich) duschen | sich schminken *(put on make-up)* |
| sich die Haare kämmen | sich abtrocknen |
| sich rasieren | sich waschen |

**B**   **Gefühle, Interessen und Reaktionen.**   Erkundigen Sie sich bei jemandem nach der folgenden Information. Berichten Sie darüber.

Fragen Sie ...

1. wann sie/er sich besonders ärgert.
2. wovor sie/er sich fürchtet.
3. wofür sie/er sich besonders interessiert.
4. woran/an wen sie/er sich (un)gern erinnert.
5. worauf sie/er sich ganz besonders freut.
6. worüber sie/er sich ganz besonders freut.

**C**   **Na und? *(So?)***   Egal, was Ihre Partnerin/Ihr Partner gesehen, gedacht, oder gekauft hat, Sie haben's besser gemacht! Bilden Sie Sätze und benutzen Sie dabei die folgenden Verben: **sich etwas ansehen, sich entschließen, sich erinnern an, sich etwas kaufen** und **sich etwas leisten.** Mit wie vielen Aussagen können Sie Ihre Partnerin/Ihren Partner übertrumpfen?

**BEISPIEL**  A: Du, ich war letzten Sommer in Deutschland und habe mir das Schloss in Heidelberg angesehen.

B: Na und? Ich war ja auch in Heidelberg und habe mir das Schloss *und* die Universität angesehen.

# Schriftliche Themen

| Tipps zum Schreiben | **Using Process Writing in German** |
|---|---|
| | Conceptualize what you want to say in German, not English. Begin by making a list of German verbs that describe the actions you wish to discuss. Write short statements with these verbs, using a subject-verb-object or subject-verb-prepositional phrase format. Next, expand your basic statements by adding descriptive or qualifying adjectives (see Chapter 13), adverbs (see Chapter 24), or prepositional phrases (see Chapter 10). Finally, read what you have written to see in which sentences you can improve the style of your composition by putting elements other than subjects in first position. |

 **Nacherzählung.**   Erzählen Sie die folgende Bildgeschichte *in der Vergangenheit* nach. Gebrauchen Sie Verben mit Reflexivpronomen.

**VOKABELVORSCHLÄGE**

die Straßenbahn
die Werbung, -en *(advertisement)*
sich vorstellen
sich kaufen/holen
sich waschen
sich im Spiegel anschauen

sich das Gesicht einreiben
sich die Zähne putzen
sich freuen, (dass)
sich interessieren
sich fragen

**B**   **Menschenbeschreibung.**   Kennen Sie jemanden, der sehr begabt, exzentrisch oder eigenartig ist? Beschreiben Sie diesen Menschen. Womit beschäftigt sie/er sich? Wie verhält sie/er sich? Wofür interessiert sie/er sich? Worüber ärgert sie/er sich?

BEISPIEL   Mein Freund Kuno ist sehr exzentrisch. Er langweilt sich nie, denn dauernd beschäftigt er sich mit Fragen, die ich mir nicht einmal vorstellen kann. Er hat z.B. einmal ausgerechnet, dass ein Mensch sich im Laufe seines Lebens mehr als hundertmal erkältet. Obwohl er sich einbildet, ... usw.

# Zusammenfassung

## Rules to Remember

1   A reflexive pronoun refers to the sentence subject.

2   The dative and accusative reflexive of all third-person pronouns and **Sie** is **sich.**
COMPARE: **Er sieht sie.** *(He sees her.)* **Er sieht sich.** *(He sees himself.)*

3   Some German verbs are always reflexive, even though the English equivalent may not be: **Ich erinnere mich.** *(I remember.)*

4   Many reflexive verbs complete their meaning with a prepositional phrase: **Ich erinnere mich an ihn.** *(I remember him.)*

## At a Glance

| Reflexive pronouns | | |
| --- | --- | --- |
| Nom. | Acc. | Dat. |
| ich | mich | mir |
| du | dich | dir |
| er<br>sie<br>es | sich | |
| wir | uns | uns |
| ihr | euch | euch |
| sie<br>Sie | sich | |

| Reflexive verbs + prepositional complements |
| --- |
| sich ärgern + über *(acc.)* |
| sich beschäftigen + mit *(dat.)* |
| sich erinnern + an *(acc.)* |
| sich freuen + auf/über *(acc.)* |
| sich fürchten + vor *(dat.)* |
| sich interessieren + für *(acc.)* |
| sich kümmern + um *(acc.)* |
| sich umsehen + nach *(dat.)* |
| sich verlieben + in *(acc.)* |
| sich wundern + über *(acc.)* |

# Grammatik

## 18.1   INFINITIVES WITH *ZU*

1. An infinitive clause (**Infinitivsatz**) can be as basic as two words—an infinitive preceded by **zu**—but can also include various objects and modifiers which precede **zu** and follow the word order rules of the middle field (see 1.1C). In the case of separable-prefix verbs (see 29.1), **zu** is inserted between the prefix and the stem verb, forming one word.

| | |
|---|---|
| Ein Erzähler fängt an **zu sprechen.** | *A narrator begins to speak.* |
| Er sagt: „Viele versuchten **nach Casablanca zu fliehen.**" | *He says, "Many tried to flee to Casablanca."* |
| „Sie hofften über Marseille **dorthinzukommen.**" | *"They hoped to get there via Marseille."* |

2. When an infinitive clause includes a verbal complement (see 1.1C), **zu** precedes the final word.

| | |
|---|---|
| Es war sehr schwer Rick **kennen zu lernen.** | *It was very difficult to get to know Rick.* |

This also applies to modal verbs with infinitives, such as **ausreisen können** = *to be able to leave (a country).*

| | |
|---|---|
| Ein bulgarisches Ehepaar hofft **ausreisen zu können.** | *A couple from Bulgaria hopes to be able to leave the country.* |

3. An infinitive clause is usually located after the main clause, rather than within it, though a small number of verbs (**anfangen** and **versprechen,** for example) allow for embedding.

| | |
|---|---|
| „Ich schlage Ihnen vor **Ihre Frau zu fragen**", sagt Rick. | *"I suggest (to) you (to) ask your wife," says Rick.* |
| Alle fingen gleich **zu singen** an. | *Everyone began singing at once.* |

If the infinitive clause functions as the subject of the sentence, it precedes the main clause.

| | |
|---|---|
| **Ugarte zu verachten** fällt Rick leicht. | *To despise Ugarte is easy for Rick.* |

4. An optional comma is used to separate the main and infinitive clauses, and is necessary if a misreading could occur without it. Commas are also required before an infinitive clause when a word or phrase in the main clause, such as a **da**-compound or **es** anticipates an infinitive clause that contains anything more than **zu** and the infinitive (see 19.2-3).

| | |
|---|---|
| Renault rät(,) Laszlo zu helfen. | *Renault advises that Laszlo be helped.* |
| Renault rät Laszlo(,) zu helfen. | *Renault advises Laszlo to help.* |

5. A subject infinitive clause in German can express an *-ing* form verb phrase in English:

| | |
|---|---|
| **In Casablanca zu warten** ist gefährlich. | *Waiting in Casablanca is dangerous.* |

6. English uses infinitives in several ways for which German requires altogether different structures. Statements containing *like to* ____, for example, are commonly rendered in German with **gern**: *Sam likes **to sing*** = Sam **singt gern** (see 9.2F and Chapter 9 **Wortschatz**). Constructions in English such as *I want you **to stay*** *here* cannot be expressed in German with an infinitive, but rather require **wollen, dass ...** (see 9.2E) and a conjugated verb: "*Sam, Ferrari wants you **to work** for him.*" = „Sam, Ferrari **will, dass** du bei ihm **arbeitest.**"

7. Infinitive clauses often follow adjectives in English, when the subject of the main clause is understood to be the object of the infinitive clause: *The sight was terrible **to behold.*** *That idea is bound **to fail.*** German only allows this construction if the verb in the infinitive clause takes a direct object (that is, it cannot be a dative verb), and then only with a small number of adjectives: **einfach, interessant, leicht, schwer,** and **schwierig.**

| | |
|---|---|
| *The transit papers are difficult **to get.*** | Die Transit-Papiere sind schwer **zu bekommen.** |
| *The European tourist was easy **to rob.*** | Der europäische Tourist war leicht **auszurauben.** |
| BUT: | |
| *Laszlo wasn't easy **to help.*** | Es war nicht einfach, *Laszlo* **zu helfen.** |

## 18.2    ADVERBIAL PHRASES WITH *UM ... ZU, OHNE ... ZU,* AND *(AN)STATT ... ZU*

To express English *in order to [____], without [____]-ing,* and *instead of [____]-ing,* German uses infinitive clauses beginning with **um, ohne,** and **(an)statt** (the **an** is optional and renders the word slightly more formal). In each case, the clause begins with the preposition, followed by an optional middle field (if there is additional information), and then **zu** + infinitive.

| | |
|---|---|
| „Seien Sie um 10 Uhr in meinem Büro, **um** mit Strasser **zu sprechen**", sagt Renault. | *"Be in my office at 10 in order to speak with Strasser," says Renault.* |
| Rick nimmt die Papiere von Ugarte, **ohne** jemandem etwas darüber **zu sagen.** | *Rick takes the papers from Ugarte without telling anyone about it.* |
| Ilsa bleibt in Paris, **(an)statt** mit Rick die Stadt **zu verlassen.** | *Ilsa remains in Paris instead of leaving the city with Rick.* |

## 18.3    INFINITIVES WITHOUT *ZU*

1. Infinitives accompanying modal verbs (see 9.1) and the future auxiliary **werden** (see 8.1) do not take a preceding **zu.**

2. The verbs of perception **fühlen, hören, sehen, spüren** *(to perceive, feel)*, as well as the verbs **heißen** (here: *to bid or command*) and **lassen** (see 18.4), can function like modal verbs as V$_1$ of the verbal bracket, and in this use can be considered *semi-modals*. Infinitives accompanying them function as V$_2$, with no preceding **zu.**

| | |
|---|---|
| In der Rückblende **sieht** man Rick im Auto mit Ilsa durch Paris **fahren.** | *In the flashback, one sees Rick driving in the car with Ilsa through Paris.* |
| Sie **spüren** den Krieg immer näher **kommen.** | *They feel the war coming closer and closer.* |

3. Infinitives accompanying the semi-modals **helfen, lehren,** and **lernen** can occur either with or without a preceding **zu.**

| | |
|---|---|
| Rick **hilft** den Bulgaren ein Transit-Visum **(zu) kaufen.** | *Rick helps the Bulgarians buy a transit visa.* |
| Wer **lehrt** wen nach einem großen Ziel **(zu) streben?** | *Who teaches whom (how) to strive for a great goal?* |

4. With **fühlen, hören, sehen, spüren,** and with **lernen** and **lehren,** a subordinate clause is often used instead of an accompanying infinitive clause.

| | |
|---|---|
| Laszlo spürte, **wie sehr Ilsa Rick noch liebte.** | *Laszlo sensed how much Ilsa still loved Rick.* |
| Renault und Rick sahen, **wie das Flugzeug langsam abhob.** | *Renault and Rick watched the plane slowly take off.* |

5. The verb **gehen** is also often used with a following infinitive without **zu.**

| | |
|---|---|
| Sie **geht** auf dem Markt **einkaufen.** | *She goes shopping at the open air market.* |

## 18.4    *LASSEN* + INFINITIVE

1. When **lassen** is complemented by an infinitive, it means *to let* or *to have someone do something.* Context determines which meaning is intended. The infinitive is not preceded by **zu.**

| | |
|---|---|
| Rick **lässt** den Bulgaren das Roulette-Spiel **gewinnen.** | *Rick lets the Bulgarian win the roulette game.* |
| Dann **lässt** er den Kassierer ihm das Geld **geben.** | *Then he has the cashier give him the money.* |

COMPARE:

| | |
|---|---|
| Laszlo **lässt** die „Marseillaise" **spielen.** | *Laszlo has the "Marseillaise" played. (i.e., he initiates it)* |
| Rick **lässt** die „Marseillaise" **spielen.** | *Rick lets the "Marseillaise" be played. (i.e., he allows it to go on)* |

2. If **lassen** has no direct object agent (like in the preceding examples), its English equivalent is *to let be done* or *to have done.*

Renault **lässt** Ugarte **verhaften.**   *Renault has Ugarte arrested (by someone else).*

3.  A dative object (see 4.5) is sometimes used with **lassen** to indicate *to* or *for whom* the activity is done.

Rick lässt **dem Ehepaar** die Transit-Papiere unterschreiben.   *Rick has the transit papers signed for the couple.*

MORE COMMON:

Rick lässt die Transit-Papiere **für das Ehepaar** unterschreiben.

4.  The dative *reflexive* pronoun (see 17.1) is commonly used with **lassen.**

Laszlo und Ilsa **lassen** *sich* einen Tisch **geben.**   *Laszlo and Ilsa have a table given to them. (lit.: let themselves be given a table)*

Laszlo **lässt** *sich* am Ende von Rick **helfen.**   *In the end, Laszlo allows Rick to help him.*

## 18.5 INFINITIVES AS NOUNS

Virtually any infinitive can be capitalized and used as a neuter noun. Such nouns usually correspond to English gerunds (the *-ing* form).

**Das Warten** auf dem Pariser Bahnhof war für Rick unerträglich.   *Waiting at the Paris train station was unbearable for Rick.*

## 18.6 DOUBLE INFINITIVES

### A. Double infinitives with the perfect tenses

1.  Like modal verbs, **fühlen, hören, sehen, spüren,** and **lassen** generally form the perfect tenses with a so-called *double infinitive* construction rather than with a past participle (see 9.3).[1]

COMPARE:

Sie **haben** die Panzer in Paris **gesehen.**   *They saw the tanks in Paris.*

Sie **haben** die Panzer in die Stadt **kommen sehen.**   *They saw the tanks coming into Paris.*

Er **hat** Ugartes Papiere im Klavier **gelassen.**   *He left Ugarte's papers in the piano.*

Er **hat** Ugartes Papiere für Laszlo und Ilsa **unterschreiben lassen.**   *He had Ugarte's papers signed for Laszlo and Ilsa.*

---

[1] When using the verbs of perception (**fühlen, hören, sehen,** and **spüren**) in the perfect tense, some native speakers use an infinitive + participle construction in subordinate clauses (*Wir haben ihn kommen **gehört***), but this usage is considered substandard.

2. The verb **helfen** can also form its perfect tense with a double infinitive. However, the tendency among German speakers is to use the past participle in combination with an infinitive clause with **zu.**

COMPARE:

Rick hat Laszlo der Polizei **entkommen helfen.**

Rick hat Laszlo geholfen **der Polizei zu entkommen.**

} *Rick helped Laszo (to) escape from the police.*

3. German speakers often avoid a double infinitive construction by using the simple past tense instead.

| | |
|---|---|
| Karl und Laszlo **hörten** das Polizeiauto **vorbeifahren.** | *Karl and Laszlo heard the police car drive by.* |
| Renault **ließ** Ugarte nach seiner Verhaftung **töten.** | *Renault had Ugarte killed after his arrest.* |

4. In dependent clauses, the auxiliary verb comes before a double infinitive.

Wir wissen nicht, ob Ugarte die Kuriere in Oran *hat* **töten lassen,** oder ob er sie selber tötete.

*We don't know if Ugarte had the couriers in Oran killed, or if he killed them himself.*

## B. Double infinitives with the future tense

The future tense of all verbs accompanied by infinitives without **zu** (that is, modals and semi-modals) results in a double infinitive construction, with **werden** as $V_1$ and the double infinitive as $V_2$. In dependent clauses, **werden** precedes the double infinitive.

| | |
|---|---|
| **Wird** er Laszlo und Ilsa **ausreisen helfen**? | *Will he help Laszlo and Ilsa leave the country?* |
| Niemand weiß, was Rick und Renault danach *werden* **machen können.** | *Nobody knows what Rick and Renault will be able to do afterwards.* |

# Wortschatz
## *Wer hat wen verlassen?*

1. **Lassen** followed by a noun or pronoun object but no subsequent infinitive means *to leave someone or something in a place or condition.*

„Ich **lasse** dich hier, während ich zu der Geheimsitzung gehe", flüsterte Laszlo.

*"I'll leave you here while I go to the secret meeting," whispered Laszlo.*

2. **Verlassen** means *to leave or depart from a person, place, or activity.* This verb must always be used with a direct object.

| | |
|---|---|
| „Wann können wir endlich Casablanca **verlassen**?" | *"When can we finally leave Casablanca?"* |
| „In Marseille hast du mich auch nicht **verlassen**", sagte Ilsa. | *"You didn't leave me in Marseille either," said Ilsa.* |

**Verlassen** can also connote emotional (and by implication long-term) separation.

| | |
|---|---|
| „Ich dachte, du hast mich in Paris **verlassen**", sagte Rick. | *"I thought you left me (for good) in Paris," said Rick.* |

COMPARE:

| | |
|---|---|
| Ich **verlasse** dich! | *I'm leaving you!* (implied: *forever*) |
| Ich **lasse** dich hier im Zimmer. | *I'll leave you here in the room.* (implied: *but I'll come back for you*) |

3. **Weggehen** means to *leave, depart,* or *go away.* This verb cannot be used with a direct object.

| | |
|---|---|
| Du musst mit ihm **weggehen.** | *You've got to leave with him.* |

COMPARE:

| | |
|---|---|
| *Leave!* | **Gehen** Sie **weg!** |
| *Leave this room at once!* | **Verlassen** Sie sofort *dieses Zimmer!* |
| *Leave me here while you shop!* | **Lass** *mich* hier, während du einkaufen gehst! |

# Übungen

**A** **Ich habe vor …**    Beenden Sie die Sätze einmal mit **zu** plus Infinitiv und einmal mit einem längeren Infintivsatz.

BEISPIEL    Ich habe vor … (arbeiten)
*Ich habe vor zu arbeiten.*
*Ich habe vor im Sommer zu arbeiten.*

1. Die Touristen haben die Absicht (*intention*) … (weiterfahren)
2. Wann fängst du an …? (übersetzen)
3. Es scheint jetzt … (regnen)
4. Mein Nachbar versucht … (singen)
5. Vergiss auch nicht … (schreiben)

**B** **… den Satz zu Ende zu schreiben.**    Beenden Sie die Sätze mit Infinitivkonstruktionen.

BEISPIEL    Es macht mir Spaß …
*Es macht mir Spaß, Deutsch zu lernen.*

1. Ich möchte jemanden bitten ...
2. Alle Länder der Erde sollten versuchen ...
3. Manche Leute wünschen sich nur ...
4. Jeder Mensch sollte das Recht haben ...
5. Unsere Regierung sollte aufhören ...
6. In unserem Land sollten wir endlich einmal beginnen ...

**C** **Lassen, verlassen oder weggehen?** Ergänzen Sie die Sätze durch passende Verben.

1. Die Frau hat ihren Ehemann und ihre Kinder ____.
2. Frau Engler hat ihre Kinder für ein paar Tage in Bern ____.
3. Herr Weber hat sein Handy *(cell phone)* im Büro ____.
4. Ach, wo habe ich nur meine Schlüssel ____?
5. Eines Tages wird Peter von hier ____.
6. Rick glaubt, dass Ilsa ihn in Paris ____ hat.

**D** **Anders ausdrücken.** Drücken Sie die Sätze anders aus. Verwenden Sie die Präpositionen **um, ohne** und **(an)statt** mit Infinitiven.

BEISPIEL   Ich lerne Deutsch, weil ich es mit meinen
           Verwandten sprechen will.
           *Ich lerne Deutsch, um es mit meinen*
           *Verwandten zu sprechen.*

1. Manche Menschen denken nicht, wenn sie reden.
2. Ich verlasse dich nicht, ich bleibe bei dir.
3. Die meisten Menschen arbeiten, damit sie essen können.
4. Wie kann man im Ausland studieren, wenn man die Sprache des Landes nicht versteht?
5. Fast alle Studenten schreiben ihre Arbeiten am Computer und benutzen keine Schreibmaschine.
6. Viele Touristen reisen ins Ausland, weil sie andere Länder und andere Menschen kennen lernen wollen.

**E** **Aussagen.** Machen Sie mit den Präpositionen **um, ohne** und **(an)statt** und einer Infinitivkonstruktion jeweils eine Aussage über sich selbst oder andere Menschen, die Sie kennen.

BEISPIELE   *Meine Schwester redet manchmal, ohne zu denken.*

**F** **Sätze mit Infinitiven.** Machen Sie aus zwei Sätzen einen Satz.

BEISPIEL   Hans spielt. Ich sehe es.
           *Ich sehe Hans spielen.*

1. Barbara kocht das Essen. Niemand hilft ihr.
2. Ihr Herz schlägt kräftig *(heavily)*. Sie fühlt es.
3. Jemand klopft an die Tür. Ich höre es.
4. Der Baum fällt im Sturm um. Niemand sieht es.
5. Markus lernt gern. Er lernt, wie man Schach spielt.

6. Sie macht einen Fehler. Niemand hört es.
7. Margit lässt ihre Schlüssel im Auto. Andreas sieht es.

Schreiben Sie Ihre Sätze jetzt im Perfekt.

BEISPIEL  *Ich habe Hans spielen sehen.*

**G**  **Einiges über mich.**  Ergänzen Sie die Aussagen. Verwenden Sie Infinitive.

BEISPIEL  Morgens höre ich ...
*Morgens höre ich meine Eltern frühstücken.*

1. Ich sehe gern ...
2. Wenn ich morgens aufwache, höre ich als erstes ...
3. Als ich noch ganz klein war, lehrte mich jemand ...
4. Gestern habe ich ... (sehen/hören)
5. Ich würde gern ... lernen.

**H**  **Anders ausdrücken.**  Drücken Sie Ihre Aussagen in Übung G durch den Gebrauch von Nebensätzen *(clauses)* anders aus.

BEISPIEL  *Morgens höre ich, wie meine Eltern frühstücken.*

**I**  **Man kann doch nicht alles selber machen.**  Beantworten Sie die Fragen. Verwenden Sie das Verb **lassen.**

1. Was machen Sie, wenn Ihre Haare zu lang sind?
2. Was muss man machen, wenn der Kühlschrank kaputt ist?
3. Was haben Sie in der letzten Woche machen lassen?
4. Was ließen Ihre Eltern Sie früher oft machen?
5. Was lassen Sie gern machen?
6. Was würden Sie gern machen lassen?
7. Was würden Sie nie machen lassen?

# Anwendung

**A**  **Ungewöhnliche Erfahrungen und Erlebnisse.**  Tauschen *(exchange)* Sie ungewöhnliche Erfahrungen mit anderen Studenten im Kurs aus. Wer hat das Ungewöhnlichste gesehen oder gehört?

**REDEMITTEL**

Ja, weißt du, dass ich einmal ... habe [tun] sehen?
Das ist interessant, aber einmal sah/hörte ich ... [tun].
Das ist doch gar nichts. Ich habe sogar ... machen sehen/hören.
[X] hat erzählt, dass sie/er einmal ... hat machen sehen.

**B** **Zeit oder keine Zeit? Spaß oder kein Spaß?** Was meint Ihre Partnerin/Ihr Partner zu diesen Fragen? Sie/Er soll mit Infinitivsätzen darauf antworten!

1. Wofür hast du immer Zeit?
2. Wofür hast du keine Zeit?
3. Wofür möchtest du mehr Zeit haben?
4. Wofür brauchst du keine Zeit?
5. Welche Hobbys machen dir Spaß?
6. Was macht dir überhaupt keinen Spaß?
7. Was würde dir dieses Wochenende viel Spaß machen?

# Schriftliche Themen

| | |
|---|---|
| **Tipps zum Schreiben** | **Expressing Your Own Views**<br><br>When writing about your own views, get to the point quickly. To let readers know that you are expressing your opinions rather than indisputable facts, use phrases such as the following:<br><br>**ich finde, (dass)**<br>**ich glaube, (dass)**<br>**meiner Meinung/Ansicht nach**<br>**ich halte es für ...** (*See* **Wortschatz,** Chapter 11.) |

**A** **Verpflichtungen** *(obligations)*.  Was wollen oder sagen andere Leute (z.B. Ihre Eltern oder Lehrer), dass Sie machen sollen? Macht es Ihnen Spaß das zu machen? Tun Sie es ungern? Was lassen Ihre Eltern Sie nicht tun? Verwenden Sie in Ihrem Aufsatz grammatische Strukturen aus diesem Kapitel.

BEISPIEL    Meine Eltern sagen immer, dass ich ihnen mehr helfen soll. Sie lassen mich z.B. jeden Tag vor dem Essen den Tisch decken. Ich helfe meiner Mutter auch manchmal das Abendessen kochen. Nun, ich finde es schön zum Haushalt etwas beizutragen *(contribute),* aber ich habe keine Lust das jeden Tag zu tun. Schließlich will ich mein eigenes Leben führen und niemand kann von mir erwarten, dass ... usw.

**B** **Was man ungern tut.**  Müssen Sie manchmal etwas machen, was Sie als besonders schwierig oder unangenehm empfinden? Erzählen Sie davon.

BEISPIEL    Ich finde es besonders unangenehm in eine neue Wohnung umzuziehen. Natürlich versuche ich Leute zu finden, die mir dabei helfen, aber wenn meine Freunde mich kommen sehen ... usw.

# Zusammenfassung

## Rules to Remember

1 Infinitive clauses are formed by placing **zu** before the infinitive or before the final element of a compound infinitive.

2 The **zu** + infinitive structure is always at the end of an infinitive clause, preceded by any modifiers or objects the clause may contain.

3 Infinitive clauses are most often located outside the main clause, not embedded in it.

4 Infinitives used in conjunction with modal verbs (**können, wollen,** etc.) and semi-modal verbs such as **fühlen, heißen, hören, lassen, sehen,** and **spüren** function as V₂ in the verbal bracket, with no preceding **zu.**

5 Infinitives used in combination with semi-modal verbs such as **helfen, lehren,** and **lernen** can either form an infinitive clause with **zu** or function as V₂ in the verbal bracket, with no preceding **zu.**

6 **Fühlen, hören, sehen, spüren,** and **lassen** used in combination with other verbs normally form the present perfect tense with an infinitive rather than a participle: Das habe ich **kommen sehen** (NOT: **gesehen**).

## At a Glance

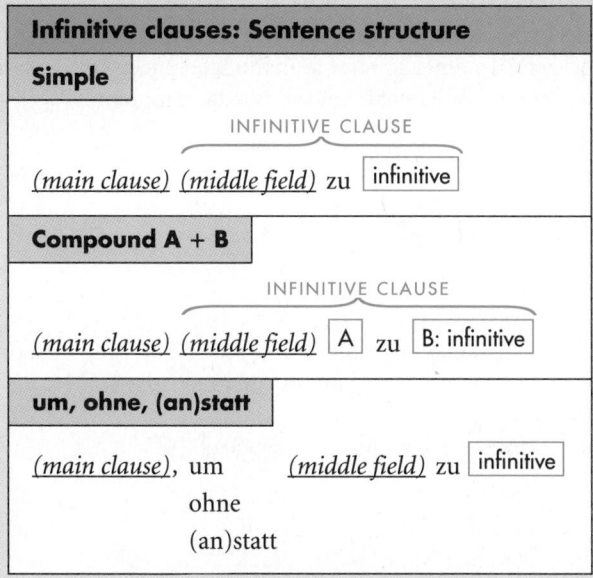

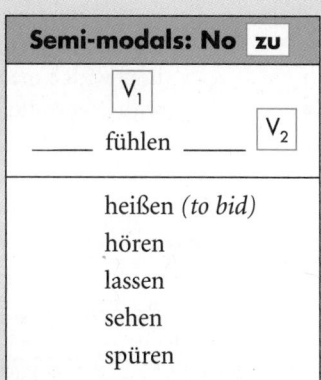

# 19

# Da-Compounds • Uses of es

# Grammatik

German pronouns used as subjects and (in)direct objects refer with equal precision of case, number, and gender to people, animals, things, and ideas. The **ihn** in the statement **Ich habe ihn gesehen** could refer, depending on the context, to a donkey, a mountain, or a suggestion—anything in the singular whose grammatical gender is masculine—as well as to a person. This is not true, however, when German pronouns are used with prepositions. A pronoun object of a preposition in German refers only to a living being—a person or an animal; the **ihn** in the statement **Ich denke an ihn** can only refer to a male person or an animal with a masculine-gender name. To refer to inanimate objects or ideas in conjunction with prepositions, German uses a shortcut known as a **da**-compound.

## 19.1    PREPOSITIONAL *DA*-COMPOUNDS

### A. Forms

1. **Da**-compounds are formed like **wo**-compounds (see 15.2B); the prefix **da(r)**- precedes the preposition. They occur with many, but not all prepositions.

| *da* + preposition | *dar-* + preposition | colloquial |
|---|---|---|
| dabei | daran | dran |
| dadurch | darauf | drauf |
| dafür | daraus | draus |
| dagegen | darin | drin |

| **da** + preposition | **dar-** + preposition | colloquial |
|---|---|---|
| damit[1] | darüber | drüber |
| danach | darum | drum |
| davon | darunter | drunter |
| davor | | |
| dazu | | |
| dazwischen | | |

ALSO:
daher *(from there, from that)*
dahin *(to there)*

2. **Da**-compounds cannot be formed with **außer, gegenüber, ohne, seit,** or with genitive prepositions.

## B. Use

1. The **da** in the **da**-compound stands conveniently for whatever is being referred to in conjunction with the preposition, regardless of its gender, case, or number. In the statement **Sie wartet darauf,** for example, **da** could mean *a taxi, a rainbow, a promotion,* or *the new contracts,* and the differences of gender and number (**das** Taxi, **der** Regenbogen, **die** Beförderung, **die** neuen Verträge), as well as the question of whether to use accusative or dative in this particular case with **auf,** all disappear behind **da.** Remember that this grammatical sleight of hand only applies to *inanimate* prepositional objects; where *animate* beings are concerned, care must be taken to indicate the gender and number regarding of the referent, as well as the case governed by the preposition.

COMPARE:

| | |
|---|---|
| Wartest du auf den Brief von der Uni? | *Are you waiting for the letter from the university?* |
| —Ja, ich warte **darauf.** | *—Yes, I'm waiting for it.* |
| Wartest du auf Martin/auf Sibylle? | *Are you waiting for Martin/for Sibylle?* |
| —Ja, ich warte **auf ihn/auf sie.** | *—Yes, I'm waiting for him/for her.* |

2. Occasionally a **da**-compound may be used to refer to living beings as belonging to a group, although the pronoun forms are usually preferable.

| | |
|---|---|
| In dieser Klasse sind zwanzig Studenten, **darunter/unter ihnen** einige recht gute. | *In this class there are twenty students, among them some quite good ones.* |

3. A **da**-compound can also refer to an entire previous clause.

| | |
|---|---|
| Bald werden wir ausziehen müssen, aber **daran** möchte ich jetzt nicht denken. | *Soon we will have to move out, but I don't want to think about it/that now.* |

---

[1] There is also the *conjunction* **damit,** which means *so that* (see 11.3).

4. In addition to referring to specific inanimate things, **da**-compounds also occur idiomatically in phrases and expressions. Here are some common examples.

| | |
|---|---|
| Ich kann nichts **dafür.** | *This is not my fault.* |
| Es kommt **darauf** an. | *It all depends.* |
| **Darauf** kommt es an. | *That's what counts.* |
| **Dabei** bleibt es. | *That's how it's going to be.* |
| Was sagen Sie **dazu?** | *What do you have to say about that?* |
| Es ist **damit** aus. | *It's over.* |
| Heraus **damit!** | *Out with it!* |
| Was haben wir **davon?** | *What good does it do us?* |

## 19.2     ANTICIPATORY *DA*-COMPOUNDS

1. Many verbs require prepositional phrases to complete their meanings (see 17.2 and 30.1).

   | | |
   |---|---|
   | Meine Eltern **freuen sich auf** meinen Besuch. | *My parents are looking forward to my visit.* |

2. When the object of the preposition is not a noun, but rather a dependent clause (often
   introduced by **dass, ob,** or **wie**) or an infinitive clause, a **da**-compound is inserted before the clause. The **da**-signals that the information connected with the preposition
   will be found in the following clause, which is always followed by a comma from the
   clause containing the **da**-compound.

   | | |
   |---|---|
   | Meine Eltern freuen sich **darauf, dass** wir sie bald besuchen. | *My parents are looking forward to us visiting them soon.* |
   | Sie denken schon jetzt **daran** mit uns ins Restaurant **zu gehen.** | *They're already thinking about going out with us to a restaurant.* |
   | Ich habe mich **daran** gewöhnt, **wie** sie uns alle verwöhnen. | *I've gotten used to how they spoil us all.* |

3. In the absence of other conjunctions (such as **wie**), how does one know whether to use
   a **dass**-clause or an infinitive clause following the **da**-compound? Two rules apply:

   a. If the subject of the main clause (with the **da**-compound) is also the subject of the sec-
      ond clause, both clause types are possible, but an infinitive clause is usually preferable.

   b. If the two clauses have different subjects, the **da**-compound must be followed by a
      subordinate clause (often beginning with **dass**) containing the new subject.

   COMPARE:

   | | |
   |---|---|
   | *I'm getting ready to travel to Europe.* | Ich bereite mich darauf vor, **nach Europa zu reisen.** |
   | | (Ich bereite mich darauf vor, **dass ich nach Europa reise.**) |
   | *I'm getting ready for my family to visit me.* | Ich bereite mich darauf vor, dass meine Familie mich besucht. |

4. Sometimes an optional anticipatory **da**-compound is added even when the prepositional phrase is not essential for completing the meaning of the verb.

| | |
|---|---|
| Sie erzählten (**davon**), wie sie ihre Ferien verbracht hatten. | *They told (about) how they had spent their vacation.* |

5. The adverbs **dahin** and **daher** are used with **gehen** and **kommen** to anticipate subsequent clauses and cannot be omitted.

| | |
|---|---|
| Die Schwierigkeiten kommen **daher,** dass es zu wenige Plätze im Studentenheim gibt. | *The difficulties stem from the fact that there are too few places in the student dormitory.* |
| Die Tendenz geht jetzt **dahin,** drei Studenten in einem Zimmer unterzubringen. | *The tendency is now to put three students in one room.* |

6. **Da**-compounds can also be used with a number of adjectives that often take prepositional complements (see 13.5).

| | |
|---|---|
| Wir sind **dazu** bereit Ihnen eine Stelle anzubieten. | *We are prepared to offer you a position.* |

## 19.3 USES OF *ES*

### A. Impersonal *es*

1. **Es,** like English *it,* can be used impersonally to indicate the occurrence of activities without any specific doers. It occurs frequently in weather and time expressions, as well as with numerous other impersonal verbs.

| | |
|---|---|
| **Es** regnet (blitzt, donnert, friert, hagelt, schneit, stürmt). | *It is raining (lightning, thundering, freezing, hailing, snowing, storming).* |
| **Es** ist fünf Uhr. | *It is five o'clock.* |
| **Es** riecht (stinkt, duftet). | *It smells (stinks, gives off an aroma).* |
| **Es** klopft. | *There is a knocking. (lit., "it" is knocking)* |
| **Es** brennt. | *Something is burning. (lit., "it" is burning)* |
| **Es** zieht. | *There is a draft. (lit., "it pulls")* |

2. **Es** also occurs in numerous so-called impersonal expressions in which *it* (**es**) is the subject of the German phrase or sentence but not of its English equivalent.

| | |
|---|---|
| Wie geht **es?** | *How are you?* |
| **Es** geht mir gut. | *I am fine.* |
| **Es** ist mir heiß/kalt. | *I am hot/cold.* |
| **Es** gelingt mir. | *I succeed.* |
| **Es** wird mir schlecht. | *I feel sick.* |
| **Es** tut mir Leid. | *I am sorry. (lit., it pains me)* |
| **Es** fehlt mir an (*dative*) ... | *I am missing/lacking ...* |

3. In main clauses, the impersonal **es** may introduce a sentence in which the true subject follows the inflected verb. The verb agrees with this subject, not with **es**. This construction has a somewhat literary flavor. (See also **es** with the passive, 28.1B).

| | |
|---|---|
| **Es** wohnen drei Familien in diesem Haus. | *There are three families living in this house.* |
| **Es** kam ein Brief. *(literary narrative)* | *There came a letter.* |

4. When the sentence begins with a different element, **es** is no longer introductory and cannot be used.

| | |
|---|---|
| **Es** blieben nur noch wenige Bücher übrig. | *There were only a few books left over.* |
| Dann blieben nur noch wenige Bücher übrig. | *Then there were only a few books left over.* |

## B. *Es gibt; es ist/sind*

1. The expression **es gibt** means *there is* or *there are* and normally refers to the *existence* of something. The **es** is impersonal, but it originally referred to Nature, Providence, or Fate, which "gave" such things as weather and rich harvests. Thus **es** is always the subject, the verb form is always singular, and the object of the verb is always in the accusative.

| | |
|---|---|
| **Gibt es** einen Gott? | *Is there a God?* |
| Vielleicht **wird es** Probleme **geben.** | *Perhaps there will be problems.* |

2. The expression **es ist/sind** *(there is/are)* is often used interchangeably with **es gibt**. However, **es ist/sind** actually refers to the *presence* of something in a specific place, whereas **es gibt** refers more to general existence.

COMPARE:

| | |
|---|---|
| **Es gibt** Kirchen in jeder deutschen Stadt. | *There are churches in every German town.* |
| **Es sind/Es gibt** fünf Kirchen in unserer Stadt. | *There are five churches in our town.* |
| **Es war/**(less common) **Es gab** niemand zu Hause. | *There was no one at home.* |

## C. Anticipatory *es*

**Es** may anticipate what is still to come in a subsequent clause. It can be either a subject or a direct object and is often optional after a verb. The same usage occurs in English.

| | |
|---|---|
| **Es** freut/ärgert mich, dass ...  OR:  Mich freut/ärgert (**es**), dass ... | *It pleases/annoys me that ...* |
| **Es** macht Spaß, wenn ... | *It is fun when ...* |
| **Es** ist möglich/schade/wichtig, dass ... | *It is possible/too bad/important that ...* |
| Wir haben (**es**) gewusst, dass ... | *We knew that ...* |
| Ich kann (**es**) nicht glauben, dass ... | *I can't believe (it) that ...* |

# Wortschatz
### *Es geht um „es"*

---

es handelt sich um          handeln von

es geht um

---

1. The expressions **es handelt sich um** and **es geht um** are synonymous. They indicate what something *is about* and have a number of English equivalents. The subject of these expressions is always **es,** and they are often used with an anticipatory **da-** compound.

es handelt sich um { *it is a question of*   *we are dealing with*

es geht um { *it is a matter of*   *we are talking about*

{ *at issue is*   *it concerns*

{ *at stake are*

**Es handelt sich um** deine Zukunft.     *We are talking about your future.*

**Um** was für einen Betrag **geht es** denn?     *Well, what (kind of an) amount are we talking about?*

**Es handelt sich darum,** möglichst schnell zu arbeiten.     *It is a matter of working as quickly as possible.*

2. **Handeln von** is used to express the idea that a book, poem, play, movie, etc. *is about* something.

Dieser Film **handelt von** (der) Politik.     *This film is about politics.*

**Wovon handelt** dieses Fernsehspiel?     *What is this television play about?*

# Übungen

**A** **Gegenstände *(objects)* des täglichen Lebens.**   Was kann man mit diesen Gegenständen alles machen? Verwenden Sie Konstruktionen mit **da-**.

BEISPIELE   ein Haus
*Man kann **darin** wohnen.*

ein Fernseher
*Man kann **davor** einschlafen.*

1. Zeitungen          3. ein Rucksack          5. ein Computer
2. Bleistift und Papier    4. Lebensmittel         6. alte Weinflaschen

Erzählen Sie von weiteren Gegenständen.

**B** **Fragen: Mit oder ohne *da*-Konstruktion?**     Antworten Sie bitte mit ganzen Sätzen und ganz ehrlich auf die folgenden Fragen.

BEISPIELE     Sind Sie mit der jetzigen Politik in Ihrem Land einverstanden?
*Ja, ich bin **damit** einverstanden./*
*Nein, ich bin nicht **damit** einverstanden.*

Haben Sie Respekt vor Politikern?
*Ja, ich habe Respekt vor **ihnen**./*
*Nein, ich habe keinen Respekt vor **ihnen**.*

1. Freuen Sie sich über das Glück anderer Menschen?
2. Haben Sie etwas gegen Menschen, die anderer Meinung sind als Sie?
3. Interessieren Sie sich für Politik?
4. Haben Sie Angst vor ihren Professorinnen/Professoren?
5. Zählen Sie sich zu den Leuten, die fast jeden Tag etwas für die Umwelt tun?
6. Sind Sie bereit ohne Styroporverpackungen und Spraydosen zu leben?
7. Sind Sie mit Ihrem bisherigen Leben zufrieden?

**C** **Knapper sagen.**     Drücken Sie die Idee in den folgenden Sätzen viel knapper (*more succinctly*) und stärker aus. Verwenden Sie Ausdrücke mit **da**-Konstruktionen.

BEISPIEL     Wir haben es so gemacht und wir können es jetzt nicht mehr ändern.
*Dabei bleibt es.*

1. Ob ich morgen komme? Tja, wenn ich Zeit habe, komme ich vielleicht, aber ich weiß es noch nicht so genau.
2. Du hast es ja gehört und jetzt möchte ich deine Meinung wissen.
3. Ich bitte Sie jetzt noch einmal: Geben Sie mir die Information!
4. Ich möchte Ihnen helfen, aber ich hatte mit der Entscheidung nichts zu tun.
5. Was für einen Vorteil (*advantage*) soll mir das bringen?
6. Sie haben sich auf unsere Kosten gut amüsiert, aber jetzt hört der Spaß auf.

**D** **Sätze ergänzen.**     Ergänzen Sie die Sätze durch passende **da**-Konstruktionen.

BEISPIEL     Wir freuen uns ... unsere Freunde uns besuchen.   (über)
*Wir freuen uns **darüber, dass** unsere Freunde uns besuchen.*

1. Unsere Professorin ärgert sich ... ein paar Studenten nicht zuhören.   (über)
2. Ich erinnere mich ... sie uns geholfen hat.   (an)
3. Wir gewöhnen uns ... früh aufzustehen.   (an)
4. Er interessiert sich ... ein Automotor funktioniert.   (für)
5. Wir sprechen ... wir unsere Sommerferien verbringen wollen.   (über)
6. Denk ... viel Spaß das Spiel machen wird.   (an)

**E** **Anders formulieren.**     Drücken Sie die Sätze durch den Gebrauch von **da**- Konstruktionen anders aus.

BEISPIEL     Du kannst dich auf unsere Hilfe verlassen.
*Du kannst dich **darauf** verlassen, dass wir dir helfen werden.*

1. Wir möchten uns für eure Hilfe bedanken.
2. Unsere Professorin beklagt sich *(complains)* über unser schlechtes Benehmen.
3. Auswanderer haben oft Angst vor dem Verlust *(loss)* ihrer Muttersprache.
4. Ein Automechaniker hat uns zum Kauf eines neuen Autos geraten.

**F** **Eigene Sätze bilden.** Bilden Sie wahre Aussagen über sich selbst oder über Menschen, die Sie kennen. Verwenden Sie die angegebenen Verben mit **da**-Konstruktionen.

BEISPIEL sich freuen auf
*Ich freue mich **darauf**, im Sommer nach Europa zu fahren.*

1. Angst haben vor
2. sich ärgern über *(to be annoyed)*
3. überreden zu *(to persuade to do)*
4. sorgen für *(to see to it)*
5. zweifeln an *(to doubt)*

**G** **Was gibt's?** Drücken Sie die Sätze anders aus. Verwenden Sie die angegebenen Ausdrücke aus dem Kasten.

BEISPIEL Man findet im Ruhrgebiet viele Großstädte.
*Im Ruhrgebiet gibt es viele Großstädte.*

es gibt   es fehlt   es ist/sind   es + [verb]

1. Ich habe im Moment leider kein Geld.
2. Ich höre draußen jemanden an die Tür klopfen.
3. Am Marienplatz in München befinden sich elegante Geschäfte.
4. Feuer!
5. Dass der Schnee vor Morgen kommt, ist höchst unwahrscheinlich.
6. Kein Grund ist vorhanden *(exists)* die Aussage dieses Polizisten zu bezweifeln.

# Anwendung

**A** **Etwas vorführen (demonstrate).** Bringen Sie einen Gegenstand (oder das Bild eines Gegenstandes) zum Unterricht mit. Erklären Sie, wie dieser Gegenstand funktioniert, was man damit machen kann usw. Verwenden Sie Kombinationen mit **da-**.

REDEMITTEL

Das hier ist ...
Ich möchte euch ein bisschen darüber informieren, wie ...
Damit kann man ...
Ich möchte euch auch zeigen, wie ...
Habt ihr jetzt Fragen dazu?

**B** **Räumlich beschreiben.** Erkundigen Sie sich bei jemandem im Kurs danach, wie ein bestimmter Raum (z.B. ein Schlafzimmer, ein Garten, die Küche) bei ihr oder ihm aussieht. Benutzen Sie dabei viele Formen mit **da-**.

BEISPIEL A: Wie sieht dein Zimmer im Studentenheim aus?

B: Mein Zimmer ist recht groß. In einer Ecke steht mein Arbeitstisch. Darauf steht mein Computer und ich schreibe meine Aufgaben damit. Links davon ... usw.

**C** **Wovon handelt es?** Fragen Sie ein paar Studentinnen/Studenten in Ihrer Gruppe, was für Bücher sie in letzter Zeit *(recently)* gelesen oder welche Filme sie gesehen haben. Wenn Sie einen Titel hören, den Sie nicht kennen, fragen Sie danach: Wovon handelt dieses Buch? Worum geht es in diesem Film? Benutzen Sie in den Antworten Vokabeln aus dem **Wortschatz.**

BEISPIEL Also, am Anfang geht es hier um einen Jungen, der bei einer armen Familie lebt ... / Dieser Film handelt von zwei Menschen, die sich gegenseitig nicht ausstehen *(stand)* können ...

# Schriftliche Themen

| Tipps zum Schreiben | **Avoiding Some Common Pitfalls** |
|---|---|
| | Use the first-person-singular **ich** sparingly when presenting your views and opinions on a subject in writing. You can occasionally include your reader or other persons in the solutions you propose by using **wir.** Readers can become confused, however, if you shift between the pronouns **ich** and **wir** for no apparent reason. Also, make sure you have not used the neuter or impersonal pronoun **es** to refer to nouns that are masculine *(pronoun:* **er**) or feminine *(pronoun:* **sie**). |
| | After writing a first draft, reread it to see whether use of an occasional **da**-compound instead of a preposition plus a previously mentioned noun will tighten your text without sacrificing its clarity. |

**Einen Standpunkt vertreten *(represent).*** Äußern Sie sich schriftlich zu einem Thema, zu dem es viele unterschiedliche Meinungen gibt. Versuchen Sie Ihre Argumente durch einige der folgenden Wendungen *(expressions/phrases)* einzuführen und zu betonen.

REDEMITTEL

Das Problem liegt meiner Meinung nach darin, dass ...
Wir müssen uns vor allem darüber klar sein, wie/was/wer/ inwiefern ...
Ich möchte daran erinnern, dass ...
Ich glaube, man kann sich nicht darauf verlassen *(rely upon)*, dass ...
Ja, das kommt daher/davon, dass ...
Sind wir uns jetzt darüber einig, dass ...?
Ich halte es für wichtig/richtig, dass ...
Daher gibt es keinen Grund ... zu [tun]

THEMENVORSCHLÄGE

Weltpolitik
Sozialprobleme
ideologische und politische Konfrontation an der Universität
Wirtschaftspolitik *(economic policy)*
Konflikte auf der Welt

# Zusammenfassung

### Rules to Remember

1 **Da**-compounds normally refer only to things, not to persons and animals.

2 A **da**-compound is often used to anticipate a following infinitive clause or subordinate clause.

3 The object of **es gibt** *(there is)* is always in the accusative.

4 The impersonal **es** refers to the existence of an action, not to a specific thing: **Es regnet.** *(It is raining.)*

### At a Glance

| *da*-compounds: Sentence structure |
| --- |
| _____ darauf (_____), dass _____ $V_1$ |
| _____ darauf (_____), _____ zu infinitive |

## *da*-compounds: Possible forms

| | |
|---|---|
| dabei | daran |
| dadurch | darauf |
| dafür | daraus |
| dagegen | darin |
| damit | darüber |
| danach | darum |
| davon | darunter |
| davor | |
| dazu | |
| dazwischen | |

### Non-combining prepositions

| | | |
|---|---|---|
| außer | ohne | *(all genitive prepositions)* |
| gegenüber | seit | |

## Uses of *es*

| | |
|---|---|
| Impersonal **es** | • weather expressions     (e.g., **es regnet**)<br>• time expressions     (e.g., **es ist drei Uhr**)<br>• impersonal verbs     (e.g., **es brennt, es zieht**) |
| Impersonal expressions | Wie geht **es**?<br>**Es** ist mir heiß/kalt.<br>**Es** tut mir Leid.<br>*(see 19.A2 for additional expressions)* |
| **Es gibt** + *accusative*<br>**Es ist/Es sind** + *nominative* | = *there is/there are; refers to existence of something*<br>= *there is/there are; refers to presence of something* |
| Anticipatory **es** | **Es** _____, dass _____ $V_2$.<br>_____ **(es)** (_____), dass _____ $V_2$. |

# Subjunctive (Subjunctive II)

# Grammatik

## 20.1 SUBJUNCTIVE VS. INDICATIVE

In German as in English, the subjunctive mood is used to signal that a speaker or writer is expressing something imagined as opposed to something real—imagined either in the sense that it doesn't really exist at all, or that it is considered only as potentially existing:

| | |
|---|---|
| Wenn du nur hier gewesen **wärest**! | *If only you had been here!* (the truth is: you weren't) |
| Wenn ich nicht so viel Arbeit **hätte, würde** ich gern mitkommen. | *If I didn't have so much work, I'd really like to come along.* (but in fact I do, so I won't) |
| Ach, das **wäre** schön! | *Oh, that would be nice!* (but it hasn't happened yet) |

The forms of the subjunctives used in these examples derive from the second principal part of the verb (that is, the past tense), hence their designation as Subjunctive II (**der zweite Konjunktiv**).

## 20.2 PRESENT SUBJUNCTIVE II FORMS

### A. *würde* + infinitive

The most common subjunctive form in German, at least in spoken language, is **würde** *(would)* + infinitive. In this construction, **würde** functions like a modal verb, and the

**255**

infinitive serves as $V_2$ in the verbal bracket (see 1.1D). Like all present subjunctive verbs, **würde** is formed by adding the subjunctive endings **-e, -est, -e; -en, -et,** and **-en** to the past-tense stem, which in this case is modified with an umlaut (see D below):

| | |
|---|---|
| ich würde | wir würd**en** |
| du würd**est** | ihr würd**et** |
| er/sie/es würde | sie/Sie würd**en** |

| | |
|---|---|
| Wenn du mir nur zuhören **würdest**! | *If only you would listen to me!* |
| So etwas **würde** ich nie machen. | *I would never do anything like that.* |

In the following discussion, **würde** + infinitive forms will be distinguished from Subjunctive II single-word forms (such as **wäre** or **käme**), which likewise can translate as *would* ＿＿.[1]

## B. Subjunctive II: Regular weak verbs

Present Subjunctive II of regular weak verbs (such as **lernen, sagen,** and **spielen**) is formed by adding the subjunctive endings (**-e, -est, -e; -en, -et, -en**) to the past-tense stem. Since these endings are identical to the past-tense endings, the present Subjunctive II is indistinguishable from the past-tense indicative of these verbs. In practice, therefore, these forms are almost always replaced with **würde** + infinitive.

| lernen | |
|---|---|
| **Subjunctive II** | **Past indicative** |
| ich lernt **e** | ich lernte |
| du lernt **est** | du lerntest |
| er/sie/es lernt **e** | er/sie/es lernte |
| wir lernt **en** | wir lernten |
| ihr lernt **et** | ihr lerntet |
| sie/Sie lernt **en** | sie/Sie lernten |

---

[1] Note that *would* ＿＿ is not the only (and sometimes not the preferred) English translation for present Subjunctive II forms or for **würde** + infinitive, since English uses a variety of means to express the subjunctive.

| | |
|---|---|
| Wenn wir Zeit **hätten**, ... | *If we had time . . . / If we did have time . . . / If we would have time ...* |

Wenn ich Deutsch **lernte,** ... *(less common)*
Wenn ich Deutsch **lernen würde,** ... *(more common)* } *If I were to learn German, ...*

## C. Irregular verbs

1. To form present Subjunctive II, irregular verbs likewise add the subjunctive endings (**-e, -est, -e; -en, -et, -en**) to the past-tense stem, but alter the vowel of the stem either with an umlaut or by changing **a** to **e,** depending on the verb.

| Infinitive | Past indicative | Subjunctive II |
|---|---|---|
| brennen | brannte | er/sie **brennte** |
| bringen | brachte | er/sie **brächte** |
| denken | dachte | er/sie **dächte** |
| kennen | kannte | er/sie **kennte** |
| nennen | nannte | er/sie **nennte** |
| rennen | rannte | er/sie **rennte** |
| senden | sendete/sandte | er/sie **sendete** |
| wenden | wendete/wandte | er/sie **wendete** |
| wissen | wusste | er/sie **wüsste** |

2. With the exception of **wissen** $\longrightarrow$ **wüsste,** these subjunctive forms are almost always replaced by **würde** + infinitive.

Wenn sie bloß schneller **rennen würde,** ...    *If she would just run faster, . . .*
Wenn ich *das* **wüsste,** ...    *If I knew **that**, . . .*

## D. Strong verbs

1. The present Subjunctive II of strong verbs is formed by adding the subjunctive endings **-e, -est, -e; -en, -et,** and **-en** to the past-tense stem. In addition, the past-tense stems take an umlaut when the stem vowel is **a, o,** or **u.**

| | gehen | | kommen | |
|---|---|---|---|---|
| | Past indicative | Subjunctive II | Past indicative | Subjunctive II |
| ich | ging | ging **e** | kam | käm **e** |
| du | gingst | ging **est** | kamst | käm **est** |
| er/sie/es | ging | ging **e** | kam | käm **e** |
| wir | gingen | ging **en** | kamen | käm **en** |
| ihr | gingt | ging **et** | kamt | käm **et** |
| sie/Sie | gingen | ging **en** | kamen | käm **en** |

Other examples:

| Infinitive | Past indicative | Subjunctive II |
|------------|-----------------|----------------|
| bleiben | blieb | er/sie **bliebe** |
| fliegen | flog | er/sie **flöge** |
| schneiden | schnitt | er/sie **schnitte** |
| werden | wurde | er/sie **würde** |

Wenn unsere Freunde jetzt **kämen,**     *If our friends came now, we would*
  **blieben** wir zu Hause.                       *remain at home.*

2.  With the exception of very common verbs such as **sein, werden, gehen, kommen,** and
    **tun,** the present Subjunctive II of these verbs occurs mainly in written German. In spo-
    ken German, and to some extent in written German, there is a strong tendency to use
    **würde** + infinitive.

Wenn er schneller **führe, könnte** er das
  Rennen **gewinnen.**                            *If he drove/would drive faster, he could*
Wenn er schneller **fahren würde,**               *win the race.*
  **könnte** er das Rennen **gewinnen.**

3.  A number of strong verbs with the past-tense stem vowel **a** have alternative subjunc-
    tive forms with **ö** or **ü.** In some instances, **ö** or **ü** are the only forms. These forms sound
    obsolete and are normally replaced by **würde** + infinitive.

*\* use würde + inf. construction here*

| Infinitive | Past indicative | Subjunctive II |
|------------|-----------------|----------------|
| beginnen | begann | er/sie **begönne** (*or* **begänne**) |
| empfehlen | empfahl | er/sie **empföhle** (*or* **empfähle**) |
| gewinnen | gewann | er/sie **gewönne** (*or* **gewänne**) |
| stehen | stand | er/sie **stünde** (*or* **stände**) |
| helfen | half | er/sie **hülfe** |
| sterben | starb | er/sie **stürbe** |
| werfen | warf | er/sie **würfe** |

4.  Remember that although these Subjunctive II forms—weak, irregular, and strong—
    are derived from the past-tense stem, they refer to present or future time, not the
    past.

COMPARE:

Das **war** aber schön.                           *That was really nice.*
                                                    *(in the past)*

Das **wäre** aber schön.                           *That would really be nice.*
                                                    *(now or in the future)*

Wenn ich nach Hause **ging,** ...                  *Whenever I went home, ...*
                                                    *(in the past)*

Wenn ich nach Hause **ginge,** ...                 *If I were to go home, ...*
                                                    *(now or in the future)*

### E. Modal verbs

1. Modal verbs with an umlaut in the infinitive take an umlaut in the present Subjunctive II; **sollen** and **wollen** do not. The subjunctive forms of these verbs are *not* normally replaced by **würde** + infinitive. Note the meanings of the modals in the subjunctive.

| Infinitive | Past indicative | Subjunctive II | |
|---|---|---|---|
| dürfen | durfte | er/sie **dürfte** | *would/might be permitted to* |
| können | konnte | er/sie **könnte** | *could/would be able to* |
| mögen | mochte | er/sie **möchte** | *would like to* |
| müssen | musste | er/sie **müsste** | *would have to* |
| BUT: | | | |
| sollen | sollte | er/sie **sollte** | *should* |
| wollen | wollte | er/sie **wollte** | *would want to* |

2. Recall that **können** can express possibility and **müssen** can express probability (see 9.2). In these cases, the subjunctive is used to show that the inference of probability or uncertainty is uncertain. When the reference is to something happening in the present or future, the subjunctive modal + present infinitive is used; when the reference is to the past, subjunctive modal + perfect infinitive is used.

| | |
|---|---|
| Sie **müsste** eigentlich schon da **sein.** | *She really ought to be there by now.* |
| So etwas **könnte** schon **passiert sein.** | *Such a thing could actually have happened.* |

### F. *Haben, sein, werden*

**Haben** and **sein** (along with **würde**) are the most commonly used present subjunctive verbs and normally take the Present subjunctive II form rather than **würde** + infinitive. Notice that they both require an umlaut.

| Infinitive | Past indicative | Subjunctive II |
|---|---|---|
| haben | hatte | er/sie **hätte** |
| sein | war | er/sie **wäre** |

### G. Subjunctive II forms vs. *würde* + infinitive

1. In spoken German, only the Present subjunctive II forms of **haben, sein, werden, gehen, tun, wissen,** and the modal verbs are still very common and preferred. With most other verbs, there is an increasing tendency to substitute **würde** + infinitive for Present subjunctive II forms.

2. Present subjunctive II forms appear more often in written than in spoken German, but even in writing one notes that **würde** + infinitive is gradually replacing some Present subjunctive II verbs. This poses a problem when one wants to avoid using two forms of **würde** back to back, which is especially prone to occur in a conditional sentence:

| | |
|---|---|
| Wenn er mich mal bitten **würde, würde** ich's mir schon überlegen. | *If he'd just ask me, of course I'd consider it.* |

The rule of thumb used to be that the **wenn**-clause should end with a Present subjunctive II form, in order to avoid this stylistic blemish:

Wenn er mich mal **bäte, würde** ich's mir schon überlegen.

But the rule is becoming increasingly difficult to apply as Present subjunctive II forms (like **bäte,** for example) continue to fall into disuse. To some Germans, Present subjunctive II forms such as **kennte** and **rennte** are so obsolete as to sound grammatically wrong; other verbs, like **hülfe** and **stürbe,** are acknowledged to be correct but are considered hopelessly archaic; while some common verbs (such as **kommen** and **tun**) have Present subjunctive II forms (**käme** and **täte**) that can substitute more or less equally for **würde kommen** and **würde tun.** If such verbs do not fit the context, however, stylistic concerns suggest that one rephrase the sentence using an appropriate modal verb in one of the clauses:

| | |
|---|---|
| Wenn er mich mal bitten **würde,** **könnte** ich's mir schon überlegen. | *If he'd just ask me, of course I could consider it.* |

3. In short: For writing or speaking, Present subjunctive II forms are preferred (some would say mandatory) for **haben, sein, werden,** and the modal verbs; stylistically proper for frequently used strong verbs such as **finden, gehen, kommen,** and **tun,** and for **wissen**; acceptable for weak verbs when the context makes the subjunctive meaning clear (usually in writing); and almost never used for irregular verbs or the strong verbs listed in 20.2D3 above.

---

**20.3    USES OF PRESENT SUBJUNCTIVE II**

## A. Hypothetical conditions and conclusions

1. The Present subjunctive II is most often used to express an unreal or contrary-to-fact condition and conclusion. Such "hypothetical" statements consist of two parts: a **wenn**-clause and a concluding clause. Since the **wenn**-clause is a subordinate clause, the verb is placed at the end of this clause (see 11.3). The following clause begins either with a conjugated verb or with an optional **dann** or **so** followed by the conjugated verb. The English equivalent is *If . . ., then . . .*

COMPARE:

| | |
|---|---|
| Wenn wir besser **verdienen würden,** (dann/so) **könnten** wir uns ein Haus **kaufen.** | *If we earned more, (then) we could buy a house.* |
| Wenn sie mehr Zeit **hätte,** (dann/so) **würde** sie uns **besuchen.** | *If she had more time, (then) she would visit us.* |

2. The order of the main clause and the **wenn**-clause can be reversed, just as in English, in which case **dann** is omitted.

| | |
|---|---|
| Wir **könnten** uns ein Haus kaufen, wenn wir besser **verdienen würden.** | *We could buy a house if we earned more.* |

3. Occasionally a **wenn**-clause begins with a verb and no **wenn.** In such instances, the **dann** or **so** in the concluding clause is optional but normally included. In English, this usage is restricted to the verbs *to have* and *to be,* but not in German.

| | |
|---|---|
| **Hätte** sie mehr Zeit, (dann/so) würde sie uns besuchen. | *Had she more time, (then) she would visit us.* |
| **Käme** er jetzt, (dann/so) könnte er uns helfen. | *If he came now, (then) he could help us.* |

## B. Conclusions without expressed conditions

Present subjunctives can appear with no condition expressed when the situation is not factually true, when it exists only in the realm of possibility, or when deferential politeness is in order (see also 20.3D).

| | |
|---|---|
| Das **würde** ich nicht **machen.** | *I wouldn't do that.* |
| Das **wär's** für heute. | *That'll be it for today.* |
| An deiner Stelle **würde** ich nichts **sagen.** | *If I were you* (lit., *in your place*), *I wouldn't say anything.* |
| Da **hätte** ich aber meine Bedenken. | *I'd have serious doubts about that.* |
| Ich **würde** lieber zu Hause bleiben. | *I'd rather stay at home.* |
| Ich **wüsste** nicht warum. | *I wouldn't know why.* |

## C. Wishes

1. Since wishes are inherently contrary to fact, they are also expressed by a Present subjunctive II. The intensifying adverb **nur** is added, sometimes in combination with the flavoring particle **doch** (see 25.2E).

| | |
|---|---|
| Wenn er (doch) nur **käme/kommen würde!** | *If only he were coming!* (fact: *he is not coming*) |

2. As in conditional statements, **wenn** can be omitted; the verb in first position then expresses the idea of *if.*

| | |
|---|---|
| **Wäre** es (**doch**) nur ein bisschen wärmer! | *If only it were a little warmer!* |

3. German often prefaces contrary-to-fact wishes with the verbs **wollen** or **wünschen.** In such instances, **wollen** or **wünschen** are also put in the subjunctive.

| | |
|---|---|
| Ich **wollte/wünschte,** wir **hätten** mehr Zeit! | *I wish we had more time!* |

## D. Polite requests

The sense of potentiality inherent in the subjunctive explains its connection with polite requests; by using it, the speaker implicitly suggests that it is up to the person addressed, rather than the speaker, to determine whether the wish will be fulfilled or not.

| | |
|---|---|
| **Wäre** es möglich, etwas leiser zu sprechen? | *Would it be possible to speak more quietly?* |
| **Könnten** Sie mir bitte helfen? | *Could you please help me?* |
| **Würden** Sie das bitte nochmal erklären? | *Would you please explain that again?* |

Subjunctive use in the first person similarly renders a sentence more deferential; rather than stating a demand, the speaker refers to something desired and potentially possible.

| | |
|---|---|
| Ich **hätte** gern etwas Nachtisch. | *I'd like to have some dessert.* |

### E. After *als (ob)/als (wenn)*

1. A clause introduced by the conjunctions **als (ob)** or **als (wenn)** (see 11.3) often describes a situation that *appears* to be the case but in the speaker's view may not be true. As long as the **als ob** clause refers to the same time as the main clause, the present subjunctive (Subjunctive II or **würde** + infinitive) is used, regardless of the English tense of that verb.

| | |
|---|---|
| Er tut (so), als ob er uns nicht **kennen würde.** | *He's acting as if he didn't know us.* |
| Manche Leute tun (so), als ob sie wirklich keine Ahnung **hätten.** | *Some people act as if they really don't have a clue.* |
| Sie tat (so), als ob sie glücklich **wäre.** | *She acted as if she were happy.* |

2. Often the **ob** or **wenn** is omitted and the verb placed directly after **als.**

| | |
|---|---|
| Das Haus sieht aus, **als wohnte** niemand mehr dort. | *The house looks as if no one lives there any more.* |
| Er tut (so), **als gäbe** es keine Lösung. | *He acts as if there weren't any solution.* |

3. In present time, the indicative is often used if in the speaker's view the impression is a correct one.

| | |
|---|---|
| Er sieht aus, als ob er krank ist. | *He looks as if he is sick* (i.e., *he probably **is** sick*). |

## 20.4    THE PAST SUBJUNCTIVE

### A. Forms

1. The subjunctive in past time is formed with the subjunctive auxiliary forms **hätte(n)** or **wäre(n)** + past participle.

| | |
|---|---|
| Ich **hätte gearbeitet.** | *I would have worked.* |
| Sie **wären gegangen.** | *They would have gone.* |

2. Keep in mind that even though forms such as **käme** and **gäbe** are based on past-tense verbs, they do *not* refer to the past but rather to the present or the future. Many Eng-

lish speakers mistakenly produce **gäbe,** for example, when trying to express a statement such as *I would have given you everything.* They understand that the idea refers to the past (as a past-tense, contrary-to-fact conclusion); and **gäbe** looks very much like **gab,** a past-tense form. But **gäbe** only means *gave* in the sense of *would give*—referring to the present or the future. To express an idea that refers to the past using the subjunctive, one must always use a compound form, with **hätte** or **wäre** as $V_1$, and a past participle (or variation thereof; see 20.4C) in $V_2$ position: **Ich hätte dir alles gegeben.**

## B. Use

1. The past subjunctive is used to express unreal past conditions and imagined results that are contrary to fact.

   COMPARE:

   Wenn sie früher **käme, würde** sie den Zug nicht **verpassen.** (*present*)

   *If she came earlier* (hypothetical condition), *she would not miss the train.*

   Wenn sie früher **gekommen wäre, hätte** sie den Zug nicht **verpasst.** (*past*)

   *If she had come earlier, she would not have missed the train.*

2. Past subjunctive and present subjunctive can be used in the same sentence.

   COMPARE:

   PAST TIME

   Wenn Mozart länger **gelebt hätte,**
   *If Mozart had lived longer,*

   PAST TIME

   **hätte** er mehr Sinfonien **komponiert.**
   *he would have composed more symphonies.*

   PAST TIME

   **Wäre** er nicht so jung **gestorben,**

   *If he had not died so young,*

   PRESENT TIME

   **gäbe** es jetzt noch viel mehr Kompositionen von ihm.

   *there would now be many more compositions by him.*

3. As with conditional sentences in the present, the order of the two clauses in a conditional sentence referring to the past may be reversed.

   Vielleicht **wäre** Mozart nicht so jung **gestorben,** wenn er sich mehr **geschont hätte.**

   *Perhaps Mozart would not have died so young if he had taken better care of himself.*

4. The past subjunctive can also be used to describe hypothetical conclusions about the past.

   So etwas **hätten** unsere Studenten nie **getan.**

   *Our students would never have done such a thing.*

5. Wishes pertaining to the past require past subjunctive.

   Wenn er nur länger auf Godot **gewartet hätte!**

   *If only he had waited longer for Godot!*

## C. Modals in the past subjunctive

1. When no infinitive accompanies a modal verb, the past subjunctive of the modal is formed with the subjunctive auxiliary **hätte(n)** + past participle.

| | |
|---|---|
| Ihre Mutter **hätte** das nicht **gewollt.** | *Her mother would not have wanted that.* |
| Wir **hätten** es nicht **gekonnt.** | *We would not have been able to do it.* |

2. If an infinitive accompanies the modal verb, the past subjunctive is formed with the auxiliary **hätte(n)** + a double infinitive (see 9.3). The subjunctive double infinitive construction is quite common with the three modals **können, müssen,** and **sollen** but less so with the others.

### Common

| | |
|---|---|
| Sie **hätte gehen können.** | *She could have gone (but didn't).*[2] |
| Sie **hätte gehen müssen.** | *She would have had to go (but didn't).* |
| Sie **hätte gehen sollen.** | *She should have gone (but didn't).* |

### Less common

| | |
|---|---|
| Sie **hätte gehen dürfen.** | *She would have been permitted to go.* |
| Sie **hätte** nicht **gehen mögen.** | *She would not have liked to go.* |
| Sie **hätte gehen wollen.** | *She would have wanted to go.* |

3. In subordinate clauses, *double infinitives always come last.* This means that **hätte** ($V_1$) precedes the double infinitive ($V_2$) in subordinate clauses containing past subjunctive modal structures.

COMPARE:

| | |
|---|---|
| Wer weiß, ob sie die Prüfung *bestanden* **hätte.** | *Who knows whether she would have passed the exam.* |
| Wer weiß, ob sie die Prüfung **hätte** bestehen können. | *Who knows whether she could have passed the exam.* |

OTHER EXAMPLES:

| | |
|---|---|
| Meinst du, dass ich die Antwort **hätte** wissen sollen? | *Do you think I should have known the answer?* |
| Ich sage nur, dass er die Wahrheit **hätte** sagen müssen. | *I'm just saying that he should have had to tell the truth.* |

---

[2] The English sentence *She could have gone* is ambiguous. In the sense *She had the ability to go but didn't,* German uses the past subjunctive of the modal verb (since the question of ability lies in the past), with the double infinitive: **Sie hätte gehen können.** But in the sense *It is perhaps possible that she has gone,* German uses the present subjunctive of the modal verb (since the uncertain conjecture occurs in the present) and the perfect infinitive: **Sie könnte (schon) gegangen sein.**

### D. After *als (ob)/als (wenn)*

1. The past subjunctive is used after **als (ob)/als (wenn)** if the **als ob** clause refers to a time prior to that of the main clause.

| | |
|---|---|
| Er tat so, *als ob* er den Chef nicht **verstanden hätte.** | *He acted as if he had not (previously) understood the boss.* |
| Es war (so), *als wenn* gar nichts **passiert wäre.** | *It was as if nothing had happened.* |

2. As with present subjunctive, **als** may stand alone in the subordinate clause, followed immediately by the auxiliary verb **hätte** or **wäre,** with the participle in final position.

Er tat (so), *als* **hätte** er den Chef nicht **verstanden.**

Es war (so), *als* **wäre** gar nichts **passiert.**

# Wortschatz

## *Benimm dich doch mal!*

1. **Sich benehmen** means *to act, behave (according to notions of socially good or bad behavior)*. It is usually used with adverbs such as **anständig** *(decently),* **gut, schlecht, unmöglich,** etc.

| | |
|---|---|
| Kinder, **benehmt euch** bitte! | *Children, please behave!* |
| Auf der Party haben **sich** ein paar Gäste sehr schlecht **benommen.** | *At the party a few guests behaved very badly.* |

2. **Sich aufführen** means *to act, behave,* or *carry on,* in other words *conspicuous* behavior. It requires an adverb.

| | |
|---|---|
| Du hast **dich** aber komisch **aufgeführt.** | *You certainly behaved strangely.* |

3. **Sich verhalten** means *to act, react, behave* in a given situation. It suggests controlled behavior.

| | |
|---|---|
| Wie **verhalten sich** Menschen in solchen Stresssituationen? | *How do people behave in such stressful situations?* |
| Er wartete ab, was kommen sollte, und **verhielt sich** ganz ruhig. | *He waited to see what was to come and acted very calmly.* |

4. **Tun, als ob** means *to act* or *behave as if.*

| | |
|---|---|
| Der Hund **tut** (so), **als ob** er uns verstehen würde. | *The dog is acting as if he understands us.* |

5. **Handeln** means *to act, take action.*

| | |
|---|---|
| Manche Leute **handeln** nur im eigenen Interesse. | *Some people act only in their own interest.* |

# Übungen

**A** **Formen üben.** Sagen Sie es anders.

BEISPIELE  er ginge
*er würde gehen*

sie würde uns schreiben
*sie schriebe uns*

1. du würdest denken
2. sie fielen
3. er würde sitzen
4. sie würde stehen
5. wir trügen es
6. sie würde sich verhalten
7. er schnitte sich
8. sie fänden uns
9. ich träfe ihn
10. ihr würdet froh sein
11. wir läsen es
12. ich würde mich benehmen
13. er würde laufen
14. es würde kalt werden
15. sie verließe ihn

**B** **Formen in der Vergangenheit (past).** Setzen Sie die Formen in Übung A in die Vergangenheit.

BEISPIELE  er ginge
*er wäre gegangen*

sie würde uns schreiben
*sie hätte uns geschrieben*

**C** **Welche Verben passen?** Ergänzen Sie die Sätze durch passende Verben aus dem Wortschatz.

1. Während der Operation _____ sich der Patient ganz ruhig.
2. Wenn niemand seine Bitte erhört, dann muss er selber _____.
3. Während des Unterrichts hat sich das Kind unmöglich _____.
4. Die anderen Partygäste waren schockiert, weil Fred sich so unmöglich _____.
5. Gernot _____ immer sehr schnell, wenn er eine Entscheidung getroffen hat.
6. Beate weiß nicht alles, sie _____ aber immer so.
7. Das Tier _____ sich ganz still, bis die Gefahr vorüber war.

**D** **Wie schön wäre das!** Stefan denkt, wie schön es wäre, wenn er morgen keine Schule hätte. Setzen Sie seinen Brief an Gabi in den Konjunktiv.

Liebe Gabi,

ach, wie schön wäre es, wenn wir morgen keine Schule hätten! Ich *stehe* erst gegen neun Uhr *auf*. Nach dem Frühstück *kommen* dann Freunde zu mir und wir *gehen* in der Stadt bummeln. Vielleicht *essen* wir zu Mittag in einem Straßencafé. Danach *kaufen* wir im Musikgeschäft ein paar CDs, wenn wir noch genug Geld *haben*. Wenn nicht, dann machen wir etwas anderes. Wir *können* uns zum Beispiel einen Film ansehen. Du *darfst* mitkommen, wenn du *willst*, aber du *musst* schon um zehn Uhr bei mir sein. *Ist* das nicht ein toller Tag?

Dein Stefan

**E** **Wie schön wäre das gewesen!**   Setzen Sie Stefans Brief von Übung D in den Konjunktiv der Vergangenheit.

BEISPIEL   *Ach, wie schön wäre es gewesen, wenn wir **gestern** keine Schule gehabt hätten ...*

**F** **Wie wäre es, wenn ...?**   Erzählen Sie in ein bis zwei Sätzen davon.

BEISPIEL   wenn das Semester schon zu Ende wäre
*Wenn das Semester schon zu Ende wäre, würde ich nach Hause fahren und arbeiten. Ich würde auch fast jeden Abend mit Freunden ausgehen (ginge ... aus).*

1. wenn Sie mehr Zeit hätten
2. wenn Sie im Lotto viel Geld gewinnen würden
3. wenn Sie die Gelegenheit *(opportunity)* hätten ... [zu tun]
4. wenn Sie sich in einer Vorlesung sehr komisch aufführen würden
5. wenn Ihr Deutsch perfekt wäre

Machen Sie fünf weitere Aussagen dieser Art *(type)* über sich selbst oder über Menschen, die Sie kennen.

**G** **Situationen.**   Erklären Sie, was man in diesen Situationen machen muss oder soll. Es gibt manchmal mehr als nur eine Möglichkeit. Verwenden Sie Verben aus dem **Wortschatz.**

BEISPIEL   Man will einen guten Eindruck machen.
*Man muss/soll sich höflich* (politely) *benehmen.*

1. Andere Leute im Bus wollen schlafen.
2. Jemand braucht dringend Hilfe.
3. Man will nicht zeigen, dass man Angst hat.
4. Man hat sich um eine Stelle beworben *(applied)* und stellt sich jetzt beim Personalchef einer Firma vor.
5. Man will nicht für einen Narren *(fool)* gehalten werden.

**H** **Ach, diese Studenten!**   Frau Professor Schwerenote überlegt, wie ihr Kurs im letzten Jahr gewesen wäre, wenn die Studenten nur mehr gearbeitet hätten. Was denkt sie?

BEISPIEL   Udo lernte nicht fleißig und bekam deswegen eine schlechte Note.
*Wenn Udo fleißig gelernt hätte, hätte er sicher eine gute Note bekommen.*

1. Sara schlief manchmal während der Stunde ein und störte den Unterricht dauernd durch lautes Schnarchen *(snoring)*.
2. Michael hat seine Aufgaben nie rechtzeitig abgegeben *(handed in)* und verlor deswegen Punkte bei der Bewertung seiner Arbeit.
3. Josef schwänzte *(cut class)* manchmal und machte deswegen oft die falschen Hausaufgaben.
4. Angelika hat während der Stunde oft mit anderen Studenten gesprochen und deswegen dauernd den Unterricht gestört *(disturbed)*.
5. Vicki hörte oft nicht zu und wusste deshalb oft nicht, was andere gerade gesagt hatten.

Und was denken diese fünf Studenten wohl über Frau Professor Schwerenote?

**I**  **Ach, wenn es nur anders wäre!**   Denken Sie sich Wünsche zu den folgenden Themen aus. Verwenden Sie möglichst viele verschiedene Verben.

> BEISPIEL     zu Ihrem Deutschkurs
> *Ach, wenn es im Deutschkurs nur nicht so viele Prüfungen gäbe!*

1. zu Ihrem Leben
2. zum Leben Ihrer Eltern
3. zu einer Situation auf Ihrer Uni oder in Ihrer Schule
4. zum Leben in Ihrem Heimatland
5. zur Sozialpolitik in Ihrem Land
6. zur Weltpolitik
7. zu einem weiteren Thema

**J**  **O je.**   Haben Sie als Kind manches (nicht) gemacht, was Sie jetzt bereuen *(regret)*? Machen Sie fünf Aussagen.

> BEISPIELE     *Ich wünschte, ich hätte meine Eltern nicht so viel geärgert.*
> *Ach, wenn ich mich im Kindergarten nur besser benommen hätte!*

**K**  **Wir bitten höflichst.**   Was sagen Sie in diesen Situationen?

> BEISPIEL     Im Zug raucht eine Frau neben Ihnen eine Zigarette. Das stört Sie.
> *Würden Sie bitte so nett sein und jetzt nicht rauchen?*
> OR: *Dürfte ich Sie bitten nicht zu rauchen?*

1. Sie essen mit anderen Leuten zusammen und wollen die Butter haben.
2. Sie wollen $10 von ihrer Freundin/ihrem Freund borgen.
3. Bei einer Prüfung haben Sie die Anweisungen Ihrer Professorin/Ihres Professors nicht verstanden.
4. Sie bitten am Informationsschalter im Bahnhof um Auskunft.
5. Sie sind in einer Buchhandlung und suchen ein bestimmtes Buch.

**L**  **Berühmte Menschen.**   Erzählen Sie, was fünf berühmte Menschen (aus der Gegenwart und der Vergangenheit) vielleicht anders hätten machen können oder sollen.

> BEISPIEL     Abraham Lincoln
> *Er hätte an einem anderen Tag ins Theater gehen können* (oder *sollen*).

**M**  **Menschen, die so tun, als (ob).**   Machen Sie fünf Aussagen über Menschen, die Sie kennen und die immer so tun, *als ob.* Machen Sie bitte ein paar Aussagen über die Gegenwart *(present)* und ein paar über die Vergangenheit.

> BEISPIELE     *Mein Bruder tut/tat immer so, **als ob** er alles besser wüsste als ich.*
> *Meine Lehrer taten früher immer so, **als** hätte ich etwas Dummes gesagt.*

# Anwendung

**A** **Ich?! Du!** Die Konjunktivformen lassen sich gut bei einem Streit (z.B. zwischen Zimmerkollegen) verwenden:

BEISPIEL A: Ich wäre nicht immer so sauer, wenn du wenigstens ab und zu mal deine Sachen aufräumen würdest.

B: Ich?! Tja, wenn du meine Sachen nicht immer tragen würdest, dann wüsste ich wenigstens, wo sie sind.

A: Was? Also, wenn du ... usw.

Wie lange können Sie sich auf diese Weise mit einer Partnerin/einem Partner in so einem Rollenspiel streiten?

**B** **Was wäre, wenn ...** Diskutieren Sie mit anderen Leuten, wie die Welt und das Leben anders wären, wenn gewisse Dinge anders wären.

THEMENVORSCHLÄGE

Wenn niemand ein Telefon/einen Fernseher hätte.
Wenn Sie unsichtbar wären.
Wenn es keinen Strom mehr gäbe.
Wenn es noch keine Computer gäbe.

REDEMITTEL

Wenn (das) so ... wäre, ja dann ...
Ja, erstens würde ich ...
Ich glaube, ich würde ...
Für mich wäre dann die
  Hauptsache/das Wichtigste ...
Dann müsste/könnte man auch ...
Und schließlich würde man/ich ...

Wenn der Strom nicht wäre.

**C** **Sagen Sie Ihre Meinung ....** Diskutieren Sie mit anderen Studentinnen/Studenten eine Situation im heutigen Leben, die anders werden sollte oder könnte. Sagen Sie Ihre Meinung darüber, wie man diese Situation ändern sollte, könnte oder müsste, damit alles besser wäre oder sein könnte.

Ihr eigenes Leben
die Armut *(poverty)* auf der Welt
das Drogenproblem
die Zerstörung *(destruction)* der Umwelt
eine Situation auf Ihrer Universität oder an Ihrer Schule
die politische Lage irgendwo auf der Welt

Meiner Meinung/Ansicht nach müsste/könnte/sollte man ...
Ich glaube, wir müssten/könnten ...
Ich bin der Meinung/Ansicht, dass ...
Es wäre besser, wenn ...
Ich wünschte, wir könnten ...
So wie ich die Sache sehe, müsste man ...
Man kann ja auch umgekehrt *(conversely)* argumentieren und sagen, dass ...

**D** **Wenn es anders gekommen wäre.**     Sprechen Sie mit anderen Studentinnen/
Studenten über ein großes politisches, kulturelles, historisches oder wissenschaftliches
Ereignis. Spekulieren sie darüber, was möglicherweise geschehen wäre, wenn das Ereignis
nicht stattgefunden hätte, anders verlaufen oder anders ausgegangen wäre.

Wenn Amerika 1776 den Unabhängigkeitskrieg nicht begonnen hätte.
Wenn Edison die elektrische Glühbirne *(lightbulb)* nicht erfunden hätte.
Wenn niemand das Fernsehen erfunden hätte.
Wenn Rosa Parks nicht den Mut gehabt hätte im Bus sitzen zu bleiben.
Wenn die Beatles in Liverpool geblieben wären.
Wenn es keinen Vietnamkrieg gegeben hätte.
Wenn alle Computer der Welt bei der Jahrtausendwende tatsächlich versagt
   *(failed)* hätten.

**E** **Ich hätte viel mehr machen sollen.**     Diskutieren Sie mit einer Partnerin/einem
Partner über das letzte Jahr oder das letzte Semester: Was hätte sie/er mehr machen sollen?
nicht so oft machen sollen? Was hätte diese Zeit besser/interessanter/produktiver/schöner
gemacht? Da die Zeit ja schon vorbei ist, müssen Sie darüber im Vergangenheitskonjunktiv
sprechen!

# Schriftliche Themen

| Tipps zum Schreiben | **Using the Subjunctive** |
| --- | --- |
| | If you are presenting facts, you will use the indicative. If you are conjecturing, you *must* use the subjunctive. In your writing, strive for a stylistic balance between subjunctive forms and the alternate construction with **würde** + infinitive (see 20.2G). As a rule, avoid the subjunctive of weak verbs and less commonly used strong verbs (for example, **hülfe, schöbe, löge,** etc.). Avoid as well too many **hätte**'s and **wäre**'s; they add little to a composition. Finally, once you have initiated conjecture with a **wenn**-clause, there is no need to keep repeating this condition; continued use of the subjunctive signals continuing conjecture: **Wenn ich eine Uhr *wäre,* dann *würde* ich gern an einer Wand im Bahnhof *hängen.* Ich *dürfte* (*instead of* würde) nie *schlafen,* denn ich *müsste* (*instead of* würde) die Zeit *messen* und den Menschen *zeigen,* wie spät es ist.** |

**A**　**Wenn ich [X] wäre.**　(Ihre Professorin/Ihr Professor wird Ihnen sagen, was in Ihrem Fall das X sein soll.)

**B**　**Mal was anderes.**　Erzählen Sie, wie es wäre, wenn Sie einmal aus der Routine Ihres täglichen Alltags ausbrechen könnten. Was würden/könnten Sie anders machen? Wo? Mit wem? Warum?

**C**　**Ein Wunsch.**　In was für einer Welt würden Sie gern leben?

BEISPIEL　Ich würde gern in einer Welt leben, in der alle Menschen in Frieden leben und arbeiten dürften. Alle wären glücklich, und niemand müsste sterben, weil er nicht genug zu essen bekäme. In einer solchen Welt gäbe es auch keine Rechtsanwälte *(lawyers),* denn niemand würde gegen andere Menschen einen Prozess führen und ein weiser Richter *(judge)* würde alle Streitfälle *(disputes)* schlichten *(settle)* … usw.

**D**　**Ein Bittbrief.**　Schreiben Sie einen kurzen aber höflichen Brief, in dem Sie eine Person, eine Firma, ein Fremdenverkehrsamt *(tourist bureau)* usw. um Auskunft über etwas bitten.

**BEISPIEL**

Messner-Verlag GmbH
Bismarckstraße 4
D-73765 Neuhausen

Ann Arbor, 1. März 2002

Sehr geehrte Damen und Herren,

ich möchte Sie um Auskunft über ein Praktikum (*internship*) in Ihrer Firma bitten. Vor allem hätte ich gern nähere Informationen über die Tätigkeiten (*activities*), die damit verbunden sind. Ich wäre Ihnen dankbar, wenn Sie mir ... usw.

Mit freundlichen Grüßen

Ihre/Ihr

# Zusammenfassung

### Rules to Remember

1. The subjunctive expresses unreal, hypothetical, or contrary-to-fact conditional statements, as well as polite requests and wishes.

2. Subjunctive II has only two tenses: present (to refer to present and future time) and past (to refer to all past-time situations; no distinction is made between past and past perfect). **Würde** + infinitive only expresses unreal or hypothetical situations in the present or future.

3. Present Subjunctive II forms are derived from the second principal part of the verb—the past indicative stem: **kommen** $\longrightarrow$ **kam** $\longrightarrow$ **käme.**

4. **Würde** + infinitive is used more often than Subjunctive II, though Subjunctive II forms are preferred for the most commonly used verbs, such as **sein, haben, werden, wissen,** and the modal verbs. Subjunctive II forms are also used with frequently occurring strong verbs such as **gehen, kommen,** and **tun.** Weak verbs are most often expressed in the subjunctive with **würde** + infinitive, unless the context makes it clear that the form is subjunctive rather than indicative.

5. The past Subjunctive II is formed with an auxiliary (**hätte** or **wäre**) and a past participle.

6. Modal verbs in past subjunctive use a very distinct form: **hätte ... machen sollen** (*should have ...*)/**hätte ... machen können** (*could have ...*). A modal verb infinitive stands as the second element in a double infinitive structure; the double infinitive itself always stands at the end of a clause, main or subordinate.

## At a Glance

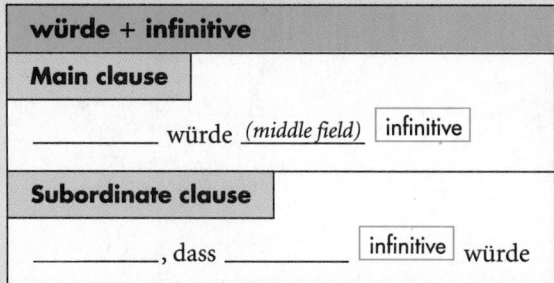

| würde + infinitive | | |
|---|---|---|
| **Main clause** | | |
| _____ würde _(middle field)_ infinitive | | |
| **Subordinate clause** | | |
| _____ , dass _____ infinitive würde | | |

| Subjunctive II: Present | | | | | | | | |
|---|---|---|---|---|---|---|---|---|
| | **haben** | **sein** | **werden** | **lernen** | **wissen** | **kommen** | **können** | **sollen** |
| ich | hätte | wäre | würde | lernte | wüsste | käme | könnte | sollte |
| du | hättest | wärest | würdest | lerntest | wüsstest | kämest | könntest | solltest |
| er/sie/es | hätte | wäre | würde | lernte | wüsste | käme | könnte | sollte |
| wir | hätten | wären | würden | lernten | wüssten | kämen | könnten | sollten |
| ihr | hättet | wäret | würdet | lerntet | wüsstet | kämet | könntet | solltet |
| sie/Sie | hätten | wären | würden | lernten | wüssten | kämen | könnte | sollten |

| Subjunctive II: Past |
|---|
| hätte ⎫<br>wäre ⎭ + past participle |

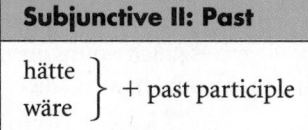

| Subjunctive II: Past-tense modals |
|---|
| hätte + infinitive modal infinitive |

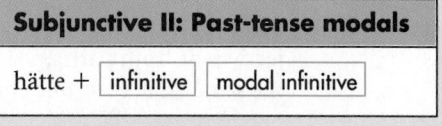

| Past Subjunctive: _would/could/should_ | |
|---|---|
| _I would have helped._ → | Ich **hätte geholfen.** |
| _I could have helped._ → | Ich **hätte helfen können.** |
| _I should have helped._ → | Ich **hätte helfen sollen.** |

# 21

# Adjective Nouns • Participial Modifiers

# Grammatik

## A. Masculine and feminine adjective nouns

1. Masculine and feminine nouns designating persons are sometimes formed from adjectives or from participles used as adjectives. Such nouns are capitalized and require the same weak or strong endings that they would have as adjectives (see 13.2).

|  | **Masc.** | **Fem.** | **Pl.** *(preceded/unpreceded)* |
|---|---|---|---|
| Nom. | der Fremde (ein Fremder) | die Fremde (eine Fremde) | die Fremden / Fremde |
| Acc. | den Fremden | die Fremde | die Fremden / Fremde |
| Dat. | dem Fremden | der Fremden | den Fremden / Fremden |
| Gen. | des Fremden | der Fremden | der Fremden / Fremder |

Wir konnten **den Fremden** (*i.e.,* **den fremden Mann**) nicht finden.

*We could not find the stranger.*

Einige **Fremde** (*i.e.,* **fremde Menschen**) traten in den Hof.

*Some strangers walked into the courtyard.*

**274**

2.  While many adjectives and participles can be used in this construction, some have become the preferred means for specific references.

### Adjectives

| | | |
|---|---|---|
| **alt** *(old)* | $\longrightarrow$ | **der/die Alte** *(old person)* |
| **blind** *(blind)* | $\longrightarrow$ | **der/die Blinde** *(blind person)* |
| **deutsch** *(German)* | $\longrightarrow$ | **der/die Deutsche** *(German person)* |
| **fremd** *(strange, foreign)* | $\longrightarrow$ | **der/die Fremde** *(foreigner)* |
| **krank** *(sick)* | $\longrightarrow$ | **der/die Kranke** *(sick person)* |
| **tot** *(dead)* | $\longrightarrow$ | **der/die Tote** *(dead person)* |

### Participles (past and present; see 21.2)

| | | |
|---|---|---|
| **angestellt** *(employed)* | $\longrightarrow$ | **der/die Angestellte** *(employee)* |
| **bekannt** *(well-known)* | $\longrightarrow$ | **der/die Bekannte** *(acquaintance)* |
| **erwachsen** *(grown)* | $\longrightarrow$ | **der/die Erwachsene** *(grown-up, adult)* |
| **reisend-** *(traveling)* | $\longrightarrow$ | **der/die Reisende** *(traveler)* |
| **verlobt** *(engaged)* | $\longrightarrow$ | **der Verlobte** *(fiancé),* **die Verlobte** *(fiancée)* |
| **verwandt** *(related)* | $\longrightarrow$ | **der/die Verwandte** *(relative)* |
| **vorgesetzt** *(placed over)* | $\longrightarrow$ | **der/die Vorgesetzte** *(supervisor, superior)* |

3.  In the case of **der Beamte** *(a tenured civil servant)*, which derives from the participial form **beamtet** *(given permanent civil service status)*, only the masculine form functions as an adjective noun. The feminine form (**die Beamtin**) is fixed, with no endings.

## B. Neuter adjective nouns

1.  Neuter nouns derived from adjectives and participles take either weak or strong neuter adjective endings. Such nouns refer only to ideas, collective concepts, or abstractions.

| | **Neut.** | | |
|---|---|---|---|
| **Nom.** | das Gute | ein Gutes | Gutes |
| **Acc.** | das Gute | ein Gutes | Gutes |
| **Dat.** | dem Guten | einem Guten | Gutem |
| **Gen.** | des Guten | eines Guten | —— |

| | |
|---|---|
| Er hat nur **Gutes** getan. | *He did only good (things).* |

More examples:

| | |
|---|---|
| Achten Sie bitte auf **das Folgende.** | *Please pay attention to the following (things).* |
| Mir hat **das Ganze** gut gefallen. | *I liked all of it (the whole thing).* |
| Hoffentlich habe ich **das Richtige** gesagt. | *I hope I said the right thing.* |

2. Sometimes neuter nouns are formed using comparative or superlative forms of adjectives (see 14.1).

| | |
|---|---|
| Wir haben **Schlimmeres** erwartet. | *We expected worse (things).* |
| Sie hat ihr **Bestes** getan. | *She did her best.* |

3. Adjectives following the pronouns **etwas, nichts, viel,** or **wenig** become neuter nouns with endings.

# Tun Sie was Gutes.

| | |
|---|---|
| Nom. | etwas Nett**es** |
| Acc. | etwas Nett**es** |
| Dat. | etwas Nett**em** |
| Gen. | —— |

| | |
|---|---|
| Zum Geburtstag möchte ich sie mit **etwas Nettem** überraschen. | *For her birthday I would like to surprise her with something nice.* |
| Hast du **nichts Neues** erfahren? | *Didn't you find out anything new?* |

4. The adjective **ander-** *(other)* is often used as a neuter adjective noun, but it is usually not capitalized.

| | |
|---|---|
| Das **andere** kann ich später erledigen. | *The other things I can take care of later.* |

It can also be used with **etwas** in the sense of *something else.*

| | |
|---|---|
| Das langweilt mich. Machen wir **etwas anderes.** | *This is boring me. Let's do something else.* |

When used with **etwas** to designate *something new or different* (as opposed to merely *something else*), it can be capitalized to emphasize the sense of "otherness" implied:

| | |
|---|---|
| Ich will in diesem Aufsatz **etwas Anderes** darüber sagen. | *I want to say something different about it in this essay.* |

5. After the declinable pronoun **alles** *(everything)*, adjective nouns take strong neuter endings.

| | |
|---|---|
| Nom. | alles Wunderbar**e** |
| Acc. | alles Wunderbar**e** |
| Dat. | allem Wunderbar**en** |
| Gen. | alles Wunderbar**en** |

| | |
|---|---|
| Wir haben schon **alles Brauchbare** gefunden. | *We have already found everything usable.* |

## 21.2  PARTICIPLES AS MODIFIERS

### A. Present participle modifiers

Present participles (**das Partizip Präsens**) are formed by adding **-d** to the infinitive; the **-(e)nd** ending corresponds to English *-ing*. They can stand alone to describe actions taking place at the same time as the main verb, or function as attributive adjectives (with appropriate endings) or as adverbs.

| | |
|---|---|
| Laut **schreiend,** kamen die Arbeiter in den Saal. | *Shouting loudly, the workers entered the hall.* |
| Er sah das **schlafende** Kind an. | *He looked at the sleeping child.* |
| Zuerst nimmt man **kochendes** Wasser. | *First, you take boiling water.* |
| Unser Geld war **überraschend** schnell weg. | *Our money was gone surprisingly fast.* |

### B. Past participle modifiers

1.  Past participles (**das Partizip Perfekt**) (see 3.1) describe a *completed action* and occur often as predicate adjectives.

| | |
|---|---|
| Der Tisch ist **gedeckt.** | *The table is set.* |
| Das Fenster war **geschlossen.** | *The window was closed.* |
| Sein Computer ist jetzt **repariert.** | *His computer is now repaired.* |

2.  Past participles can also be used attributively to modify nouns.

| | |
|---|---|
| das **verwöhnte** Kind | *the spoiled child* |
| ein **gebrauchtes** Auto | *a used car* |
| die **gefärbten** Haare | *the dyed hair* |
| **gemalte** Landschaften | *painted landscapes* |

## 21.3  EXTENDED MODIFIERS

### A. Extended participial modifiers

1.  An extended modifier (**die erweiterte Partizipialkonstruktion**) is a phrase consisting of any combination of adjectives, adverbs, and prepositional phrases that adds information to a participle modifying a noun. The unusual feature of this construction, for English speakers, is its position: Where English usually requires modifying phrases such as these to come after the noun, German—at least formal, written German—allows all of these elements to be placed in front of the noun like any other modifier.

COMPARE:

| | |
|---|---|
| ein verheirateter Mann | *a married man* |
| ein **glücklich** verheirateter Mann | *a happily married man* |
| ein **seit Jahren** glücklich verheirateter Mann | *a for-years-happily-married man (a man married happily for years)* |
| eine renovierte Wohnung | *a renovated apartment* |
| eine **kürzlich** renovierte Wohnung | *a recently renovated apartment* |
| eine kürzlich **von der Stadt** renovierte Wohnung | *a recently-by-the-city-renovated apartment (an apartment recently renovated by the city)* |

2. Extended modifiers are not necessarily long; it is the position of sentence elements such as prepositional phrases and time adverbials in front of the noun that makes them distinctive.

| | |
|---|---|
| eine **in Lübeck wohnende** Malerin | *a painter living in Lübeck* |
| der **seit einer Woche laufende** Film | *the film, which has been playing for a week* |
| ein **im Skandal verstrickter** Politiker | *a politician mixed up in the scandal* |
| das **gestern abgesagte** Konzert | *the concert that was canceled yesterday* |

3. Within an extended modifier, adverbial phrases follow the Time–Manner–Place rule (see 1.1C).

TIME          PLACE

die **seit mehr als zehn Jahren in Lübeck wohnende** Malerin
*the painter who has been living in Lübeck for more than ten years*
   (lit., *the "for-more-than-ten-years-in-Lübeck-living" painter*)

4. Extended modifiers are also possible without participles.

Die Stadt hat die **für den Bau eines neuen Spielplatzes nötigen finanziellen** Mittel.
*The city has the financial means for the construction of a new playground.*
   (lit., *the city has the "for-the-construction-of-a-new-playground-necessary" means*)

5. Extended modifiers can appear with no preceding article.

**In diesem Stadtteil aufgewachsene** Kinder haben es besonders schwer.
*Children who have grown up in this part of the city have a particularly difficult time.*

6. The use of longer extended modifiers in German is a matter of stylistic preference. They usually sound quite official or formal.

Die Beerdigung des **gestern im Alter von 95 Jahren in Prag gestorbenen italienischen** Komponisten Roberto Pinnza wird morgen in Mailand stattfinden.
*The burial of the Italian composer Roberto Pinnza, who died yesterday at the age of 95 in Prague, will take place tomorrow in Milan.*

## B. Extended modifiers with *zu* + present participle

In formal contexts, one finds extended modifiers that make use of the **sein** + **zu** + infinitive structure (see 28.3D), which translates into an English passive. As part of an extended modifier, the infinitive following **zu** becomes a present participle with appropriate adjective endings, and **sein** disappears.

COMPARE:

**sein** + **zu**

Eine positive Reaktion **war zu erwarten.**    *A positive reaction was to be expected.*

**As an extended modifier**

Leider spürte man nichts von der    *Unfortunately, one sensed nothing of the*
  **zu erwartenden** positiven Reaktion.      *positive reaction that was expected.*

Wortschatz
*Neues entdecken!*

| lernen | herausfinden | feststellen |
|--------|--------------|-------------|
| erfahren | entdecken | |

1. **Lernen** (see also **Wortschatz,** Chapter 2) means *to acquire knowledge or ability* through study or experience.

   Sie hat einen Beruf **gelernt.**    *She learned a profession.*

   Mein Opa **lernt** gerade, wie man einen    *My granddad is learning right now how*
     Computer bedient *(uses).*      *to use a computer.*

2. **Erfahren** means *to learn* or *find out* without any study or searching necessarily implied.

   Ich habe aus der Zeitung von ihrem    *I learned/found out about her death*
     Tod **erfahren.**      *from the newspaper.*

   Wir haben diese Nachricht von    *We learned/heard this news from*
     einem Freund **erfahren.**      *a friend.*

3. **Herausfinden** means *to learn, find out,* or *discover* through effort or inquiry.

   Kannst du **herausfinden,** wo sie wohnt?    *Can you find out where she lives?*

   Die Polizei hat den Dieb noch    *The police have not yet found out who*
     nicht **herausgefunden.**      *the thief is.*

4. **Entdecken** means *to discover.*

| | |
|---|---|
| Immer wieder **entdeckt** man in dieser Stadt etwas Neues. | *Again and again one discovers something new in this city.* |

5. **Feststellen** means *to ascertain* or *determine* and implies that information is acquired through directed effort or inquiry. It is more formal than **herausfinden.**

| | |
|---|---|
| Es wurde **festgestellt,** dass er Gelder unterschlagen hatte. | *It was ascertained that he had embezzled monies.* |
| Der Arzt muss die Ursache der Krankheit noch **feststellen.** | *The doctor still has to ascertain the cause of the sickness.* |

# Übungen

**A** **Adjektiv → Substantiv.** Ergänzen Sie die Sätze durch passende Adjektivsubstantive. Achten Sie dabei auf die Adjektivendungen!

BEISPIEL In unseren Großstädten gibt es viele ____.
*In unseren Großstädten gibt es viele **Arme.***

> angestellt arm beamt- blind erwachsen reich tot verliebt *(in love)* verlobt verwandt

1. Kennen Sie den Kultfilm „Nacht der lebenden *(living)* ____ "?
2. Er hat kürzlich erfahren, dass ein paar seiner ____ aus Deutschland sind.
3. Ein Tourist bewunderte *(admired)* das große Rathaus und fragte einen Passanten *(passerby)*: „Sagen Sie mal, wie viele ____ arbeiten dort?" Da antwortete der Passant zynisch *(cynically)*: „Ungefähr die Hälfte von ihnen."
4. Robin Hood nahm Geld von den ____ und gab es den ____.
5. Kann man herausfinden, wie viele ____ diese Firma hat?
6. Sie gingen ins Restaurant als ____ und kamen als ____ heraus.
7. Dem ____ half jemand die Straße überqueren.
8. Solche Bücher gefallen sowohl Kindern als auch ____.

**B** **Anders ausdrücken.** Verwenden Sie Adjektive als Substantive im Neutrum.

BEISPIEL Er hat etwas gesagt, was sehr gut war.
*Er hat etwas sehr Gutes gesagt.*

1. Wir wünschen, dass euch nur gute Dinge passieren.
2. Auf unserer Reise durch die Schweiz haben wir viele interessante Dinge gesehen.
3. Alles, was wichtig ist, wird dir der Chef erklären.
4. Der Politiker spricht von nichts, was neu ist.
5. Die Tagesschau brachte wenige neue Nachrichten.

6. Was machst du jetzt? –Nichts, was besonders wäre.

7. Sie findet immer nur alles schön, was teuer ist.

8. Hoffentlich habe ich mich richtig verhalten.

**C** **Das passende Verb.** Welche Verben aus dem **Wortschatz** könnte man mit den folgenden Wörtern oder Ausdrücken verwenden?

> BEISPIEL    ein neues Computergeschäft
> *ein neues Computergeschäft entdecken*

1. etwas Neues über Computer

2. einen Fehler im Softwareprogramm

3. woher der Fehler im Softwareprogramm kommt

4. wo man Computer am günstigsten reparieren lässt

5. dass es meistens zu viel kostet, einen älteren Computer reparieren zu lassen

6. wie man einen Computer selbst repariert

**D** **Was passt am besten?** Ergänzen Sie die Substantive durch passende Partizipien des Präsens.

> BEISPIEL    die Sonne
> *die **aufgehende** Sonne*

1. die Temperatur

2. ein Wald

3. viele Kinder

4. alle Zuschauer

5. eine Hand

6. Blumen

**E** **Länger und noch länger machen.** Erweitern Sie die Ausdrücke in Übung D zuerst durch einen adverbialen Ausdruck, dann durch mehrere Wörter.

> BEISPIEL    *die aufgehende Sonne*
> *die **am Morgen aufgehende** Sonne*
> *die **ganz früh am Morgen im Osten aufgehende** Sonne*

**F** **Partizip Präsens → Partizip Perfekt.** Nehmen Sie die folgenden Wortverbindungen mit dem Partizip Präsens und bilden Sie Wortverbindungen im Partizip Perfekt.

> BEISPIEL    die **ab**fallenden Blätter
> *die **abgefallenen** Blätter*

1. ein abbrechender Ast *(branch)*

2. wachsende Städte

3. aussterbende Kulturen

4. die aufgehende Sonne

5. der inspirierende Mensch

6. eine motivierende Lehrerin

**G** **Länger machen.** Erweitern Sie die Wortverbindungen aus Übung F durch ein weiteres Element.

BEISPIELE       die abfallenden Blätter
*die **schnell** abfallenden Blätter*

die *abgefallenen* Blätter
*die **während des Sturms** abgefallenen Blätter*

**H   Partizipialkonstruktionen.**   Drücken Sie die Relativkonstruktionen durch Partizipialkonstruktionen (entweder Partizip Präsens oder Partizip Perfekt) anders aus.

BEISPIELE       der Zug, der schnell abfährt
*der schnell abfahrende Zug*

ein Bus, der schon abgefahren ist
*ein schon abgefahrener Bus*

1. die Theorie, die von Einstein aufgestellt wurde
2. die Steuern *(taxes)*, die dauernd steigen
3. der Preis, der rasch gesunken war
4. der Brief von einer Mutter, die in Dresden wohnt
5. in einem Auto, das gerade repariert wurde
6. eine Autorin, die von Millionen gelesen wird

**I   Erweiterte Partizipialkonstruktionen.**   Analysieren Sie die folgenden Sätze: Wo stehen die Partizipialkonstruktionen? Aus welchen Elementen bestehen sie? Versuchen Sie einige von den Konstruktionen mit Relativsätzen umzuschreiben.

BEISPIEL       Die in Rostock geborene Langstreckenschwimmerin *(long distance swimmer)* nimmt den Wettkampf bereits zum fünften Mal in Angriff, Lampenfieber *(jitters)* vor den bis zu neuneinhalb Stunden langen Rennen *(races)* in den Flüssen hat sie deshalb nicht. *(Der Spiegel)*
> *Partizipialkonstruktionen:* Die ... Langstreckenschwimmerin / vor den ... Rennen
> *Elemente:* in Rostock geborene / bis zu neuneinhalb Stunden lang
> *Relativsätze:* Die Langstreckenschwimmerin, die in Rostock geboren ist / vor den Rennen, die bis zu neuneinhalb Stunden lang sind

1. Endlich rief das seit Jahren brutal unterdrückte *(suppressed)* Volk zur Revolution auf.
2. Der wegen mehrerer Berglawinen *(avalanches)* vorübergehend *(temporarily)* geschlossene Sankt-Gotthard-Pass soll heute Abend gegen 18 Uhr für den Verkehr wieder freigegeben werden.
3. Von den 88 beim Absturz *(crash)* des Flugzeugs ums Leben gekommenen Menschen konnten bisher 72 Opfer *(victims)* identifiziert werden.
4. Achtung, Achtung, eine Durchsage! Der aus Stuttgart kommende Intercity-Zug 511 wird wegen in der Nähe von Augsburg noch nicht abgeschlossener Gleisreparaturen *(track repairs)* mit zwanzigminutiger Verspätung auf Gleis 7 ankommen.
5. Am Ende seiner Vorlesung *(lecture)* fasste der Professor die wichtigsten, dennoch von mehreren Forschern *(researchers)* in Frage gestellten Ergebnisse *(results)* seiner Untersuchungen zusammen und wies auf einige noch durchzuführende *(to be carried out)* Experimente hin.

# Anwendung

**A** **Sind Sie neugierig *(curious)*?** Was möchten Sie über Ihre Schule oder Uni herausfinden? Wählen Sie fünf Punkte aus und bilden Sie damit Sätze. Die anderen in der Gruppe lesen dann ihre Sätze vor. Vielleicht weiß jemand, was Sie wissen wollen.

> BEISPIEL  Ich möchte herausfinden, wie viel Geld die Präsidentin/der Präsident dieser Uni verdient. Ich möchte auch gerne wissen, wie alt unsere Deutschprofessorin/unser Deutschprofessor ist.

**B** **Eigene Erfahrungen.** Was haben Sie in diesem Semester erfahren, herausgefunden, entdeckt oder festgestellt? Machen Sie eine Aussage mit jedem Verb.

> BEISPIEL  *Ich habe **festgestellt,** dass Deutsch nicht immer leicht ist.*

**C** **Partizipialkonstruktionen im Gebrauch.** Suchen Sie aus Zeitungen, Zeitschriften oder anderen Quellen *(sources)* drei bis fünf erweiterte Partizipialkonstruktionen heraus. Stellen Sie diese Konstruktionen im Kurs vor.

# Schriftliche Themen

| Tipps zum Schreiben | **Using Extended Modifiers** |
| --- | --- |
| | Lengthy extended modifiers are rarely a sign of good style. Shorter extended modifiers, however, can be used to good effect to avoid short relative clauses that might interrupt the flow of a sentence. From a German point of view, the phrase **der von Gleis fünf abfahrende Intercity-Zug** is simply more to the point than the relative clause construction **der Zug, der von Gleis fünf abfährt,** particularly when additional information is still to come. Perhaps this is why extended modifiers occur frequently in official announcements, both written and spoken. |

**A** **Eine Mitteilung *(notification).*** Sie arbeiten für ein Studentenreisebüro und schreiben eine Mitteilung auf Amtsdeutsch *(officialese)* über eine geplante Reise an die Adria *(Adriatic Sea),* die aus verschiedenen Gründen nicht mehr stattfinden kann.

Eine Ferienreise an die Adria war geplant.
Diese Reise kann nicht mehr stattfinden.
Man konnte nicht alle Hotelzimmer buchen, die nötig waren.
Hinzu *(in addition)* kamen auch einige Schwierigkeiten bei der Buchung des Fluges.
Diese Schwierigkeiten waren unerwartet.
Außerdem dauern *(continue)* die politischen Spannungen *(tensions)* in den Balkanländern
   *(Balkans)* noch an.
Deswegen hat Ihr Reisebüro die Reise abgesagt *(cancelled)*.
Für die Reise nach Kreta (Griechenland) sind noch einige Plätze frei.
Diese Reise findet auch zu Ostern statt.

**B**  **Eine Meldung *(announcement).***    Schreiben Sie auf Amtsdeutsch eine Meldung über Ihren Deutschkurs oder über Ihre Schule/Universität. Benutzen Sie dabei ruhig ein bisschen Humor.

BEISPIEL    Unser von allen Studenten bewunderter und geliebter Deutschprofessor wird in Zukunft seinen mit Arbeit überlasteten *(overburdened)* Studenten keine schweren Prüfungen mehr geben. Er hat außerdem mitgeteilt, dass ... usw.

# Zusammenfassung

### Rules to Remember

1  Many adjectives and participles can be capitalized and made into nouns.

2  Masculine adjective nouns always refer to male persons, female adjective nouns to female persons, and neuter adjective nouns to abstractions: **der Gute** *(the good man);* **die Gute** *(the good woman);* **das Gute** *(that which is good).*

3  Adjective nouns take the same weak or strong endings they would as adjectives.

4  Present and past participles can function as adjectives: **eine <u>helfende</u> Hand, das <u>verlorene</u> Paradies.**

5  Most extended modifiers contain either a present participle or a past participle.

6  The modifiers within an extended modifier construction follow normal word order rules. Thus the participle is usually the last element before the noun: **Der von seinen Freunden <u>geliebte</u> Mann.**

## At a Glance

| Adjective nouns: Masculine and feminine | | | |
|---|---|---|---|
| | **Masc.** | **Fem.** | **Pl.** |
| Nom. | der Fremd**e** (ein Fremd**er**) | die Fremd**e** (eine Fremd**e**) | die Fremd**en**/Fremd**e** |
| Acc. | den Fremd**en** | die Fremd**e** | die Fremd**en**/Fremd**e** |
| Dat. | dem Fremd**en** | der Fremd**en** | den Fremd**en**/Fremd**en** |
| Gen. | des Fremd**en** | der Fremd**en** | der Fremd**en**/Fremd**er** |

| Adjective nouns: Neuter | | | |
|---|---|---|---|
| Nom. | das Gut**e** | ein Gut**es** | Gut**es** |
| Acc. | das Gut**e** | ein Gut**es** | Gut**es** |
| Dat. | dem Gut**en** | einem Gut**en** | Gut**em** |
| Gen. | des Gut**en** | eines Gut**en** | —— |

| *etwas, nichts, viel, wenig* + adjective | |
|---|---|
| Nom. | etwas Schön**es** |
| Acc. | etwas Schön**es** |
| Dat. | etwas Schön**em** |
| Gen. | —— |

| *alles* + adjective | |
|---|---|
| Nom. | alles Wunderbar**e** |
| Acc. | alles Wunderbar**e** |
| Dat. | allem Wunderbar**en** |
| Gen. | alles Wunderbar**en** |

| Present participle: form |
|---|
| infinitive + **d** (+ ending) |

# 22

# Numerals and Measurements

# Grammatik

### A. Forms

German words for cardinal numbers (**die Grundzahl, -en**) are always single words, no matter how long the number, with the exception of numbers over a million. Notice the highlighted irregular forms.

| | | | | | |
|---|---|---|---|---|---|
| 0 | null | | | | |
| 1 | eins | 11 | elf | 21 | **ein**undzwanzig |
| 2 | zwei | 12 | zwölf | 22 | zweiundzwanzig |
| 3 | drei | 13 | dreizehn | 30 | drei**ß**ig |
| 4 | vier | 14 | vierzehn | 40 | vierzig |
| 5 | fünf | 15 | fünfzehn | 50 | fünfzig |
| 6 | sechs | 16 | **sech**zehn | 60 | **sech**zig |
| 7 | sieben[1] | 17 | **sieb**zehn | 70 | **sieb**zig |
| 8 | acht | 18 | achtzehn | 80 | achtzig |
| 9 | neun | 19 | neunzehn | 90 | neunzig |
| 10 | zehn | 20 | zwanzig | 99 | neunundneunzig |

---

[1] In German-speaking countries the numeral 7 is usually handwritten with a slash through the middle (7) to distinguish it from the numeral 1.

|  |  |
|---:|---|
| 100 | (ein)hundert |
| 101 | hunderteins |
| 102 | hundertzwei |
| 200 | zweihundert |
| 999 | neunhundertneunundneunzig |
| 1.000 | (ein)tausend |
| 2.000 | zweitausend |
| 9.999 | neuntausendneunhundertneunundneunzig |
| 100.000 (OR 100 000) | hunderttausend |
| 1.000.000 (OR 1 000 000) | eine Million |
| 2.000.000 | zwei Million**en** |
| 1.000.000.000 | eine Milliarde *(billion)* |
| 2.000.000.000 | zwei Milliard**en** |
| 1.000.000.000.000 | eine Billion *(trillion)* |
| 2.000.000.000.000 | zwei Billion**en** |

## B. Use

1. The word **eins** is used in counting and mathematics. Before a noun, **ein-** takes article endings. To distinguish ein- meaning *one* from **ein-** meaning *a*, German speakers stress the word when speaking. In written texts, this stress can be indicated by italics, underlining, or spacing.

Ich habe das alles in *e i n e m* Buch gefunden.      *I found all that in **one** book.*

2. **Ein** has no ending in the expression *one or two* and *one to two*, etc.

Wir fahren in **ein bis zwei Jahren** nach Deutschland.      *We are traveling to Germany in one to two years.*

3. **Ein** is optional before **hundert** and **tausend.** If used, the number is still one word.

  125   (ein)hundertfünfundzwanzig
1.500   (ein)tausendfünfhundert

4. Either a period or a space is inserted to separate thousands.

37.655 or 37 655 = *English 37,655*

5. **Million, Milliarde,** and **Billion** take endings in the plural: **Millionen, Milliarden,** and **Billionen.** Notice that English *billion* is expressed by German **Milliarde,** and that **Billion** in German means a *trillion (a million million).*

Deutschland hat ungefähr 80 **Millionen** Einwohner.      *Germany has about 80 million inhabitants.*

Die Firma wurde für mehrere **Milliarden** verkauft.      *The company was sold for several billion.*

6. In percents or decimals, German uses commas where English uses periods.

| | |
|---|---|
| 4,5 (vier Komma fünf) | *four point five (= 4.5)* |
| 8,9% (acht Komma neun Prozent) | *eight point nine percent (= 8.9%)* |

7. Whole numbers plus one-half have no endings and are written as follows:

| | |
|---|---|
| **anderthalb/eineinhalb** | *one and a half* |
| **zweieinhalb, dreieinhalb** usw. | *two and a half, three and a half, etc.* |
| Der Film hat **anderthalb** Stunden gedauert. | *The film lasted one and a half hours.* |

## C. Approximations

Numbers and amounts are approximated with words such as **etwa, rund,** or **ungefähr,** which all mean *roughly, around, about,* or *approximately.*    circa

| | |
|---|---|
| Es sind **etwa/rund/ungefähr** 800 Kilometer von München nach Hamburg. | *It is about/around/approximately 800 kilometers from Munich to Hamburg.* |

## D. Adjective suffixes with numbers

1. The suffix **-mal** means *times* and is often added to numbers to create adverbs. Its adjective form **-malig** takes endings.

| | | | |
|---|---|---|---|
| **einmal** | *one time, once* | **zigmal** | *umpteen times* |
| **fünfmal** | *five times* | **einmalig** | *one-time, unique* |
| **hundertmal** | *a hundred times* | **mehrmalig** | *repeated* |

| | |
|---|---|
| Das ist ein **einmaliges** Angebot! | *That's a one-time offer!* |
| Erst nach **mehrmaligem** Lesen konnte ich den Text verstehen. | *Only after repeated reading(s) was I able to understand the text.* |

2. The suffix **-erlei** indicates *kinds of* and is often used with numbers. This suffix takes no adjective ending.

| | |
|---|---|
| **zweierlei** Bücher | *two kinds of books* |
| **zehnerlei** Bäume | *ten kinds of trees* |
| **allerlei** Probleme | *all kinds of problems* |

allerhand

3. The suffix **-fach** corresponds to English *-fold*. Words formed with it take endings when used as attributive adjectives. It can also be used to form neuter adjective nouns, which are capitalized.

| | |
|---|---|
| eine **zweifache** Summe | *a twofold sum* |
| ein **zehnfacher** Gewinn | *a tenfold profit* |
| um **das Dreifache** vermehrt | *increased threefold* |

## 22.2     ORDINAL NUMBERS

### A. Forms

From 1 to 19, the ordinal numbers (**die Ordnungszahl, -en**) (first, second, third) end in **-t** plus an adjective ending; from 20 on, they end in **-st** plus an adjective ending. Several are slightly irregular and are highlighted in the following chart.

|   |   |   |
|---|---|---|
| 1. | (der, die, das) | **erste** |
| 2. | (der, die, das) | zweite |
| 3. | (der, die, das) | **dritte** |
| 4. | etc. | vierte |
| 5. | | fünfte |
| 6. | | sechste |
| 7. | | **siebte** (*less common:* **siebente**) |
| 8. | | **achte** (*no second* **t** *added*) |
| 9. | | neunte |
| 10. | | zehnte |
| 11. | | elfte |
| 12. | | zwölfte |
| 19. | | neunzehnte |
| 20. | | zwanzigste |
| 21. | | einundzwanzigste |
| 30. | | dreißigste |
| 100. | | hundertste |
| 1.000. | | tausendste |

*[handwritten note: + ending like adj.]*

### B. Use

1. Ordinal numbers always take either weak or strong adjective endings (see 13.2).

   das **erste** Mal    *the first time*
   ihr **zweites** Buch    *her second book*

2. A period after a cardinal numeral indicates **-t/-st** plus adjective ending.

   Heute ist der **1.** Mai (der **erste** Mai).        *Today is May 1st.*

   Wir feiern heute seinen **100.** Todestag (seinen **hundertsten** Todestag).        *Today we are celebrating the 100th anniversary of his death.*

3. To enumerate points, German speakers use the adverbial forms **erstens** (*first of all*), **zweitens** (*in the second place/secondly*), **drittens** (*in the third place/thirdly*), etc.

| | |
|---|---|
| Er kann uns nicht helfen. **Erstens** ist er nicht hier, **zweitens** hätte er keine Lust dazu und **drittens** wüsste er nicht, was er tun sollte. | *He can't help us. First of all, he isn't here; secondly, he wouldn't want to; and thirdly, he wouldn't know what to do.* |

4. Ordinal numbers can be used as nouns, in which case they are capitalized: These examples all bring up the question of capitalization, which was covered in 14.2C.

| | |
|---|---|
| Sie war **die Erste**, die es versucht hat. | *She was the first (person) who tried it.* |
| Wir haben die Miete **am Zwanzigsten** bezahlt. | *We paid the rent on the twentieth.* |
| **Jeder Fünfte** musste aus dem Zimmer gehen. | *Every fifth person had to leave the room.* |

5. Ordinal number stems can be affixed to adjectives (often superlative; see 14.1), forming one word where English uses two or more.

| | |
|---|---|
| Sebastian ist der **zweitjüngste** Sänger in der Gruppe. | *Sebastian is the second youngest singer in the group.* |
| Was ist die **drittgrößte** Stadt Deutschlands? | *What is the third largest city in Germany?* |
| Er kam als **Zweitletzter** ins Klassenzimmer. | *He came into the classroom next to last.* |

## C. Fractional amounts

1. Fractions are nouns and are therefore capitalized. With the exception of **die Hälfte**, they are all neuter, with no change in the plural, and can be formed by adding **-el** to the ordinal stem: ein **Viertel**, zwei **Drittel**, fünf **Achtel**. (The formation is actually based on the addition of **Teil** [*part*] to the ordinal number: **Teil** morphs into **tel** and is added to the ordinal stem, from which the extra **t** from the **-t/-st** ending is dropped: **viert-** + **Teil** → **ein Viertel**; **zwanzigst-** + **Teil** → **ein Zwanzigstel**.)

2. *Half a(n)* is expressed in German by **ein- halb-**.

| | |
|---|---|
| Sie bestellten **ein halbes** Huhn. | *They ordered half a chicken.* |

3. *Half (of) the* is most often expressed by **die Hälfte** plus the genitive or by **die Hälfte von** with the dative, particularly in reference to more than one item.

| | |
|---|---|
| Er verkaufte **die Hälfte** der Orangen/**von** den Orangen. | *He sold half (of) the oranges.* |

4. German sometimes uses **d- halb-** (*half the*) instead of **die Hälfte** when referring to a single entity.

| | |
|---|---|
| Ich habe schon **den halben** Roman (OR **die Hälfte** des Romans/**von** dem Roman) gelesen. | *I have already read half of the novel.* |

## 22.3 UNITS OF MEASUREMENT

### A. Currencies, denominations, and decades

1. On January 1, 1999, the *euro* (**der Euro, -**) became the official monetary unit of Germany and Austria for all electronic banking transactions, with euro currency replacing all bills and coins in January of 2002. Swiss currency remains the franc (**der Schweizer Franken, -**). **Der Euro, der Franken,** and **der Dollar** (like the former **Deutsche Mark** and **Schilling**) all remain singular when used with numbers.

| | |
|---|---|
| € 10,75 | zehn Euro fünfundsiebzig |
| DM 4,80 | vier Mark achtzig |
| öS 23,40 | dreiundzwanzig Schilling vierzig |
| sFr 6,50 | sechs Franken fünfzig |
| $7.99 | sieben Dollar neunundneunzig |

2. To indicate denominations of bills, coins, and stamps, German uses numbers with an **-er** suffix.

Bitte, drei **Sechziger** (Briefmarken) und **eine**[2] **Achtziger.**

*Three sixties and an eighty, please.*

Ich brauche hundert Euro: **einen**[3] **Fünfziger, zwei Zwanziger** und **einen Zehner.**

*I need one hundred euros: a fifty, two twenties, and a ten.*

3. Decades are also indicated with an **-er** suffix.

John F. Kennedy wurde in den **sechziger** (**60er**) Jahren Präsident der USA.

*John F. Kennedy became President of the U.S. in the sixties.*

### B. Distances, weights, quantities, and temperatures

1. The metric system is used in Europe and throughout the world as the International System of Units. It provides a logical and interconnected framework for all measurements in science, industry, and commerce.

The following metric units of measurement are very common.

**Distance**

der/das Kilometer[4] (km)   (= 0.62 mile)
der/das Meter (m)   (= 39.37 inches)
der/das Zentimeter (cm)   (= 0.39 inch)
der/das Millimeter (mm)   (= 0.039 inch)
der/das Quadratmeter (m$^2$)   (= 10.76 square feet)

---

[2] **Achtziger** is feminine because **die Briefmarke** is understood.
[3] **Fünfziger** is masculine because **der Schein** (*bill*) is understood.
[4] With **Meter** and its compounds and with **Liter,** the masculine gender is normally used, although some dictionaries still list neuter as the preferred gender (see 12.1E).

### Weight

das Gramm (g)   *(= 0.035 ounce)*
das Kilogramm (kg)   *(= 2.2 pounds)*
der Zentner   *(= 50 kilograms) (a hundredweight)*

### Liquid measure

der/das Liter   *(= 1.057 quarts)*

2. The following English units of measurement are also common in German.

das Pfund   *(= 500 grams)*[5]
der Zoll   *(= 2.54 centimeters or 1 inch)*
die Meile, -n   *(= 1.6 kilometers)*
die Gallone, -n   *(= 3.79 liters)*

3. In German, masculine and neuter nouns of measurement used after numerals take no ending in the plural, while feminine nouns ending in **-e** do.

zwei Kilometer   *two kilometers*
zwei Gramm   *two grams*
zwei Meilen   *two miles*

4. Unlike English, German does *not* use the word *of* in expressions of measurement.

vier Flaschen Wein   *four bottles of wine*
drei Glas Bier   *three glasses of beer (measure of quantity)*
BUT: drei **Gläser**   *three glasses (not a measure of quantity)*

5. The Celsius/Centigrade (°C) system is used in Europe and throughout the world to measure temperatures. Thirty-two degrees Fahrenheit (°F) equals 0 degrees Celsius. To convert Fahrenheit to Centigrade, subtract 32 and multiply by 5/9. To convert Centigrade to Fahrenheit, multiply by 9/5 and add 32.

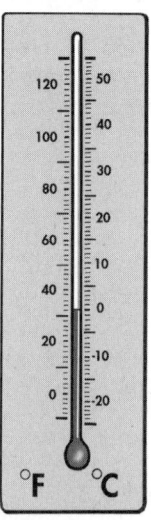

---

[5] An English troy pound is 450 grams; a German **Pfund** is 500 grams.

# Wortschatz
*Wie viel ist ... ?*

| | |
|---|---|
| addieren | dividieren |
| subtrahieren | hoch |
| multiplizieren | |

The basic mathematical operations are expressed as follows:

1. **addieren**   *to add*   ~~zusammen ziehen ; zusammen zahlen~~

   vier **plus** acht ist/gleich zwölf
   $4 + 8 = 12$

2. **subtrahieren**   *to subtract*   ~~abziehen~~

   sechzehn **minus** drei ist/gleich dreizehn
   $16 - 3 = 13$

3. **multiplizieren (mit)**   *to multiply (by)*   ~~malnehmen~~

   acht **mal** neun ist/gleich zweiundsiebzig
   $8 \times 9 = 72$

4. **dividieren (durch)**   *to divide (by)*

   vierzig (geteilt) **durch** acht ist/gleich fünf
   $40 \div 8 = 5$

5. **hoch**   *raised to the [nth.] power*

   vier **hoch** drei ist/gleich 64
   $4^3 = 64$

# Übungen

**A** **Grundzahlen üben.**   Schreiben Sie fünf sechsstellige Zahlen auf. Lesen Sie jemandem im Kurs Ihre Zahlen vor. Sie/Er schreibt die Zahlen auf. Hat sie/er die richtigen Zahlen geschrieben?

**B** **Mathematik.** Lösen Sie die Aufgaben mündlich und auf deutsch.

1. $11 \times 11 = ?$
2. $16^2 = ?$
3. $2^6 = ?$
4. $253 - 147,88 = ?$

5. $1 + 2 + 3 + 4$ [bis 15] $= ?$
6. $75 \div 15 = ?$
7. $264 \div 11 = ?$
8. $1,5 \times 1,5 = ?$

Stellen Sie weitere Aufgaben dieser Art mündlich an andere Personen im Kurs.

BEISPIEL   A:  Wie viel ist zwölf mal vierzig?
B:  Zwölf mal vierzig ist vierhundertachtzig.

**C** **Vom ersten bis zum?**   Sagen Sie das mündlich! Vergessen Sie die Adjektivendungen nicht.

1. der 1. Mensch
2. der 2. Weltkrieg
3. beim 3. Mal
4. am 4. Juli
5. das 5. Rad am Wagen
6. mit meinem 6. Sinn *(sense)*
7. das 7. Siegel *(seal)*
8. ein 8. Weltwunder
9. Beethovens 9. Sinfonie
10. im 19. Bond-Film
11. die 20. Olympiade
12. am Ende seines 33. Lebensjahrs
13. jede 100. Person
14. das 254. Buch von Isaac Asimov

**D** **Fakten.**   Schreiben Sie sieben historische oder kulturelle Tatsachen *(facts)* mit Ordnungszahlen auf. Lesen Sie Ihre Sätze im Kurs vor.

BEISPIELE   *Harry Truman war der 33. Präsident der USA.*
*Den internationalen Tag der Arbeit feiert man am 1. Mai.*

**E** **Kombinationen.**   Welche Kombinationen von Dollar- oder Euroscheinen ergeben hundert Dollar/Euro?

BEISPIELE   *Zwei Fünfziger machen hundert Dollar.*
*Zehn Zehner machen hundert Euro.*

**F** **Schlagzeilen (headlines).**   In welchem Jahrzehnt **aus dem 20. Jahrhundert** war das?

BEISPIEL   DER ERSTE MENSCH AUF DEM MOND!
*Das war in den sechziger Jahren.*

40er-   20er-   50er-   80er-   70er-   30er-

1. LUFTANGRIFF AUF PEARL HARBOR!
2. PANIK AN DER WALL STREET! MILLIARDEN VERLOREN!
3. HAWAII WIRD FÜNFZIGSTER BUNDESSTAAT!
4. DIE BERLINER MAUER IST WEG!
5. DISKO IST KÖNIG!
6. VIERTE GOLDMEDAILLE FÜR JESSE OWENS!

Erfinden Sie weitere Schlagzeilen. Die anderen sollen erraten, in welchem Jahrzehnt diese Ereignisse *(events)* stattgefunden haben.

**G**  **Anders ausdrücken.**  Lesen Sie die erste Hälfte jeder Zeile und überlegen Sie dann, wie man die Bedeutung davon mit Vokabeln aus diesem Kapitel in der zweiten Hälfte der Zeile anders ausdrücken kann.

1. 150 Minuten  $\longrightarrow$  ____ Stunden
2. nicht genau 50%  $\longrightarrow$  ____ 50%
3. so oft, dass ich nicht mehr zählen kann  $\longrightarrow$  ____mal
4. $10^{12}$  $\longrightarrow$  ____
5. 30 Minuten  $\longrightarrow$  ____ Stunde
6. 66.6% der Studenten  $\longrightarrow$  ____ aller Studenten
7. viele verschiedene Leute  $\longrightarrow$  ____ Leute
8. Diese Mannschaft hat erst im Finale verloren.  $\longrightarrow$  Es ist die ____ Mannschaft.

**H**  **Fragen.**  Beantworten Sie die Fragen mit metrischen Maßeinheiten.

1. Wie groß (tall) sind Sie?
2. Wie weit ist es von Ihrer Universität zu Ihrer Heimatstadt?
3. Wie viel wiegen Sie?
4. Wie viele Quadratmeter hat Ihr Schlafzimmer? Ihre Wohnung? Ihr Haus?
5. Wie viele Kilometer hat Ihr Auto schon?
6. Wie viel Flüssigkeit trinken Sie durchschnittlich (on the average) pro Tag?
7. Wie viel Benzin fasst (holds) der Benzintank Ihres Autos?
8. Welche Größe hat ein normales Blatt Papier?
9. Wie hoch fliegt ein Flugzeug?
10. Was ist die kälteste/heißeste Temperatur, die Sie je erlebt haben? Wo und wann war das?
11. Was ist die beste Zimmertemperatur zum Schlafen?
12. Was ist die normale Körpertemperatur eines Menschen?

**I**  **Tatsachen aus der Welt.**  Fragen Sie zehn interessante Fakten in metrischen Maßeinheiten zusammen.

**VORSCHLÄGE**

die Höhe eines Berges
die Höhenlage einer Stadt
die Tiefe eines Sees
die Länge eines Flusses
das Gewicht (weight) eines Tieres usw.

# Anwendung

**A**  **Zahlen und Statistiken.**  In einem Almanach oder in einem Atlas stehen viele Zahlen und Fakten. Es gibt auch viele Bücher mit vielen nützlichen (und nutzlosen) Statistiken. Wer kann die interessantesten Fakten und Statistiken finden? Berichten Sie im Kurs.

**BEISPIELE**     *In Luxemburg wohnen rund 429.000 Menschen.*
*Ein Glas Rotwein enthält 156 Kalorien.*
*Bei einem einzigen Kuss werden rund 20.000.000 Bazillen übertragen*
(transferred).
*Ungefähr die Hälfte (50%) aller neuen Ehen in Amerika werden geschieden*
(end in divorce).

**B**  **Fakten über mich.**   Als Hausaufgabe schreiben Sie Fakten über sich selbst, die irgendwie mit Zahlen verbunden sind: Ihr Alter, Ihre Schuhgröße, die Anzahl Ihrer Geschwister, Ihre Telefonnummer, Ihre Adresse, vielleicht sogar Ihr Gewicht oder Ihre SAT-Ergebnisse! Lesen Sie diese Fakten einer Partnerin/einem Partner vor. Dann sprechen Sie mit jemand anders, der solche Fakten über einen Dritten erfahren hat. Sagen Sie dieser neuen Partnerin/diesem neuen Partner, was Sie von Ihrem ersten Partner erfahren haben!

**C**  **Alles über Sport.**   Wer hat bei der letzten Fußballweltmeisterschaft den Weltcup gewonnen? Wer hat den zweiten Platz belegt? Welche Mannschaft ist die zweitbeste Baseballmanschaft (in den USA/in Japan/in Puerto Rico)? Welche ist die drittbeste? Wer hat den letzten Stanley-Cup gewonnen? Wo ist das größte Fußballstadion der Welt? Wählen Sie verschiedene Sportarten aus und sagen Sie, wer Ihrer Meinung nach die beste Sportlerin/der beste Sportler in diesem Sport ist. Diskutieren Sie darüber mit anderen im Kurs.

# Schriftliches Thema

| **Tipps zum Schreiben** | **Conveying Statistical Information** |
| --- | --- |
| | Some repetition of the verbs **sein** and **haben** is unavoidable in texts containing statistical information. Before using **sein,** always consider whether the same idea can be expressed by describing the action rather than telling what "is." Numbers and statistics are easier to comprehend in shorter sentences; complex sentences with subordinate clauses and relative clauses should be kept to a minimum. Lists, charts, and graphs are also useful tools for illustrating or interpreting numbers or statistics. |

**Bericht mit Zahlen und Statistiken.**   Schreiben Sie einen Bericht, in dem Sie so viele Zahlen und Statistiken wie möglich verwenden.

**BEISPIEL**   Mit einer Fläche von 83.858 km² (Quadratkilometern) ist Österreich nicht viel größer als die Schweiz. Österreich besteht aus 9 Bundesländern und hat eine Bevölkerung von rund 8,1 Millionen Einwohnern. Zwei Drittel des Landes liegen in den Alpen. Nur ein Viertel ist Hügelland *(hilly country)* und Flachland. Mit etwa 90 Einwohnern pro km² hat das Land eine relativ niedrige Bevölkerungsdichte *(population density)*. Acht Nachbarstaaten grenzen an Österreich. Der höchste Berg ist der Großglockner mit 3.797 m, und mit seinen 13.972 m zählt der Arlberg-Straßentunnel zu den längsten Tunneln in den Alpen. Jährlich kommen mehr als 5 Millionen Besucher nach Österreich.

---

**THEMENVORSCHLÄGE**

Städte, Länder oder Bundesstaaten der USA
Firmen und Geschäfte
Schulen oder Universitäten
Sport
Verkehrsmittel (Auto, Flugzeug, Schiff, Zug usw.)
Bauten (Kirchen, Hochhäuser, Pyramiden usw.)

# Zusammenfassung

## Rules to Remember

1. In German, periods separate thousands, and commas are used in percents and decimals. **2.000.000; 4,5% (vier Komma fünf Prozent).**

2. Ordinal numbers from *second* to *nineteenth* are formed by adding a **-t** suffix + adjective ending to the cardinal number (**der fünfte Mann**).

3. The ordinal numbers from *twentieth* on are formed by adding an **-st** + adjective ending to the cardinal number (**der fünfundzwanzigste Mann**).

4. A period after a written ordinal number replaces the **-t/-st** + adjective ending (**der 25. Mann**).

5. Masculine and neuter nouns take no ending in measurements (**zwei Kilogramm**), but feminine nouns do (**zwei Meilen**).

## At a Glance

| Cardinal numbers: Irregular forms |
| --- |
| 16    **sech**zehn |
| 17    **sieb**zehn |
| 21    **ein**undzwanzig |
| 30    **drei**ßig |
| 60    **sech**zig |
| 70    **sieb**zig |

| Ordinal numbers: Irregular forms | |
| --- | --- |
| 1.    (der, die, das) | **erste** |
| 3. | **dritte** |
| 7. | **siebte** |
| 8. | **achte** |

| Cardinal numbers: Suffixes | | |
| --- | --- | --- |
| **-mal** *(times)* | → | **dreimal** |
| **-erlei** *(kinds of)* | → | **zweierlei** Probleme |
| **-fach** *(-fold)* | → | ein **vierfacher** Gewinn |

| Ordinal numbers: Fractions |
| --- |
| die  Hälfte |
| das  **Dritt**el |
| **Viert**el |
| **Fünft**el |
| **Sechst**el |
| **Siebt**el |
| **Acht**el |
| *(etc.)* |

# Seasons, Dates, and Time Expressions

# Grammatik

## A. Seasons and Months

| Seasons | | Months | |
|---|---|---|---|
| der Frühling[1] | *spring* | der Januar | der Juli |
| der Sommer | *summer* | der Februar | der August |
| der Herbst | *fall, autumn* | der März | der September |
| der Winter | *winter* | der April | der Oktober |
| | | der Mai | der November |
| | | der Juni | der Dezember |

1. The names of the seasons and months are all masculine; they require the definite article in several instances where English does not: as the subject or direct object of a sentence, and with the prepositions **in** and **bis zu** (in contracted form with dative).

| | |
|---|---|
| **Der** Herbst war dieses Jahr besonders mild. | *Fall was particularly mild this year.* |
| Ich kann **den** Februar hier nicht ausstehen. | *I can't stand February here.* |
| Hast du **im** April oder **im** Mai Geburtstag? | *Is your birthday in April or May?* |
| Wir bleiben **bis zum** Juli in der Schweiz. | *We're staying in Switzerland until July.* |

2. With other prepositions, after **sein** and **werden,** and following modifiers such as **Anfang, Mitte,** and **Ende,** no definite article is used.

---

[1] **Das Frühjahr** can also be used for spring.

| | |
|---|---|
| **Für** August habe ich noch nichts geplant. | *I haven't planned anything yet for August.* |
| **Von** Januar **bis** März sieht man hier keine Sonne. | *You don't see any sun around here from January until March.* |
| Es **ist** endlich Juni! | *It's finally June!* |
| **Anfang** September fängt unser Semester an. | *Our semester starts at the beginning of September.* |

## B. Days of the week and parts of the day

1. Names of the days of the week and parts of the day are masculine, with the exception of **die Nacht/Mitternacht.** They take the dative contraction **am (an dem)** in time expressions (exceptions: **in der Nacht, zu Mittag, um Mitternacht**). With days only, **am** may be omitted.

| | |
|---|---|
| (am) Sonntag   *on Sunday* | am Morgen   *in the morning* |
| (am) Montag   *on Monday* | am Vormittag   *in the late morning* |
| (am) Dienstag   *on Tuesday* | zu Mittag   *at noon* |
| (am) Mittwoch   *on Wednesday* | am Nachmittag   *in the afternoon* |
| (am) Donnerstag   *on Thursday* | am Abend   *in the evening (until bedtime)* |
| (am) Freitag   *on Friday* | in der Nacht   *at night (after bedtime)* |
| (am) Samstag   *on Saturday* | um Mitternacht   *at midnight* |

| | |
|---|---|
| Das Spiel findet **(am) Samstag** statt. | *The game is taking place (on) Saturday.* |
| Sie hat einen Termin **am Vormittag.** | *She has an appointment in the late morning.* |

2. To express parts of the day in conjunction with a day of the week, German combines the two to form one word:

Dienstagabend   *Tuesday evening*
Sonntagmorgen   *Sunday morning*
Donnerstagnachmittag   *Thursday afternoon*

Here as well, the contraction **am** is used to express *on* _____, but may be omitted.

| | |
|---|---|
| **(Am) Montagmorgen** muss ich früh zur Arbeit. | *I've got to go to work early (on) Monday morning.* |

3. English uses *on* with *night* only when a word comes between them *(on this night/on Sunday night),* and otherwise uses *at.* German, however, requires **in** for *all* such uses of **Nacht,** and usually separates this part of the day from mention of the day itself.

| | |
|---|---|
| In der **Nacht** hörte jemand einen Schrei. | *Someone heard a cry at night.* |
| In der **Nacht** von **Freitag** zum **Samstag** ereignete sich ein Unfall. | *There was an accident (on) Friday night (i.e., during the night, not the evening).* |

In colloquial usage, **Nacht** is not quite the same as *night.* When English speakers refer to *Friday night,* they may well mean any time following dinner *(Friday night we went to the movies),* where in German, the time between dinner and going to bed is considered **Abend.** Thus a phrase such as *Friday night* often translates properly to **Freitagabend;**

while the distinctly nocturnal activities of *Saturday Night Fever* are appropriately reflected in the German film title **Nur Samstagnacht.**

4. Adding an **-s** to the uncapitalized forms of days and parts of the day creates adverbs denoting repeated or habitual occurrences.

| | |
|---|---|
| Diese Geschäfte sind **sonntags** zu. | *These stores are closed on Sunday(s).* |
| Sie arbeitet nur **nachmittags.** | *She only works afternoons.* |

5. **Heute** (*today*), **gestern** (*yesterday*), **morgen** (*tomorrow*), and occasionally **vorgestern** (*the day before yesterday*) and **übermorgen** (*the day after tomorrow*) can be combined with parts of the day, as can the adverb **früh.** Notice that in combinations such as *this morning*, German uses **heute** rather than *this*. The parts of the days are still considered nouns in these phrases and therefore remain capitalized.

| *heute* | | *gestern* | |
|---|---|---|---|
| heute Morgen | *this morning* | gestern Morgen | *yesterday morning* |
| heute Vormittag | *this morning* | gestern Vormittag | *yesterday morning* |
| heute Mittag | *this noon* | gestern Mittag | *yesterday at noon* |
| heute Nachmittag | *this afternoon* | gestern Nachmittag | *yesterday afternoon* |
| heute Abend | *this evening, tonight* | gestern Abend | *yesterday evening, last night* |
| heute Nacht | *tonight (after bedtime)* | gestern Nacht | *last night (after bedtime)* |

| *morgen²* | |
|---|---|
| morgen früh | *tomorrow morning* |
| morgen Vormittag | *tomorrow morning* |
| morgen Mittag | *tomorrow at noon* |
| morgen Nachmittag | *tomorrow afternoon* |
| morgen Abend | *tomorrow evening, tomorrow night* |
| morgen Nacht | *tomorrow night (after bedtime)* |
| | |
| vorgestern Abend | *the day before yesterday in the evening* |
| übermorgen früh | *the day after tomorrow in the morning* |

## C. Duration of time and specific time (accusative case)

1. Duration of time is normally expressed using the accusative case with an article, rather than with the preposition **für** as in English (see 10.1E). The adjective **ganz** (*all, whole, entire*) can be included, but it must always be preceded by an article.

| | |
|---|---|
| Ich will **ein Jahr** in Berlin studieren. | *I want to study in Berlin for a year.* |
| Sie blieb **den ganzen Tag** in der Bibliothek. | *She stayed in the library all day.* |
| Es hat **die ganze Nacht** geregnet. | *It rained (for) the whole night.* |

---

² The adverb **morgen** by itself or *before* another time expression means *tomorrow*. Following other time expressions as a noun, it means *morning*.

2. Specific time is also often expressed in the accusative case instead of with **an** or **in** (see Sections A and B). Such expressions often include the adjectives **jed-** *(every)*, **letzt-** *(last)*, **nächst-** *(next)*, and **vorig-** *(previous)*.

| | |
|---|---|
| **Jeden Tag** muss ich eine Menge Hausaufgaben machen. | *Every day I have to do a huge amount of homework.* |
| **Nächste Woche** schreibe ich drei Arbeiten. | *Next week I have three in-class tests.* |
| Und **letzten Freitag** waren zwei Aufsätze fällig! | *And last Friday two essays were due!* |

## D. Indefinite time expressions (genitive case)

The genitive case is used with the word **Tag** (**eines Tages**) and parts of the day (**eines Morgens, eines Nachmittags, eines Nachts**)[3] to express indefinite time. This structure is common in narratives.

| | |
|---|---|
| Als Gregor Samsa **eines Morgens** aus unruhigen Träumen erwachte ... (Franz Kafka, „Die Verwandlung") | *As Gregor Samsa awoke **one morning** from restless dreams . . .* |
| Ein Werwolf **eines Nachts** entwich ... (Christian Morgenstern, „Der Werwolf") | *A werewolf slipped away **one night** . . .* |

## E. Units of time

1. The most common measurements of time are as follows:

| | | | |
|---|---|---|---|
| die Sekunde, -n | *second* | die Woche, -n | *week* |
| die Minute, -n | *minute* | das Wochenende, -n | *weekend* |
| die Stunde, -n | *hour* | der Monat, -e | *month* |
| der Tag, -e | *day* | die Jahreszeit, -en | *season* |
| | | das Jahr, -e | *year* |
| | | das Jahrzehnt, -e | *decade* |
| | | das Jahrhundert, -e | *century* |
| | | das Jahrtausend, -e | *millennium* |

2. To express *for days, for years,* etc., German adds the suffix **-lang** to the plural of units of time. As adverbs, such words are not capitalized.

| | |
|---|---|
| Wir haben **stundenlang/tagelang/ monatelang** gewartet. | *We waited for hours/for days/for months.* |

3. To indicate *how long ago* something happened, German <u>precedes</u> the time reference with the preposition **vor** (with the dative; see 10.3J), where English places *ago* <u>following</u> the time reference.

---

[3] Although **Nacht** is feminine, **eines Nachts** is used by analogy to **eines Tages.** This construction occurs only in this phrase.

| Sie hat ihr Studium **vor einem Jahr** abgeschlossen. | *She completed her studies a year ago.* |
| Sie war **vor wenigen Stunden** hier. | *She was here (just) a few hours ago.* |

4. The following expressions with units of time are quite common.

tagsüber   *during the day*
während/unter der Woche   *during the week*
an Wochentagen   *on weekdays*
am Wochenende   *on the weekend*
im Laufe des Jahres   *during the year*
alle zwei Tage/Wochen/Jahre   *every other day/week/year*
alle drei Tage/Wochen/Jahre   *every three days/weeks/years*

## F. Adjectives of time

1. Appended to a noun, the suffix **-lich** creates an adjective indicating *how often* something occurs. The stem vowel of the noun has an umlaut in most instances.

ein **jährliches** Einkommen   *a yearly income*
ein **monatliches** Treffen   *a monthly meeting*
eine **wöchentliche** Zeitung   *a weekly newspaper*
ein **stündlicher** Glockenschlag   *an hourly chime, stroke of the hour*
ein **zweimonatiger** Kurs *(no umlaut)*   *a two-month course*

2. With units of time, the suffix **-ig** creates adjectives expressing *how old* someone or something is or *how long* something occurs. The stem vowel of the noun has an umlaut in most cases.

ein **zweijähriges** Kind   *a two-year-old child*
eine **einstündige** Prüfung   *a one-hour exam*
eine **sechstägige** Reise   *a six-day trip*
ein **zehnminutiges/minütiges** Schläfchen   *a ten-minute nap*

3. A number of adverbs of time form adjectives by adding the suffix **-ig.**

**heute:** die **heutige** Deutschstunde   *today's German class*
**gestern:** die **gestrige** Zeitung   *yesterday's newspaper*
**damals:** die **damalige** Zeit   *(the) time back then*
**jetzt:** die **jetzigen** Schwierigkeiten   *the present difficulties*
**ehemals:** die **ehemalige** DDR   *the former GDR*
**vor:** am **vorigen** Abend   *(on) the previous evening*

## G. Dates and years

1. One asks for and gives dates in either of two ways in German.

Der Wievielte ist heute?
—Heute ist der 4. Juli.

Den Wievielten haben wir heute?
—Heute haben wir den 4. Juli.

*What is the date today?*
—*Today is the 4th of July.*

2.  Dates after a day of the week preceded by **am** can be in either the dative or accusative case.

    | | |
    |---|---|
    | Das Konzert findet **am Montag, dem 10. September,** statt. | *The concert takes place on Monday, September 10th.* |

3.  Dates on forms and in letters are given in the order *day, month,* and *year.* If the article is used, it is in the accusative case.

    Geboren: 3.6.1982 (3. Juni 1982)

    Frankfurt, den 12. März 2001

4.  Years are indicated by either **im Jahre** followed by the year or by the year alone— but never with the preposition *in* followed by the year, as in English.

    | | |
    |---|---|
    | Der Erste Weltkrieg brach **1914/im Jahre 1914** aus. | *The First World War broke out in 1914.* |

---

### 23.2    TELLING TIME

## A. Colloquial time

1.  In colloquial language, the following expressions are used to tell time. Everything *before* the hour is **vor,** everything *after* the hour **nach.** A period separates hours and minutes.

| Written | Spoken |
|---|---|
| 8.00 Uhr | acht Uhr |
| 8.10 Uhr | zehn (Minuten) nach acht |
| 8.15 Uhr | (ein) Viertel nach acht |
| | OR: (ein) Viertel neun (i.e., *a quarter of the way to nine*) |
| 8.20 Uhr | zwanzig (Minuten) nach acht |
| | OR: acht Uhr zwanzig |
| 8.25 Uhr | fünf vor halb neun |
| 8.30 Uhr | halb neun (i.e., *halfway to nine*) |
| 8.35 Uhr | fünfunddreißig (Minuten) nach acht |
| | OR:    fünf nach halb neun |
| 8.40 Uhr | zwanzig (Minuten) vor neun |
| 8.45 Uhr | (ein) Viertel vor neun |
| | OR:    acht Uhr fünfundvierzig |
| | OR:    drei Viertel neun (i.e., *three quarters of the way to nine*) |
| 8.50 Uhr | zehn (Minuten) vor neun |
| 8.55 Uhr | fünf (Minuten) vor neun |

2. The preposition **um** means *at* in time expressions.

Wir kommen heute Abend **um** acht. *We are coming this evening at eight.*

3. Approximate time is indicated by either **gegen** *(toward)* or **um ... herum** *(around)*.

Der Film endete **gegen** Mitternacht. *The film ended toward midnight.*

Sie rief **um** neun **herum** an. *She phoned around nine.*

4. To distinguish A.M. and P.M. in informal time expressions, German uses temporal adverbs referring to morning and evening (see 23.1B), which in this context do not necessarily denote repeated occurrences.

Er kommt **um acht Uhr morgens/** *He's coming at eight o'clock in the*
**abends.** *morning/evening.*

5. To refer to the endpoint of a duration, German uses **in** with the dative case.

**In** einer Stunde ist Ihr Auto fertig. *Your car will be ready in an hour.*

## B. Official time

Official time (transportation schedules, performances, TV and radio times, official announcements, hours of business, etc.) is given according to a 24-hour clock without **Viertel, halb, vor,** or **nach.**

  9.15 Uhr   neun Uhr fünfzehn (Minuten)
11.24 Uhr   elf Uhr vierundzwanzig (Minuten)
18.30 Uhr   achtzehn Uhr dreißig (= 6:30 P.M.)
22.45 Uhr   zweiundzwanzig Uhr fünfundvierzig (Minuten) (= 10:45 P.M.)
  0.15 Uhr   null Uhr fünfzehn (Minuten) (= 12:15 A.M.)

*English* A.M. = 0.00 Uhr bis 12.00 Uhr
*English* P.M. = 12.00 Uhr bis 24.00 Uhr

# Wortschatz
## Keine Zeit!

1. The suffix **-mal** (see 22.1D) is used adverbially to express the *number of times* something happens. It occurs in the following common expressions:

**einmal, zweimal, dreimal, usw.**   once, twice, three times, etc.
**diesmal**   this time
**ein paarmal**   a few times
**manchmal**   sometimes

2.  The noun **das Mal** refers to a *number of times or occurrences.*

    | | |
    |---|---|
    | das erste/zweite/dritte/letzte Mal | *the first/second/third/last time* |
    | zum ersten/zweiten/dritten/letzten Mal | *for the first/second/third/last time* |
    | jedes Mal | *every (each) time* |

3.  The word **die Zeit** refers to *specific time* or *duration of time.* It occurs in a large number of time expressions including the following:

| | | | |
|---|---|---|---|
| **in unserer Zeit** | in our time (now) | **vor kurzer Zeit** | a short time ago |
| **in früheren Zeiten** | in earlier times | **vor langer Zeit** | a long time ago |
| **in kurzer Zeit** | in a short time | **zur Zeit** | at the present time, now |
| **in letzter Zeit** | lately, as of late | **zu der** (*or:* **jener**) **Zeit** | at that time, back then |
| **in der nächsten Zeit** | in the near future | **zu meiner/deiner/ihrer Zeit** | in my/your/her day |
| **nach einiger Zeit** | after some time | **zu jeder Zeit (jederzeit)** | (at) anytime |
| **nach kurzer Zeit** | after a brief time | **zu gewissen/bestimmten Zeiten** | at certain times |
| **nach langer Zeit** | after a long time | | |
| **von Zeit zu Zeit** | from time to time | **zu gleicher Zeit** | at the same time |
| **vor der Zeit** | prematurely | **zu rechter Zeit** | at the right moment |
| **vor einiger Zeit** | some time ago | | |

# Übungen

**A**  **Zeiten.**   Stellen Sie sich vor, heute ist *Montag, der 1. März.* Lesen Sie die folgenden Zeitangaben und geben Sie für jede einen anderen Zeitausdruck mit Bezug (*reference*) zum 1. März. Es gibt manchmal mehr als eine Antwort!

**BEISPIELE**      2. März, um 16.00 Uhr
*morgen Nachmittag/Dienstagnachmittag*

8. März
*nächsten Montag/nächste Woche/in einer Woche*

1.  1. März, um 21.00 Uhr
2.  25. Februar
3.  1. April
4.  2. März, um 20.00 Uhr
5.  1. März, 2. März, 3. März, 4. März, 5. März, 6. März, 7. März
6.  1. März, 8. März, 15. März, 22. März, 29. März
7.  4. März, um 8.00 Uhr
8.  22. Februar
9.  26. Februar–28. Februar
10. 1. März: von 0.01 bis 23.59 Uhr

**B  Das machen wir.**  Schreiben Sie mindestens sechs Sätze darüber, was Sie und andere Leute machen. Verwenden Sie dabei Zeitausdrücke mit **vorig-, letzt-, nächst-, jed-,** und **d__ ganz-.**

BEISPIELE  *Ich gehe fast **jeden Abend** in die Bibliothek.*
*__**Letzte Woche** besuchte meine Freundin ihre Oma.*

**C  Wie ist es bei Ihnen?**  Sehen Sie sich die folgenden Zeitausdrücke und Stichworte an und machen Sie Aussagen über sich.

BEISPIEL  jeden Tag
*Ich stehe **jeden Tag** um halb neun morgens auf. / Ich esse **jeden Tag** Frühstück.*

1. wann: mit Freunden ausgehen
2. Tageszeit: frisch und fit? besonders müde und schlapp?
3. Geburtstag
4. zum ersten Mal
5. samstagabends
6. vor langer Zeit
7. eines Tages
8. in letzter Zeit
9. jedes Mal
10. diese Woche

**D  Anders ausdrücken: *-ig* oder *-lich?***  Drücken Sie Sätze anders aus, indem Sie die kursiv gedruckten Wörter als Adjektive verwenden.

BEISPIEL  Herr Schmidt ist *jetzt* Besitzer des Hauses.
*Herr Schmidt ist der **jetzige** Besitzer des Hauses.*

1. Wo liegt die Zeitung *von gestern*?
2. Ich muss *jeden Tag* mein Brot verdienen.
3. Was ist sein Einkommen *im Jahr*?
4. Hast du die Nachrichten *heute* im Fernsehen gesehen?
5. Der Angestellte bekommt seinen Arbeitslohn *(wage) jede Woche*.
6. Ich hatte eine Vorlesung, *die zwei Stunden dauerte*.
7. Die Glocke läutet *jede Stunde*.

**E  Geregeltes Leben.**  Erzählen Sie in fünf bis sieben Sätzen, was Sie regelmäßig tun oder tun müssen. Wie regelmäßig tun Sie das?

BEISPIELE  *Ich muss **täglich** zur Deutschstunde.*
*Ich zahle meine Miete **monatlich**.*

**F  Damals und jetzt.**  Machen Sie vier Aussagen über die Vergangenheit und drei Aussagen über die Gegenwart. Verwenden Sie verschiedene Ausdrücke mit dem Wort **Zeit**.

BEISPIELE  *__**Vor kurzer Zeit** habe ich einen interessanten Film über Katzen gesehen.* (Vergangenheit)
*Ich bin **jederzeit** bereit anderen Menschen zu helfen.* (Gegenwart)

**G**   **Wichtige Daten.**   Was sind für Sie die drei wichtigsten Tage im Jahr? Was machen Sie an diesen Tagen?

BEISPIEL     Der 4. Juli.
             *Am 4. Juli fahre ich immer mit Freunden ans Meer.*

**H**   **Historische Ereignisse.**   Haben Sie im Geschichtsunterricht gut aufgepasst? In welchem Jahr haben die folgenden Ereignisse stattgefunden?

BEISPIEL     Die ersten Menschen landen auf dem Mond.
             *Das war im Jahre 1969.*

1. Die Normannen erobern England.
2. Die Schweiz beginnt als eine Konföderation von drei Kantonen.
3. Kolumbus glaubt, er hat Indien erreicht.
4. Die Vereinigten Staaten von Amerika erklären ihre Unabhängigkeit (*independence*).
5. Die Französische Revolution bricht aus.
6. Die Nord- und Südstaaten in den USA beginnen gegen einander zu kämpfen.
7. Die Russen stürzen (*overthrow*) den Zaren Nikolaus II.
8. Elvis stirbt (vielleicht).

**I**   **Wie viel Uhr ist es?**   In Mitteleuropa ist es sechs Stunden später als an der Ostküste der USA. Sagen Sie *informell* und *formell*, wie viel Uhr es jetzt in Luxemburg ist.

BEISPIEL     12:15 P.M. (USA)
             INFORMELL:   *In Luxemburg ist es jetzt Viertel nach sechs/Viertel sieben abends.*
             FORMELL:     *In Luxemburg ist es jetzt achtzehn Uhr fünfzehn.*

| A.M. | 2:30 | 4:15 | 6:39 | 8:45 | 11:35 | 11:59 |
|------|------|------|------|------|-------|-------|
| P.M. | 1:45 | 3:25 | 5:19 | 8:45 | 10:01 | 11:57 |

**J**   **Stundenplan.**   Wie sieht Ihr Stundenplan für morgen aus? Welche Kurse haben Sie? Haben Sie auch noch andere Termine? Verwenden Sie verschiedene präpositionale Zeitausdrücke in Ihren Antworten.

BEISPIEL     *Ich habe **um** halb neun meine erste Vorlesung. **Von** zehn Uhr **bis** Viertel nach elf bin ich im Biologie-Labor. **Gegen** halb eins esse ich ... usw.*

# Anwendung

**A**   **Zeit zum Leben?**   Wir laufen heutzutage oft von einem Termin zum anderen und haben manchmal nur noch wenig Zeit für uns selber. Wie ist es bei Ihnen persönlich? Erzählen Sie davon.

REDEMITTEL

Bei mir ist es so:
Morgens muss ich immer ...
Am Wochenende gibt's (gibt es) dann ...
Abends habe ich selten Zeit für/zum ...
Gestern Abend zum Beispiel ...
Eines Tages musste ich sogar ...
Alle paar Tage muss ich ...

**B** **Vom Aufstehen bis zum Schlafengehen.** Erzählen Sie, was Sie gestern alles gemacht haben. Verwenden Sie möglichst viele verschiedene Zeitausdrücke.

REDEMITTEL

Zwischen acht und neun bin/habe ich ...
Um neun bin/habe ich ...
Am Vormittag musste ich ...
Zu Mittag war ich ...
Gegen eins bin/habe ich wieder ...
Am Nachmittag war/habe ich eine Stunde ...
Abends bin/habe ich ...
In der Nacht bin/habe ich dann ...

**C** **Fernsehsendungen.** Fragen Sie eine Partnerin/einen Partner, welche Fernsehsendungen sie/er besonders gern sieht. An welchen Tagen kommen die Sendungen? Um wie viel Uhr? Machen Sie Ihre Aussagen mit *formellen* und *informellen* Zeitangaben.

# Schriftliche Themen

| Tipps zum Schreiben | **Beginning Sentences with Time Expressions** |
| --- | --- |
| | For the sake of stylistic variety, time expressions are frequently the first element in a sentence. Remember, however, that in German a first element is not separated from the rest of the sentence by a comma unless this first element is a clause. |

**A** **Keine Zeit zum Briefeschreiben.** Sie schreiben einer/einem Bekannten in Deutschland und erzählen im ersten Abschnitt *(paragraph),* warum Sie jeden Tag so beschäftigt sind, dass Sie erst jetzt (nach mehreren Wochen) auf ihren/seinen Brief antworten.

BEISPIEL   Liebe Katrin,

sei herzlich gegrüßt! Schon vor Wochen wollte ich auf deinen netten Brief vom Sommer antworten, aber ich hatte einfach keine Zeit dazu. Morgens muss ich schon um sieben aus dem Bett 'raus, denn meine erste Vorlesung beginnt schon um halb neun Uhr. Tagsüber bin ich ... usw.

**B** **In die Zukunft schauen.** Unser Leben verläuft bekanntlich in Phasen. Nach den Kinderjahren kommt die Schule und danach beginnt das Studium an einer Universität. Nach dem Studium beginnen für viele Leute die Jahre der eigenen Familie und der beruflichen Tätigkeit und am Ende kommen die Pensionsjahre. Stellen Sie sich den Tages- und Jahresverlauf in einer der Phasen vor, die Sie noch nicht erlebt haben. Verwenden Sie das Futur (siehe 8.1) und verschiedene Zeitausdrücke.

BEISPIEL   Nach dem Studium beginnt für mich die Zeit der Arbeit und der Familiengründung. Morgens werde ich zur Arbeit ins Büro fahren. Zu Mittag werde ich ... und am Abend ... Manchmal werde ich am Wochenende ... Wenn die Ferien kommen, werden meine Kinder ... usw.

# Zusammenfassung

### Rules to Remember

1 Prepositional combinations with names of seasons and months are generally formed with **im: im Januar, im Frühling,** etc. Days of the week and parts of the day are preceded by **am: am Sonntag, am Morgen,** etc. (*but:* **in der Nacht**).

2 Duration of time and specific time are in the accusative case if there is no preposition (**diesen Monat, den ganzen Tag**). German usually avoids **für** in time expressions.

3 Years stand alone or are preceded by **im Jahre,** never simply **in.**

4 Dates on forms and letters are always written in the order *day, month,* and *year:* If the article is used, it is in the accusative case. **3.11.1940** or **den 3. Nov. 1940.**

## At a Glance

### Time: Units + names

| | | | |
|---|---|---|---|
| die Sekunde, -n | der Sonntag | der Morgen | der Januar |
| die Minute, -n | der Montag | der Vormittag | der Februar |
| die Stunde, -n | der Dienstag | der Mittag | der März |
| der Tag, -e | der Mittwoch | der Nachmittag | der April |
| die Woche, -n | der Donnerstag | der Abend | der Mai |
| das Wochenende, -n | der Freitag | die Nacht | der Juni |
| der Monat, -e | der Samstag | | der Juli |
| die Jahreszeit, -en | | | der August |
| das Jahr, -e | der Frühling | | der September |
| das Jahrzehnt, -e | der Sommer | | der Oktober |
| das Jahrhundert, -e | der Herbst | | der November |
| das Jahrtausend, -e | der Winter | | der Dezember |

### Cases used with time expressions

| | |
|---|---|
| **Specific time** **Duration of time** | article (accusative) [+ **ganz**] + time expression: **einen Tag** **den ganzen Monat** |
| **Indefinite time** | article (genetive) + time expression: **eines Tages** |

### Time: Modifiers

| How often | How long | When |
|---|---|---|
| jährlich | -jährig- | heutig- |
| monatlich | -monatig- | gestrig- |
| wöchentlich | -wöchig- | damalig- |
| täglich | -tägig- | jetzig- |
| stündlich | -stündig- | ehemalig- |
| | | vorig- |

# 24
## Adverbs

# Grammatik

Adverbs convey information about verbs, adjectives, and other adverbs—how or where an activity takes place, for example, or the particular intensity of a modifier—and can take the form of a single word or a phrase, including a prepositional phrase (see 10.1).

## 24.1 DESCRIPTIVE ADVERBS

1. A descriptive adverb (**das Adverb, -ien**) looks like a descriptive adjective without an ending. When such an adverb modifies a verb, it often indicates *how, in which manner,* or *to what degree* an activity is done.

Sie arbeitet **fleißig.** *She works diligently.*

Unsere Blumen wachsen **langsam.** *Our flowers are growing slowly.*

2. Descriptive adverbs can modify adjectives.

COMPARE:

Sie mieteten eine **schöne,** möblierte Wohnung. *(an adjective—with ending—modifies the noun)* *They rented a beautiful, furnished apartment.*

Sie mieteten eine **schön** möblierte Wohnung. *(an adverb—with no ending—modifies the adjective)* *They rented a beautifully furnished apartment.*

3. Adverbs can also modify other adverbs.

| | |
|---|---|
| Er sprach **erstaunlich** gut. | *He spoke remarkably well.* |
| Die Zeit verging **furchtbar** schnell. | *The time went by terribly quickly.* |

4. Some adverbs of *manner* have no adjective equivalents.

| | |
|---|---|
| Ich esse **gern** Eis. | *I like to eat ice cream.* |
| Die Musik war **kaum** zu hören. | *The music could hardly be heard.* |

5. A few descriptive adverbs conveying attitude or reaction are formed by adding the suffix **-erweise** to descriptive adjectives.

bedauerlicherweise   *regrettably*
dummerweise   *stupidly*
erstaunlicherweise   *amazingly*
glücklicherweise   *fortunately*
möglicherweise   *possibly*

| | |
|---|---|
| **Erstaunlicherweise** wurde niemand bei dem Unfall verletzt. | *Amazingly, no one was injured in the accident.* |

Descriptive adverbs can also occasionally be formed by adding the suffix **-weise** to nouns.

| | | | |
|---|---|---|---|
| fallweise | *case by case* | stückweise | *piece by piece* |
| paarweise | *in pairs* | teilweise | *partially* |

| | |
|---|---|
| Wir sind mit der Arbeit schon **teilweise** fertig. | *We are already partially finished with the work.* |

## 24.2   ADVERBS OF TIME

1. Some adverbs of time tell *when* or *how often* an activity occurs. Some examples are:

| | | | |
|---|---|---|---|
| ab und zu | *now and then* | nie | *never* |
| bald | *soon* | oft | *often* |
| immer | *always* | schon | *already* |
| manchmal | *sometimes* | wieder | *again* |

2. Some adverbs of time indicate *when an activity begins* and are particularly useful for introducing narratives.

| | | | |
|---|---|---|---|
| anfangs | *in the beginning* | einst | *once (past); some day (future)* |
| damals | *(back) then* | einmal | *one time* |
| eines Morgens | *one morning (see 23.1D)* | neulich/vor kurzem | *recently* |
| eines Tages | *one day* | zuerst/zunächst | *(at) first* |
| eines Abends | *one evening* | | |

3. Some adverbs of time help establish *sequences within narratives.*

| | |
|---|---|
| auf einmal/plötzlich *suddenly* | immer noch *still* |
| bis dahin *up until then; by then* | inzwischen/mittlerweile/unterdessen *meanwhile* |
| bald darauf *soon (thereafter)* | vorher *first, beforehand* |
| kurz darauf *shortly thereafter* | |
| da/dann *then* | nachher *afterwards* |
| danach *after that* | später *later* |

4. Some adverbs of time indicate the *conclusion of an activity* or *narrative.*[1]

| | |
|---|---|
| seitdem/seither *(ever) since then, (ever) since that time* | schließlich *finally; in the final analysis* |
| | endlich *finally, at long last* |
| am Ende/zum Schluss *finally, in the end, in conclusion* | zuletzt *at last, finally; last* |

## 24.3 ADVERBS OF PLACE

1. Adverbs of place tell *where.* Some common examples are:

anderswo *somewhere else*
da *there*
da drüben *over there*
hier/dort *here/there*
innen/außen *(on the) inside/(on the) outside*
links/rechts *left/right*
nirgendwo *nowhere*
oben/unten *above/below*
überall *everywhere*
vorn/hinten *in front/behind*

2. Some adverbs of place combine with the prefixes **hin-** and **her-** (see 29.1C) to indicate direction to or from: **anderswohin** *(to someplace else)*, **überallher** *(from everywhere).*

3. Some adverbs of place are used with the prepositions **nach** and **von** to indicate *to or from where:*

nach links/rechts *to the left/right*
von links/rechts *from the left/right*
nach oben *upward, (to go) upstairs*
nach unten *downward, (to go) downstairs*
von oben *from above*
von unten *from below/beneath*
nach/von vorn(e) *to/from the front*

---

[1] See **Wortschatz** for more explanation.

## 24.4 POSITION OF ADVERBS AND ADVERBIAL PHRASES

1. When adverbial expressions answer the questions *how, when,* or *where,* they follow a word order sequence of Time-Manner-Place (see also 1.1C). Even when one of these elements is missing, the sequence remains the same.

|  | TIME | PLACE |
| --- | --- | --- |

Er war **gestern Abend im Kino.**       *He was at the movies yesterday evening.*

|  | MANNER | PLACE |
| --- | --- | --- |

Sie ist **zu Fuß in die Stadt** gegangen.       *She went into town on foot.*

2. General time precedes specific time.

|  | GEN. TIME | SPEC. TIME |
| --- | --- | --- |

Das Kind fährt **jeden Tag um acht Uhr** mit dem Rad zur Schule.
*The child travels to school by bike every day at eight o'clock.*

3. German adverbs and adverbial phrases often appear at the beginning of a sentence; they are not set off by a comma.

**Glücklicherweise** habe ich meinen       *Fortunately, I did not miss my train.*
  Zug nicht verpasst.

**Nach dem Film** wollen wir essen       *After the movie we want to go eat.*
  gehen.

## 24.5 ADVERBIAL CONJUNCTIONS

German has a number of adverbs that link one sentence or clause to the next by signaling additional information, explanation, or contrast.

außerdem    *moreover, furthermore (additional information)*
daher
darum
deshalb            *therefore, thus, for this/that reason (explanation)*
deswegen
aus diesem Grunde
dennoch    *nevertheless, yet (contrast)*
stattdessen    *instead (contrast)*
trotzdem    *in spite of this/that*

Sie ist krank, (und) **daher/darum**       *She is ill, and for this reason she cannot*
  kann sie nicht kommen.                   *come.*

Sie ist krank und kann                 *She is ill and cannot come for this*
  **deshalb/deswegen** (etc.)        *reason.*
  nicht kommen.

# Wortschatz
## *Ende gut, alles gut!*

---

| | |
|---|---|
| am Ende | schließlich |
| zum Schluss | endlich |
| zuletzt | |

---

1. **Am Ende** and **zum Schluss** express the idea of conclusion in general terms and are synonymous in most instances.

   | | |
   |---|---|
   | Er hatte sein ganzes Leben gearbeitet, aber **am Ende/zum Schluss** hatte er nichts. | *He had worked his entire life, but in the end he had nothing.* |

2. **Zuletzt** usually introduces the final event in a series.

   | | |
   |---|---|
   | Sie ging in die Bibliothek, dann in die Mensa und **zuletzt** nach Hause. | *She went to the library, then to the student cafeteria, and finally home.* |

3. **Schließlich** and **endlich** can both express the idea that after a considerable period of time or series of events, something *finally* happens.

   | | |
   |---|---|
   | Nach langer Wanderung kamen wir **schließlich/endlich** ans Ziel. | *After a long hike we finally/at last reached our destination.* |

4. **Schließlich** (like **zuletzt**) can mean *finally* when introducing the last element in a discourse such as a speech, sermon, or argument; this meaning derives from **schließen** (*to close*). **Schließlich** can also mean *in the final analysis* or *after all*.

   | | |
   |---|---|
   | Und **schließlich** möchte ich allen danken, die bei dem Wahlkampf so sehr geholfen haben. | *And finally I'd like to thank everyone who helped so much during the election campaign.* |
   | Sie haben mir **schließlich** diesen Sieg ermöglicht. | *After all, they've made this victory possible for me.* |

5. **Endlich,** when stressed, is stronger than **schließlich** and conveys the idea that something has *finally* or *at (long) last* happened.

   | | |
   |---|---|
   | **Endlich** haben wir einen Brief bekommen. | *At long last, we received a letter.* |

# Übungen

**A** **Zeitadverbien.** Erzählen Sie etwas über sich und verwenden Sie dabei die folgenden Adverbien.

BEISPIEL neulich
*Neulich habe ich einen guten Film gesehen.*

1. ab und zu
2. bisher *(up until now)*
3. stets *(continually, always)*
4. niemals *(never)*
5. endlich
6. kürzlich/vor kurzem *(recently)*

**B** **Wie geht es weiter?** Vervollständigen Sie die Sätze. Verwenden Sie adverbiale Ausdrücke aus dem **Wortschatz.**

BEISPIEL Wir arbeiteten den ganzen Tag, doch ...
*Wir arbeiteten den ganzen Tag, doch **am Ende** war unser Projekt immer noch nicht fertig.*

1. Wir warten schon seit Stunden, aber jetzt möchte ich ...
2. Die Party wird bis Mitternacht gehen, und ...
3. Wir sollten uns nicht über ihn ärgern. Er hat uns ...
4. Ich habe heute einiges vor. Zuerst muss ich arbeiten, dann muss ich einkaufen, danach muss ich zur Uni, und ...
5. Sie dachte, dass sie die Prüfung nicht besteht, aber ...

**C** **Meinungen.** Bilden Sie Aussagen mit den folgenden Adverbien.

BEISPIEL vergebens *(in vain)*
*Ich finde, die meisten Menschen suchen **vergebens** nach Glück.*

1. auswendig *(by heart)*
2. sicherlich *(certainly, for sure)*
3. hoffentlich *(hopefully)*
4. glücklicherweise
5. leider *(unfortunately)*
6. zufällig *(per chance)*

**D** **Wortstellung der Adverbien.** Schreiben Sie fünf Sätze, die adverbiale Ausdrücke der Zeit, des Ortes und der Beschreibung enthalten. Schreiben Sie die Sätze noch einmal, indem Sie *einen* adverbialen Ausdruck an eine andere Stelle setzen.

BEISPIEL *Wir gehen oft mit Freunden im Park spazieren.*
***Mit Freunden** gehen wir oft im Park spazieren.*

**E** **Adverbiale Konjunktionen.** Machen Sie fünf Aussagen über Aktivitäten, Situationen oder Gedanken und die Folgen *(results)* davon. Verwenden Sie die angegebenen adverbialen Konjunktionen aus dem Kasten.

BEISPIELE *Ich habe für meine Deutschprüfung intensiv gelernt, und **deswegen** werde ich eine gute Note bekommen.*
*Ich habe in diesem Semester wenig gearbeitet. Ich habe aber **trotzdem** gute Noten bekommen.*

deswegen/daher    stattdessen    aus diesem Grunde    trotzdem    dennoch

# Anwendung

**A** **Wann? Wo? Wie?** Sie und eine Partnerin/ein Partner stellen jeweils drei Listen mit je fünf Adverbien (Wörter und Wortverbindungen) zusammen. Machen Sie erst eine Liste für Zeitadverbien (**wann**), dann eine für adverbiale Ausdrücke des Ortes (**wo/wohin**) und eine für adverbiale Ausdrücke der Beschreibung (**wie**). Tauschen Sie dann Ihre Listen miteinander aus und bilden Sie einige Sätze mit Elementen aus allen drei Listen. Achten Sie auf die richtige Wortstellung und seien Sie so kreativ wie möglich!

**B** **Es kam aber ganz anders.** Erzählen Sie von einem Ereignis oder Unternehmen *(undertaking)* aus Ihrem Leben, das anders verlief als geplant. Verwenden Sie Zeitadverbien und Adverbien, die Ihre Reaktionen zum Ausdruck bringen.

REDEMITTEL

Einmal wollte ich ...
Ich habe zuerst gedacht ...
Leider war es so, dass ...
Wir konnten aber trotzdem ...

Da kam zufällig ...
Glücklicherweise hat niemand gemerkt ...
Wir mussten dann schließlich ...

**C** **Das mache ich so.** Beschreiben Sie, in welcher zeitlichen Folge Sie etwas machen oder sich auf etwas vorbereiten *(prepare)*.

THEMENVORSCHLÄGE

eine schwere Prüfung
eine schriftliche Arbeit für einen Kurs
ein Auto suchen und kaufen

eine Wohnung suchen
eine Ferienreise planen

BEISPIEL   eine schwere Prüfung
*Zuerst frage ich die Professorin, was ich für die Prüfung lernen muss. Dann lese ich das alles noch einmal durch. Danach wiederhole ich die Kapitel, die ich für besonders wichtig halte, und zum Schluss überlege ich mir Fragen, die man in der Prüfung stellen könnte, und versuche diese Fragen zu beantworten.*

**D** **Wie komme ich ...?**   Beschreiben Sie für eine Partnerin/einen Partner, wie man von Punkt A nach Punkt B kommt. Ein paar Vorschläge: Von Ihrem Zimmer im Studentenheim zur Mensa; von dem Eingang Ihres Hauses zu Ihrem Schlafzimmer; von dem Zimmer, wo Sie jetzt sind, zu der nächsten Toilette. Verwenden Sie dabei so viele Adverbien wie möglich (z.B. nach links/nach oben/geradeaus/nach draußen *(outside)*/da drüben/durch eine Tür/um ein Gebäude/durch ein Zimmer/vorsichtig *(carefully)*/dann/nachher, usw.).

# Schriftliche Themen

| | |
|---|---|
| **Tipps zum Schreiben** | **Establishing a Sequence of Events**<br><br>To establish a chronology of events from one sentence or clause to another, you should use adverbs of time. Remember that time expressions normally precede expressions of manner and place and can also begin a sentence. You can also use adverbial conjunctions to establish logical links of explanation or contrast between sentences and clauses. |

**A** **Der Verlauf eines wichtigen Ereignisses *(event)*.**   Berichten Sie über ein wichtiges historisches Ereignis (z.B. eine politische Wende, eine Katastrophe, einen Unfall, die Karriere eines berühmten Menschen). Verwenden Sie dabei einige Adverbien, die den chronologischen Verlauf dieses Ereignisses verdeutlichen und die Folgen davon deutlich zum Ausdruck bringen.

BEISPIEL   Im Jahre 1906 ereignete sich in San Francisco ein schreckliches Erdbeben. Anfangs spürte man nur leichte Erschütterungen *(tremors)*, aber kurz darauf kam die große Katastrophe, die vieles zerstörte und auch viele Menschen das Leben kostete. Besonders schlimm war es dann, als ... Dennoch konnten viele Leute ...

**B** **Aus meinem Leben.**   Erzählen Sie von einem merkwürdigen Erlebnis *(experience)* aus Ihrem Leben. Wie sind Sie zu diesem Erlebnis gekommen? Wie verlief es? Was waren die Folgen davon?

# Zusammenfassung

## Rules to Remember

1 A descriptive adverb looks like an adjective without an ending (**schnell, fleißig**).

2 In addition to descriptive adverbs, the most common adverbs are of time (**heute, oft**) or place (**hier, überall**).

3 A series of adverbs usually follows the word order rule of Time-Manner-Place.

4 A few adverbs (**deshalb, trotzdem,** etc.) function like conjunctions and link thoughts in two separate clauses or sentences.

## At a Glance

**Adverbs: Word order in the middle field**

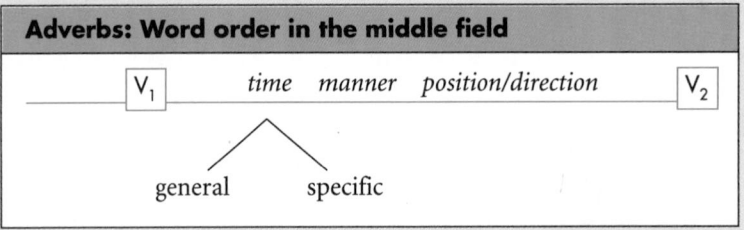

**Adverbial conjunctions: Word order with clauses**

# Grammatik

## 25.1 PARTICLES

Speakers of a language convey not only statements, questions, and commands; they wrap them in varying degrees of impatience, reassurance, surprise, and delight. Every language has unique ways of expressing these facets of communication, and German does so by coupling intonation with certain words used expressly for this emotive function, often called "flavoring particles" (**die Abtönungspartikel, -n** or **die Modalpartikel, -n**). English speakers also make use of particles to add emotional color to their utterances, to be sure; but German has a much larger palette of such words. Particles are notoriously difficult to translate. Some of them have a literal meaning quite apart from their "flavoring" capacity; some have multiple "flavoring" meanings, depending on context and intonation; all should be used with care, following the (admittedly limited) explanations given here and the practical suggestions for usage provided by your instructor.

## 25.2 USES OF VARIOUS PARTICLES

### A. Aber

Besides the literal sense of **aber** as the coordinating conjunction *but* (see 11.1), it serves as an intensifier in statements. (In these and the following examples, take note of the intonational emphasis used for certain meanings and indicated here by underlining.)

**321**

| Das ist **aber** <u>nett</u> von dir. | *That's really nice of you.* |
| Hast du etwas gegen unseren Besuch? | *Have you got anything against our visit?* |
| —**Aber** <u>nein</u>! | *Of course not!* |

## B. *Also*

**Also** should not be confused with *also* (German: **auch**). It can mean *so* when introducing a consequence *(She said this, so I said that)*, but is used as well to connote reassurance or reinforcement of an idea expressed, to signal a reaction to something just said, or to introduce a summing up.

| Ich konnte nicht mehr lernen, **also** ging ich ins Bett. | *I couldn't study any more, so I went to bed.* |
| Du wirst uns **also** <u>helfen</u>? | *So you'll help us?* |
| **Also**, <u>gut</u>–wenn du willst. | *Well, all right—if you want to.* |
| <u>Also</u>, was willst du jetzt machen? | *So, (or: Well,) what do you want to do now?* |

## C. *Auch*

1. Besides its literal meaning of *also*, **auch** has a wide range of flavoring uses, many of which convey a sense of (or desire for) confirmation.

| So schlecht war der Film (ja) <u>**auch**</u> nicht. | *The film wasn't really so bad.* |
| Bist du **auch** <u>sicher</u>, dass du es kannst? | *Are you really sure you can do it?* |

2. **Auch** is sometimes used in the sense of *even*. With this meaning it is interchangeable with **sogar**.

| **Auch/Sogar** in den <u>Alpen</u> fiel letztes Jahr weniger Schnee. | *Even in the Alps less snow fell last year.* |

## D. *Denn*

**Denn** as a particle occurs only in questions; it adds a tone of either mild or strong impatience, surprise, or interest. It also makes questions sound less abrupt.

| Kommst du **denn** nicht <u>mit</u>? | *Well, aren't you going to come along?* |
| Was habt ihr **denn** die ganze Zeit gemacht? | *Well, what did you do the whole time?* |
| Was ist **denn** hier <u>los</u>? | *What in the world is going on here?* |

## E. *Doch*

**Doch** is used

1. to stress validity (often in cases where the context assumes a dissenting voice):

| Das ist **doch** <u>Wahnsinn</u>! | *But that's crazy (no matter what anyone says)!* |
| Das <u>weißt</u> du **doch**! | *Come on, you know that!* |

2. to convey surprise (in the face of previous expectations):

Sie hat **doch** Recht. *So she's right after all.*

3. to express disbelief (used in negative statements):

Das kann **doch** nicht dein <u>Ernst</u> sein! *You can't really be serious!*

4. to intensify a sense of impatience or urgency in imperatives (assuming a negative reaction on the part of the person addressed), often with **mal** (see 6.2):

Hören Sie **doch** mal <u>zu</u>! *Come on, listen!*

5. to respond positively to a statement or question with negative implications (see 15.1):

Du willst wohl nicht mitkommen, oder? *You don't want to come along, do you?*
—**Doch!** *—Oh yes, I do!*

## F. *Eben*

1. As an adverb, **eben** means *just (now)/(then)*. It is synonymous with **gerade.**

Die Gäste gingen **eben** weg, als wir *The guests were just (then) leaving, as*
ankamen. *we arrived.*

2. As an intensifier, **eben** indicates resigned acceptance of a fact.

Wenn du wirklich keine Lust hast, *If you really don't want to, we just won't*
dann gehen wir heute **eben** <u>nicht</u> *go to a movie today.*
ins Kino.

Es <u>ist</u> **eben** so. / So <u>ist</u> es **eben.** *That's just the way it is.*

3. **Eben** can also imply agreement, the idea that a statement is *precisely* or *exactly* the point.

Das ist aber ein langer Artikel. *That is really a long article.*
—**Eben!** *—Precisely!*

4. **Halt** is synonymous with **eben** in the sense of resigned acceptance. It is very colloquial.

Wir müssen **halt** warten, bis der Regen *We'll just have to wait until the rain*
vorbei ist. *is over.*

## G. *Eigentlich*

1. **Eigentlich** as an adverb means *actually*, but it can be used in statements and questions to soften and modify the tone, to imply that a question has not yet been fully answered, and as a discourse marker to change the topic of conversation.

Weißt du **eigentlich,** wie sie heißt? *Do you happen to know her name?*
Ich weiß **eigentlich** nicht, was ich will. *I don't really know what I want.*
Wo <u>wohnen</u> Sie denn **eigentlich?** *So tell me, just where do you live?*

2. **Eigentlich** is not nearly as strong as the adverb **wirklich,** which implies that something *really* is the case.

COMPARE:

| | |
|---|---|
| Das ist **wirklich** sein Auto. | *It really is his car.* |
| Eigentlich ist das sein Auto. | *Actually, it is his car.* |

## H. *Ja*

**Ja** can be used as a particle:

1. to express the obviousness of a fact, with a hint of impatience; it is similar in this meaning to **doch.**

| | |
|---|---|
| Sie <u>wissen</u> **ja,** was ich meine. | *Come on, you know what I mean.* |
| Das <u>tue</u> ich **ja** schon! | *But I'm (obviously) already doing that!* |

2. to add a sense of urgency to imperatives; in this meaning it is often followed by **nur.**

| | |
|---|---|
| Komm **ja** (**nur**) nicht zu spät nach Hause! | *Don't you dare come home too late!* |

3. to convey surprise, much like **doch.**

| | |
|---|---|
| Da <u>ist</u> sie **ja!** | *Well, there she is!* |
| Das ist **ja** kaum zu <u>glauben</u>! | *That is really hard to believe! / I can hardly believe that!* |

## I. *Mal*

**Mal** softens a statement or command by adding a sense of casualness similar to English *hey* or *just*, which renders commands and suggestions less blunt. Almost any element in the sentence *except* **mal** can carry intonational stress, depending on the meaning one wishes to convey.

| | |
|---|---|
| Das werde ich mir **mal** ansehen. | *I'll just take a look at that.* |
| Ich muss dir **mal** was erzählen. | *I've just got to tell you something.* |
| Komm **mal** her! | *(Hey,) come here!* |
| Sieh dir das **mal** an! | *(Hey,) check this out!* |

## J. *Nun*

**Nun** (often combined with [ein]mal) implies resigned acceptance of a situation. With this meaning it is virtually synonymous with **eben** and **halt.**

| | |
|---|---|
| Da konnte man **nun mal** nichts (weiter) machen. | *Well, there wasn't anything (else) to be done.* |
| So sieht es im Moment **nun** (**ein**)**mal** aus. | *This just is the way things look at the moment.* |

## K. *Nur*

1. **Nur** lends a sense of urgency and emotion to questions.

| | |
|---|---|
| Wie konntest du das **nur** <u>machen</u>? | *How could you <u>do</u> that?* |
| Wo <u>ist</u> sie **nur?** | *Where on earth <u>is</u> she?* |

2. In commands, **nur** is roughly equivalent to *just:* threatening in some contexts, reassuring in others.

| | |
|---|---|
| Denke **<u>nur</u>** nicht, dass ich das bald vergessen werde! | *Just don't think that I'll soon forget this!* |
| Rufen Sie mich **<u>nur</u>** nicht nach 10 Uhr an! | *Don't you dare/Just don't call me after 10!* |
| <u>Warten</u> Sie **nur!** | *Just wait! Just you wait! (positive or negative, depending on intonation and context)* |
| Reden Sie **nur** <u>weiter</u>! | *Go on—keep talking! (i.e., you're doing fine!)* |

3. Colloquially, **bloß** is often used instead of **nur,** and carries the same shades of meaning.

| | |
|---|---|
| Sei **bloß/nur** nicht so schüchtern! | *Just don't be so shy!* |
| Warum hat sie das **bloß/nur** gemacht? | *Why on earth did she do that?* |
| Geh da **bloß/nur** nicht hin! | *By all means, don't go there!* |

## L. *Schon*

1. As an adverb, **schon** means *already.*

| | |
|---|---|
| Wir haben es **schon** gemacht. | *We have already done it.* |

2. In adverbial usage, **schon** is often used with **mal** to mean *ever before.*

| | |
|---|---|
| Waren Sie **schon mal** Gast in diesem Hotel? | *Were you ever a guest in this hotel before?* |

3. As a particle, **schon** expresses confidence or reassurance.

| | |
|---|---|
| Hat sie es schon gemacht? | *Did she already do it?* |
| —Ich glaube **schon.** | *—Oh, I think so.* |
| Ich werde es **schon** machen. | *Don't worry, I'll do it.* |

4. The particle **schon** can also convey a somewhat reserved concession, the idea that although a statement is undoubtedly true, there is also another consideration.

| | |
|---|---|
| Du hast ja eine gute Wohnung. | *You have a good apartment, you know.* |
| —Das **schon,** aber noch keine Möbel. | *—Well, yes, but no furniture yet.* |
| Das ist **schon** richtig, was du sagst, aber ... | *What you say is true, but . . .* |

5. **Schon** gives a sense of impatient encouragement to requests.

   | | |
   |---|---|
   | Setz dich **schon** hin! | *Come on now, sit down!* |

6. **Schon** can also be used to add a sense of resignation to questions.

   | | |
   |---|---|
   | Was kann man in so einem Fall **schon** sagen? | *What can you possibly say in such a case?* |
   | Wer möchte **schon** allein auf einer Südseeinsel leben? | *Who would ever want to live alone on a South Sea island?* |

### M. *Überhaupt*

1. In statements, **überhaupt** expresses generality regarding one or more of the sentence elements.

   | | |
   |---|---|
   | Er sollte **überhaupt** mit seinen Behauptungen vorsichtiger sein! | *He should really (i.e., as an over-arching rule) be more careful about his assertions!* |
   | Sie interessiert sich für Programmiersprachen, ja, für Informatik **überhaupt**. | *She's interested in programming languages, in fact, in computer science in general.* |

2. In questions, **überhaupt** can convey the idea of *at all*, in an absolute sense.

   | | |
   |---|---|
   | Verstehst du mich **überhaupt?** | *Do you understand me at all?* |
   | Hast du **überhaupt** eine Ahnung, was er will? | *Do you have any idea at all what he wants?* |

3. Used with negatives, **überhaupt (nicht)** means *not/nothing/anything at all*. It is synonymous with **gar nicht** (see Wortschatz 6).

   | | |
   |---|---|
   | Sie wissen <u>**überhaupt**</u> nichts. | *They don't know anything at <u>all</u>.* |

### N. *Wohl*

1. The particle **wohl** suggests probability (see also 8.1B). Its English equivalents are *no doubt, quite likely,* or *probably.*

   | | |
   |---|---|
   | Diese Häuser gehören **wohl** der Gemeinde. | *These houses no doubt belong to the municipality.* |
   | Wenn sie es sagt, wird es **wohl** stimmen. | *If she says so, then it's probably true.* |

2. In some expressions, **wohl** conveys a sense of certainty.

   | | |
   |---|---|
   | Das kann man **wohl** sagen! | *You can say that again!* |
   | Du bist **wohl** nicht bei Sinnen! | *You must be out of your mind!* |

### O. *Zwar*

1. **Zwar** means *to be sure* or *of course* and is usually balanced by an **aber** (*however*) in the following clause.

   | | |
   |---|---|
   | Es gab **zwar** noch genug zu essen, aber niemand hatte mehr Hunger. | *There was, to be sure, still enough to eat, but no one was hungry anymore.* |

2. **Zwar** cannot be used as an affirmative response to a question. Instead, German uses **allerdings** (*oh yes; by all means*).

COMPARE:

Haben Sie verstanden?
—**Allerdings.**

*Did you understand?*
—*Oh, yes! (i.e., I know what you are getting at)*

# Wortschatz

## Na also!

Flavoring particles are particularly common in colloquial responses to things people say or do.

**das ist aber wahr!**   that sure is true!
**aber nein!**   oh no!
**also gut/also schön**   well, OK (I'll do it)
**na also!**   what did I tell you!
**also doch!**   it's true what I said after all!
**na (nun) ja**   oh well, OK
**ich denke/glaube schon**   I should think so
**was ist denn?**   what's the matter?
**was ist denn hier los?**   what's going on here?
**das darf doch nicht wahr sein!**   that can't be (true)!

**das ist doch/ja lächerlich!**   that's ridiculous!
**das ist es ja (eben)!**   that's just it, that's just what I mean
**so ist es eben**   that's just how it is
**ja, was ich sagen wollte, ...**   by the way, what I wanted to say . . .
**mal sehen**   we'll just have to (wait and) see
**das wird schon stimmen**   I'm (pretty) sure that's right
**es wird schon gehen/werden**   I'm (pretty) sure it'll work out
**das habe ich mir (auch) schon gedacht**   that's just what I figured (too)

# Übungen

 **Partikeln im Gebrauch.**   Lesen Sie die folgenden Texte einmal ohne die kursiv gedruckten Abtönungspartikeln und einmal mit diesen Partikeln. Erklären Sie dann auf Englisch, wie die Partikeln den Text ändern und was sie zum Ausdruck bringen.

1. Deutsche Vereinigung: Vater Stratmann hat die Vereinigung mit gemischten Gefühlen erlebt. Wenn er ganz ehrlich sein soll, dann ist er *ja nun mal* Deutscher. Er weiß *zwar* nicht, ob er einen besonderen Nationalstolz hat, aber er ist *doch* ein bisschen

geschichtsbewusst *(historically aware),* und als er im Fernsehen die Demonstrationen in Leipzig und die Leute auf der Mauer gesehen hat, das war *schon* ein erhebendes *(uplifting)* Gefühl, muss er ganz ehrlich sagen, da lief es ihm *doch* den Rücken runter *(chills ran down his spine). (Die Zeit)*

2. Eine kaputte Küchenuhr: Kaputt ist die Uhr, das weiß ich *wohl.* Aber sonst ist sie *doch* noch ganz wie immer: weiß und blau. Und was das Schönste ist, das habe ich Ihnen *ja* noch *überhaupt* nicht erzählt. Denken Sie *mal,* sie ist um halb drei stehengeblieben. (Wolfgang Borchert, „Die Küchenuhr")

**B** **Viele haben es gemacht.** Lesen Sie die Sätze mit richtiger Betonung vor. Erklären Sie die Unterschiede zwischen den Sätzen. Drücken Sie die verschiedenen Nuancen auf Englisch aus.

1. Sie hat es doch gemacht.
2. Er hat es nun einmal gemacht.
3. Du hast es also gemacht.
4. Du hast es also doch gemacht.
5. Habt ihr es überhaupt gemacht?
6. Sie haben es wohl gemacht.
7. Haben Sie es denn gemacht?
8. Sie hat es ja gemacht.
9. Wir haben es halt gemacht.
10. Haben Sie es schon einmal gemacht?
11. Er hat es eben gemacht.
12. Warum habt ihr das bloß gemacht?

**C** **Besonders betonen.** Bringen Sie die folgenden Aussagen durch den Gebrauch von Abtönungspartikeln stärker zum Ausdruck. Erklären Sie die Nuancen auf Englisch. Bei einigen Sätzen gibt es mehrere Möglichkeiten.

| aber | denn | halt | nur |
|------|------|------|-----|
| also | doch | ja | schon |
| auch | eben | mal | überhaupt |
| bloß | eigentlich | nun | wohl |

1. Das verstehe ich nicht! Wie hast du das gemacht?
2. Kommen Sie mit! Sie werden etwas Interessantes erleben.
3. Aha, du bist es!
4. Das Leben im Ausland ist manchmal problematisch.
5. Hören Sie zu!
6. Du wolltest jetzt arbeiten gehen, nicht wahr?
7. Waren Sie einmal in Südtirol?
8. Diesen Zug haben wir verpasst. Wir müssen auf den nächsten warten.
9. Mensch, du hast einen schönen Wagen!
10. Ihr wollt nicht mit uns mitkommen?
11. Sehen Sie, was die Leute hier alles zerstört haben.
12. Verstehen Sie, was er meint?
13. Er hat dich nicht verstanden.
14. Das hat sie gesagt.

**D** **Reaktionen.** Was sagen Sie in diesen Situationen? Verwenden Sie Ausdrücke mit Abtönungspartikeln.

BEISPIEL  Ein Freund sagt etwas, was Sie sich auch schon gedacht haben.
*Das finde ich aber auch!*
OR: *Das kann man wohl sagen!*

1. Jemand bringt in einer Diskussion ein Argument vor, das Sie für ziemlich überzeugend *(convincing)* halten.
2. Jemand macht eine Behauptung *(assertion)*, von der Sie meinen, dass man noch abwarten muss, ob sie stimmt oder nicht.
3. Jemand berichtet Ihnen etwas Unglaubliches. Sie sind sehr überrascht.
4. Jemand fragt Sie, ob es eine gute Idee wäre, noch eine Fremdsprache zu lernen.
5. Jemand bittet Sie, an einem Spiel teilzunehmen. Anfangs wollen Sie nicht, aber nachdem man Sie mehrmals bittet, können/wollen Sie nicht mehr nein sagen.
6. Jemand macht eine Behauptung *(assertion)*, die Sie für völligen Blödsinn *(nonsense, rubbish)* halten.

# Anwendung

**Argumentation.** Die Klasse einigt sich über eine These oder Behauptung, zu der es sicher viele Argumente pro und kontra gibt. Alle im Kurs sollen ihre Meinung sagen. Versuchen Sie, Ihre Argumente und Meinungen durch den Gebrauch von Adverbien (siehe *Kapitel 24*) und Abtönungspartikeln zu verstärken. Versuchen Sie bei der Diskussion auch passende Wendungen aus dem Wortschatz zu verwenden.

**THESENVORSCHLÄGE**

Man soll lieber nicht heiraten.
Die Politik der Regierung eines Landes können einzelne Bürger nicht ändern.
In unserem Land haben nicht alle Menschen die gleichen Chancen.
Geld regiert die Welt.
Gleicher Lohn *(wage)* für gleiche Arbeit.

**REDEMITTEL**

Es stimmt doch überhaupt nicht, dass ...
Ihr müsst aber zugeben, dass ...
Wir müssen endlich mal ...
Eigentlich stimmt es ja auch, dass ...
Das ist ja Unsinn *(nonsense)*!
Was soll das denn heißen?
Das sehe ich aber ganz anders!
Das ist doch überhaupt kein Argument!
Das stimmt zwar, aber ...
Das wird schon stimmen, aber ...
Also doch!
Das ist ja lächerlich *(ridiculous)*!
Das kann doch nicht Ihr ernst sein!

# Schriftliche Themen

> **Tipps zum Schreiben**
>
> **Deciding When to Use Flavoring Particles**
>
> The choices you make about which particles or adverbs to use when writing will vary with your intentions and with the types of readers you have in mind. Most particles are clearly for colloquial usage and would not be appropriate in a critical essay. In less formal writing, for example, in letters to friends or local newspapers or in speeches, particles can lend emotion to your opinions and strengthen the rhetorical persuasiveness of your arguments.

 **Stilebenen (Levels of style).**   Suchen Sie ein aktuelles Thema aus der Presse (Zeitung oder Zeitschrift). Schreiben Sie zuerst einen Aufsatz, in dem Sie sich in einem sachlichen *(objective, unbiased)* Stil zu diesem Thema äußern. Schreiben Sie dann einen Leserbrief, in dem Sie sich nicht mehr so sachlich äußern. In Ihrem Brief können Sie Gefühle und Meinungen durch Abtönungspartikeln, Adverbien und rhetorische Fragen stärker zum Ausdruck bringen.

**BEISPIEL**

### Aufsatz

Das Verhalten vieler junger Leute wird heutzutage oft kritisiert, und in vielen Fällen ist das auch begründet. Man sagt, dass die Erziehung *(upbringing)* zu Hause anfangen soll, aber das ist nicht immer der Fall. Manche Eltern kümmern sich *(concern themselves)* zu wenig um ihre Kinder. Auch in der Schule fehlt oft die nötige Disziplin. Unter solchen Umständen *(circumstances)* ist es für junge Menschen oft schwierig ...

**BEISPIEL**

### Aufsatz

An die Redaktion *(editorial staff)*

Ich finde, es ist *schon* eine Schande *(disgrace)*, wie sich viele junge Leute heutzutage benehmen. *Zwar* sagt man, dass die Erziehung zu Hause anfangen soll, aber das ist leider *doch* nicht immer der Fall. Manche Eltern kümmern sich wenig oder *überhaupt* nicht um ihre Kinder. Auch in der Schule fehlt *ja* oft die nötige Disziplin. Wie sollen *denn* junge Menschen unter solchen Umständen ... ? usw.

 **Bewertung (evaluation) des Unterrichts.**   Schreiben Sie eine informelle Bewertung Ihres Deutschkurses. Weisen Sie auf *(point out)* gute und weniger gute Aspekte dieses Kurses hin. Haben Sie einige Vorschläge, wie man den Kurs vielleicht auch anders gestalten *(structure)* könnte?

# Zusammenfassung

## Rules to Remember

1 Particles "flavor" colloquial German by conveying various feelings and reactions of the speaker.

2 Particles often derive their nuances from the tone of voice in which they are spoken.

3 Particles frequently do not have English equivalents.

## At a Glance

| Particle | Examples |
|----------|----------|
| aber | Das ist **aber** <u>schön</u>! |
| also | Du <u>kommst</u> **also?** <br> **Also,** was machen wir nun? |
| auch | So viel kostet das ja **auch** nicht. <br> Bist du **auch** <u>sicher</u>? |
| denn | Was <u>machst</u> du **denn?** |
| doch | Das weißt du **doch!** <br> Das ist **doch** nicht so schlecht. <br> Kommst du nicht? <br> —**Doch!** |
| eben | So <u>ist</u> es **eben.** <br> Man muss **eben** warten. |
| eigentlich | Weißt du **eigentlich,** wann der Film beginnt? |
| ja | Das denke ich **ja** <u>auch</u>. <br> Das <u>ist</u> **ja** das Problem. |
| mal | <u>Versuchen</u> Sie es doch **mal!** |
| nun | So <u>ist</u> es **nun** mal. |

*(continued)*

| Particle | Examples |
|----------|----------|
| nur | Wo <u>warst</u> du **nur?** <br> Mach das **nur** nicht! |
| schon | Ja, **schon,** aber ... <br> <u>Setz</u> dich **schon!** |
| überhaupt | Ich verstehe dich **überhaupt** nicht! <br> Man soll **überhaupt** mehr zuhören. |
| wohl | Das kann man **wohl** sagen. |
| zwar | Es ist **zwar** ziemlich alt, aber noch ganz gut. |

# Relative Pronouns

# Grammatik

## 26.1  RELATIVE CLAUSES

Relative clauses (**der Relativsatz, ⸚e**), like adjectives and prepositional phrases, are modifiers. What distinguishes them from other modifiers is that they include a conjugated verb; and while it is true that a relative clause can provide more descriptive information than adjectives and adverbial phrases because of its potential length, it is primarily the verb itself that makes a relative clause necessary and useful.

> COMPARE:
> die Frau
> die **junge** Frau *(the new information is expressed with an adjective)*
> die Frau **mit zwei Kindern** *(the new information is a noun, hence a phrase is necessary)*
> die Frau, **die bei Daimler-Benz arbeitet** *(the new information revolves around a verb, and thus requires a clause)*

## 26.2  RELATIVE PRONOUNS

### A. Forms

A relative clause in German is introduced by a pronoun (**das Relativpronomen, -**) that shows number, gender, and case. With the exception of the dative plural and four genitives, the relative pronouns are identical to the definite articles.[1]

---

[1] German sometimes makes use of the declined forms of **welch-** as relative pronouns to avoid repetition: **Ich meine die, welche** (instead of another **die**) **noch nichts gesagt haben.** But this usage is relatively rare, especially in current spoken German.

**333**

|  | **Masc.** | **Fem.** | **Neut.** | **Pl.** |
|---|---|---|---|---|
| **Nom.** | der | die | das | die |
| **Acc.** | den | die | das | die |
| **Dat.** | dem | der | dem | **denen** |
| **Gen.** | **dessen** | **deren** | **dessen** | **deren** |

## B. Use

1. Relative clauses provide information about the preceding clause and usually about a specific noun or pronoun in that clause, called the *antecedent*.

> That's the man **who** works with me.   (**who** *refers to the antecedent "man"*)
>
> Where are the books **that** were on the table?   (**that** *refers to the antecedent "books"*)

In German, the bond between relative pronoun and antecedent consists of *number* and *gender,* i.e., the relative pronoun must show whether the antecedent is plural or singular, and, if singular, whether it is masculine, feminine, or neuter.

> Das ist der Mann, **der** mit mir arbeitet.   (**der** *reflects the masculine singular* Mann)
>
> Wo sind die Bücher, **die** auf dem Tisch waren?   (**die** *reflects the plural* Bücher)

If there are multiple antecedents separated by **oder,** the relative pronoun takes the number and gender of the final antecedent.

> War das *der Mann* oder *die Frau,* **die** gesprochen hat?   *Was that the man or the woman who spoke?*

2. But *number* and *gender* provide only part of the information needed to choose a relative pronoun. The third factor is *case*, and here it is the relative clause itself, rather than the antecedent, that is decisive: *the case of the relative pronoun depends on its grammatical function within its own clause, not on the case of the antecedent.* The relative pronoun may be the subject (as in all the examples above), or a direct or indirect object, or the object of a preposition, or a genitive, and its case must indicate that function. German relative pronouns are very precise, and one must take care to avoid the common mistake of defaulting to **das**—a handy translation of English *that*—as an all-purpose connector.

3. The following examples show how antecedent and grammatical function determine the correct relative pronoun.

| Antecedent | Relative clause | Function of relative pronoun |
|---|---|---|
| ein Mann, ... | **der** mich gut kennt.<br>**den** ich nicht kenne.<br>**dem** ich oft geholfen habe.<br><br>**dessen** Auto vor meinem Haus steht. | *subject:* **Der** kennt mich gut.<br>*direct object:* Ich kenne **den** nicht.<br>*dative object of* **helfen:** Ich habe **dem** oft geholfen.<br>**Auto** is the subject, with **dessen** indicating possession (*whose*): **Sein** Auto steht ... |
| eine Frau, ... | **die** sehr gern liest.<br>**die** ich manchmal auf der Uni sehe.<br>**der** ich gestern eine E-mail geschickt habe.<br>mit **deren** Bruder ich telefonierte. | *subject:* **Die** liest sehr gern.<br>*direct object:* Ich sehe **die** auf der Uni.<br>*indirect object:* Ich habe **der** eine E-mail geschickt.<br>*genitive:* Ich telefonierte mit **deren** (*her*) Bruder. |
| ein Problem, ... | **das** schwer zu lösen (*solve*) ist.<br>**das** man immer wieder sieht.<br>von **dem** ich oft spreche.<br>**dessen** Ursache (*cause*) unklar ist. | *subject:* **Das** ist schwer zu lösen.<br>*direct object:* Man sieht **das** immer wieder.<br>*dative object of* **von:** Ich spreche oft von **dem.**<br>*genitive:* **Seine** (*its*) Ursache ... |
| viele Leute, ... | **die** in der Schweiz leben.<br>**die** man jeden Tag trifft.<br>mit **denen** man spricht.<br>**deren** Kinder zu viel fernsehen. | *subject:* **Die** leben in der Schweiz.<br>*direct object of* **treffen:** Man trifft **die** jeden Tag.<br>*direct object of* **mit:** Man spricht mit **denen.**<br>*genitive:* **Deren** (*their*) Kinder ... |

4. Two structural features of relative clauses should be obvious by now: first, the conjugated verb ($V_1$) moves to the end of the clause, as in all subordinate clauses; and second, relative clauses are set off from other clauses by commas. Notice too that relative clauses are placed as close as possible to their antecedents; in most cases, the only intervening elements are $V_2$ structures (modal infinitives, past participles) and separated verb prefixes that would sound awkward if left dangling by themselves.

Hast du die **Sendung** gesehen, von **der** ich dir erzählte?

*Did you see the TV show I told you about?*

Ich fange mit einem **Kurs** an, **den** ich schon immer machen wollte.

*I'm beginning a course I always wanted to take.*

5. Relative pronoun or no relative pronoun? The difference between the German and the English in the two examples above points to a recurrent problem for English speakers. Because of the rule in English that allows the relative pronoun in a clause to be dropped in colloquial speech if it functions as an object, English speakers sometimes forget to include relative pronouns in German. In other words, English speakers who

might say *the TV show about which I told you* or (more likely) *the TV show that I told you about* can just as well say *the TV show I told you about*, and hardly notice that the relative pronoun has evaporated into thin air. In German, however, relative pronouns *must* be included, be they subject or object.

| | |
|---|---|
| ... die Sendung, **die** nachmittags kommt | *the TV show that comes in the afternoon* |
| ... die Sendung, **die** ich gestern sah | *the TV show (that) I saw yesterday* |
| ... die Sendung, von **der** ich dir erzählte | *the TV show (that) I told you about* |

To take another example, in a sentence such as *Here is the present I bought you*, the clause *I bought you* does not consist of Subject-Verb-Direct Object, obviously, but rather Subject-Verb-Indirect Object, with a dropped direct-object pronoun. In order to render this sentence into German, that pronoun must be restored: Hier ist das Geschenk, **das** ich dir gekauft habe.

6. When a preposition is used in conjunction with a relative pronoun (... die Sendung, **von der** ich dir erzählte), the preposition must precede the pronoun and take its place as the first element in the relative clause. This poses a problem for some English speakers, to whom *the essay that I'm working on* sounds more acceptable (or at least less stilted) than *the essay on which I'm working*, and who are therefore tempted to place **an** in final position in German. But German allows no variation here either: In a relative clause, the preposition *must* precede the relative pronoun, which in turn cannot be dropped, as discussed above.

der Aufsatz, **an dem** ich arbeite
$\left.\begin{array}{l}\text{the essay \textbf{on} which I'm working}\\\text{the essay that I'm working \textbf{on}}\\\text{the essay I'm working \textbf{on}}\end{array}\right\}$

*the essay **on** which I'm working*
*the essay that I'm working **on***
*the essay I'm working **on***

7. When a preposition is used with a genitive relative pronoun, the preposition only determines the case of the following *noun* (and any associated adjectives), not the relative pronoun. The relative pronoun will be **deren** or **dessen**, depending on the number and gender of the antecedent, and will remain a fixed form in the relative clause, regardless of the case surrounding it or the gender of the noun following it.

| | |
|---|---|
| Kennst du *den Jungen,* mit **dessen** Schwester ich gerade getanzt habe? | *Do you know the guy whose sister I was just dancing with?* |
| Da ist *die Frau,* von **deren** schrecklich**em** Unfall du uns erzählt hast. | *There is the woman whose terrible accident you were telling us about.* |

## 26.3  WAS AND WO-COMPOUNDS AS RELATIVE PRONOUNS

### A. Was

1. **Was** is used as a relative pronoun to refer to the indefinite antecedents **etwas, nichts, alles, viel(es), wenig(es), manches, einiges,** and the demonstratives **das** and **dasselbe.**

| | |
|---|---|
| Es gibt fast nichts, **was** ihn überrascht. | *There is almost nothing that surprises him.* |
| Er tut dasselbe, **was** sie tut. | *He does the same thing (that) she does.* |

2. **Was** is used to refer to neuter adjective nouns (see 21.1B), usually in the superlative, and to neuter ordinal numbers.

| | |
|---|---|
| Das ist das Beste, **was** er je geschrieben hat. | *That is the best thing (that) he has ever written.* |
| Das Erste, **was** wir tun müssen, ist Folgendes: ... | *The first thing (that) we must do is the following: . . .* |

3. **Was** is used to refer to an antecedent that is an entire clause or activity.

COMPARE:

| | |
|---|---|
| Im Tiergarten haben wir einen Eisbären gesehen, **der** sehr interessant war. | *At the zoo we saw a polar bear **that** was very interesting. (i.e., the polar bear itself was interesting)* |
| Im Tiergarten haben wir einen Eisbären gesehen, **was** sehr interessant war. | *At the zoo we saw a polar bear, **which** was very interesting. (i.e., the experience of seeing a polar bear was interesting)* |

Ihre Gesundheit ist das Beste, was Sie haben.

## B. Wo-Compounds

1. Prepositions are not normally used with the relative pronoun **was; wo**-combinations (**worauf, wodurch, womit,** etc.) are used instead.

| | |
|---|---|
| Gib mir etwas, **womit** ich schreiben kann. | *Give me something with which I can write.* |
| Sie hat den ersten Preis gewonnen, **worauf** sie sehr stolz ist. | *She won first prize, of which she is very proud. (i.e., she is proud of the fact that she won first place)* |

2. A **wo**-compound may also be used to refer to a specific antecedent that is *not a person*. However, the preposition + relative pronoun (**der, die, das,** etc.) is generally preferred.

| **Acceptable** | **Preferable** |
|---|---|
| Hier ist die Flasche, **woraus** er getrunken hat. | Hier ist die Flasche, **aus der** er getrunken hat. |

3. Neither **da**-compounds (see 19.1) nor **wo**-compounds (see 15.2) can be used when the antecedent is a person.

## 26.4     THE INDEFINITE RELATIVE PRONOUNS *WER* AND *WAS*

### A. *Wer* and *was* (who/what)

1. The indefinite relative pronoun **wer** (**wen, wem, wessen**) meaning *who (whom, whose)* is used when there is no antecedent referring to a specific person.

| | |
|---|---|
| Er will nicht sagen, **wer** den Krug zerbrochen hat. *(nominative)* | *He does not want to say who broke the jug.* |
| Ich weiß nicht, **wen** sie heiratet. *(accusative)* | *I do not know whom she is going to marry.* |
| Sag uns, **mit wem** du gesprochen hast. *(dative)* | *Tell us with whom you spoke.* |
| Die Polizei konnte nicht feststellen, **wessen** Hund das Kind gebissen hatte. *(genitive)* | *The police were not able to ascertain whose dog had bitten the child.* |

2. **Was** functions like **wer** but refers to things or concepts.

| | |
|---|---|
| Er hat nie gesagt, **was** er wirklich gedacht hat. | *He never said what he really was thinking.* |

### B. *Wer* and *was* (whoever/whatever)

1. **Wer** and **was** can also be used to mean *whoever (he/she who)* and *whatever* respectively. In this usage, the first clause begins with **wer** or **was,** and the second clause generally begins with an optional demonstrative pronoun (see 16.3).

| | |
|---|---|
| **Wer** ihm hilft, **(der)** bekommt ein freies Essen. | *Whoever helps him gets a free meal.* |

2. The demonstrative pronoun must be used if it is not in the same case as **wer.**

| | |
|---|---|
| **Wer** mich um Hilfe bittet, **dem** werde ich helfen. | *Whoever asks me for help, I will help.* |

3. Both **wer** and **was** occur frequently in proverbs and sayings.

| | |
|---|---|
| **Wer** aus der Haut fährt, **(der)** lebt außer sich. | *He who leaps out of his skin lives beside himself.* |
| **Was** ich nicht weiß, **(das)** macht mich nicht heiß. | *What I don't know won't hurt me.* |

## 26.5     OTHER FORMS OF RELATIVIZATION

1. When the antecedent is a place, **in** _____ (formal) or **wo** (less formal) can begin the subsequent relative clause. But in either case, some form of connection is required, even where English allows such connectors to disappear.

| | |
|---|---|
| Das Dorf, **in dem** er sein ganzes Leben verbrachte, ... | *The village in which he spent his whole life . . .* |
| Das Dorf, **wo** er sein ganzes Leben verbrachte, ... | *The village he spent his whole life in . . .* |
| | *The village where he spent his whole life . . .* |

2. When the antecedent involves a time reference, written German often uses prepositions with relative pronouns, and **als** or **wenn** (depending on tense) as more colloquial alternatives.

| | |
|---|---|
| Sie wollte den Tag nie vergessen, **an dem/als** sie ihn zum ersten Mal sah. | *She never wanted to forget the day (when) she saw him for the first time.* |

**Wo** can be used similarly, but is considered very colloquial.

| | |
|---|---|
| Und der Tag, **wo** sie sich kennen lernten, war noch schöner. | *And the day (when) they got acquainted was even more wonderful.* |

3. To express relativization of manner, as in English *the way (in which) this happened*, German uses **die Art + wie**.

| | |
|---|---|
| **Die Art, wie** er mich anschnauzte, war furchtbar. | *The way (that) he yelled at me was horrible.* |

# Wortschatz
## *Kategorien*

The following words designate general categories of nouns. They are useful when classifying or defining items.

**der Apparat, -e/das Gerät, -e** apparatus, tool, device, piece of equipment

**die Einrichtung, -en** layout, setup, contrivance; furnishings

**das Fahrzeug, -e** vehicle

**das Gebäude, -** building

**der Gegenstand, ⸚e** object, thing, item

**das Instrument, -e** instrument

**die Krankheit, -en** illness

**die Maschine, -n** machine

**das Medikament, -e** medicine, drug

**das Mittel, -** means, medium

**das Möbel, -** *(piece of)* furniture

**das Spiel, -e** game

  **das Brettspiel, -e** board game

  **das Kartenspiel, -e** card game

**das Spielzeug, -e** toy *Spielzachen*

**der Stoff, -e** material, cloth, fabric

**das Transportmittel, -** means of transportation

**das Werkzeug, -e** tool, implement

# Übungen

**A**  **Am Rhein.**    Verbinden Sie die beiden Sätze durch Relativpronomen.

BEISPIEL    Der Rhein ist ein Fluss. Er fließt durch mehrere Länder.
*Der Rhein ist ein Fluss, der durch mehrere Länder fließt.*

1. Am Rhein stehen viele alte Burgen *(castles)*. Sie stammen aus dem frühen Mittelalter.
2. Hoch oben auf einem Rheinfels *(cliff)* sitzt die Lorelei. Sie singt ein altes Lied.
3. Auf beiden Seiten des Rheins wächst der Wein. Den trinken die Rheinländer so gern.
4. Der Rhein fließt durch einige große Städte. In ihnen gibt es jetzt viel Industrie und auch viel Umweltverschmutzung *(environmental pollution)*.    *in denen*
5. Die Mosel mündet *(empties)* bei der Stadt Koblenz in den Rhein. Sie ist über zweitausend Jahre alt.
6. Touristen können mit Schiffen auf dem Rhein fahren. Sie wollen die Romantik dieses Flusses erleben.    *ships    romatica expat*

*to experience*

**B**  **Eine gute Wanderausrüstung.**    Sie und ein paar Freunde wollen eine Woche in den Bergen wandern. Sie sprechen mit dem Verkäufer im Sportgeschäft.

BEISPIEL    Wir brauchen Anoraks *(parkas)*, _____ wasserdicht sind.
*Wir brauchen Anoraks, die wasserdicht sind.*

1. Wir brauchen Bergschuhe, _____ aus Leder sind.
2. Wir suchen Rucksäcke, _____ leicht sind und in _____ man viel tragen kann.
3. Gibt es Medikamente, _____ bei Höhenkrankheit *(altitude sickness)* helfen?
4. Wir möchten eine Wanderkarte, auf _____ auch schwierige Touren eingezeichnet *(marked)* sind.
5. Es wäre auch eine gute Idee ein paar Kartenspiele mitzunehmen, mit _____ wir uns abends die Zeit vertreiben *(pass the time)* können.
6. Ein Kompass, _____ man auch im Dunkeln lesen kann, wäre auch ganz gut.
7. Es gibt bestimmt ein paar Werkzeuge, _____ wir noch brauchen.
8. Haben Sie auch ein Zelt, in _____ drei Personen schlafen können?
9. Wir müssen auch alle eine Brille tragen, _____ unsere Augen vor der Höhensonne schützt *(protects)*.

    **C**  **Personenbeschreibung.**    Was erfahren wir über Anita und Daniel? Verwenden Sie Relativpronomen.

BEISPIEL    Sie kann mehrere Sprachen.
*Sie ist eine Frau, die mehrere Sprachen kann.*
OR:    *Sie ist eine Person, die mehrere Sprachen kann.*

## Anita

1. Alle Leute mögen sie.
2. Sie spricht gern über Politik.
3. Sie treibt viel Sport.

4. Zu ihr kann man kommen, wenn man Probleme hat.

5. Daniel könnte ohne sie nicht glücklich sein.

6. Ihr Lachen ist ansteckend *(contagious)*.

**BEISPIEL**     Er arbeitet sehr fleißig.
　　　　　　　　*Er ist ein Mann, der sehr fleißig arbeitet.*
　　　OR:　　　 *Er ist jemand, der sehr fleißig arbeitet.*

### Daniel

1. Alle Leute mögen ihn.

2. Mit ihm kann man sich gut unterhalten *(converse)*.

3. Er kocht sehr gern.

4. Man hört über ihn nur Positives.

5. Man kann ihm trauen.

6. Sein Englisch ist recht gut.

Beschreiben Sie jetzt jemanden, den Sie kennen. Schreiben Sie fünf bis sechs Sätze mit verschiedenen Relativpronomen.

**D** **Gerümpel *(junk)* oder Schätze *(treasures)*?**　　In Ihrer Garage gibt es noch viel altes Gerümpel, das Sie gern loswerden möchten. Versuchen Sie andere Leute zum Kauf dieser Dinge zu überreden *(persuade)*.

**BEISPIELE**     *Hier ist ein Fahrrad, **das** noch gut fährt.*
　　　　　　　　*Hier sind ein paar alte Hobby-Zeitschriften, **in denen** interessante Artikel stehen.*

1. ein Kinderwagen mit nur drei Rädern

2. Plakate *(posters)*

3. ein leeres Aquarium

4. verrostete Werkzeuge

5. Autoreifen *(tires)*

6. ein altes Spielzeug aus Holz

7. ein künstlicher Weihnachtsbaum

8. alte Kleidungsstücke

Und was für andere unwiderstehliche *(irresistible)* Dinge haben Sie denn noch so in Ihrer Garage?

**E** **Tolle Dinge erfinden.**　　Welche fünf Dinge möchten Sie erfinden? Je toller (oder verrückter), desto besser!

**BEISPIELE**     *Ich möchte einen Hut erfinden, **der** sich automatisch vom Kopf hebt, wenn sein Besitzer „Guten Tag" sagt.*
　　　　　　　　*Ich möchte eine Brille erfinden, **die** Scheibenwischer hat.*

**F** **Was ist das?**　　Schreiben Sie Definitionen. Verwenden Sie Relativsätze oder substantivierte Infinitive (siehe 18.5) mit Vokabeln aus dem **Wortschatz.**

**BEISPIELE**     das Klavier
　　　　　　　　*Ein Klavier ist ein (Musik)instrument, das 88 Tasten (keys) hat.*

　　　　　　　　die Schere *(scissors)*
　　　　　　　　*Eine Schere ist ein Werkzeug zum Schneiden.*

| | |
|---|---|
| 1. die Kirche | 5. der Hammer |
| 2. das Penizillin | 6. (die) Baumwolle *(cotton)* |
| 3. (das) Poker | 7. die Schlaftablette |
| 4. die Uhr | 8. der Krebs *(cancer)* |

Schreiben Sie fünf weitere Definitionen für Gegenstände aus fünf verschiedenen Kategorien.

**G**    **Tipps für Europabesucher.**    Machen Sie aus zwei Sätzen einen Satz mit Relativpronomen im Genitiv.

BEISPIEL    Auf dem Land gibt es viele Pensionen. Ihre Zimmer sind nicht so teuer.
*Auf dem Land gibt es Pensionen, **deren** Zimmer nicht so teuer sind.*

1. Im Herbst fahren viele Touristen in den Kaiserstuhl (Weingebiet in Südbaden). Seine Weine genießen einen besonders guten Ruf.
2. Man muss unbedingt auf den Dachstein (im Land Salzburg) hinauffahren. Von seinem Gipfel *(summit)* aus hat man einen herrlichen Panoramablick auf die umliegende Alpenwelt.
3. Im Sommer pilgern viele Touristen zum Kitzsteinhorn (Berg in Österreich). Auf seinen Gletschern *(glaciers)* kann man auch im Sommer Ski laufen.
4. Zu den großen Natursehenswürdigkeiten *(natural attractions)* Europas gehört die Adelsberger Grotte (in Slowenien). Ihre Tropfsteine *(stalactites)* bewundern Tausende von Besuchern jedes Jahr.
5. Besonders beliebt sind die Kurorte *(health resorts)* im Alpengebiet. Ihre Bergluft ist besonders gesund.

Gibt es denn auch in Ihrem Land oder in anderen Ländern, die Sie kennen, Sehenswürdigkeiten, die man unbedingt besuchen sollte? Schreiben Sie bitte drei Sätze mit **dessen** oder **deren**.

**H**    ***Der, die, das, was oder wo?***    Beenden Sie die Sätze mit passenden Relativsätzen.

BEISPIELE    Ich habe eine Arbeit, …
*Ich habe eine Arbeit, **die** mir Spaß macht.*

Ich mache alles, …
*Ich mache alles, **was** ich will.*

1. Ich möchte das machen, …
2. Ameisen *(ants)* sind Insekten, …
3. Ich kenne Menschen, …
4. Deutsch ist eine Sprache, …
5. Liechtenstein ist ein Land, …
6. Es gibt viele Dinge, …
7. Ich weiß viel, …
8. Eine schwere Krankheit wäre das Schlimmste, …
9. Es gibt noch manches, …
10. Ich möchte an einen Ort reisen, …

**I** **Was ich alles möchte.** Ergänzen Sie die Sätze. Verwenden Sie entweder Präpositionen aus dem Kasten mit Relativpronomen oder **wo**- plus Präposition.

> an für über bei in von durch mit zu

BEISPIELE Ich möchte einen Freund haben, ...
*Ich möchte einen Freund haben,* **mit dem** *ich über alles sprechen kann.*

Ich möchte nichts tun, ...
*Ich möchte nichts tun,* **wofür** *ich mich später schämen müsste.*

1. Ich möchte Professoren haben, ...
2. Ich möchte etwas studieren, ...
3. Ich würde gern einen Beruf erlernen, ...
4. Ich möchte später viel(es) sehen, ...
5. Ich möchte später in einer Stadt wohnen, ...

**J** **Was die Eltern nicht wissen.** Es gibt gewiss einiges, was Ihre Eltern über Sie nicht wissen. Erzählen Sie in etwa fünf Sätzen davon. Verwenden Sie **was** und Formen von **wer**.

BEISPIEL Meine Eltern wissen nicht, ...
*Meine Eltern wissen nicht,* **wer** *meine feste Freundin/mein fester Freund ist.*
**mit wem** *ich jeden Tag zu Mittag esse.*
**was** *ich abends mache, wenn ich keine Hausaufgaben habe.*

**K** **Sprüche und Antisprüche.** Was bedeuten diese bekannten Sprüche? Erfinden Sie eigene Varianten (Antisprüche!) dazu. Je lustiger, desto besser!

BEISPIEL Wer im Glashaus sitzt, soll nicht mit Steinen werfen.
*Wer im Glashaus sitzt,* **(der)** *soll keinen Krach* (noise, racket) *machen.*
**(den)** *sieht jeder.*
**(der)** *braucht gute Vorhänge* (curtains)*.*

1. Wer *a* sagt, muss auch *b* sagen.
2. Wer den Pfennig nicht ehrt *(respects)*, ist des Talers nicht wert.
3. Wer nichts wagt *(dares)*, gewinnt nichts.
4. Wer zuletzt lacht, lacht am besten.
5. Was ich nicht weiß, macht mich nicht heiß.
6. Was man nicht im Kopf hat, muss man in den Beinen haben.

Erfinden Sie ein paar „weise" Sprüche dieser Art! Es gibt doch tausend Möglichkeiten!

# Anwendung

**A** **Fotos.** Bringen Sie ein paar Fotos oder Dias *(slides)* von einer Reise oder einer Episode aus Ihrem Leben zur Unterrichtsstunde mit. Erklären Sie die Orte und Menschen auf Ihren Bildern. Sie sollen dabei selbstverständlich Relativpronomen verwenden.

Hier seht ihr ... , die ...
Die Leute auf diesem Bild ...
Links/Rechts im Bild sind die ... , die wir ...
Das war in einem [Hotel], in dem/wo ...

**B** **Gut und nicht so gut.** Was für Dinge (Menschen, Gegenstände, Ideen usw.) finden Sie gut oder nicht so gut? Diskutieren Sie mit anderen Studenten darüber. Verwenden Sie Relativpronomen.

Gut finde ich die [Kurse], die/in denen ...
Nicht so gut finde ich das, was ...
Ich halte viel/nichts von [Menschen], die ...
Ich mag [Städte] (nicht), wo/in denen ...

**C** **Zukunftswünsche.** Diskutieren Sie mit anderen Studenten über ihre Wünsche für die Zukunft.

Ich suche vor allem einen Beruf, ...
Natürlich möchte ich Kollegen haben, ...
Vielleicht kann ich in einer Stadt/in einer Gegend wohnen, wo ...
Hoffentlich lerne ich eine Frau/einen Mann kennen, ...
Ich möchte selbstverständlich auch noch eine Familie haben, ...
Ich möchte übrigens auch nichts/etwas erleben, was ...

**D** **Eindrücke und Meinungen.** Fragen Sie andere in ihrem Kurs, was sie von bestimmten bekannten oder berühmten Persönlichkeiten halten. Diskutieren Sie darüber.

Was denkst du (denken Sie)/hältst du (halten Sie) von ... ?
Was ist dein/Ihr Eindruck von ... ?
Ich halte sie/ihn für eine Person, die/der/deren ...
Nun, (ich finde,) das ist ein Mensch, der/den/dem/dessen ...
Sie/er kommt mir wie jemand vor, die/der ...
Meiner Meinung nach hat sie/er etwas gemacht, was ...
Nun, wer so etwas macht, der/den/dem ...

# Schriftliche Themen

| Tipps zum Schreiben | **Using and Avoiding Relative Clauses** |
|---|---|
| | Relative clauses work well in analytical writing; they enrich your prose by providing additional information about the persons and things you wish to discuss. Since relative clauses tend to interrupt the flow of a sentence, you should use them sparingly, however, particularly in fast-paced narratives or in compositions where the emphasis is on action(s) rather than explanation. Often a descriptive prepositional phrase can convey the same information (see **Tipps zum Schreiben,** Chapter 10). For example, **die Familie, die in der nächsten Straße wohnt,** is expressed more succinctly by **die Familie in der nächsten Straße.** A relative clause with **haben** (for example, **die Studentin, die das Buch hatte**) can invariably be replaced by a prepositional phrase **(die Studentin mit dem Buch).** Relative clauses with the verb **sein (die Preise, die sehr hoch waren)** are even less desirable, since an adjective construction **(die sehr hohen Preise)** usually supplies the same information. (See also **Tipps zum Schreiben** in Chapter 21.) |

**A** **Charakterbeschreibung.**   Beschreiben Sie eine Person, die Sie kennen, oder einen unvergesslichen Charakter aus einem Buch oder einem Film.

BEISPIEL   Oskar ist ein Mensch, der die Welt anders sieht als andere Menschen. Er redet auch dauernd von Dingen, die andere Menschen überhaupt nicht interessieren. Wenn er z.B. …

**B** **Zurück in die Zukunft.**   Was für technische Erfindungen *(inventions)* des 20. Jahrhunderts würde jemand aus einem früheren Jahrhundert gar nicht verstehen? Wie könnte man solche Erfindungen erklären? Verwenden Sie dabei die Kategorien aus dem **Wortschatz!**

**VORSCHLÄGE**

das Auto, -s
der Computer, -
der Fernseher, -
das Flugzeug, -e
das Penizillin
die Rolltreppe, -n *(escalator)*
der Fernkopierer, - *(fax machine)*
der Satellit, -en *(weak noun, see 12.3)*
das Telefon, -e
der Videorecorder, -

**C**  **Der Mensch.**    Schreiben Sie einen Aufsatz mit diesem Titel. Vielleicht gibt Ihnen der folgende Textauszug *(excerpt)* ein paar Anregungen *(ideas)*.

BEISPIEL    Man könnte den Menschen geradezu *(frankly)* als ein Wesen *(being)* definieren, das nie zuhört ... Jeder Mensch hat eine Leber, eine Milz *(spleen)*, eine Lunge und eine Fahne[2] ... Es soll Menschen ohne Leber, ohne Milz und mit halber Lunge geben; Menschen ohne Fahne gibt es nicht ... Menschen miteinander gibt es nicht. Es gibt nur Menschen, die herrschen *(rule)*, und solche, die beherrscht werden ... Im übrigen *(in other respects)* ist der Mensch ein Lebewesen, das klopft, schlechte Musik macht und seinen Hund bellen lässt ... Neben den Menschen gibt es noch Sachsen *(Saxons)* und Amerikaner, aber die haben wir noch nicht gehabt und bekommen Zoologie erst in der nächsten Klasse. (Kurt Tucholsky, 1890–1935)

# Zusammenfassung

### Rules to Remember

1   The relative pronouns **der, die, das,** and **die** (plural) agree with the word(s) they refer to in gender and number, but the case of the relative pronoun depends upon how it functions within its own clause.

2   A relative clause is a subordinate clause; the conjugated verb occupies final position.

3   English relative clause usage often omits object pronouns and moves prepositions to final position. German relative clauses must have a relative pronoun or equivalent connector (such as **wo, wie,** or **wenn, als**), and any preposition related to the relative pronoun must precede it: *the film I'm thinking of =* **der Film, an den ich denke.**

4   The neuter relative pronoun **was** is used instead of the relative pronoun **das** to refer to concepts (as opposed to specific objects) and entire clauses (**das Beste, <u>was</u> ... ; Sie läuft Ski, <u>was</u> mir gefällt.**).

5   A **wo**-compound may be used instead of a preposition + relative pronoun to refer to inanimate things (**der Bleistift, <u>womit</u>** [*or* **mit dem**] **ich schreibe**).

---

[2] Fahne = *flag; but* Er hat eine Fahne = *You can smell alcohol on his breath.*

## At a Glance

| Relative pronouns: Forms | | | | |
| --- | --- | --- | --- | --- |
| | **Masc.** | **Fem.** | **Neut.** | **Pl.** |
| Nom. | der | die | das | die |
| Acc. | den | die | das | die |
| Dat. | dem | der | dem | **denen** |
| Gen. | **dessen** | **deren** | **dessen** | **deren** |

| Antecedents taking *was* as relative pronoun | | |
| --- | --- | --- |
| etwas | manch(es) | das Beste |
| nichts | einiges | das Erste, Zweite, ... |
| alles | das | *[entire preceding clause]* |
| viel(es) | dasselbe | |

**Relative pronouns: Structure**

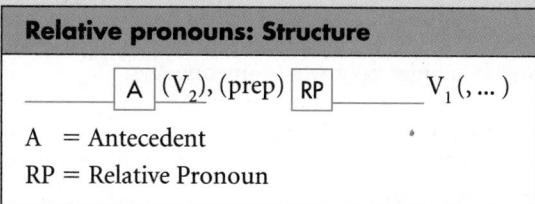

A = Antecedent
RP = Relative Pronoun

# 27

# Indirect Discourse • Subjunctive I

# Grammatik

**INDIRECT DISCOURSE**

1. Direct discourse is, quite simply, what someone says.

   Der Professor sagte: „Ich will
      jetzt Ihre Hausaufgaben
      einsammeln."

   *The professor said, "I want to collect
      your homework assignments now."*

   The sentence above consists of a frame (**Der Professor sagte: ...** ) followed by a direct discourse statement (**„Ich will jetzt ..."**). Notice the colon at the end of the frame, rather than a comma.

2. Indirect discourse, on the other hand, takes direct discourse and weaves it into the perspective of the frame, while still retaining its message.

   Der Professor sagte, **er** will jetzt unsere
      Hausaufgaben einsammeln.

   *The professor said he wanted to collect
      our homework assignments now.*

3. In German, there are three ways to signal indirect discourse:

   a. a pronoun shift (mandatory in the case of first-person and second-person references in the direct discourse);

   b. the (optional) use of **dass** to introduce the message;

   c. the (optional) use of the subjunctive voice for the verb(s) in the discourse message.

4. In spoken language, (a) often suffices. Notice how pronouns can change the reference point:

| Der Professor sagte: „Ich will jetzt Ihre Hausaufgaben einsammeln." | Der Professor sagte, **er** will jetzt **unsere** Hausaufgaben einsammeln. |
| | Der Professor sagte, **er** will jetzt **ihre** Hausaufgaben einsammeln. |

Depending on the pronouns used, the perspective in the indirect version becomes either that of someone in the class or someone observing the class. But in both cases, the direct discourse has been integrated into the perspective of another person, who acts as mediator between the content of that discourse and a third party.

5. As for (b), the indirect discourse can be introduced by the conjunction **dass,** but need not be. If **dass** is used, the indirect discourse becomes a subordinate clause, with V$_2$ in final position; if **dass** is not used, the word order remains that of a main clause.

Der Professor sagte, **dass** er jetzt unsere Hausaufgaben einsammeln **will.**

Der Professor sagte, er **will** jetzt unsere Hausaufgaben einsammeln.

6. German also uses the subjunctive to indicate indirect discourse. When speakers have no need or desire to distance themselves from the message being conveyed, they often use the indicative mood of the verb, as in the examples above, which are typical of spoken language:

Der Professor sagte, er **will** jetzt ...

By using the subjunctive, however, the message bearer can accentuate the indirect nature of the message, as if to say: "This is not my idea; this is what somebody else said." German in fact has a subjunctive form that is associated almost exclusively with indirect discourse, and which differs substantially from English subjunctive forms.

## 27.2  SUBJUNCTIVE I FORMS

### A. Present Subjunctive I

1. Subjunctive forms based on the first principal part of the verb (the infinitive) are known collectively as *Subjunctive I.* Like Subjunctive II they use the subjunctive endings -e, -est, -e; -en, -et, -en, but for present Subjunctive I verbs, these are attached to the infinitive stem.

### Subjunctive I Forms

| | **haben** | **werden** | **müssen** | **lernen** | **nehmen** |
|---|---|---|---|---|---|
| ich | habe | werde | müsse | lerne | nehme |
| du | habest | werdest | müssest | lernest | nehmest |
| er/sie/es | habe | werde | müsse | lerne | nehme |
| wir | haben | werden | müssen | lernen | nehmen |
| ihr | habet | werdet | müsset | lernet | nehmet |
| sie/Sie | haben | werden | müssen | lernen | nehmen |

2. The present Subjunctive I of **sein** is irregular in the first- and third-person singular.

| sein | | | |
|---|---|---|---|
| ich | sei | wir | sei **en** |
| du | sei **(e)st** | ihr | sei **et** |
| er/sie/es | sei | sie/Sie | sei **en** |

3. Subjunctive I forms that are identical to the indicative are never used. Thus, aside from modal verbs and the verbs **wissen** and **sein,** only third-person-singular forms of Subjunctive I occur with any regularity.[1]

| Indicative | | Subjunctive I | |
|---|---|---|---|
| ich | lerne | lerne | *(identical with the indicative)* |
| du | **lernst** | **lernest** | *(uncommon)* |
| er/sie/es | **lernt** | **lerne** | *(Subjunctive I used)* |
| wir | lernen | lernen | *(identical with the indicative)* |
| ihr | **lernt** | **lernet** | *(uncommon)* |
| sie/Sie | lernen | lernen | *(identical with the indicative)* |

## B. Review: Present Subjunctive II

Present Subjunctive II verbs are formed with the stem of the second principal part of the verb (the past tense), followed by the subjunctive endings. Strong verbs take an umlaut if the stem vowel is **a, o,** or **u.**

| Subjunctive II Forms | | | | | | |
|---|---|---|---|---|---|---|
| | sein | haben | werden | müssen | lernen | nehmen |
| ich | wäre | hätte | würde | müsste | lernte | nähme |
| du | wärest | hättest | würdest | müsstest | lerntest | nähmest |
| er/sie/es | wäre | hätte | würde | müsste | lernte | nähme |
| wir | wären | hätten | würden | müssten | lernten | nähmen |
| ihr | wäret | hättet | würdet | müsstet | lerntet | nähmet |
| sie/Sie | wären | hätten | würden | müssten | lernten | nähmen |

---

[1] The second-person singular and plural Subjunctive I forms, while often distinct from the indicative, sound stilted and are simply not used. Germans use Subjunctive II instead.

Sie dachte, *du* **hättest** (*not:* **habest**) keine Zeit zum Schreiben.

*She thought you didn't have any time for writing.*

## C. Past Subjunctive I

To express past time, Subjunctive I (like Subjunctive II—see 20.4) has only one structure: an auxiliary (**haben** or **sein**) in Subjunctive I + the past participle.

| For verbs that take *haben:* | For verbs that take *sein:* |
|---|---|
| Ich **habe** das nicht gemacht. | Ich **sei** gestern nicht da gewesen. |
| Du **habest** ... gemacht. | Du **sei(e)st** ... gewesen. |
| Er/Sie **habe** ... gemacht. | Er/Sie **sei** ... gewesen. |
| Wir **haben** ... gemacht. | Wir **seien** ... gewesen. |
| Ihr **habet** ... gemacht. | Ihr **seiet** ... gewesen. |
| Sie/sie **haben** ... gemacht. | Sie/sie **seien** ... gewesen. |

## 27.3 USING THE SUBJUNCTIVE IN INDIRECT DISCOURSE

1. Subjunctive I is used almost exclusively for indirect discourse, but the other subjunctive forms (Subjunctive II and **würde** + infinitive) can also take on this function. Whichever form one decides to use (more on this below), *the tense of the subjunctive verb in the indirect discourse corresponds to the verb tense in the direct discourse version, regardless of the verb tense in the opening frame.* In other words:

   a. If the original statement is in the present tense, the indirect-discourse version should use present subjunctive (I, II, or **würde** + infinitive).

   b. If the original statement is in any past tense (simple past, perfect, or past perfect), then a past subjunctive is necessary (I or II).

   c. If the original statement is in the future, a subjunctive form of **werden** (I or II) is used as the auxiliary in the indirect version.

   d. If the direct version contains a Subjunctive II form, the indirect version must use Subjunctive II or **würde** + infinitive. The decision to use **dass** is not related to tense. Here is an example of each case:

   Marco sagte: „Ich weiß nichts von einer Hausaufgabe!" *(present)*

   $\longrightarrow$ Marco sagte, dass er nichts von einer Hausaufgabe **wisse.**

   Stephanie behauptete *(claimed):* „Ich hatte gestern Abend keine Zeit dafür." *(simple past)*

   $\longrightarrow$ Stephanie sagte, sie **habe** gestern Abend keine Zeit dafür **gehabt.**

   Chris sagte: „Ich habe die Hausaufgabe zu schwer gefunden!" *(perfect)*

   $\longrightarrow$ Chris meinte, dass er die Hausaufgabe zu schwer **gefunden habe.**

   Kirk versprach: „Ich werde sie bis morgen fertig schreiben!" *(future)*

   $\longrightarrow$ Kirk versprach, er **werde** sie bis morgen fertig **schreiben.**

Kelly sagte: „Wenn ich nicht eingeschlafen wäre, hätte ich die Hausaufgabe gemacht." *(conditional)*

→    Kelly sagte, sie **hätte** die Hausaufgabe **gemacht,** wenn sie nicht **eingeschlafen wäre.**

2.  In the examples above, all but the conditional sentence are rendered with Subjunctive I forms (rather than Subjunctive II or **würde** + infinitive). There are many instances, however, in which the Subjunctive I form is identical to the indicative and cannot function as a clear marker of reported speech or opinion. Subjunctive II forms can be substituted, but sometimes (as discussed in 20.2) these are archaic and obsolete. And very often, one hears German speakers using **würde**-constructions in indirect discourse where viable Subjunctive I or II forms are available. To sort these options out, we will look first at the formal rules and then at current usage.

3.  The formal rules for using the subjunctive in indirect discourse are quite simple: (a) Use Subjunctive I whenever the form is distinct from the indicative; and (b) when Subjunctive I cannot be used under this rule, use Subjunctive II instead. This effectively restricts Subjunctive I use to modal verbs, **wissen,** and **sein,** exceptional forms such as **habest,** and the third-person singular of all other verbs; under these rules, Subjunctive II must be used for all other cases.

| | |
|---|---|
| Jessica sagte: „Ich habe die Hausaufgabe leider nicht gehört." | Jessica sagte, sie **habe** die Hausaufgabe leider nicht gehört. (**habe** *is distinct from the indicative here, so it should be used*) |
| Gavin sagte: „Meine Zimmerkollegen haben meine Hausaufgabe gestohlen." | Gavin sagte, seine Zimmerkollegen **hätten** seine Hausaufgabe gestohlen. (**haben** *is not distinct from the indicative, so Subjunctive II is used instead*) |

One could add an additional rule: (c) when Subjunctive II forms are archaic or identical with the indicative, use **würde** + infinitive.

4.  These rules are applied most consistently in the print media and in formal writing, where people are often quoted, where third-person verbs (the most distinctive Subjunctive I form) are therefore plentiful, and where journalists must take pains (often for legal reasons) to dissociate themselves from what someone else says.

5.  In spoken German, however, these rules rarely apply. Instead, one hears a mixture of very occasional Subjunctive I forms, some common verbs (**sein, haben, kommen,** etc.) in Subjunctive II, routine use of **würde** + infinitive, and, very frequently, the indicative. Speakers choose subjunctive and indicative forms depending on the distinctiveness of the subjunctive form available (Sie sagten, sie **haben** keine Zeit *vs.* sie **hätten** keine Zeit), and on the degree of distance or directness they wish to signal (Er sagte, er **habe** keine Zeit *vs.* er **hätte** keine Zeit *vs.* er **hat** keine Zeit).

## 27.4    OTHER CONTEXTS FOR INDIRECT DISCOURSE

### A. Extended direct discourse

In both English and German, indirect discourse is usually introduced by a frame that includes a verb of speaking or thinking, such as **sagen** or **meinen** (see the **Wortschatz** on pp.

354–355 for more possibilities). In English, this frame must be repeated each time an indirect quote is given—"Mary remarked . . . , and then she said . . . , and finally she noted . . . "—in order to make it clear that it is Mary's speech which is being reported, not the opinions of the author. In German, a writer can simply state the identity of the source at the outset, and then proceed to use Subjunctive I verb forms (or Subjunctive II substitutes when necessary; see 27.3) throughout an extended passage with no further frames necessary.

> Das Telefon klingelte, und schon redete ein erregter Leser auf mich ein. Er **sei** erschüttert, versicherte er mir. Man **dürfe** doch nicht von „Ladendiebstahl" *(store theft)* sprechen. Ob[2] ich **meinte,** dass man einen Laden stehlen **könne.** Richtig **müsse** es „Warendiebstahl" heißen, denn schließlich **würden** Waren und nicht der Laden gestohlen. (Eike Christian Hirsch, *Den Leuten aufs Maul*)

> *The telephone rang and immediately an excited reader began to lecture me. He was terribly upset, he assured me. [He said] one could not really talk about "shoplifting." [He wondered] whether I thought that a shop could be lifted. [He said] the correct thing to say was "ware lifting," because when you got right down to it, wares were stolen, not the shop.*

## B. Indirect questions

1. Questions can be reported indirectly *(Jane wanted to know where she could find Tarzan),* and can likewise be expressed using the subjunctive. Once again, the question of which subjunctive to use (if any at all) changes according to context and intended level of formality. In journalistic prose, Subjunctive I forms lend an aura of careful, objective reporting:

| | |
|---|---|
| In einem Interview fragte der Professor, was it den heutigen Studenten wohl los **sei.** | *In an interview, the professor asked what was wrong with today's students.* |

In colloquial speech, by contrast, one often hears the indicative, sometimes a **würde**-construction, and occasionally a Subjunctive I or II, especially with modal verbs.

Jeremy fragte: „Kann ich die Hausaufgabe morgen einreichen *(turn in)*?"

⟶ Jeremy fragte, ob er die Hausaufgabe morgen einreichen könnte.

2. The structure of the indirect clause depends on the type of question posed directly. With information questions, the question word is repeated at the beginning of the indirect clause, while yes-no questions are expressed indirectly by using **ob** as a conjunction.

Christian fragte den Professor: „Was machen Sie, wenn wir Ihnen nichts geben?"

⟶ Christian fragte den Professor, **was** er machen würde, wenn sie ihm nichts geben.

Maia fragte: „Sind Sie denn immer so ungeduldig *(impatient)*?"

⟶ Maia fragte den Professor, **ob** er denn immer so ungeduldig wäre.

## C. Indirect commands

Commands are reported indirectly by stating what should or must be done, using the modal verb **sollen,** or sometimes **müssen.** In formal contexts, the Subjunctive I form of

---

[2] The word **ob** implies "he wanted to know whether" and is quite common in this usage.

the modal can be used, with less formal renditions using either Subjunctive II or the indicative.

Der Professor sagte einem Studenten: „Machen Sie sofort Ihre Hausaufgaben!"

→     Dieser Student berichtete *(reported)* später, der Professor hätte ihm gesagt, er **solle** sofort seine Hausaufgabe machen.

## 27.5     OTHER USES OF SUBJUNCTIVE I

1.  Subjunctive I can be used instead of Subjunctive II in **als ob/als wenn** clauses (see 20.3E), though Subjunctive II is generally preferred.

Der Professor tat dann, als ob er beleidigt **sei/wäre.**

Der Professor tat dann, als **sei/wäre** er beleidigt.

*The professor acted then as if he were insulted.*

2.  Subjunctive I also functions as the so-called "exhortatory subjunctive," a very formal-sounding third-person imperative akin to English *Long live the king!* (Es **lebe** der König!). In literature, this form is used occasionally to express stylistically elevated wishes.

Edel **sei** der Mensch, hilfreich und gut! (Goethe, „Das Göttliche")

*May mankind be noble, helpful, and good! (Goethe, "The Divine")*

Dein Reich **komme,** dein Wille **geschehe** ... (Matthäusevangelium)

*Thy Kingdom come, Thy will be done ... (The Gospel of Matthew)*

# Wortschatz
## *Viele Worte*

The following verbs of speaking can introduce indirect discourse. Many of them take a dative (indirect) object with persons and an accusative (direct) object or a prepositional phrase with things.

**andeuten**   to indicate
**ankündigen**   to declare, announce
**antworten (auf)**[3]   to answer
**behaupten**   to assert, maintain
**bekannt geben**   to announce
**bemerken**   to remark, say

**beteuern**   to assure, swear
**betonen**   to emphasize
**etwas einwenden (gegen)**   to raise an objection (to)
**entgegnen (auf)**   to reply (to)
**erklären**   to explain

---

[3] With verbs of speaking, the prepositions **auf** and **über** normally govern the accusative case.

| | |
|---|---|
| **erläutern**   to elucidate, elaborate | **raten**   to advise |
| **erwähnen**   to mention | **reden (über/von)**   to talk (about) |
| **erwidern (auf)**   to reply (to) | **sagen (von)**   to say, tell (about) |
| **erzählen (von)**   to tell (about) | **verkünden**   to announce, proclaim |
| **fragen (nach)**   to inquire, ask (about) | **versichern**   to assure |
| **informieren**   to inform | **versprechen**   to promise |
| **leugnen**   to deny | **wissen wollen**   to want to know |
| **meinen**   to say, offer the opinion | **zugeben**   to admit, confess |
| **mitteilen**   to inform | **zusammenfassen**   to summarize |

**A**  **Indirekte Rede in den Medien.**  Folgende Pressemeldungen zeigen typische Beispiele für Verwendung des Konjunktivs. Unterstreichen Sie zuerst *alle* Verben in den Texten: Welche sind im Indikativ? im Konjunktiv? I oder II? Warum? Welche einleitenden Verben aus dem **Wortschatz** werden hier verwendet?

Sie sei vor ein paar Jahren total fertig[a] gewesen, sagte die US-Schauspielerin Meg Ryan der Hamburger Frauenzeitschrift *Für Sie.* „Ich dachte, ich schaffe[b] das alles nicht mehr." Sie habe sich schließlich[c] neue Grenzen[d] gesetzt und sich auf Privatleben und Familie konzentriert. Von geschäftlicher Überforderung[e] könne man regelrecht[f] erschlagen[g] werden, so Ryan: „Man muss lernen, Nein zu sagen." Ryan war neun Jahre mit dem Schauspieler Dennis Quaid verheiratet. Ein Geheimnis[h] für eine glückliche Hollywood-Ehe kenne sie nicht. „Das Spannende[i] beginnt ja erst da, wo die romantischen Komödien enden: nämlich, wie man eine Beziehung aufrechterhält[j]."

(Focus Online)

Der italienische Modezar Giorgio Armani hat Gerhard Schröder zu mehr Zurückhaltung[k] geraten.[l] Der Bundeskanzler solle ruhig[m] teure Kleider tragen, er dürfe es nur nicht alle wissen lassen, meinte Armani am Freitag ... Kritik am Outfit Schröders wollte Armani indes[n] nicht gelten lassen[o]: Der Mann habe einen gewissen Status–„warum sollte er sich da nicht entsprechend[p] kleiden?"

(Focus Online)

**B**  **Von direkter Aussage zur indirekten Rede.**  Geben Sie die Aussagen in indirekter Rede wieder.

**BEISPIEL**   Man lebt heutzutage sehr ungesund.
Sie meinte, ...
*Sie meinte, man lebe heutzutage sehr ungesund.*

---

| | |
|---|---|
| [a] exhausted; burned out | [i] excitement |
| [b] manage | [j] maintain |
| [c] finally | [k] reserve |
| [d] boundaries | [l] advised |
| [e] excessive demand(s) | [m] (particle): go right ahead and ... |
| [f] downright | [n] nonetheless |
| [g] overwhelmed, worn out | [o] validate; affirm |
| [h] secret | [p] correspondingly |

1. Im vergangenen Jahr hatten die Gastronomiebetriebe *(eating establishments)* höhere Besucherzahlen.
   Das Fremdenverkehrsamt *(office of tourism)* gab bekannt, dass ...
2. Vermutlich *(presumably)* sind auch in diesem Sommer mehr Touristen zu erwarten.
   Gestern kündigte die Presse an, dass ...
3. Es wird nicht mehr lange dauern, bis das Wohnungsproblem gelöst ist.
   Politiker gaben der Hoffnung Ausdruck, es ...
4. Wenn man jetzt nichts dagegen tut, wird das Straßenverkehrssystem in der deutschen Bundesrepublik in wenigen Jahren zusammenbrechen.
   Experten behaupten, ...
5. Bleib fit, bleib gesund!
   Überall heißt es jetzt, man ...
6. Früher brachten die Zeitungen meist schlechte Nachrichten.
   Viele sind der Meinung, ...
7. Die besten Jahre sind jetzt.
   Manche denken, ...
8. Die besten Jahre waren schon.
   Andere fragen, ob ...
9. Wählervertrauen *(voter trust)* ist ein rohes Ei, man kann es nur einmal in die Pfanne hauen *(toss into the skillet)*.
   Der Redner betonte, ...
10. Weil in der alten DDR die nötige Finanzierung fehlte, konnte der Staat viele Wohnhäuser nicht renovieren.
    Die Sache ließ sich so erklären: ...
11. „Man soll den Tag nicht vor dem Abend loben *(praise)*.“ (Sprichwort)
    Nach dem Sprichwort heißt es, ...
12. „Arbeite nur, die Freude kommt von selbst.“
    Der Dichter Goethe empfahl, ...

**C** **Jeder sagt es anders.** Drücken Sie den Inhalt der Sätze mit Verben aus dem **Wortschatz** anders und präziser aus.

BEISPIEL    Als er den Vorschlag *(suggestion)* machte, sagte niemand etwas.
   *Auf seinen Vorschlag erwiderte niemand etwas.*

1. Sie sagte genau, wie der Text zu verstehen war.
2. Gegen diesen Plan kann ich nichts sagen.
3. Der Chef sagte den Angestellten, dass man 100 Arbeitskräfte würde entlassen müssen.
4. Von ihren Problemen sagte sie nichts.
5. Der Bürgermeister sagte seine Meinung über die städtischen Baupläne.
6. Nachdem sie so viel über die Talente des Kindes gesagt hatte, glaubten am Ende auch alle daran.
7. Der Polizist sagte, dass er mehr über den Unfall herausfinden wollte.

**D** **Und dann meinte sie, ...** Lesen Sie die direkten Aussagen unten und bilden Sie dann damit Sätze in der indirekten Rede (im Konjunktiv). Verwenden Sie dabei als Einleitung Verben aus dem **Wortschatz.** Achten Sie auf die Zeitform des Verbs in der direkten Rede.

BEISPIEL „Ich habe gar nichts getrunken."
*Hannes hat uns **versichert,** er hätte gar nichts getrunken!*

1. „Diese Probleme haben wir wegen der Luftverschmutzung."
2. „Heute Abend um acht bin ich wieder zu Hause!"
3. „Man muss noch etwas Geduld haben."
4. „Als Bundeskanzler werde ich Ihr Vertrauen zurückgewinnen!"
5. „Ich habe *nie* mit ihr gesprochen!"
6. „Unsere zwei Länder müssen besser zusammenarbeiten."
7. „Der Film war einfach zu lang."
8. „Ich habe wirklich *alle* Bücher in der Bibliothek gelesen!"

# Anwendung

**A** **Worte der Woche.** Geben Sie einige wichtige Zitate der letzten Woche zu politischen Ereignissen in der indirekten Rede wieder.

**REDEMITTEL**

Es steht/stand in der Zeitung, (dass) …
Nach Angaben *(figures)* [des Pressesprechers] …
Die [Regierung] gab bekannt, (dass) …
Es heißt/hieß *(is/was said)* auch, (dass) …

**B** **Interview.** Interviewen Sie außerhalb des Kurses jemanden, die/der Deutsch spricht, und zwar über ihre/seine Meinung zu einem aktuellen politischen Ereignis *(event)* oder Thema. Stellen Sie etwa sieben Fragen. Berichten Sie über die Ergebnisse *(results)* Ihres Interviews im Kurs. Sagen Sie, welche Fragen Sie gestellt haben, und geben Sie die Meinung der befragten Person in der indirekten Rede wieder.

**REDEMITTEL**

**Fragen**

Was halten Sie von … ?
Wie sehen Sie die Sache … ?
Darf ich Sie fragen, wie Sie zu den
  neuesten Ereignissen stehen?
Und wie beurteilen *(judge)* Sie … ?
Finden Sie es richtig/gut, dass … ?
Was für einen Eindruck hat … auf
  Sie gemacht?

**Berichten**

Sie/Er ist der Ansicht/Meinung,
  (dass) …
Sie/Er sagte auch, (dass) …
Bemerkt hat sie/er auch, (dass) …
Allerdings gab sie/er zu, (dass) …
Sie/Er gab der Hoffnung Ausdruck,
  (dass) …

**C** **Ratschläge *(pieces of advice)*.**    Sprechen Sie mit einer Partnerin/einem Partner über die besten und die dümmsten Ratschläge, die Sie je bekommen oder gehört haben– von Ihren Eltern, von Freunden, Lehrern, Trainern, Filmstars usw.

BEISPIEL    Einmal sagte mir eine Freundin, man müsse/müsste sich jeden Tag Zeit nehmen, um die Blumen zu riechen. Aber in Boston, wo wir damals wohnten ...

# Schriftliche Themen

| Tipps zum Schreiben | **Quotations** |
|---|---|
| | Good journalistic prose usually contains a carefully balanced mixture of commentary and quotations (direct and indirect) from knowledgeable, interesting sources. Especially in written German, indirect quotations are routinely rendered with subjunctive forms— the more formal the tone, the more prevalent the use of Subjunctive I, as long as those forms are distinctly subjunctive. Remember that Subjunctive I can convey the idea of "quotedness" on its own, with no need to mention the quoted speaker in every instance (see 27.4A). For the sake of style, one should vary the use of **dass** in indirect quotations and use precise words for *say* to introduce both direct and indirect quotes. |

**A** **So steht es geschrieben.**    Lesen Sie eine Meinung aus einer Zeitung oder Zeitschrift (die Leserbriefe sind dafür sehr gut geeignet!) und schreiben Sie einen Bericht über die Meinung dieser Person, so wie man ihn in einer Zeitung finden könnte. Viele deutsche Zeitungen und Zeitschriften sind im Internet zu finden!

BEISPIEL    Zum Thema „Abschlussexamen auf der Uni" meint Frau Walters, eine Studentin im 5. Semester, dass man den Studenten mehr Freiheit geben müsse, denn ... usw.

**B** **Lebensansichten *(views on life)*.**    Ihre Zimmerkollegin(nen)/Ihr(e) Zimmerkollege(n) haben bestimmt ein paar Ansichten über das Leben – über Beziehungen und Liebe, Arbeit und Jobs, die Zukunft und Weltpolitik. Sprechen Sie mit ihr/ihm/ihnen (egal in welcher Sprache!) und dann schreiben Sie einen Bericht (auf Deutsch, natürlich!) über die Ansichten, die Sie erfahren haben, in der indirekten Rede im Konjunktiv.

BEISPIEL    Mein Zimmerkollege ist der Ansicht, das Leben sei zu kurz, um mit gewissen Leuten zu tanzen. Er wolle sich doch pausenlos amüsieren, erklärt er, und deswegen sei es wichtig, dass ... usw.

# Zusammenfassung

## Rules to Remember

1 Present Subjunctive I is used almost exclusively in indirect discourse in formal, written settings.

2 Present Subjunctive I is formed by attaching the subjunctive endings (**-e, -est, -e; -en, -et, -en**) to the unchanged stem of the infinitive; **sein** does not add **-e**.

3 Past Subjunctive I is formed with the auxiliary **haben** or **sein** in Subjunctive I + the past participle. Future tense Subjunctive I is formed with Subjunctive I forms of **werden** + the infinitive.

4 The formal rules for subjunctive use in indirect discourse:

   a. Use Subjunctive I wherever possible, i.e., where Subjunctive I forms are distinct from the indicative.

   b. Where Subjunctive I looks like the indicative, use Subjunctive II forms.[4]

5 These rules apply in practice only to formal reporting situations and written prose. In colloquial German, indirect speech is often conveyed with the indicative or, to suggest distance between speaker and source, with **würde** + Infinitive and Subjunctive II for common verbs such as **kommen, tun, wissen,** etc. If Subjunctive I forms are used in speaking, they can indicate an ironic or skeptical stance.

6 Subjunctive I can also be used in **als/als ob/als wenn** constructions and in very formal (and rare) "exhortatory" constructions such as **Es lebe die Königin!**

## At a Glance

| Subjunctive I Forms | | | | | | |
|---|---|---|---|---|---|---|
| | **sein** | **haben** | **werden** | **müssen** | **lernen** | **nehmen** |
| ich | sei | habe | werde | müsse | lerne | nehme |
| du | sei(e)st | habest | werdest | müssest | lernest | nehmest |
| er/sie/es | sei | habe | werde | müsse | lerne | nehme |
| wir | seien | haben | werden | müssen | lernen | nehmen |
| ihr | seiet | habet | werdet | müsset | lernet | nehmet |
| sie/Sie | seien | haben | werden | müssen | lernen | nehmen |

---

[4] An additional rule is used increasingly, even in formal contexts: Whenever these rules point to an archaic or obsolete verb form, use the **würde** + Infinitive construction.

| Subjunctive I: Past-time |
| --- |
| **haben** |
| _____, er habe das gesagt |
| **sein** |
| _____, sie sei auch da gewesen |

| Subjunctive I: Tense agreement | | |
| --- | --- | --- |
| | **Direct** | **Indirect** |
| **Present** | „Ich singe gern." | Er sagte, } er singe gern. / dass er gern singe. |
| **Past** | „Ich bin eingeschlafen." „Ich schlief ein." „Ich war eingeschlafen." | Sie sagte, } sie sei eingeschlafen. / dass sie eingeschlafen sei. |
| **Future** | „Ich werde was machen." | Er sagte, } er werde das machen. / dass er das machen werde. |

# Grammatik

## 28.1    PASSIVE VOICE

### A. Formation

1. German expresses the passive as a process, as something "becoming" done (**das Vorgangspassiv**). Thus the passive voice is formed with conjugated forms of the auxiliary **werden** in its various active voice tenses + a past participle of the main verb at the end of the sentence or clause. The past participle remains constant; only the forms of **werden** change.

| Present Tense | | | |
|---|---|---|---|
| ich **werde ...** | geschickt | | *I am sent/being sent* |
| du **wirst ...** | geschickt | | *you are sent/being sent* |
| er/sie/es **wird ...** | geschickt | | *he/she/it is sent/being sent* |
| wir **werden ...** | geschickt | | *we are sent/being sent* |
| ihr **werdet ...** | geschickt | | *you are sent/being sent* |
| sie/Sie **werden ...** | geschickt | | *they/you are sent/being sent* |
| **Past Tense** | | | |
| ich **wurde ...** | geschickt | | *I was sent/was being sent* |
| du **wurdest ...** | geschickt | | *you were sent/were being sent* |
| etc. | | | |

| Present Perfect Tense | | |
|---|---|---|
| ich **bin ...** | geschickt **worden**[1] | *I was sent/have been sent* |
| du **bist ...** | geschickt **worden** | *you were sent/have been sent* |
| etc. | | |

| Past Perfect Tense | | |
|---|---|---|
| ich **war ...** | geschickt **worden** | *I had been sent* |
| du **warst ...** | geschickt **worden** | *you had been sent* |
| etc. | | |

| Future Tense | | |
|---|---|---|
| ich **werde ...** | geschickt **werden** | *I will be sent* |
| du **wirst ...** | geschickt **werden** | *you will be sent* |
| etc. | | |

2.  The conjugated form of **werden** functions as $V_1$ and the past participle as $V_2$. In main clauses, $V_1$ stands, as usual, in second position and $V_2$ is normally positioned at the end of the clause. In subordinate clauses, $V_1$ follows $V_2$ as the final element. Notice how placing various sentence elements (even $V_2$ itself, which is not possible in English) in first position changes the meaning of a passive sentence.

| | |
|---|---|
| *Nichts* **wurde** von der Regierung über den Vorfall **gesagt.** | *Nothing was said by the government about the incident. (Element I: subject)* |
| *Von der Regierung* **wurde** über den Vorfall nichts **gesagt.** | *On the part of the government, nothing was said about the incident. (Element I: agent)* |
| *Über den Vorfall* **wurde** von der Regierung nichts **gesagt.** | *Regarding the incident, nothing was said by the government. (Element I: verb complement)* |
| *Gesagt* **wurde** von der Regierung über den Vorfall nichts. | *As far as something being said by the government about the incident—nothing. (Element I: $V_2$)* |
| Kaum zu glauben, dass von der Regierung über den Vorfall nichts **gesagt wurde.** | *Hard to believe that nothing was said by the government about the incident. (passive in a subordinate clause)* |

## B. Use

1.  Using the passive voice allows a speaker or writer to express an action without identifying who or what performs it. This makes the passive particularly useful when the

---

[1] Shortened from the past participle **geworden.**

agent is unknown or irrelevant, or when the speaker or writer simply does not want to mention the agent.

| | |
|---|---|
| Gestern wurde im Frankfurter Flughafen eine Bombe entdeckt. | *Yesterday a bomb was discovered in the Frankfurt airport.* |
| In diesem Job wird viel Einsatz verlangt. | *In this job a lot of dedication is demanded.* |
| Dreißig Passagiere wurden heute Morgen bei einem Busunfall verletzt. | *Thirty passengers were injured this morning in a bus accident.* |

2. Passive and active constructions are linked by means of subject and object. The (nominative) subjects in the passive sentences above are the (accusative) direct objects of equivalent sentences in the active voice:

X entdeckte **eine Bombe** gestern im Frankfurter Flughafen.

X verlangt **viel Einsatz** in diesem Job.

X verletzte **dreißig Passagiere** heute Morgen bei einem Busunfall.

But since the writer of the first example feels that the discoverer need not (or perhaps cannot) be named, and in the second and third examples there is no particular "doer" or agent one can identify, framing each sentence as a passive construction makes good sense. The object of the action becomes the passive subject, making it structurally unnecessary to mention the agent. It follows that sentences like these can only be formed with verbs that take accusative objects (i.e., transitive verbs).[2]

3. In fact, the *only* permissible subject in a passive sentence is the element that would be the accusative object of an equivalent active sentence. This has important consequences when transferring meanings from English to German:

a. *in the case of indirect objects functioning as subjects in the passive.* English allows the indirect object in *Someone gave **her** roses yesterday* to become the subject of a passive sentence: ***She** was given roses yesterday.* But in German, since only an *accusative* object can become the subject of a passive sentence, the indirect object remains in the dative.

COMPARE:

| | |
|---|---|
| *active:* | Jemand schenkte **ihr** gestern *Rosen.* |
| *passive:* | *Rosen* wurden **ihr** gestern geschenkt. |

---

[2] While most transitive German verbs can be expressed in the passive, there are a few exceptions. Verbs such as **bekommen** (and its synonym **erhalten**), **besitzen** *(to own),* **haben,** and **wissen,** for example, do not form the passive, even though they take accusative objects and can be expressed by passive constructions in English. To translate English passive sentences with these verbs into German requires either the active voice or an altogether different expression:

| | |
|---|---|
| *That **wasn't known** at the time.* | Man hat das damals nicht gewusst. |
| *A good time **was had** by all.* | Alle amüsierten sich. |
| *For years, the property **had been owned** by the family.* | Seit Jahren hatte das Grundstück der Familie gehört. |

These elements can be repositioned to form other versions (see 28.1A):

> Gestern wurden **ihr** *Rosen* geschenkt.
>
> **Ihr** wurden gestern *Rosen* geschenkt.

This last example may seem odd to an English speaker who thinks of **ihr** as *she* in this context and therefore expects a singular verb, as in *She was given roses.* But the verb agrees with the subject (**Rosen**), which is plural, independent of the dative object. An impersonal **es** can be used as a "place filler" to begin the sentence and move other elements into the middle field, but the verb remains plural, in agreement with the subject.

> Es wurden **ihr** *Rosen* geschenkt.          *She was given roses.*

b. *in the case of German dative verbs.* English verbs such as *to help, to answer,* or *to congratulate* take objects and can easily be reconstructed as passives in English. However, their German equivalents (see 4.5B) take *dative* objects (jemand half **dem Kind**/man gratulierte **den Leuten**), which cannot become passive subjects. As with the indirect objects in (a), the dative objects of such verbs remain in the dative. But here there are no accusative objects to become passive subjects, which means that *a passive sentence formed with a dative verb will have no grammatical subject.* In this case, the verb defaults to the third-person singular, and the dative object routinely takes first position.

> **Dem Kind** wurde geholfen.          *The child was helped.*
>
> **Den Leuten** wurde gratuliert.          *The people were congratulated.*

If the first example does not seem awkward to an English speaker, the second most likely does, for the same reasons discussed in (a). **Dem Kind wurde geholfen** begins with a singular noun in what English speakers think of as the "subject" position, followed by a singular verb, so that there appears to be subject-verb agreement. But **den Leuten** is plural, followed by singular **wurde,** which seems to violate that rule. In fact, neither sentence has subject-verb agreement, since there is no subject. The verb in both examples is third-person singular by default, regardless of what precedes it. As in other passive constructions, an impersonal **es** can be used as a "place taker" in first position, moving the dative object into the middle field, but **es** is not the subject and has no influence on how the verb is conjugated.

> **Es** wurde **dem Kind** geholfen.          *The child was helped.*
>
> **Es** wurde **den Leuten** gratuliert.          *The people were congratulated.*

## C. Agents with the passive

1. Though it is not necessary to do so, the agent of the action in a passive construction can be expressed by a prepositional phrase, usually introduced by **von** or **durch,** and sometimes **mit.**

2. **Von** *(by)* + dative is used to indicate the agent(s) or performer(s) of an action—most often a person, but sometimes an inanimate agent, carrying out an action.

| Die Bombe im Flughafen wurde **von einem brasilianischen Touristen** entdeckt. | *The bomb in the airport was discovered by a Brazilian tourist.* |
| Die Dame ist **von zwei Gangstern** begleitet worden. | *The lady was accompanied by two gangsters.* |
| Ich bin **von einem Auto** überfahren worden. | *I was run over by a car.* |

3. **Durch** *(by, by means of, through)* + accusative is used to indicate the *process* or *means by which* something happens; it often expresses an involuntary cause and is generally less personal or volitional than **von**; it is used with people only when they are acting as intermediaries.

| Vor vielen Jahren wurde die Stadt Chicago **durch einen Brand** zerstört. | *Many years ago, the city of Chicago was destroyed by (means of a) fire.* |
| **Durch ständiges Fernsehen** wird die Einbildungskraft beschädigt. | *The imagination is damaged by (means of) constant TV watching.* |
| Wir wurden vom Konsulat **durch einen Boten** über die Gefahr benachrichtigt. | *We were notified by the consulate of the danger through a messenger.* |

4. **Mit** *(with)* + dative is used to indicate the *instrument* or *tool* with which an action is carried out; it involves an agent, which may or may not be specified.

| Die Tür wurde **mit einem Stück Holz** aufgehalten. | *The door was kept open with a piece of wood.* |

## D. Passives with modal verbs

1. While modal verbs are rarely formed into passives themselves, they combine easily and frequently with passive structures, using the conventional format of modal auxiliary + infinitive:

| Das **muss** schnell *gemacht werden.* | *That must be done quickly.* |
| Sie **können** leider nicht *erreicht werden.* | *Unfortunately, they cannot be reached.* |

Here the modal verb functions as $V_1$, while $V_2$ is a compound structure made up of the past participle and the infinitive **werden.** This final structure is sometimes referred to as the *passive infinitive,* and functions like any other infinitive in a modal construction. And like any infinitive, its form remains constant: Changes involving conjugation, tense, and mood are performed on the modal verb, not the passive infinitive (see Chapter 9).

| Das **müsste** schnell *gemacht werden.* | *That would have to be done quickly. (present subjunctive)* |
| Sie **konnten** leider nicht *erreicht werden.* | *Unfortunately, they couldn't be reached. (past)* |

2. When passive constructions with modal verbs occur in compound tenses, such as the perfect, past perfect, future, or past subjunctive (see 9.3–4; 20.4C), they follow the same rules as all compound modal structures: auxiliary + infinitive + modal (infinitive). In place of an active infinitive (such as **machen**), one uses a passive infinitive **(gemacht werden).**

COMPARE:

### Active

| | |
|---|---|
| Er **hat** das schnell *machen* **müssen.** | *He had to do that quickly. (perfect)* |
| Wir **werden** sie später *erreichen* **können.** | *We will be able to reach them later. (future)* |
| Du **hättest** das gestern *abgeben* **sollen**! | *You should have turned that in yesterday. (past subjunctive)* |

### Passive

| | |
|---|---|
| Das **hat** schnell *gemacht werden* **müssen.** | *That had to be done quickly. (perfect)* |
| Sie **werden** später *erreicht werden* **können.** | *They will be able to be reached later. (future)* |
| Das **hätte** gestern *abgegeben werden* **sollen**! | *That should have been turned in yesterday! (past subjunctive)* |

## E. Passives with no subjects

German passive constructions do not require a grammatical subject, as indicated in the discussion of dative verbs in 28.1B. In fact, there are several additional cases in which passives can be formed with no subject:

1. *with prepositional complements.* German verbs with prepositional phrase complements, rather than direct objects, can form passives. The conjugated verb in such sentences defaults to third-person singular. In some cases, English translates these verbs with a direct object, which then becomes the passive subject in the English equivalent.

   | | |
   |---|---|
   | **Über die Einzelheiten** muss noch diskutiert werden. | *The details still have to be discussed.* |
   | Warum wurde nicht früher **daran** gedacht? | *Why wasn't that thought of earlier?* |
   | **Für die Garderobe** wird nicht gehaftet. | *No responsibility taken for belongings. (seen on restaurant coat racks)* |
   | **Mit dem Busfahrer** darf nicht gesprochen werden. | *No talking with the bus driver.* |

2. *with verbs, both transitive and intransitive, that denote an activity in general.* This construction capitalizes on the anonymity of a subjectless sentence to express an activity *per se,* with no reference to who or what performs it or "receives" the action. In this case, V₁ can be **werden** or a modal verb and is conjugated in the desired tense in the default third-person singular. Verbs used in this construction either take no object (i.e., they are intransitive, like **schlafen**), or can function without an object (i.e., transitive verbs used intransitively, such as **rauchen**). There is no equivalent structure for this in English, though English has ways of conveying similar meanings.

   | | |
   |---|---|
   | Hier **wird** nicht **geraucht.** | *No smoking here.* |
   | In der Deutschstunde **wird** nicht **geschlafen**! | *No sleeping in German class!* |
   | Nebenan **wurde geplaudert,** während wir Karten spielten. | *The people next to us chatted, while we played cards.* |

| | |
|---|---|
| Heute Abend **wird** im Club **getanzt**. | *There's dancing tonight at the club.* |
| Zuerst **soll gearbeitet** werden, und dann **gespielt**. | *First you're supposed to work, then play.* |

## 28.2 TRUE PASSIVE VS. STATAL PASSIVE

Some constructions are similar to the passive, but in fact are different in meaning and structure.

COMPARE:

| | |
|---|---|
| Mein Computer wird **repariert**. | *My computer is being repaired.* |
| Mein Computer ist **repariert**. | *My computer is repaired.* |

The first example contains the verb **werden** and expresses the *process* of an action, in this case repair work. The second example uses **sein** instead of **werden** and is known as a statal passive (**das Zustandspassiv**). It indicates the *result* of an action with reference to the subject, and the participle functions here as an adjective. This distinction between *process* and *result* is clear enough in the present tense—in the true passive, the process is ongoing (and consequently I cannot use the computer); in the statal passive, the result implies that it is finished (so I can use it now)—but the boundary can begin to blur in past tense usage.

COMPARE:

| | |
|---|---|
| Mein Computer war **repariert**. | *My computer was repaired.* |
| Mein Computer **wurde repariert**. | *My computer was (being) repaired.* |

From the speaker's perspective, the repairs are over and done with in both sentences and the computer can (presumably) be used. But the first sentence, as a statal passive, focuses on the "finishedness" of the repair work: at a particular point in time, the computer could be described as "repaired," just as it might be described as "fast" or "obsolete." The second sentence, on the other hand, with its past-tense passive, denotes a set of actions performed over time, while still implying that the eventual result was a repaired computer.

## 28.3 SUBSTITUTES FOR THE PASSIVE VOICE

Since repeated use of the passive voice is considered poor style, one of several active-voice equivalents is often substituted.

### A. Man

**Man** is a common alternative to the passive when no specific subject performs the action.

| | |
|---|---|
| Hier raucht **man** nicht. (Hier wird nicht geraucht.) | *There is no smoking here.* |
| Wie macht **man** das? (Wie wird das gemacht?) | *How is that done?* |

## B. Reflexive Verbs

Reflexive constructions are used occasionally in place of the passive.

| | |
|---|---|
| Das **lernt sich** leicht. | *That is easily learned.* |
| (Das wird leicht gelernt.) | |
| Wie **schreibt sich** das? | *How is that spelled?* |
| (Wie wird das geschrieben?) | |

## C. *Sich lassen*

The use of reflexive **sich lassen** with an infinitive expresses the idea that something can be done or that someone lets something *be done* (see **lassen,** 18.4).

| | |
|---|---|
| Dieser Satz **lässt sich** nicht leicht **übersetzen.** (Dieser Satz kann nicht leicht übersetzt werden.) | *This sentence cannot be easily translated. (i.e., it does not let itself be easily translated)* |
| Wir **lassen uns** nicht wieder **überlisten.** | *We are not letting ourselves be outwitted again.* |

## D. *Sein ... zu* + infinitive

**Sein ... zu** + an infinitive can replace the passive to express that something *can* or *must be done.*

Das Spiel **ist** vielleicht noch **zu gewinnen.**
(Das Spiel kann vielleicht noch gewonnen werden.)
*The game can perhaps still be won. (i.e., it is perhaps still to be won)*

Diese Videofilme **sind** bis morgen **zurückzubringen.**
(Diese Videofilme müssen bis morgen zurückgebracht werden.)
*These videotapes must be returned by tomorrow. (i.e., they are to be returned by tomorrow)*

Wortschatz

*Endlich geschafft!*

---

schaffen, schaffte, geschafft
schaffen, schuf, geschaffen

---

1.  As a weak verb, **schaffen (schaffte, hat geschafft)** means *to manage to do* or *accomplish* a task, often with considerable effort.

| | |
|---|---|
| Sie wollten die Arbeit bis sechs Uhr beenden und sie haben es **geschafft.** | *They wanted to finish work by six o'clock, and they managed to do so.* |
| Wir haben es **geschafft!** | *We did it!* |

**Schaffen** can also mean *to work (hard).*

| | |
|---|---|
| Er hat sein ganzes Leben lang (schwer) **geschafft.** | *He worked (hard) his whole life.* |

**Schaffen** sometimes means *to bring* or *get* an object to a particular place.

| | |
|---|---|
| Der Gepäckträger hat die vielen Koffer in den Zug **geschafft.** | *The porter got the many suitcases into the train.* |

2. When used as a strong verb, **schaffen (schuf, hat geschaffen)** means *to create, make,* or *bring about.*

| | |
|---|---|
| Gott soll die Welt in sechs Tagen **geschaffen** haben. | *God is said to have created the world in six days.* |
| Er musste etwas Ordnung in seinem Leben **schaffen.** | *He had to bring about some order into his life.* |

3. The strong participle **geschaffen** occurs often as an adjective meaning *made* or *cut out* for something.

| | |
|---|---|
| Sie ist für diese Rolle wie **geschaffen.** | *She is made for this role. (i.e., it is the ideal role for her)* |

# Übungen

**A** **Das Passiv kann manipuliert werden!** Nehmen Sie den Mustersatz (*model sentence*) und bilden Sie damit Passivsätze mit den angegebenen Zeiten und neuen Elementen.

| | |
|---|---|
| Mein Zimmer wird verwüstet. | *My room is being devastated.* |

BEISPIEL nächstes Semester *(Futur)*
*Nächstes Semester wird mein Zimmer verwüstet werden.*

1. letztes Jahr *(Imperfekt)*
2. meine Zimmerkollegen machen das *(von wem)*
3. es könnte sein *(mit einem Modalverb im Konjunktiv)*
4. jemand hat es letztes Wochenende gemacht *(Perfekt)*
5. durch _____ *(wie)*
6. wie oft? warum?
7. mit einem Modalverb

**B   Geschaffen oder geschafft?**   Ergänzen Sie die Sätze durch das richtige Partizip.

1. Wir hatten für das Examen zwei Stunden Zeit. Hast du es ge-_____?
2. Haben die Kinder den Schnee vor der Haustür weg-_____?
3. Diese Diskussion hat eine gute Atmosphäre ge-_____.
4. Dieser Posten ist für ihn wie ge-_____.
5. Ludwig van Beethoven hat viele unsterbliche Werke ge-_____.

Was haben Sie *geschaffen* und *geschafft*? Machen Sie zwei Aussagen mit jedem Partizip.

**BEISPIELE**   *Ich habe mehr Ruhe in meinem Leben **geschaffen**.*
*Ich habe es **geschafft** alle meine Prüfungen zu bestehen* (pass).

**C   Kleinanzeigen.**   Erklären Sie die kleinen Anzeigen *(advertisements)* im Passiv Präsens.

**BEISPIEL**   Autoreparatur – billig!
*Autos werden billig repariert.*

1. Suche Partnerin fürs Leben!
2. Alter VW Käfer *(Beetle)* zu verkaufen!
3. Ankauf *(purchase)* von Antiquitäten!
4. Fahrradverleih! (verleihen = *to rent*)
5. Mensa stellt Koch ein! (einstellen = *to hire*)
6. Studienprobleme? Wir beraten dich! (beraten = *to advise*)
7. Zimmervermittlung! (vermitteln = *to locate, find*)

**D   Große Leistungen *(accomplishments)*.**   Was wurde von wem gemacht? Antworten Sie im Passiv. Verwenden Sie die Verben im Kasten.

**BEISPIEL**   das Dynamit
*Das Dynamit wurde im Jahre 1867 von Alfred Nobel erfunden.*

besiegen   besteigen   entdecken   erfinden   erreichen   gründen
komponieren   verfassen

**Was**

1. das *Kommunistische Manifest* (1848)
2. das *Weihnachts-Oratorium* (1734)
3. die Buchdruckerkunst (1445)
4. der Südpol (1911)
5. das Rote Kreuz (1864)
6. der Mount Everest (1953)
7. der Tuberkel-Bazillus (1882)
8. die Römer im Teutoburger Wald
   (9 nach Chr.)

**Von wem**

Henri Dunant
Johannes Gutenberg
Roald Amundsen
Karl Marx
J. S. Bach
Edmund Hillary und
Tenzing Norgay
Robert Koch
Hermann der Cherusker (Arminius)

**E   Historisches.**   Wählen Sie aus fünf verschiedenen Jahrhunderten jeweils ein Jahr, in dem ein historisches Ereignis stattfand. Erzählen Sie im Präteritum davon.

BEISPIELE 1066: *England wurde im Jahre 1066 von den Normannen erobert* (conquered).

1914: *Der Erzherzog* (Archduke) *Franz Ferdinand von Österreich wurde 1914 in Sarajevo erschossen.*

**F** **Veränderungen.** Erzählen Sie im Perfekt von drei oder vier Veränderungen der letzten paar Jahre, die die Lebensqualität in Ihrer Heimatstadt oder an Ihrer Universität oder Schule verbessert oder verschlechtert haben.

BEISPIELE *Viele neue Häuser sind gebaut worden.*
*Mein Studentenheim ist renoviert worden.*

Welche Veränderungen sind für die Zukunft geplant? Machen Sie bitte Aussagen im Futur oder mit Modalverben.

BEISPIELE *Ich glaube, dass bald ein neues Einkaufszentrum gebaut werden wird.*
*Es soll auch ein neues Parkhaus eröffnet werden.*
*Ich weiß nicht, was sonst noch gemacht werden wird.*

**G** **Was alles gemacht werden musste.** Einige Studenten fanden eine ziemlich heruntergekommene (run down) Wohnung. Was musste alles gemacht werden, bevor sie einziehen konnten? Verwenden Sie das Passiv mit oder ohne **es**.

*\* what all had to be done*

BEISPIELE Fenster ersetzen
*Zwei kaputte Fenster mussten ersetzt werden.*

Vorhänge (curtains) aufhängen
*Es mussten auch Vorhänge aufgehängt werden.*

1. die Küche sauber machen
2. die Gardinen (drapes) reinigen
3. das Badezimmer putzen
4. eine Tür reparieren
5. den Keller aufräumen

**H** **Das müsste bald gemacht werden.** Wie sieht es in Ihrer Wohnung oder in Ihrem Haus aus? Was könnte oder müsste dort bald gemacht werden?

BEISPIEL *Die Wände müssten bald gestrichen werden.*

**I** **Was wird dort gemacht?** Beantworten Sie die Fragen im Passiv und mit oder ohne Subjekt.

BEISPIELE in einer Bibliothek
*Dort werden Bücher ausgeliehen.*
*Dort wird gelesen.*

1. an einem Kiosk (newsstand)
2. in einem Bett
3. in einer Autowerkstatt
4. in einem Kino
5. in einer Disco
6. in einem Restaurant

*Es wird weiter spekuliert*

**J**  **Passiv mit dem Dativ.**  Drücken Sie die Sätze mit dem Passiv anders aus.

BEISPIEL  Man hat der alten Frau geholfen.
*Der alten Frau ist geholfen worden.*
OR:  *Es ist der alten Frau geholfen worden.*

1. Man erzählte den Kindern nichts davon.  *wurde erzählt.*
2. Man hat den Gastgebern (hosts) gedankt.  *ist gedankt worden.*
3. Uns empfiehlt man dieses Buch zu lesen.  *wird empfohlen.*
4. Mir haben viele Leute zum Geburtstag gratuliert.  *mir ist von... gratuliert worden.*
5. Man wird ihr wahrscheinlich raten nichts zu sagen.

**K**  **Anders ausdrücken.**  Drücken Sie die Sätze durch andere Konstruktionen aus.

BEISPIELE  Das kann man nicht mit Sicherheit sagen.
*Das lässt sich nicht mit Sicherheit sagen.*
OR:  *Das kann nicht mit Sicherheit gesagt werden.*
OR:  *Man kann das nicht mit Sicherheit sagen.*

1. Wie buchstabiert man dieses Wort?
2. Auto fahren ist leicht zu lernen.  *Kann leicht gelernt werden.*
3. Es konnte festgestellt (ascertained) werden, dass …
4. Solche Behauptungen (assertions) lassen sich nicht so einfach beweisen (prove).
5. Änderungen an der chemischen Verbindung (compound) waren nicht zu erkennen
   (recognize).  *Konnte nicht erkannt werden*
6. Das Wasser muss mindestens zwanzig Minuten gekocht werden.

# Anwendung

**Klischeevorstellungen.**  Über fast jedes Volk und jedes Land auf der Welt gibt es
Klischees. In Japan z.B. soll angeblich (supposedly) immer gearbeitet werden, in Amerika
wird Energie verschwendet (wasted), in Deutschland wird viel Bier getrunken usw. An
welche Klischees denken Sie? Welche Klischees halten Sie für richtig, welche für falsch?
Diskutieren Sie mit anderen Personen darüber. Konzentrieren Sie sich dabei auf das Passiv
und auch auf das Pronomen **man** als Passiversatz.

---

**REDEMITTEL**

Es wird behauptet, dass in Amerika/Deutschland … [gemacht] wird.
Manche meinen, es wird in Amerika/Deutschland … [gemacht].
Es wird ja oft gesagt, dass …
In Amerika/Deutschland soll angeblich (supposedly) viel … [gemacht] werden.
Man kann nicht behaupten, dass …

Damit stimme ich (nicht) überein.
Das halte ich für nicht ganz richtig/falsch.
Das finde ich (nicht) richtig.
Das ist ja Unsinn!
Das lässt sich nicht einfach so behaupten.
Das kann man auch anders sehen.

# Schriftliche Themen

| Tipps zum Schreiben | **Practicing the Passive** |
| --- | --- |
| | The traditional wisdom that one should fundamentally avoid the passive is not always the best guide. When the agent of an action is not known or not important, or if the action is meant to be described in general rather than in a particular application, then passive can be preferable to active, in both English and German. In addition, German makes regular use of the passive to express ideas such as *There was dancing and singing* with **Es wurde getanzt und gesungen.** At this point in your writing, you should make use of the passive whenever you think it might fit, since English-speaking learners, faced with the complexities of German passive constructions, often shy away from employing them even when they would be the best choice. Practice forming them in various tenses, moods, and with modal verbs. But remember that German also has various alternatives to the passive (see 28.3) which provide good stylistic variation. In any case, pay attention to German writers and speakers to see how authors and journalists use the passive. |

**A** **Eine interessante Veranstaltung *(organized event)*.** Erzählen Sie von einer Veranstaltung, bei der Sie einmal mitgemacht haben. Sie sollen nicht so sehr davon erzählen, *wer* was getan hat, sondern, *was* geschah oder gemacht wurde.

BEISPIEL  Einmal nahm ich an einer Protestaktion teil. Am Anfang organisierte man … Es wurden Transparente *(banners)* verteilt *(distributed)* … Es wurde viel geredet … Gegen Ende der Aktion marschierte man … Zum Schluss mussten alle Demonstranten … zurückgebracht werden.

**B**   **Bessere Lebensqualität.**   Was könnte oder müsste getan werden, um die Atmosphäre und die Lebensqualität an Ihrer Universität oder in Ihrer Stadt attraktiver zu machen?

BEISPIEL   Meiner Meinung nach könnte die Lebensqualität an dieser Universität durch renovierte Unterrichtsräume erheblich *(substantially)* verbessert werden. Man müsste auch mehr Räume einrichten *(set up)*, in denen man sich auch außerhalb der Unterrichtszeit treffen könnte. Vielleicht sollten auch mehr Parkplätze geschaffen werden, damit ... Es ließe sich sicher noch viel mehr machen, um das Leben an dieser Universität angenehmer zu gestalten *(shape)*.

# Zusammenfassung

## Rules to Remember

1. The passive is used mainly to express occurrences and actions where no agent must be specified.

2. The passive expresses a process (**Das Haus <u>wird</u> verkauft**), the so-called statal passive describes a condition (**Das Haus <u>ist</u> verkauft**).

3. The passive voice is formed with active voice conjugated forms of **werden** + past participle.

4. Agents of a passive action are expressed with the preposition **von** + the agent (**von der Polizei**). The means or processes through which an action is accomplished are expressed with **durch** + noun (**durch einen Sturm**). The instrument used to accomplish an action is shown with **mit** + noun (**mit einem Messer**).

## At a Glance

| werden + Past participle |
|---|
| **V₁ + V₂** |

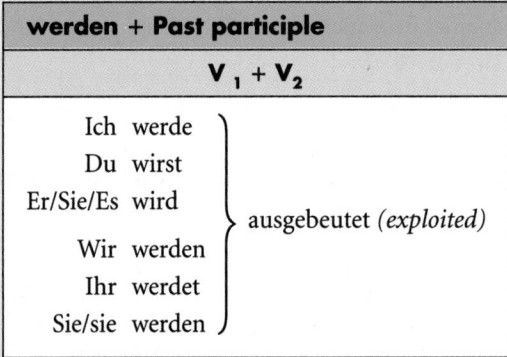

| | |
|---|---|
| Ich | werde |
| Du | wirst |
| Er/Sie/Es | wird |
| Wir | werden |
| Ihr | werdet |
| Sie/sie | werden |

ausgebeutet *(exploited)*

| Passive: Tenses |
| --- |
| **Present** |
| Wir werden schamlos manipuliert *(manipulated)*! |
| **Simple past** |
| Wir wurden manipuliert! |
| **Perfect** |
| Wir sind manipuliert worden! |
| **Past perfect** |
| Wir waren manipuliert worden! |
| **Future** |
| Wir werden manipuliert werden! |
| **Subjunctive: Present** |
| Wir würden manipuliert (werden)! |
| **Subjunctive: Past** |
| Wir wären manipuliert worden! |

| Passive with modals |
| --- |
| **Present** |
| Das Gebäude muss besetzt werden *(occupied)*! |
| **Simple past** |
| Das Gebäude musste besetzt werden! |
| **Perfect** |
| Das Gebäude hat besetzt werden müssen! |
| **Past perfect** |
| Das Gebäude hatte besetzt werden müssen! |
| **Future** |
| Das Gebäude wird besetzt werden müssen! |
| **Subjunctive: Present** |
| Das Gebäude müsste besetzt werden! |
| **Subjunctive: Past** |
| Das Gebäude hätte besetzt werden müssen! |

# 29
## Verb Prefixes

# Grammatik

German distinguishes between *separable* and *inseparable* prefixes. Separable prefixes attach to the front of the root verb in some situations, yet are detached in others. Inseparable prefixes, on the other hand, function as their name indicates: they never separate from the root verb. A third category consists of prefixes that are inseparable with some verbs in specific meanings, and separable in other meanings. This chapter deals in turn with these three kinds of prefix/verb-combinations and the ways they function in various grammatical contexts.

## 29.1 SEPARABLE PREFIXES

### A. Separable prefixes and their meanings

1. German creates many verbs by adding prefixes to root verbs. A great number of such prefixes are "separable," meaning that they separate from the verb and appear at the end of the clause. Separable prefixes have a voiced stress and are usually prepositions or adverbs with specific meanings in their own right that either modify or completely change the meanings of the root verbs. Here are examples of the most common separable prefixes. Note that those marked with an asterisk can also be used inseparably (see 29.3).

| Prefix | Meaning | Example |
|---|---|---|
| **ab-** | *off, away, down* | abnehmen *to take off weight* |
| **an-** | *on, at, to(ward)* | ansehen *to look at* |
| **auf-** | *up, open, on* | aufmachen *to open up* |
| **aus-** | *out* | aussterben *to die out* |
| **bei-** | *by, with* | beistehen *to stand by someone, aid* |
| **ein-** | *into* | einsteigen *to get into, climb into* |
| ***durch-** | *through* | durchsetzen *to carry or put through* |
| **fort-** | *away* | fortgehen *to go away* |
| **her-** | *(to) here* | herkommen *to come (to) here* |
| **hin-** | *(to) there* | hingehen *to go (to) there* |
| ***hinter-** | *back, rear* | hintergehen *to go to the back* |
| **los-** | *loose* | loslassen *to turn loose* |
| **mit-** | *with, along* | mitsingen *to sing along* |
| **nach-** | *after* | nachblicken *to look or gaze after* |
| ***über-** | *over; across* | überfließen *to flow over* |
| ***um-** | *around, about, over* | umdrehen *to turn over* |
| ***unter-** | *under* | untergehen *to go down, set* |
| **vor-** | *before, ahead* | vorarbeiten *to work ahead* |
| **vorbei-** | *by, past* | vorbeilaufen *to run by* |
| **weg-** | *away* | weggehen *to go away* |
| **weiter-**[1] | *keep on* | weiterlaufen *to keep running* |
| ***wider-** | *against* | widerhallen *to echo* |
| ***wieder-**[1] | *back* | wiedergeben *to give back* |
| **zu-** | *to, towards; to a shut position* | zumachen *to shut* |
| **zurück-** | *back* | zurückrufen *to call back* |
| **zusammen-** | *together* | zusammenstehen *to stand together* |

---

[1] **Weiter** and **wieder** are separable prefixes only when they take these meanings. When used to mean *further (comparative)* and *again*, respectively, they become adverbs that function as verbal complements, and as such do not attach directly to the root verb (see also 29.1B).

COMPARE:

| | |
|---|---|
| Wir können leider nicht **weitermachen**. | *Unfortunately, we can't continue.* |
| Sie kann **weiter laufen** als ich. | *She can run further than I (can).* |
| Ich hoffe, dass du alles bald **wiederbringst**. | *I hope you bring back everything soon.* |
| Er hofft, dass sie sich bald **wieder sehen**. | *He hopes they see each other again soon.* |

2. Some separable prefixes should be learned as pairs, since they form antonyms when combined with the same verb.

| | | | |
|---|---|---|---|
| andrehen | *to turn on* | einatmen | *to breathe in* |
| abdrehen | *to turn off* | ausatmen | *to breathe out* |
| anziehen | *to put on (clothes)* | vorgehen | *to go ahead, precede* |
| ausziehen | *to take off (clothes)* | nachgehen | *to go after, follow* |
| aufmachen | *to open* | zunehmen | *to increase, gain* |
| zumachen | *to close* | abnehmen | *to decrease, lose* |
| aufsteigen | *to climb up* | | |
| absteigen | *to climb down* | | |

## B. Use

1. When a separable-prefix verb is $V_1$ in a main clause, the prefix becomes a verbal complement and moves to the end of the middle field (see 1.1C).

   **anfangen:** Das Konzert **fängt** um acht Uhr **an.**    *The concert begins at eight o'clock.*

   **weggehen:** Nach der Pause **ging** er schnell **weg.**    *After the intermission he left quickly.*

2. A separable prefix also splits apart from the root verb in yes-no questions and imperatives, where the root verb is in first position.

   **mitkommen: Kommst** du heute Abend **mit?**    *Are you coming along tonight?*

   **ausatmen: Atmen** Sie langsam **aus!**    *Breathe out slowly!*

   **aufhören: Hören** Sie mit diesem Unsinn **auf!**    *Stop this nonsense!*

3. In a subordinate clause, however, where $V_1$ moves to the end of the clause, a separable prefix attaches directly to its root verb.

   Weißt du, wann das Konzert **anfängt?**    *Do you know when the concert begins?*

   Ich verstehe nicht, warum er so schnell **wegging.**    *I don't understand why he left so quickly.*

   Du kannst entscheiden, ob du **mitkommst** oder nicht.    *You can decide if you're coming along or not.*

4. When separable-prefix verbs are used with modal verbs and in tenses which require an auxiliary verb as $V_1$, the root verb moves to $V_2$ position and attaches directly to its prefix. In conjunction with modal verbs or in the future tense, the root verb remains an infinitive (**zurückkommen/vorbeimarschieren**). In the perfect and past perfect tenses, the separable prefix attaches to the past participle of the root verb (**zurückgekommen/vorbeimarschiert**). Note that in past participles formed with **ge-**, this element stands between the separable prefix and the root verb.

| Ich **will** mir morgen das Museum **ansehen.** | *I want to take a look at the museum tomorrow.* |
| Dieses Restaurant **wird** bestimmt **zumachen.** | *This restaurant is certainly going to close.* |
| Nach langer Diskussion **haben** wir unseren Plan **durchge̲setzt.** | *After a long discussion, we got our plan through.* |

5. In infinitive clauses (see 18.1), the prefix and root verb remain together, with **zu** inserted between them to form one word.

| Ich hatte keine Lust mit Physik noch einmal von vorne **anzu̲fangen.** | *I didn't have any desire to start over again with physics.* |
| Also entschied ich mich mit Deutsch **weiterzu̲machen.** | *So I decided to continue with German.* |

6. The word order rules pertaining to separable-prefix verbs can also be applied to various verbal complements (see 1.1C), including infinitive complements (**kennen lernen**), adverb complements (**auswendig lernen**), and object noun complements (**Deutsch lernen**), with the important distinction that these complements never attach directly to the root verb. Notice the similarity between the following sentences and separable-prefix verb structures:

| Sie **lernt** schon seit drei Semestern **Deutsch.** | *She's been learning German for three semesters now.* |
| Sie **wollte** schon immer **Deutsch lernen.** | *She always wanted to learn German.* |
| **Lernen** Sie diese Vokabeln bitte **auswendig.** | *Please learn these vocabulary words by heart.* |
| Möchten Sie meine Eltern **kennen lernen**? | *Would you like to meet my parents?* |
| Wir haben uns schon **kennen gelernt.** | *We've already met.* |
| Ich habe keine Lust alle diese Wörter **auswendig zu lernen.** | *I have no desire to memorize all these words.* |

## C. *Hin-* and *her-*

1. The separable prefixes **hin-** and **her-** are used mainly in combination with other separable prefixes to indicate specific direction *away from* (**hin-**) or *toward* (**her-**) the observer.

### Common **hin-** and **her-** combinations

| **hin(gehen)** | *(to go) to* | **hinauf/hinab(gehen)** | *(to go) up/down* |
| **her(kommen)** | *(to come) from* | **herauf/herab(kommen)** | *(to come) up/down* |
| **dorthin(gehen)** | *(to go) to there* | **hinüber(gehen)** | *(to go) over to* |
| **hierher(kommen)** | *(to come) to here* | **herüber(kommen)** | *(to come) over to* |
| **hinein/hinaus(gehen)** | *(to go) in/out* | **hinunter(gehen)** | *(to go) down to* |
| **herein/heraus(kommen)** | *(to come) in/out* | **herunter(kommen)** | *(to come) down to* |

2. Since they indicate direction, **hin-** and **her-** in combination with other prefixes usually make an action more specific than it would otherwise be.

| | |
|---|---|
| Er geht **aus.** *(general action)* | *He is going out.* |
| Sie geht **hinaus.** *(away from the observer)* | *She goes out (of a room, house, etc.).* |
| Sie stieg aus dem Zug **(aus).** *(general action)* | *She got off the train.* |
| Sie stieg aus dem Zug **heraus.** *(toward the observer)* | *She got out of the train.* |

3. Verbs of motion used with **hin-** and **her-** prefix combinations occasionally have an accusative noun that appears to be a direct object, but is really part of the adverbial expression.

| | |
|---|---|
| Das Kind läuft **die Treppe hinunter.** | *The child runs down the stairs.* |

## 29.2     INSEPARABLE PREFIXES

The prefixes **be-, emp-, ent-, er-, ge-, miss-, ver-,** and **zer-** are inseparable. Verbs with these prefixes do not have a **ge-** in the past participle: **hat besucht; haben verkauft.** These prefixes have no meanings by themselves, but most of them transform the meanings of root verbs in very specific ways.

### A. Be-

1. A **be-** prefix verb is transitive, regardless of whether the root verb is transitive or intransitive.

| | | | |
|---|---|---|---|
| antworten (auf) | *to answer* | **be**antworten | *to answer* |
| kämpfen (gegen) | *to fight against* | **be**kämpfen | *to fight against* |
| sprechen (über) | *to talk about* | **be**sprechen | *to discuss* |

| | |
|---|---|
| Wir **sprechen über** diese Probleme. | *We talk about these problems.* |
| Wir **besprechen** diese Probleme. | *We discuss these problems.* |

2. The meaning of the verb may change considerably when a **be-** prefix is added.

| | | | |
|---|---|---|---|
| kommen | *to come* | **be**kommen | *to receive* |
| sitzen | *to sit* | **be**sitzen | *to possess* |
| suchen | *to search* | **be**suchen | *to visit* |

3. The prefix **be-** also creates transitive verbs from some nouns and adjectives.

| | | | |
|---|---|---|---|
| der Freund | *friend* | **be**freunden | *to befriend* |
| die Frucht | *fruit* | **be**fruchten | *to fertilize, impregnate* |
| richtig | *correct* | **be**richtigen | *to correct* |
| ruhig | *calm* | **be**ruhigen | *to calm* |

## B. *Ent-*

When added to nouns, adjectives, or verbs, the prefix **ent-** expresses the idea of separation or removal. It is often equivalent to the English *de- (detach)*, *dis- (disconnect)*, or *un- (undo)*.

| | |
|---|---|
| das Fett *fat, grease* | **ent**fetten *to remove the fat* |
| die Kraft *strength* | **ent**kräften *to weaken* |
| fern *far* | **ent**fernen *to remove* |
| heilig *sacred* | **ent**heiligen *to desecrate* |
| decken *to cover* | **ent**decken *to discover* |
| falten *to fold* | **ent**falten *to unfold* |
| kommen *to come* | **ent**kommen *to escape, get away* |

## C. *Er-*

1. The prefix **er-** converts certain adjectives into verbs reflecting the quality expressed by the adjective.

| | |
|---|---|
| hell *bright* | **er**hellen *to brighten* |
| hoch *high* | **er**höhen *to heighten* |
| möglich *possible* | **er**möglichen *to make possible* |

2. The prefix **er-** also changes the meaning of certain root verbs to imply successful completion of an activity.

| | |
|---|---|
| arbeiten *to work* | **er**arbeiten *to obtain through work* |
| finden *to find* | **er**finden *to invent* |
| raten *to (take a) guess* | **er**raten *to guess correctly* |

With certain verbs, the "completion" of the action is death:

| | |
|---|---|
| ermorden *to murder* | erstechen *to stab to death* |
| erschießen *to shoot fatally* | ertrinken *to die by drowning* |
| erschlagen *to slay* | |

## D. *Miss-*

1. The prefix **miss-** indicates that something is done falsely or incorrectly. It often corresponds to the English *mis-* or *dis-* and is only used with about fifteen verbs in German.

| | |
|---|---|
| behandeln *to handle* | **miss**handeln *to mistreat* |
| deuten *to interpret* | **miss**deuten *to misinterpret* |
| gefallen *to be pleasing* | **miss**fallen *to displease* |
| trauen *to trust* | **miss**trauen *to distrust* |

2. When used with verbs that are already inseparable, the prefix **miss-** becomes stressed.

| | |
|---|---|
| Er **missversteht** die Frage. | *He misunderstands the question.* |

### E. *Ver-*

1. The prefix **ver-** sometimes implies that the action of a root verb is done incorrectly.

| | | | |
|---|---|---|---|
| fahren | *to drive* | sich **ver**fahren | *to take the wrong road* |
| führen | *to lead* | **ver**führen | *to seduce, lead astray* |
| legen | *to lay* | **ver**legen | *to mislay, misplace* |
| rechnen | *to calculate* | sich **ver**rechnen | *to miscalculate* |
| sprechen | *to speak* | sich **ver**sprechen | *to misspeak* |

2. **Ver-** can also indicate that an action continues until something is used up or destroyed.

| | | | |
|---|---|---|---|
| **ver**brauchen | *to use* | **ver**brauchen | *to use up* |
| brennen | *to burn* | **ver**brennen | *to burn up* |
| fallen | *to fall* | **ver**fallen | *to fall into ruin* |
| gehen | *to go* | **ver**gehen | *to pass* or *fade away* |
| schwinden | *to dwindle* | **ver**schwinden | *to disappear* |
| spielen | *to play* | **ver**spielen | *to gamble away* |

3. In some instances, **ver-** indicates going, giving, or chasing away.

| | | | |
|---|---|---|---|
| jagen | *to chase* | **ver**jagen | *to chase away* |
| reisen | *to travel* | **ver**reisen | *to go away on a trip* |
| schenken | *to give as a gift* | **ver**schenken | *to give away* |
| treiben | *to drive* | **ver**treiben | *to drive (someone) away* |

4. Sometimes the prefix **ver-** simply intensifies, refines, or alters the action expressed by the root verb.

| | | | |
|---|---|---|---|
| bergen | *to hide, cover* | **ver**bergen | *to hide, conceal* |
| gleichen | *to resemble* | **ver**gleichen | *to compare* |
| urteilen | *to judge* | **ver**urteilen | *to condemn* |
| zweifeln | *to doubt* | **ver**zweifeln | *to despair* |

5. Finally, **ver-** converts many adjectives (often in the comparative form), a few adverbs, and an occasional noun into verbs.

| | | | |
|---|---|---|---|
| anders | *different* | **ver**ändern | *to change* |
| besser | *better* | **ver**bessern | *to improve* |
| größer | *larger* | **ver**größern | *to enlarge* |
| länger | *longer* | **ver**längern | *to lengthen* |
| mehr | *more* | **ver**mehren | *to increase* |
| nicht | *not* | **ver**nichten | *to annihilate* |
| die Ursache | *cause* | **ver**ursachen | *to cause* |

### F. *Zer-*

The prefix **zer-** indicates destruction or dissolution through the action denoted by the verb.

| | | | |
|---|---|---|---|
| brechen | *to break* | **zer**brechen | *to break into pieces, shatter* |
| fallen | *to fall* | **zer**fallen | *to fall into pieces* |
| gehen | *to go* | **zer**gehen | *to dissolve (in a liquid)* |

| | | | |
|---|---|---|---|
| **leg**en | *to lay* | **zer**legen | *to take apart, disassemble* |
| **reiß**en | *to tear* | **zer**reißen | *to tear to pieces* |
| **stör**en | *to disturb* | **zer**stören | *to destroy* |

---

**29.3**  **TWO-WAY PREFIXES**

### A. Separable vs. inseparable

1. The prefixes **durch-** *(through)*, **hinter-** *(back, rear)*, **über-** *(over, across)*, **um-** *(around, over)*, **unter-** *(under)*, **wider-** *(against)*, and **wieder-** *(again)* are used separably with some verbs and inseparably with others. In some instances, these prefixes may also be used either separably or inseparably with the same verb, depending upon the meaning implied. Used separably, prefix verbs tend to have a fairly literal meaning corresponding to the basic meaning of the verb + prefix. Used inseparably, the prefix often gives the verb a more abstract or figurative meaning.

| | |
|---|---|
| Der Fährmann **setzte** die Reisenden einen nach dem anderen **über.** | *The ferryman carried the travelers across one by one.* |
| Die Studentin **übersetzte** den Aufsatz aus dem Französischen ins Deutsche. | *The student translated the essay from French into German.* |

2. In general, prefixes are stressed when used separably and unstressed when used inseparably.

| | |
|---|---|
| Die Schule wurde während des Sommers **<u>um</u>gebaut.** | *The school was remodeled during the summer.* |
| Er hat seine Freundin **um<u>armt</u>.** | *He hugged his girlfriend.* |

3. When prefix verbs are used inseparably, they invariably make an intransitive verb transitive. In such instances, the auxiliary in the perfect tenses is **haben,** even when the verb without a prefix or with the separable prefix would take **sein.**

COMPARE:

| | |
|---|---|
| Er **ist** durch den Park **gelaufen.** | *He ran through the park.* |
| Er **hat** den Park **durchlaufen.** | *He ran through the park from one end to the other.* |
| Wir **sind** auf die andere Seite **(hin)übergesprungen.** | *We jumped over onto the other side.* |
| Wir **haben** ein paar Kapitel im Buch **übersprungen.** | *We skipped a few chapters in the book.* |

### B. Use of the two-way prefixes

1. Most (but not all) verbs with **durch-** are separable.

| | |
|---|---|
| Sie **macht** eine schlimme Zeit **durch.** | *She is going through a bad time.* |
| Er **schaute** durch das Fenster **durch.** | *He saw through the window.* |

BUT:

| | |
|---|---|
| Er **durchschaute** den Plan seines Feindes. | *He saw through (recognized) the plan of his enemy.* |

2. Five or six verbs normally used with **hinter-** are inseparable. Only two occur as separable verbs.

| | |
|---|---|
| Mutter hat eine Nachricht für euch **hinterlassen.** | *Mother left a message for you.* |
| Er hat seine Freunde **hintergangen.** | *He deceived his friends.* |

BUT:

| | |
|---|---|
| Sie ist **hintergegangen.** | *She went to the rear.* |
| Er **gießt** das Glas Bier **hinter.** | *He tosses down the glass of beer.* |

3. Most (but not all) verbs with **über-** are inseparable.

| | |
|---|---|
| Er hat einen Hund **überfahren.** | *He ran over a dog.* |
| Wir **überlassen** Ihnen die Entscheidung. | *We leave the decision (up) to you.* |

BUT:

| | |
|---|---|
| Der Topf ist **übergelaufen.** | *The pot boiled over.* |

4. Some verbs with **um-** are separable, others are inseparable. Some verbs with **um-** can be either separable or inseparable, depending upon the meaning.

| | |
|---|---|
| Sie versucht den Satz **umzuschreiben.** | *She tries to rewrite/revise the sentence.* |
| Er versucht den Satz zu **umschreiben.** | *He tries to paraphrase the sentence.* |

5. The same is true of verbs with **unter-** as a prefix: some are separable, some are inseparable, and some can be either, depending on the meaning.

| | |
|---|---|
| Der Junge wurde in einem Kinderheim **untergebracht.** | *The boy was lodged in a children's home.* |
| Die schwere Arbeit hat seine Gesundheit **untergraben.** | *The difficult work undermined his health.* |

6. All verbs with **wider-** are inseparable except for two.

| | |
|---|---|
| Seine Aussage **widerspricht** den Tatsachen. | *His statement contradicts the facts.* |
| Niemand konnte sein Argument **widerlegen.** | *No one was able to refute his argument.* |

BUT:

| | |
|---|---|
| Das Wasser **spiegelt** die Lichter **wider.** | *The water reflects the lights.* |
| Der Glockenton **hallte wider.** | *The sound of the bells echoed.* |

7. **Wieder** can function three ways: (a) as an inseparable prefix in **wiederholen** (*to repeat);* (b) as a separable prefix, when combined with verbs to mean *back* (as in **wiederbringen**); and (c) as an adverb meaning *again* (as in **wieder sehen**).

COMPARE:

| | |
|---|---|
| Ständig **wiederholte** er das Wort „Rosebud". | *He kept repeating the word "Rosebud."* |
| Sie **bringt** uns morgen alles **wieder.** | *She'll bring everything back to us tomorrow.* |
| Du brauchst gar nicht **wiederzukommen**! | *Don't even bother coming back!* |
| Hoffentlich kannst du deine Schlüssel **wieder finden.** | *I hope you can find your keys again.* |

# Wortschatz

## Verstehst du das?

Adding the prefixes **be-**, **er-**, and **ver-** to the verbs below changes their meaning as follows.[2]

1. **arbeiten** to work

   **bearbeiten** to cultivate, work on; to treat
   **erarbeiten** to acquire through work
   **verarbeiten** to manufacture, process a *(raw)* material

2. **fahren** to go, travel

   **befahren** to travel, to drive on or through something
   **erfahren** to find out, hear, discover, learn; to experience
   **sich verfahren** to take the wrong route, get lost

3. **greifen** to seize, grasp, grab

   **begreifen** to comprehend, understand
   **ergreifen** to seize, take hold of; to touch deeply

4. **halten** to hold (*see also* Wortschatz 15)

   **behalten** to keep, retain
   **erhalten** to receive (*see* Wortschatz 10)
   **sich verhalten** to (re)act, behave (*see* Wortschatz 20)

5. **kennen** to know, be familiar with

   **bekennen** to confess, acknowledge, avow
   **erkennen** to recognize, make out, identify
   **verkennen** to mistake, fail to recognize correctly

6. **kommen** to come

   **bekommen** to receive, get (*see* Wortschatz 10)
   **verkommen** to decay, go to ruin

---

[2] These definitions are not comprehensive; they cover only the most basic meanings of these verbs.

7. **raten**    to advise, counsel; to take a guess

   **beraten**    to advise, give advice to a person
   **erraten**    to correctly guess, solve *(a riddle)*
   **verraten**    to betray; to divulge

8. **schreiben**    to write

   **beschreiben**    to describe
   **verschreiben**    to prescribe *(medicine)*; to miswrite *(a word)*

9. **setzen**    to set

   **besetzen**    to occupy
   **ersetzen**    to replace
   **versetzen**    to transfer *(someone)*, transplant *(plants)*

10. **sprechen**    to speak

    **besprechen**    to discuss
    **versprechen**    to promise
    **sich versprechen**    to misspeak, use the wrong word

11. **stehen**    to stand

    **bestehen**    to pass *(an examination)*, survive an encounter
    **erstehen**    to buy, acquire *(at an auction)*
    **verstehen**    to understand

12. **treten**    to step

    **betreten**    to set foot in/on, enter
    **vertreten**    to represent, act on behalf of; to advocate an intellectual position

# Übungen

**A**  **Anders ausdrücken.**    Setzen Sie das passende Verb aus dem **Wortschatz** ein.

BEISPIEL    Sie hat ihm _____, dass sie ihm bei den Hausaufgaben hilft.
   Ich muss noch mit dir _____, wie wir das am besten machen.
   *Sie hat ihm versprochen, dass sie ihm bei den Hausaufgaben hilft.*
   *Ich muss noch mit dir besprechen, wie wir das am besten machen.*

1. Sie hat das Examen mit großem Erfolg _____.
   Ich habe diese alte Lampe auf einer Auktion _____.
2. Ich _____ den Standpunkt, dass es keine Todesstrafe *(capital punishment)* geben sollte.
   Den Rasen bitte nicht _____!
3. Ich _____ nicht, wie man so etwas tun kann.
   Als das Feuer ausbrach, wurden viele Leute von Panik _____.
4. Benedict Arnold hat sein Land _____.
   Dreimal darfst du _____, was ich dir zum Geburtstag schenke.

5. Wir haben seine gute Absicht *(intention)* leider ____.
   Nach dem Unfall war Juliane so verändert, dass man sie kaum noch ____ konnte.
6. Meine Schwester wurde in eine andere Abteilung *(department)* in der Firma ____.
   Heutzutage kann man eine kranke Niere *(kidney)* durch eine gesunde Niere ____.
7. Durch Fleiß hat mein Bruder sich eine bessere Stelle ____.
   In dieser Fabrik wird Leder zu Handtaschen ____.
   Wenn man einen neuen Garten anlegt *(put in)*, muss man vorher den Boden gut ____.

**B** **Welches Verb passt?**   Ergänzen Sie die Sätze durch passende Präfixverben.

BEISPIEL   Ich möchte mir diese CD ____.   (hören)
   *Ich möchte mir diese CD **anhören**.*

1. Kinder, ich möchte jetzt schlafen. ____ das Licht bitte ____ .   (machen)
2. Was er sagt, ist sehr wichtig. Ihr sollt gut ____.   (hören)
3. Du darfst mein Fahrrad benutzen, aber du musst es heute Abend ____.   (bringen)
4. Es regnet hier draußen. Kannst du mich bitte ____?   (lassen)
5. Wer hat das Fenster ____?   (schlagen)
6. Endstation! Bitte alle ____!   (steigen)
7. Man ____ das alte Haus in wenigen Tagen ____.   (reißen: *tear*)

**C** **Das Gegenteil.**   Drücken Sie das Gegenteil dieser Sätze aus.

BEISPIEL   Können Sie das Fenster bitte *zumachen?*
   *Können Sie das Fenster bitte **aufmachen**?*

1. Ich muss den Koffer *packen.*
2. Kannst du bitte das Licht *anschalten?*
3. Habt ihr das Geld schon *ausgezahlt?*
4. Vergiss nicht das Gas *abzudrehen.*
5. Du sollst dir noch die Schuhe *anziehen.*
6. Meine Uhr *geht vor.*
7. Der Lärm *nimmt* jetzt *ab.*

**D** **Dauernd *(continually)* hin- oder her-.**   Ergänzen Sie durch **hin-**, **her-** oder deren weitere Formen.

BEISPIEL   Die Nachbarn haben eine Party; gehen wir zu ihnen ____.
   *Die Nachbarn haben eine Party; gehen wir zu ihnen **hinüber**.*

1. Björn, ich brauche Hilfe. Komm doch bitte mal ____!
2. Seine Eltern wohnen auf dem Land. Fahren wir morgen zu ihnen ____?
3. Vorsicht bitte, damit niemand in dieses Loch ____fällt.
4. Sie sahen weder nach links noch nach rechts, sondern nur vor sich ____.
5. Wir fuhren ein paar Stunden in der Stadt ____.
6. Ihr könnt euch ruhig vor uns ____setzen.
7. Vati, kannst du meinen Drachen *(kite)* vom Baum ____holen?
8. Aus dem einsamen Tal *(valley)* tönte plötzlich Glockengeläute *(the chiming of bells)* zu den Bergwanderern ____.

**E** **Anders ausdrücken.** Drücken Sie die Sätze durch Verben mit dem Präfix **be-** anders aus. Denken Sie daran, dass Verben mit dem Präfix **be-** immer transitiv sind.

BEISPIEL   Für seine Entscheidung hat er keinen *Grund gegeben.*
           *Er hat seine Entscheidung nicht **begründet.***

1. Ich muss mein Schreiben jetzt *zu Ende bringen.*
2. Wer *gibt* ihm einen *Lohn* für seine Arbeit?
3. Die Nachricht von seinen Plänen hat uns sehr *unruhig gemacht.*
4. Niemand *dachte an* die Folgen einer solchen Politik.
5. Wir wollen mit jemand anders *über* dieses Problem *sprechen.*
6. Truppen *schossen auf* die feindlichen Stellungen *(positions).*

**F** **Das richtige Verb.** Ergänzen Sie die Sätze durch passende Verben mit dem Präfix **ent-.**

1. Wenn ihnen die Blätter schmecken, können Raupen *(caterpillars)* einen Baum in wenigen Tagen ____ .
2. Geld hat einen bestimmten Wert, aber durch eine Inflation wird es ____ .
3. Wenn eine Firma zu viele Arbeiter hat, werden oft einige ____ .
4. Bevor man Meerwasser trinken kann, muss man es zuerst ____ .
5. Dem Tod kann man nicht auf immer *(forever)* ____ .

**G** **Persönliche Fragen.** Beantworten Sie die Fragen. Verwenden Sie dabei Verben mit dem Präfix **er-.**

1. Wer macht Ihnen das Studium möglich?
2. Was macht Sie besonders frisch?
3. Werden Sie rot, wenn Leute gut oder schlecht von Ihnen reden?
4. Was macht Sie besonders müde?

**H** **Mit oder ohne *er*-?** Ergänzen Sie die Sätze durch passende Verben aus den Verbpaaren.

frieren/erfrieren    reichen/erreichen
leben/erleben        schießen/erschießen
raten/erraten

1. Es ist sehr kalt draußen. Es ____ . Hoffentlich ____ die Planzen nicht.
2. Der Greis *(old man)* hatte lange ____ und viel ____ .
3. Dreimal darfst du ____ . —Ich habe es schon ____ .
4. Wir haben den Tunnel ____ . ____ mir bitte deine Taschenlampe.
5. Sie ____ mehrmals mit einer Pistole, aber glücklicherweise ____ sie niemand.

**I** **Verstehen Sie das?** Erklären Sie auf Deutsch, was die folgenden Ausdrücke bedeuten.

1. ein Spiel verlängern
2. Flugblätter *(pamphlets)* verteilen
3. eine Frage verneinen
4. Pläne verwirklichen

5. sich zum Essen verspäten
6. eine Industrie verstaatlichen
7. etwas an einem Beispiel verdeutlichen

**J** **Alles mit ver-.** Ergänzen Sie die Sätze durch passende Verben aus dem Kasten mit dem Präfix **ver-**.

brauchen   gehen   jagen   legen   sinken   spielen   urteilen

1. In Las Vegas kann man leicht sein ganzes Geld ____.
2. Ich kann meine Brille nicht finden. Ich muss sie irgendwo ____ haben.
3. Dieser Wagen ____ zu viel Benzin.
4. Die Jahre sind so schnell ____.
5. Das Schiff ____ und wurde nie mehr gesehen.
6. Der Richter hat den Verbrecher zu einer Gefängnisstrafe *(imprisonment)* von sieben Jahren ____.
7. Unser Hund ____ alle Katzen.

**K** **Alles in Stücke.** Beantworten Sie die Fragen. Verwenden Sie die folgenden Verben aus dem Kasten mit dem Präfix **zer-**.

BEISPIEL   Was tut ein Elefant im Porzellanladen?
*Er zerbricht das ganze Porzellan.*

brechen   gehen   legen   reißen   trampeln

1. Was kann ein sehr starker Mann mit einem Telefonbuch machen?
2. Was geschah, als Humpty Dumpty das Gleichgewicht *(balance)* verlor?
3. Was geschieht mit einer Pille, wenn sie im Wasser ist?
4. Was geschieht, wenn Kühe durch ein Blumenbeet *(flower bed)* gehen?
5. Was passiert mit Fröschen *(frogs)* im Biologielabor?

**L** **Trennbar oder untrennbar?** Bilden Sie kurze Sätze im Präsens mit den angegebenen Worten.

BEISPIELE   alle Zimmer im Haus durchsuchen *(to search)*
*Die Polizei durchsucht alle Zimmer im Haus.*

die Leine durchbeißen *(to bite through)*
*Der Hund beißt die Leine durch.*

1. durch das Fenster durchschauen *(to look through)*
2. den Betrug *(deceit)* durchschauen *(to see through)*
3. über die Straße (hin)übergehen *(to go across)*
4. mehrere Seiten im Buch übergehen *(to skip, pass over)*
5. bei der Prüfung durchfallen *(to fail)*
6. Dokumente unterschreiben *(to sign)*
7. dem Druck *(pressure)* widerstehen *(to resist)*
8. das Blatt umdrehen *(to turn over)*
9. die bissigen Bemerkungen ihres Freundes überhören *(to ignore)*

**M**  **Vom Präsens ins Perfekt.**  Setzen Sie Ihre Sätze von Übung L ins Perfekt.

BEISPIEL  Die Polizei durchsucht alle Zimmer im Haus
*Die Polizei hat alle Zimmer im Haus durchsucht.*

Der Hund beißt die Leine durch.
*Der Hund hat die Leine durchgebissen.*

**N**  **Trennbar oder untrennbar?**  Lesen Sie die Ausdrücke mit der richtigen Betonung vor. Erklären Sie, was die Ausdrücke bedeuten, indem Sie sie auf Deutsch anders ausdrücken.

BEISPIEL  sich etwas über<u>le</u>gen (untrennbar)
*bedeutet: über etwas nachdenken*

1. ein paar Kapitel im Buch überspringen
2. seinen Willen durchsetzen
3. in eine andere politische Partei überwechseln
4. ein Gebot/Verbot übertreten
5. ein Buch/eine Zeitschrift durchblättern
6. ein Haus umbauen
7. einen Freund umarmen
8. den Fall (*case*) untersuchen
9. jemandem widersprechen

# Anwendung

**Verben im Kontext.**  Unterstreichen Sie in einem kurzen Zeitungs- oder Zeitschriftenartikel alle Wörter mit untrennbaren Präfixen. Was bedeuten die Stammwörter (*root words*)? Auf welche Weise ändern die Präfixe die Bedeutungen dieser Stammwörter?

# Schriftliches Thema

| Tipps zum Schreiben | **Writing with Inseparable-Prefix Verbs** |
|---|---|
| | Inseparable-prefix verbs are particularly useful for avoiding wordiness and for elevating your level of expression. For example, the sentence **Sie hat ihm das Studium möglich gemacht** is not incorrect, but it lacks the stylistic sophistication of **Sie hat ihm das Studium ermöglicht.** There is also nothing wrong with the statement **Wir sind in die falsche Richtung gefahren;** however, **Wir haben uns verfahren** says the same thing more concisely. |

**Stilistisch besser: Thema frei.** Schreiben Sie zuerst einen kurzen Text von acht bis zehn Sätzen. Versuchen Sie dann diesen Text durch den Gebrauch von Präfixverben stilistisch zu verbessern.

# Zusammenfassung

### Rules to Remember

1 Separable prefixes separate from their verbs when these verbs are in first or second position in main clauses (**Sie geht am Abend <u>aus</u>**).

2 Separable prefixes do not separate from verb forms in final position (**Sie ist am Abend <u>aus</u>gegangen**). This includes all verb forms in subordinate clauses (**... dass sie am Abend <u>aus</u>geht**).

3 Inseparable prefixes do not separate from their verbs.

4 Verbs with inseparable prefixes have no **ge-** in the past participle (**hat bearbeitet; hat verstanden**).

5 The three most common inseparable prefixes are **be-, er-,** and **ver-**. Other inseparable prefixes include **emp-, ent-, ge-, miss-,** and **zer-**.

6 The prefixes **durch-, hinter-, über-, um-, unter-, wider-,** and **wieder-** can be used either separably or inseparably, depending upon the verb and the intended meaning.

### At a Glance

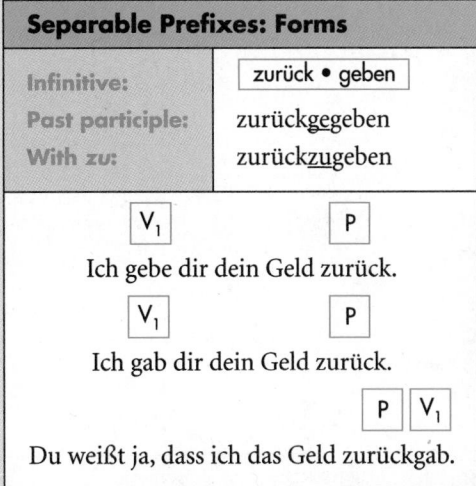

| Separable Prefixes: Forms | |
|---|---|
| Infinitive: | zurück • geben |
| Past participle: | zurück<u>ge</u>geben |
| With *zu*: | zurück<u>zu</u>geben |

V₁          P

Ich gebe dir dein Geld zurück.

V₁          P

Ich gab dir dein Geld zurück.

P   V₁

Du weißt ja, dass ich das Geld zurückgab.

| Common separable prefixes | |
|---|---|
| ab- | nach |
| an- | * über |
| auf- | * um |
| aus- | * unter |
| bei- | vor |
| ein- | vorbei |
| * durch- | weg |
| fort- | weiter |
| her- | * wider |
| hin- | * wieder |
| * hinter- | zu |
| los- | zurück |
| mit- | zusammen |

*\* Can also be used inseparably*

| Inseparable prefixes | |
|---|---|
| be- | ge- |
| emp- | miss- |
| ent- | ver- |
| er- | zer- |

# 30

# Prepositions as Verbal Complements

# Grammatik

**PREPOSITIONAL COMPLEMENTS TO VERBS**

## A. Prepositional phrases

1. German, like English, uses prepositional phrases in conjunction with certain verbs to create specific meanings. The very strength of these mental associations (*to be scared of, to believe in, to judge by,* for example) results in frequent mistakes among learners, since the combinations are often different in the two languages.

   | | |
   |---|---|
   | Ich habe Angst **vor** Schlangen. | *I'm scared **of** snakes.* |
   | Sie glauben **an** Gott. | *They believe **in** God.* |
   | Er urteilte **nach** falschen Kriterien. | *He judged **by** false criteria.* |

   In some cases, German uses prepositions with a verb to make distinctions not found in English:

   | | |
   |---|---|
   | Der Mann stirbt **an** Hunger. | *The man is dying **of** hunger.* (literally) |
   | Ich sterbe **vor** Hunger! | *I'm dying **of** hunger!* (figuratively) |

   In short, it is essential to learn the verb and preposition together for each desired meaning, and not assume a similarity between English and German combinations.

2. In some instances, verbs may have a direct or indirect object *and* a prepositional complement.

   | | |
   |---|---|
   | Ich erkenne **ihn an seiner Stimme.** | *I recognize him by his voice.* |
   | Sie hindert **mich am Arbeiten.** | *She is hindering me from working.* |

## B. Prepositional *da*-compounds

When the prepositional object is expressed as a subordinate clause or an infinitive clause, a prepositional **da**-compound is used to link the verb with this object clause (see 19.2).

| | |
|---|---|
| Ich leide **daran,** dass ich nicht schlafen kann. | *I suffer from not being able to sleep.* |
| Sie denkt **daran,** ihrer Mutter zu schreiben. | *She thinks about writing to her mother.* |

Almost all of the verbs in the next section can occur with **da**-compounds. Some occur more often with **da**-compounds than with nouns and pronouns.

## 30.2 PREPOSITIONS WITH PARTICULAR VERBS

### A. *An*

Depending upon the verb with which it is used, **an** can govern either the accusative or dative case. Common examples include:

#### Accusative

denken an   *to think of*
(jmdn.) erinnern an   *to remind (s.o.) of*
sich erinnern an[1]   *to remember*
sich gewöhnen an   *to get accustomed to*
glauben an   *to believe in*

grenzen an   *to border on*
sich richten an   *to direct (a comment or question) at*
sich wenden an   *to turn to, appeal to*

#### Dative

arbeiten an   *to work on/at*
(jmdn.) erkennen an   *to recognize (s.o.) by*
sich freuen an   *to delight in*
(jmdn.) hindern an   *to hinder/prevent (s.o.) from (doing)*

leiden an   *to suffer from*
sterben an   *to die of/from*
zweifeln an[1]   *to doubt*

### B. *Auf*

**Auf** occurs with a considerable number of verbs expressing the idea of physically or mentally looking or aiming at or towards something. In such usage, it almost always governs the accusative. Common examples include:

---

[1] Notice that in these examples (and others to follow), a German verb + prepositional phrase is rendered in English with a verb + direct object:

| | |
|---|---|
| Ich erinnere mich nicht **an solche Einzelheiten.** | *I don't remember **such details.*** |
| Sie zweifelte **an seiner Aufrichtigkeit.** | *She doubted **his honesty.*** |

### Accusative

achten auf   *to pay heed to*
antworten auf   *to answer, respond to*
aufpassen auf   *to keep an eye on, watch out for*
sich beschränken auf   *to limit oneself to*
sich beziehen auf   *to refer to*
blicken auf   *to glance at*
sich freuen auf   *to look forward to* (see also **über,** 30.2H)
(jmdn.) hinweisen auf   *to refer (s.o.) to*
hoffen auf   *to hope for*

hören auf   *to listen to, heed*
sich konzentrieren auf   *to concentrate on*
reagieren auf   *to react to*
schießen auf   *to shoot at*
sich verlassen auf   *to rely upon*
trinken auf   *to drink to*
vertrauen auf   *to trust in*
verzichten auf   *to forgo, renounce*
warten auf   *to wait for*
zeigen auf   *to point to/at*

### Dative

beruhen auf   *to be based upon*

bestehen auf   *to insist upon*

## C. *Aus*

**Aus** is not nearly as common as **an** and **auf** in prepositional complements. It usually means *of* or *from,* and always governs the dative case. Common examples include:

### Dative

bestehen aus   *to consist of*
folgern aus   *to deduce from*

werden aus   *to become of*

## D. *Für*

**Für** occurs with a number of common verbs and always governs the accusative case. Some common examples include:

### Accusative

(jmdm.) danken für   *to thank (s.o.) for*
jmdn./etwas halten für   *to regard s.o./s.th. as* (see Wortschatz 11)
sich entscheiden für   *to decide on* (see Wortschatz 17)

sich interessieren für   *to be interested in*
sorgen für   *to provide for, look after*
stimmen für   *to vote for*

## E. *In*

**In** occurs in the accusative with a few verbs expressing coming or getting into a situation or state. It also occurs occasionally in the dative with certain verbs. Common examples include:

### Accusative

einwilligen in   *to agree to*
geraten in   *to get or fall into (danger, difficulty, etc.)*

sich verlieben in   *to fall in love with*
sich vertiefen in   *to delve into, become engrossed with*

**Dative**

sich irren in    *to err, be mistaken in/about*     sich täuschen in    *to be mistaken about*

## F. *Mit*

Used with verbs, **mit** usually means *with*. It governs the dative. Common examples include:

**Dative**

aufhören mit    *to stop doing, cease*
sich befassen mit    *to deal with*
sich beschäftigen mit    *to occupy o.s. with*
handeln mit    *to trade or deal in*
rechnen mit    *to count on*
telefonieren mit    *to speak on the phone with*

sich verabreden mit    *to make an appointment with*
verkehren mit    *to associate with, mix with*
sich vertragen mit    *to get along (well) with*

## G. *Nach*

1. **Nach** tends to be used after verbs of longing, inquiry, or reaching for. It governs the dative. Some common examples include:

**Dative**

(be)urteilen nach    *to judge by/according to how*
sich erkundigen nach    *to inquire about/after*
(jmdn.) fragen nach    *to ask (s.o.) about*
forschen nach    *to search for, investigate*
greifen nach    *to reach for*

schicken nach    *to send for*
schreien nach    *to scream for*
sich sehnen nach    *to long for*
streben nach    *to strive for*
suchen nach    *to search for*
sich umsehen nach    *to look around for*

2. **Nach** is also used after some verbs of looking, sounding, smelling, and tasting. In these cases it means what something looks, smells, sounds, or tastes *like* it might be.

aussehen nach    *to look like (s.th. will happen)*
klingen nach    *to sound like*

riechen nach    *to smell like*
schmecken nach    *to taste like*
stinken nach    *to stink of*

## H. *Über*

**Über** occurs with a large number of verbs of speaking (see Wortschatz 27) and usually expresses the idea of *about*. **Über** always governs the accusative in these instances. Common examples include:

**Accusative**

sich ärgern über    *to be annoyed about/at*
sich beklagen über    *to complain about*

berichten über    *to report about/on*
sich beschweren über    *to complain about*

diskutieren über   *to discuss, talk about*
sich einigen über   *to agree upon*
sich freuen über (*compare* sich freuen
  auf, an)   *to be happy about* (see also
  **auf,** 30.2B)
sich lustig machen über   *to make fun of*
nachdenken über · *to think about,
  ponder*

reden über (*or* von)   *to speak about*
sich schämen über   *to be ashamed about*
spotten über   *to joke about, ridicule*
sprechen über (*or* von)   *to speak about*
staunen über   *to be amazed at*
(sich) streiten über   *to quarrel (with one
  another) about*
sich unterhalten über   *to converse about*

## I.  *Um*

**Um** is used with a number of verbs, particularly with those describing activities where
something is at stake or being requested. **Um** governs the accusative. Examples include:

### Accusative

sich bemühen um   *to take pains with*
(jmdn.) beneiden um   *to envy (s.o.) for*
sich bewerben um   *to apply for*
(jmdn.) bitten um   *to ask (s.o.) for, request*
(jmdn.) bringen um   *to deprive or cause
  (s.o.) to lose*[2]
kämpfen um   *to fight for*
kommen um   *to lose, be deprived of*
sich kümmern um   *to look after, bother
  about*

sich sorgen um   *to be anxious/worried
  about*
spielen um   *to play for (stakes)*
wetten um   *to bet for (stakes)*
es geht um   *it is a matter of* (see
  Wortschatz 19)
es handelt sich um   *it is a matter of* (see
  Wortschatz 19)

## J.  *Von*

**Von** occurs with a wide range of verbs. It governs the dative. Examples include:

### Dative

(jmdn.) abhalten von   *to keep, prevent
  (s.o.) from (doing)*
abhängen von   *to depend upon*
(jmdm.) abraten von   *to advise (s.o.)
  against*
berichten von (*or* über)   *to report on*
sich erholen von   *to recover from*
erzählen von (*or* über)   *to tell about*
etwas fordern von   *to demand s.th.
  of/from*
halten (viel) von   *to think highly of* (see
  Wortschatz 11)

handeln von   *to be about* (see
  Wortschatz 19)
leben von   *to live on*
reden von (*or* über)   *to speak about*
sprechen von   *to talk about*
sich unterscheiden von   *to differ from*
etwas verlangen von   *to demand s.th.
  from/of*
etwas verstehen von   *to understand s.th.
  about*
etwas wissen von   *to know s.th. about*

---

[2] This verb is not to be confused with the separable-prefix verb **umbringen,** *to take a person's life.*

### K. *Vor*

**Vor** occurs primarily with verbs of fearing, respecting, and protecting. In such instances, **vor** always governs the dative. Common examples include:

#### Dative

Achtung/Respekt haben vor   *to have respect for*

Angst haben vor   *to have fear of*

erschrecken vor   *to shrink at, be frightened of*

fliehen vor   *to flee from*

sich fürchten vor   *to fear, be afraid of*

sich hüten vor   *to watch out for, be on guard against*

schreien vor   *to scream with/out of*

(jmdn.) schützen vor   *to protect (s.o.) from*

(sich) verstecken vor   *to hide (s.o.) from*

(jmdn.) warnen vor   *to warn (s.o.) of/against*

zittern vor   *to tremble with/from (fear, cold, etc.)*

### L. *Zu*

**Zu** is used with a wide variety of verbs. It usually means *to, to the point of doing,* or *for the purpose of.* **Zu** governs the dative. Common examples include:

#### Dative

(jmdn.) beglückwünschen zu   *to congratulate (s.o.) on*

(etwas) beitragen zu   *to contribute (s.th.) to*

(jmdn.) bringen zu   *to bring (s.o.) to the point of*

dienen zu   *to serve a purpose as*

sich entschließen zu   *to decide to* (see Wortschatz 17)

führen zu   *to lead to*

(jmdm.) gratulieren zu   *to congratulate (s.o.) on*

etwas meinen zu   *to have an opinion about s.th.*

neigen zu   *to tend to/toward*

passen zu   *to match, be suited to*

(jmdm.) raten zu   *to advise (s.o.) to*

(jmdn.) überreden zu   *to persuade (s.o.)*

werden zu   *to become, turn into*

zwingen zu   *to force, compel to*

Wortschatz

*Es hat sich erwiesen ...*

| | |
|---|---|
| es stellt sich heraus | es zeigt sich |
| sich herausstellen als | sich erweisen als |

1. The expression **es stellt sich heraus** means that something *turns out to be, proves to be,* or *is seen to be*. The **es** anticipates the "something," which is expressed in a subsequent **dass-** or **ob-**clause. When the **es** comes after the conjugated verb, it is sometimes dropped.

   Während der Untersuchung **stellte** — *During the investigation it turned out*
   **(es) sich heraus, dass** ein Zeuge — *that one witness had given false*
   falsch ausgesagt hatte. — *testimony.*

2. The verb **sich herausstellen (als)** may also be used with a subject other than **es.**

   Unsere Versuche **stellten sich als** — *Our attempts proved to be in vain.*
   vergebens **heraus.**

3. The expression **es zeigt sich** is close in meaning to **es stellt sich heraus,** but sounds less formal.

   Es wird **sich** noch **herausstellen** — *It is still to be seen whether she made the*
   (*or* **zeigen**), ob sie sich richtig — *right decision.*
   entschieden hat.

   **Es zeigte sich (stellte sich heraus),** — *It became evident that he had done*
   dass er alles richtig gemacht hatte. — *everything correctly.*

4. The verb **sich erweisen als** conveys the same meaning as the expressions **sich herausstellen** and **sich zeigen,** but it usually does so with a specific subject rather than with an anticipatory **es** and a subsequent **dass**-clause.

   COMPARE:

   Das Gerücht **erweist sich als** falsch. — *The rumor turns out to be false.*

   **Es stellte sich heraus** (*or* **zeigte sich**), — *It turned out that the rumor was false.*
   dass das Gerücht falsch war.

   Lucy **erwies sich als** eine gute — *Lucy proved to be a good friend to*
   Freundin Beethovens. — *Beethoven.*

# Übungen

**A** **Ähnliche Verben.** Welches Verb passt wegen der Präposition nicht in die Reihe?

1. beneiden     sich bemühen     berichten     bitten
2. sich verabreden     sich verstecken     sich vertragen     sich beschäftigen
3. suchen     schicken     spielen     streben
4. zeigen     blicken     reagieren     zwingen
5. sich freuen     sich ärgern     sich beklagen     sich erholen
6. staunen     warnen     fliehen     sich fürchten

7. sich erinnern     abhängen     glauben     denken
8. leben     leiden     sprechen     etwas verstehen
9. sich entschließen     sich entscheiden     beitragen     passen

**B**   **Welche Ausdrücke passen am besten?**   Drücken Sie die Sätze mit passenden Verben oder Ausdrücken aus dem **Wortschatz** anders aus.

> BEISPIEL   Wir haben Karten gekauft und jetzt erfahren wir, dass man das Konzert abgesagt hat.
> *Wir haben Karten gekauft, aber jetzt stellt sich heraus, dass man das Konzert abgesagt hat.*

1. Wir werden noch sehen, ob er Recht hat oder nicht.
2. Zuerst hielt man die Rede der Politikerin für Unsinn, aber nachher wurde klar, dass sie sehr klug gesprochen hatte.
3. Gesine hat sich vor nur zwei Jahren einen Computer gekauft und schon jetzt ist er zu alt.
4. Wir haben für die Reise gespart und jetzt erfahren wir, dass sie nicht mehr stattfinden wird.
5. Herr Voigt benahm sich wie ein Hauptmann *(captain)*, aber später fand man heraus, dass er ein Betrüger *(imposter)* war.

**C**   *An, nach, von, vor oder zu?*   Bilden Sie Sätze.

> BEISPIEL   sich verstecken / Dieb / Polizei
> *Der Dieb versteckte sich vor der Polizei.*

1. streben / Schüler / bessere Noten
2. passen / Hemd / Anzug
3. neigen / Studenten / manchmal / Faulheit
4. schmecken / Wurst / Knoblauch *(garlic)*
5. sich erholen / der Spieler / Verletzungen
6. leiden / im Winter / viele Menschen / Grippe *(flu)*
7. sich hüten / man / im Winter / müssen / Erkältung *(cold)*
8. überreden / der Autohändler / Kunden / Kauf eines Autos
9. fragen / Sohn / das Befinden seiner Eltern
10. abhalten / Kinder / ihre Mutter / die Arbeit

**D**   **Und Sie?**   Machen Sie Aussagen über sich selbst. Verwenden Sie die Präpositionen **an, nach, von, vor** oder **zu.**

> BEISPIEL   denken
> *Ich denke gern an meine Kindheit.*

1. streben
2. sich fürchten
3. glauben
4. sich erinnern
5. verstehen
6. halten
7. suchen
8. neigen

**E** *Auf, für, mit, über oder um?* Bilden Sie Sätze.

BEISPIEL    kämpfen / Soldaten / die Stadt
*Die Soldaten kämpfen um die Stadt.*

1. sich einigen / die Politiker / das neue Staatsbudget
2. sorgen / Mütter / Kinder / müssen
3. nachdenken / wir / dein Vorschlag / werden
4. sich sorgen / Mutter / ihr krankes Kind
5. sich bewerben / der Kandidat / mehrere Stellen
6. sich freuen / alle / das Wochenende
7. trinken / Männer / die Gesundheit ihres Freundes
8. halten / ich / diese Frau / sehr kompetent
9. schicken / der verletzte Autofahrer / Arzt
10. sich unterhalten / ich / andere Studenten / unser Kurs

**F** **Und Sie?** Machen Sie Aussagen über sich selbst oder andere Menschen. Verwenden Sie die Präpositionen **auf, für, mit, über** oder **um.**

BEISPIEL    sich konzentrieren
*Ich muss mich besser auf mein Studium konzentrieren.*

1. sich ärgern            5. bitten
2. sich verlassen         6. aufhören
3. sich interessieren     7. halten
4. sich beschäftigen      8. diskutieren

**G** **Was fehlt?** Ergänzen Sie die Sätze durch eine Konstruktion mit **da** + Präposition.

BEISPIEL    Er strebte stets ____ bessere Noten zu bekommen.
*Er strebte stets **danach** bessere Noten zu bekommen.*

1. Sie neigt ____ bei großen Problemen zu schnell aufzugeben.
2. Ich zweifle ____, ob ich die Prüfung bestehen kann.
3. Wer hat ihn ____ gebracht uns zu helfen?
4. Manche Studenten haben Angst ____ Prüfungen zu schreiben.
5. Darf ich Sie ____ bitten diesen Platz frei zu halten?
6. Der Professor hat mir ____ abgeraten seinen Kurs zu belegen.
7. Aber andere haben mir ____ geraten den Kurs dieses Professors doch zu belegen.
8. Man sollte einen Menschen ____ beurteilen, wie er sich verhält.
9. Ich möchte dich ____ erinnern, dass wir morgen keine Deutschstunde haben.

**H** **Wie geht es weiter?** Ergänzen Sie fünf Sätze durch eine Präposition mit einem Substantiv und fünf Sätze durch **da-** mit Präposition und einem Nebensatz.

BEISPIEL    Ich gratuliere ...
*Ich gratuliere Ihnen zum Geburtstag.*
*Ich gratuliere Ihnen dazu, dass Sie Ihr*
*Studium jetzt beendet haben.*

1. Der Wetterdienst warnt jetzt ...
2. Hüten muss man sich im Winter ...
3. Gute Studenten bemühen sich ...
4. Ich weise Sie ... hin, dass ...
5. Ob wir morgen wandern gehen, hängt ... ab
6. Manche Leute neigen ...
7. Hm, es riecht hier ...
8. Überreden möchte ich meine Freunde ...
9. Niemand hindert dich ...
10. Niemand zwingt dich ...

# Anwendung

■ **Verben im Kontext.**    Unterstreichen Sie in einem Text von etwa drei Seiten alle Präpositionen, die Ihrer Meinung nach mit bestimmten Verben idiomatisch verwendet werden. Sie werden vielleicht auch Verben finden, die nicht in diesem Kapitel vorkommen. Machen Sie eine Liste mit den Verben. Stellen Sie Ihre neuen Verben im Kurs vor.

# Schriftliches Thema

| Tipps zum Schreiben | **Categories of Writing**<br><br>Various types of writing require varying styles. What to say and how to say it normally dictate stylistic elements such as vocabulary, sentence structure, the use of metaphor, and other rhetorical devices. In general, you should attempt to write in a style (formal, informal, objective, rhetorical, argumentative, casual, exciting, etc.) befitting the topic or writing task, be it an objective analysis, a narrative, or an informal letter home. In all types of writing, the judicious use of verbs with prepositions often suggests an advanced level of linguistic and stylistic sophistication on the part of the author. Plan on using some verbs of this type in the writing task below. |
|---|---|

■ **Kategorien des Schreibens.**     Schreiben Sie über ein selbstgewähltes Thema, das in eine der folgenden Kategorien hineinpasst. Schreiben Sie mindestens zwanzig Sätze.

| | |
|---|---|
| analysieren | (ein Problem, einen Text, usw.) |
| argumentieren | (für oder gegen einen Plan, ein Gesetz, eine Situation, usw.) |
| berichten | (über ein Geschehen, einen Menschen, usw.) |
| beschreiben | (einen Ort, einen Gegenstand, einen Menschen, usw.) |
| erklären | (wie etwas gemacht wird, warum etwas geschehen ist, usw.) |
| erzählen | (eine Geschichte, eine Anekdote, einen Traum, ein Ereignis aus dem Leben, usw.) |
| überreden | (zu einer Handlung, einem Plan) |
| zusammenfassen | (ein literarisches Werk, einen Vortrag, einen Artikel in einer Zeitung oder einem Buch, eine Lebensphilosophie, usw.) |

# Zusammenfassung

### Rules to Remember

1  Many verbs must be followed by a specific preposition in idiomatic prepositional complements.

2  The motion/position rule determining case after two-way prepositions plays no role in idiomatic prepositional complements.

3  The prepositions **an** and **in** are followed by an accusative object after some verbs, a dative object after others.

4  The preposition **auf** almost always takes an accusative object in idiomatic prepositional complements.

5  The preposition **über** always takes an accusative object in idiomatic prepositional complements.

6  The preposition **vor** always takes a dative object in idiomatic prepositional complements.

## At a Glance

| Verbal complements: Word order |
| --- |
| **Main clause** |
| ____ $V_1$ ____ [verbal complement] $V_2$ |
| Wir haben uns sehr auf diesen Moment gefreut . |
| **Subordinate clause** |
| ____, dass ____ [verbal complement] $V_2$ $V_1$ |
| Wussten Sie, dass ich mich auch [auf diesen Moment] gefreut habe ? |

# Reference Section

# Appendix 1
## Spelling, Capitalization, and Punctuation: The New Rules

This edition of *Handbuch* reflects the new spelling and punctuation rules of the **Rechtschreibreform** adopted in 1996 and now used in most German, Austrian, and Swiss media. For a full listing of these rules, with examples and comparisons of old and new, you should consult the official **Duden: Die deutsche Rechtschreibung** (Dudenverlag, 1996). In the meantime, the following comments and examples will introduce you to the major categories of change and highlight some of the differences between the old and new sets of rules that you will encounter in this book.

## A. Spelling

1. Probably the most noticeable change is the use of **ss** instead of **ß** in some contexts. The new rule is simple: Use **ss** following short vowels and **ß** following long vowels and diphthongs. (Previously, **ß** was used after some short vowels as well as long.)

   | OLD | NEW |
   |-----|-----|
   | Ich muß das lesen. | Ich **muss** das lesen. |
   | Meinst du, daß es stimmt? | Meinst du, **dass** es stimmt? |
   | Warum ißt du so wenig? | Warum **isst** du so wenig? |

2. Where multiple clusters or consonants were sometimes dropped in compound words, the new rules stipulate that both words be written in their entirety. A hyphen may be used to make some compound nouns easier to read:

   | OLD | NEW |
   |-----|-----|
   | selbständig (selb**st** + **st**ändig) | selb**stst**ändig |
   | Schiffahrt (Schiff + Fahrt) | Schiff**f**ahrt |
   | Seelefant (See + Elefant) | Seeelefant/See-Elefant |

3. Certain sounds in foreign words can be expressed with German spellings: the **ph** in **phon, phot,** and **graph** can be replaced with **f; -tial** and **-tiell** can be replaced with **-zial** and **-ziell;** in some cases **gh, rh,** and **th** can be replaced with **g, r,** and **t.**

| FOREIGN SPELLING | GERMAN SPELLING |
|---|---|
| Exposé | Exposee |
| Potential | Potenzial |
| Joghurt | Jogurt |

## B. Capitalization

1. The rule has always been that formal pronouns of address (including possessive pronouns) should be capitalized (**Sie/Ihnen/Ihr-**); but whereas informal pronouns used to be lowercase in some written contexts but capitalized in others (such as correspondence), the new rule makes informal pronouns uniformly lowercase.

| OLD | NEW |
|---|---|
| Lieber Markus, | Lieber Markus, |
| wie geht es Dir? und Deinen | wie gehst es **dir?** und **deinen** |
|   Eltern? |   Eltern? |

2. Times of day following adverbs such as **gestern** or **heute** are now capitalized. In conjunction with days of the week, they now join with the day to form one word.

| OLD | NEW |
|---|---|
| heute abend | heute **Abend** |
| gestern nachmittag | gestern **Nachmittag** |
| Dienstag morgen | **Dienstagmorgen** |

3. Adjectives that take on the function of a noun are now uniformly capitalized.

| OLD | NEW |
|---|---|
| Sie war die erste an Bord. | Sie war die **Erste** an Bord. |
| Ist das auf deutsch? | Ist das auf **Deutsch?** |
| interessant für jung und alt | interessant für **Jung** und **Alt** |
| Wir waren den ganzen Tag | Wir waren den ganzen Tag **im** |
|   im freien *(outside)*. |   **Freien.** |

The only exceptions to this rule are **viel, wenig, ein,** and **ander:**

Er hat nur **eine** gesehen, aber wir haben **viele** gefunden.
Ich habe noch **anderes** zu tun.

4. Some nouns that were once considered parts of other words (such as prefixes to verbs) are now treated as separate nouns and therefore capitalized.

| OLD | NEW |
|---|---|
| radfahren *(to ride a bicycle)* | Rad fahren |
| eislaufen *(to iceskate)* | Eis laufen |
| recht haben *(to be right)* | Recht haben |

## C. Compound verbs

1. The new rules advocate splitting up some prefix + verb combinations to form separate adverb complements.

   | OLD | NEW |
   |---|---|
   | Ich kann das nicht auseinandernehmen. | Ich kann das nicht **auseinander nehmen.** |

2. While the majority of adverbs and prepositions commonly used as prefixes remain so (such as **ab-, an-, aus-, hinauf-, mit-, nach-, zurück-,** etc.), all *verbs* formerly used as prefixes, infinitives as well as participles, are now separated.

   | OLD | NEW |
   |---|---|
   | Willst du mit uns spazierengehen? | Willst du mit uns **spazieren gehen?** |
   | Wir haben uns schon kennengelernt. | Wir haben uns schon **kennen gelernt.** |
   | Du kannst natürlich sitzenbleiben. | Du kannst natürlich **sitzen bleiben.** |
   | Sie wollen ihn gefangenhalten. | Sie wollen ihn **gefangen halten.** |

## D. Use of the comma

1. In most respects, the rules for comma use have not changed. Commas are still used

   ■ to separate subordinate clauses from main clauses:

   Weil du dich verspätet hast, haben wir den Zug verpasst!

   ■ to set off clauses linked by the coordinating conjunctions **denn, aber,** and **sondern:**

   Katja wollte auf der Party bleiben, aber ich war wirklich zu müde dazu.

   ■ to set off appositions:

   Thomas Bernhard, ein bekannter Autor, hielt gestern Abend einen Vortrag.

   ■ in place of a decimal point:

   60,5 %

   Remember that commas are NOT used to set off adverbial sentence beginnings, as in English.

   | Leider habe ich meinen Führerschein nicht mit. | *Unfortunately, I don't have my driver's license with me.* |
   |---|---|

2. Commas were formerly required prior to clauses beginning with **und** and **oder,** but now they are optional, depending on readability.

   | OLD | NEW |
   |---|---|
   | Michele liest ein Buch, und Stephan sieht fern. | Michele liest ein Buch und Stephan sieht fern. |
   | | BUT: Ich denke oft an dich, und die Kinder fragen oft nach dir. |

3. Commas were previously used in all cases to separate main clauses from infinitive clauses containing anything more than **zu** + infinitive. The rules have been relaxed to make these commas optional in some cases, depending on readability. In practice, however, commas are still used to set off all infinitive clauses beginning with **um, ohne,** and **(an)statt,** regardless of readability.

| OLD | NEW |
|---|---|
| Ich habe keine Lust, ins Kino zu gehen. | Ich habe keine Lust (,) ins Kino zu gehen. |
| Sie ist da, um uns zu helfen. | Sie ist da, um uns zu helfen. |
| Er hat vor, ein Auto zu kaufen. | Er hat vor, ein Auto zu kaufen. |
| | (**vor ein Auto** *could be misread as a prepositional phrase.*) |

A comma is still required when the main clause includes an element that anticipates the infinitive clause, such as a **da**-compound or **es** (see 19.2-3).

## E. Other punctuation marks

Other punctuation rules remain the same:

1. A period (**der Punkt, -e**) is used with numerals to indicate an ordinal number + ending (see 22.2B).

   den 5. Juli (den fünften Juli)                     *the fifth of July*

2. An exclamation point (**das Ausrufezeichen, -**) is occasionally used after a salutation in a letter. It is also used after emphatic imperatives (see 6.2B).

3. A question mark (**das Fragezeichen, -**) is used after questions, as in English.

4. Direct quotations (see 27.1) are preceded by a colon (**der Doppelpunkt, -e**) and enclosed by quotation marks (**die Anführungszeichen** [*pl.*]). In print and in handwriting, the initial quotation mark appears at the bottom of the line, while the final quotation mark is at the top of the line. Since computers and typewriters do not have the lower quotation marks, they put both marks above the line. The final quotation mark precedes a comma, but it follows a period.

   | Sisyphus sagte: „Es ist hoffnungslos.“ | *Sisyphus said, "It is hopeless."* |
   |---|---|
   | „Ich komme nicht“, sagte sie. | *"I am not coming," she said.* |

5. A hyphen (**der Bindestrich, -e**) is used to divide words at the end of a line. It is also used to indicate an omitted element common to two compound nouns in a pair.

   | eine Nacht- und Nebelaktion (eine Nachtaktion und eine Nebelaktion) | *an operation under the cover of night and fog* |
   |---|---|
   | Stadt- und Landbewohner (Stadtbewohner und Landbewohner) | *city and country dwellers* |

6. A semicolon (**das Semikolon**) is seldom used in German.

# Appendix 2
## Letter Writing

## A. Formal letters

In more formal correspondence, the heading, salutation, and closing are more or less prescribed.

```
Andrea Möller                       Ainmillerstraße 5
                                    D-80801 München
                                    13. November 2001


(An)
Frau/Herrn S. Markstädter
Süddeutsche Zeitung
Sendlinger Straße 80
D-80331 München

POSSIBLE SALUTATIONS:

Sehr geehrte Damen und Herren,
Sehr verehrte Frau (Dr.) Markstädter,
Sehr geehrter Herr (Dr.) Markstädter,


in der letzten Wochenendausgabe Ihrer Zeitung stand ein Artikel
über ...


                                    Mit freundlichen Grüßen
```

## B. Informal letters

In informal letters, the place and date are given in more abbreviated form, and there are also various choices for the salutation and the concluding sign-off.

Berlin, (den) 15. Januar 2002
OR: Berlin, 15.1.2002

**COMMON SALUTATIONS:**

Liebe Frau Schwarzenberger,
Lieber Markus,
Liebe Monika, lieber Frank,
Liebe Freunde,

vielen Dank für deinen/euren Brief. Es freut mich, dass du/ihr
bald deinen/euren ...

**SAMPLE CLOSINGS (FROM MORE FORMAL TO LESS FORMAL):**

Mit freundlichen Grüßen

Herzliche Grüße
dein/euer

Herzlichst
deine/euere

## C. Points to note *(See sample letters.)*

1. In German dates, the day is always given before the month.

2. In addresses, the house number follows the street name.

3. The title **Herrn** is an accusative object of the preposition **an.** The accusative form is retained in addresses even if **an** is omitted.

4. The **D** before the zip code stands for Germany. Austria is **A,** and Switzerland is **CH.**

5. Salutations are normally followed by a comma; the first sentence of the letter begins with a lowercase letter. Salutations can also be followed by an exclamation point instead of a comma; in such instances, the first sentence of the letter begins with a capital letter.

   Liebe Freunde!
   Es hat mich sehr gefreut ...

6. There is no comma after the closing.

7. There are no indentations until the closing.

# Appendix 3
## Cognates

Both English and German belong to the Germanic branch of the Indo-European language family. Many words in both languages derive from a common root word and are called *cognates*. Sometimes such words have maintained a similar spelling and meaning in both languages and are quite obvious: **das Wort** *(word)*, **finden** *(to find)*. Frequently, however, the related meanings have diverged or become obscured over the centuries: **das Geld** *(money;* related cognate: *yield)*, **schmerzen** *(to hurt, to pain;* related cognate: *to smart)*.

One important linguistic development separating German from English is a shift in consonants known as the "second sound shift" (**die zweite Lautverschiebung**). Knowing the relationships between consonants in the two languages can help in identifying cognates and can make their meanings easier to remember.

| Consonant relationships | | |
|---|---|---|
| **German** | **English** | **Example** |
| t, tt | d | **Tür** door;   **anstatt** instead |
| d | th | **drei** three;   **Erde** earth |
| s, ss, ß | t | **das** that;   **was** what |
| | | **essen** eat;   **lassen** let |
| | | **Fuß** foot;   **weiß** white |
| z, tz | t[1] | **zwanzig** twenty;   **Herz** heart |
| | | **Katze** cat;   **sitzen** sit |
| b | v | **sieben** seven;   **geben** give |
| ch | gh | **Licht** light;   **lachen** laugh |
| ch | k | **brechen** break;   **Woche** week |

[1] In *st* combinations, the consonant *t* remains the same in both languages: **Sturm** *(storm)*.

| German | English | Example |
|---|---|---|
| f, ff, pf | p(p) | **hel_f_en** hel_p_; **hof_f_en** ho_p_e |
| | | A_pf_el a_pp_le; **_Pf_eife** _p_i_p_e |
| g | y | **sa_g_en** sa_y_; **We_g** wa_y_ |
| mm | mb | **Ka_mm_er** cha_mb_er; **La_mm** la_mb_ |
| sch | sh | **Flei_sch_** fle_sh_; **_sch_arf** _sh_arp |
| schl | sl | **_schl_afen** _sl_eep |
| schm | sm | **_Schm_ied** _sm_ith |
| schn | sn | **_Schn_ee** _sn_ow |
| schw | sw | **_schw_immen** _sw_im |

If you are trying to guess the meaning of a possible cognate, first try making one of the above consonant changes, retaining the German root vowels. Then pronounce the new word in German. Does it sound at all like an English word? Try substituting various similar vowels, and use your imagination.

$$\text{Zeitung } (newspaper) \longrightarrow \text{ Teidung } \longrightarrow \text{ } tiding(s)^2$$
$$\text{sterben } (to\ die) \qquad \longrightarrow \text{ sterven } \longrightarrow \text{ } to\ starve^3$$

Can you deduce the English meanings of the following words? The answers are at the bottom of page 416.

**BEISPIEL** Herd *hearth (stove)*

### *leicht* (easy)

| | | | | |
|---|---|---|---|---|
| 1. Seite | 5. dachte | 9. durch | 13. Witz | 17. anders |
| 2. Pfund | 6. Zunge | 10. Dieb | 14. recht | 18. Kamm |
| 3. Teufel | 7. grüßen | 11. Auge | 15. Sicht | 19. gleiten |
| 4. Heim(at)stadt | 8. leicht | 12. Feder | 16. Harfe | 20. schmelzen |

### *nicht mehr so leicht*

| | | |
|---|---|---|
| 1. Wert *(value)* | 7. Zweig *(branch)* | 14. bieten |
| 2. Zug | 8. Frachter *(type of boat)* | 15. Zoll *(customs)* |
| 3. treten *(step)* | 9. Flasche | 16. Becher *(goblet)* |
| 4. Bude *(stall)* | 10. kurz | 17. Griff *(handle)* |
| 5. Knabe *(youth)* | 11. heben *(lift, elevate)* | 18. suchte |
| 6. Knecht *(farmhand, servant)* | 12. teuer *(expensive)* | 19. Tier |
| | 13. eben | 20. Macht *(power, strength)* |

---

[2] The word **Zeitung** originally meant *news* in German. With the introduction of newspapers in the seventeenth century, the word took on its present-day meaning. The word *tiding* is preserved in English phrases such as *Christmas tidings* and *tidings of great joy.*

[3] In former times, starvation was one of the most common causes of death; to starve was to die.

*recht schwierig*

1. eitel *(vain)*
2. fahren
3. kühn *(bold)*
4. Zimmer
5. Schmutz *(dirt)*
6. Tal *(valley)*
7. Ziel *(goal)*

8. Herbst
9. riechen *(smell)*
10. laufen
11. teilen *(divide, distribute)*
12. wachsen
13. traurig
14. Mut *(courage)*

15. gleich
16. zwischen
17. Zaun *(fence)*
18. Dach *(roof)*
19. Baum
20. werfen *(throw)*

# Appendix 4
## Strong and Irregular Verbs

The boldfaced verbs are fairly common and should be learned for active use at the intermediate level. The other verbs are less frequent, but not uncommon. Irregular third-person singular forms are indicated in parentheses after the infinitive. Verbs requiring the auxiliary **sein** rather than **haben** are indicated by the word **ist** before the past participle. Past participles preceded by **ist/hat** are normally intransitive, but they can be used transitively with the auxiliary **haben.**

| Infinitive (3rd. pers. sing.) | Simple past | Past participle | Subjunctive II | Meaning |
|---|---|---|---|---|
| backen (bäckt) | buk/backte | gebacken | büke | *to bake* |
| befehlen (befiehlt) | befahl | befohlen | beföhle/ befähle | *to command* |
| **beginnen** | **begann** | **begonnen** | begänne/ begönne | *to begin* |
| **beißen** | **biss** | **gebissen** | bisse | *to bite* |
| betrügen | betrog | betrogen | betröge | *to deceive, cheat* |
| beweisen | bewies | bewiesen | bewiese | *to prove* |
| **biegen** | **bog** | **gebogen** | böge | *to bend* |
| **bieten** | **bot** | **geboten** | böte | *to offer* |
| **binden** | **band** | **gebunden** | bände | *to bind, tie* |
| **bitten** | **bat** | **gebeten** | bäte | *to ask (for), request* |
| blasen (bläst) | blies | geblasen | bliese | *to blow* |
| **bleiben** | **blieb** | **ist geblieben** | bliebe | *to stay, remain* |
| braten (brät) | briet | gebraten | briete | *to roast, fry* |
| **brechen** (bricht) | **brach** | **gebrochen** | bräche | *to break* |
| **brennen** | **brannte** | **gebrannt** | brennte | *to burn* |
| **bringen** | **brachte** | **gebracht** | brächte | *to bring* |

| Infinitive (3rd. pers. sing.) | Simple past | Past participle | Subjunctive II | Meaning |
|---|---|---|---|---|
| **denken** | **dachte** | **gedacht** | dächte | *to think* |
| dringen | drang | ist gedrungen | dränge | *to penetrate, surge into* |
| empfangen (empfängt) | empfing | empfangen | empfinge | *to receive* |
| **empfehlen** (empfiehlt) | **empfahl** | **empfohlen** | empföhle/ empfähle | *to recommend* |
| empfinden | empfand | empfunden | empfände | *to feel* |
| erlöschen (erlischt) | erlosch | ist erloschen | erlösche | *to go out, become extinguished* |
| erschrecken (erschrickt) | erschrak | ist erschrocken | erschräke | *to be startled* |
| **essen** (isst) | **aß** | **gegessen** | äße | *to eat* |
| **fahren** (fährt) | **fuhr** | **ist/hat gefahren** | führe | *to travel; to drive* |
| **fallen** (fällt) | **fiel** | **ist gefallen** | fiele | *to fall* |
| **fangen** (fängt) | **fing** | **gefangen** | finge | *to catch* |
| **finden** | **fand** | **gefunden** | fände | *to find* |
| **fliegen** | **flog** | **ist/hat geflogen** | flöge | *to fly* |
| **fliehen** | **floh** | **ist geflohen** | flöhe | *to flee* |
| **fließen** | **floss** | **ist geflossen** | flösse | *to flow* |
| **fressen** (frisst) | **fraß** | **gefressen** | fräße | *to eat (of animals)* |
| **frieren** | **fror** | **gefroren** | fröre | *to freeze, be cold* |
| gebären (gebiert) | gebar | geboren | gebäre | *to give birth* |
| **geben** (gibt) | **gab** | **gegeben** | gäbe | *to give* |
| **gehen** | **ging** | **ist gegangen** | ginge | *to go, walk* |
| **gelingen** | **gelang** | **ist gelungen** | gelänge | *to succeed* |
| gelten (gilt) | galt | gegolten | gölte/gälte | *to be valid* |
| **genießen** | **genoss** | **genossen** | genösse | *to enjoy* |
| geraten (gerät) | geriet | geraten | geriete | *to fall into, get into* |
| **geschehen** (geschieht) | **geschah** | **ist geschehen** | geschähe | *to happen* |
| **gewinnen** | **gewann** | **gewonnen** | gewönne/ gewänne | *to win* |
| **gießen** | **goss** | **gegossen** | gösse | *to pour* |
| gleichen | glich | geglichen | gliche | *to resemble; to equal* |
| gleiten | glitt | ist geglitten | glitte | *to glide, slide* |

| Infinitive (3rd. pers. sing.) | Simple past | Past participle | Subjunctive II | Meaning |
|---|---|---|---|---|
| **graben** (gräbt) | **grub** | **gegraben** | grübe | *to dig* |
| **greifen** | **griff** | **gegriffen** | griffe | *to grip, grab, seize* |
| **haben** (hat) | **hatte** | **gehabt** | hätte | *to have* |
| **halten** (hält) | **hielt** | **gehalten** | hielte | *to hold; to stop* |
| **hängen** | **hing** | **gehangen** | hinge | *to hang (intransitive)* |
| hauen | hieb/ haute | gehauen | hiebe | *to hew, cut; to spank* |
| heben | hob | gehoben | höbe | *to lift* |
| **heißen** | **hieß** | **geheißen** | hieße | *to be called; to bid (do)* |
| **helfen** (hilft) | **half** | **geholfen** | hülfe | *to help* |
| **kennen** | **kannte** | **gekannt** | kennte | *to know, be acquainted with* |
| **klingen** | **klang** | **geklungen** | klänge | *to sound* |
| kneifen | kniff | gekniffen | kniffe | *to pinch* |
| **kommen** | **kam** | **ist gekommen** | käme | *to come* |
| kriechen | kroch | ist gekrochen | kröche | *to crawl* |
| **laden** (lädt) | **lud** | **geladen** | lüde | *to load* |
| **lassen** (lässt) | **ließ** | **gelassen** | ließe | *to let, leave* |
| **laufen** (läuft) | **lief** | **ist gelaufen** | liefe | *to run, walk* |
| **leiden** | **litt** | **gelitten** | litte | *to suffer* |
| **leihen** | **lieh** | **geliehen** | liehe | *to lend* |
| **lesen** (liest) | **las** | **gelesen** | läse | *to read* |
| **liegen** | **lag** | **gelegen** | läge | *to lie, be situated* |
| **lügen** | **log** | **gelogen** | löge | *to (tell a) lie* |
| meiden | mied | gemieden | miede | *to avoid* |
| messen (misst) | maß | gemessen | mäße | *to measure* |
| **nehmen** (nimmt) | **nahm** | **genommen** | nähme | *to take* |
| **nennen** | **nannte** | **genannt** | nennte | *to name, call* |
| **pfeifen** | **pfiff** | **gepfiffen** | pfiffe | *to whistle* |
| raten (rät) | riet | geraten | riete | *to advise; to (take a) guess* |
| reiben | rieb | gerieben | riebe | *to rub* |
| **reißen** | **riss** | **ist gerissen** | risse | *to tear* |
| **reiten** | **ritt** | **ist/hat geritten** | ritte | *to ride (on an animal)* |

| Infinitive (3rd. pers. sing.) | Simple past | Past participle | Subjunctive II | Meaning |
|---|---|---|---|---|
| **rennen** | **rannte** | **ist gerannt** | rennte | *to run* |
| **riechen** ✓ | **roch** | **gerochen** | röche | *to smell* |
| rinnen | rann | ist geronnen | rönne/ränne | *to run, flow, trickle* |
| **rufen** ✓ | **rief** | **gerufen** | riefe | *to call* |
| saufen (säuft) | soff | gesoffen | söffe | *to drink (of animals)* |
| saugen | sog/ saugte | gesogen/ gesaugt | söge | *to suck* |
| schaffen | schuf | geschaffen | schüfe | *to create* |
|  | schaffte | geschafft | schaffte | *to do, accomplish* |
| scheiden | schied | geschieden | schiede | *to separate* |
| scheinen | schien | geschienen | schiene | *to shine; to seem* |
| schelten (schilt) | schalt | gescholten | schölte | *to scold* |
| **schieben** | **schob** | **geschoben** | schöbe | *to shove, push* |
| **schießen** | **schoss** | **geschossen** | schösse | *to shoot* |
| **schlafen** (schläft) | **schlief** | **geschlafen** | schliefe | *to sleep* |
| **schlagen** (schlägt) | **schlug** | **geschlagen** | schlüge | *to strike, hit, beat* |
| schleichen | schlich | ist geschlichen | schliche | *to creep, sneak* |
| **schließen** | **schloss** | **geschlossen** | schlösse | *to close* |
| schmeißen | schmiss | geschmissen | schmisse | *to fling, hurl* |
| schmelzen (schmilzt) | schmolz | ist/hat geschmolzen | schmölze | *to melt* |
| **schneiden** | **schnitt** | **geschnitten** | schnitte | *to cut* |
| **schreiben** | **schrieb** | **geschrieben** | schriebe | *to write* |
| **schreien** | **schrie** | **geschrie(e)n** | schriee | *to shout, scream* |
| schreiten | schritt | ist geschritten | schritte | *to stride* |
| **schweigen** | **schwieg** | **geschwiegen** | schwiege | *to be silent* |
| schwellen (schwillt) | schwoll | ist geschwollen | schwölle | *to swell* |
| **schwimmen** | **schwamm** | **hat/ist**[1] **geschwommen** | schwömme/ schwämme | *to swim* |
| schwingen | schwang | geschwungen | schwänge | *to swing* |
| schwören | schwur/ schwor | geschworen | schwüre | *to swear, vow* |
| **sehen** (sieht) | **sah** | **gesehen** | sähe | *to see* |
| **sein** (ist) | **war** | **ist gewesen** | wäre | *to be* |

---

[1] The use of **sein** as the auxiliary for **schwimmen** is characteristically Southern German, Austrian, or Swiss.

| Infinitive (3rd. pers. sing.) | Simple past | Past participle | Subjunctive II | Meaning |
|---|---|---|---|---|
| **senden** | **sandte** | **gesandt** | sendete | *to send* |
|  | sendete | gesendet |  | *to transmit/broadcast* |
| **singen** | **sang** | **gesungen** | sänge | *to sing* |
| **sinken** | **sank** | **ist gesunken** | sänke | *to sink* |
| sinnen | sann | gesonnen | sänne/ sönne | *to think, reflect; to plot* |
| **sitzen** | **saß** | **gesessen** | säße | *to sit* |
| spinnen | spann | gesponnen | spönne/ spänne | *to spin; to be crazy* |
| **sprechen** (spricht) | **sprach** | **gesprochen** | spräche | *to speak, talk* |
| **springen** | **sprang** | **ist gesprungen** | spränge | *to jump* |
| stechen (sticht) | stach | gestochen | stäche | *to prick, sting* |
| **stehen** | **stand** | hat/ist[2] **gestanden** | stünde/ stände | *to stand* |
| **stehlen** (stiehlt) | **stahl** | **gestohlen** | stähle/ stöhle | *to steal* |
| **steigen** | **stieg** | **ist gestiegen** | stiege | *to climb, rise* |
| **sterben** (stirbt) | **starb** | **ist gestorben** | stürbe | *to die* |
| stinken | stank | gestunken | stänke | *to stink* |
| stoßen (stößt) | stieß | gestoßen | stieße | *to push* |
| streichen | strich | gestrichen | striche | *to stroke; to paint* |
| streiten | stritt | gestritten | stritte | *to quarrel* |
| **tragen** (trägt) | **trug** | **getragen** | trüge | *to carry; to wear* |
| **treffen** (trifft) | **traf** | **getroffen** | träfe | *to meet; to hit (the target)* |
| **treiben** | **trieb** | **getrieben** | triebe | *to drive (cattle); to pursue (an activity)* |
| **treten** (tritt) | **trat** | ist/hat **getreten** | träte | *to step, tread; to kick* |
| **trinken** | **trank** | **getrunken** | tränke | *to drink* |
| **tun** | **tat** | **getan** | täte | *to do* |
| verbergen | verbarg | verborgen | verbürge/ verbärge | *to hide, conceal* |
| verderben (verdirbt) | verdarb | verdorben | verdürbe | *to spoil* |
| **vergessen** (vergisst) | **vergaß** | **vergessen** | vergäße | *to forget* |

[2] The use of **sein** with **stehen** is common in Southern Germany, Austria, and Switzerland.

| Infinitive (3rd. pers. sing.) | Simple past | Past participle | Subjunctive II | Meaning |
|---|---|---|---|---|
| verlieren | verlor | verloren | verlöre | *to lose* |
| verschlingen | verschlang | verschlungen | verschlänge | *to devour, gobble up* |
| **verschwinden** | **verschwand** | **ist verschwunden** | verschwände | *to disappear* |
| verzeihen | verzieh | verziehen | verziehe | *to forgive, pardon* |
| **wachsen** (wächst) | **wuchs** | **ist gewachsen** | wüchse | *to grow* |
| **waschen** (wäscht) | **wusch** | **gewaschen** | wüsche | *to wash* |
| weisen | wies | gewiesen | wiese | *to point* |
| **wenden** | **wandte** | **gewandt** | wendete | *to turn* |
|  | wendete | gewendet |  | *to turn (inside out)* |
| werben (wirbt) | warb | geworben | würbe | *to recruit, solicit* |
| **werden** (wird) | **wurde** | **ist geworden** | würde | *to become* |
| **werfen** (wirft) | **warf** | **geworfen** | würfe | *to throw* |
| wiegen | wog | gewogen | wöge | *to weigh* |
| winden | wand | gewunden | wände | *to wind, twist* |
| **wissen** (weiß) | **wusste** | **gewusst** | wüsste | *to know* |
| **ziehen** | **zog** | **gezogen** | zöge | *to pull, draw* |
|  |  | **ist gezogen** |  | *to go, move* |
| **zwingen** | **zwang** | **gezwungen** | zwänge | *to force* |

# German-English Vocabulary

This vocabulary contains all words from the exercises and activities in this text except for pronouns, possessive adjectives, and numbers. Also not included are obvious cognates and words for which the English translation is provided in the text.

Nouns are listed with their plural endings: **die Auskunft, ¨e; das Messer, -.**

The genitive of weak nouns is given in parentheses before the plural: **der Experte, (-n), -n.**

Adjective nouns are indicated as follows: **der Verwandte (ein Verwandter).**

Strong and irregular verbs are listed with their principal parts: **tragen (trägt), trug, getragen.** Strong verbs requiring the auxiliary **sein** are indicated by an **ist** before the participle: **kommen, kam, ist gekommen.** Weak verbs requiring the auxiliary **sein** are shown by **(ist)** after the infinitive: **passieren (ist).**

Separable prefixes are indicated by a raised dot: **ab·drehen.**

Vowel changes for comparative forms of adjectives are indicated in parentheses: **warm (ä).**

The following abbreviations are used:

| | | | | |
|---|---|---|---|---|
| *acc.* | accusative | | *part.* | particle |
| *adv.* | adverb | | *pl.* | plural |
| *coll.* | colloquial | | *prep.* | preposition |
| *coord. conj.* | coordinating conjunction | | *sing.* | singular |
| *dat.* | dative | | *s.o.* | someone |
| *fem.* | feminine | | *s.th.* | something |
| *gen.* | genitive | | *sub. conj.* | subordinating conjunction |
| *o.s.* | oneself | | | |

## A

**ab und zu** now and then
**ab·brechen (bricht ab), brach ab, abgebrochen** to break off
**ab·brennen, brannte ab, ist/hat abgebrannt** to burn down

**ab·bringen, brachte ab, abgebracht (von + dat.)** to divert from, dissuade from
**ab·drehen** to turn off
**der Abend, -e** evening; **abends** in the evening(s)
**das Abendessen, -** evening meal
**das Abenteuer, -** adventure
**aber** *(coord. conj.)* but; *(adv.)* however
**ab·geben (gibt ab), gab ab, abgegeben** to hand in

**das Abitur** graduation diploma from a German *Gymnasium*
**ab·nehmen (nimmt ab), nahm ab, abgenommen** to take off, lose weight
**ab·reißen, riss ab, abgerissen** to tear down
**ab·sacken** to sink
**ab·sagen** to cancel, call off; to decline *(an invitation)*
**der Abschied, -e** departure; **Abschied nehmen** to take one's leave

**ab·schließen, schloss ab, abgeschlossen** to lock up, shut; to conclude, complete

**die Absicht, -en** intention

**ab·springen, sprang ab, ist abgesprungen** to jump off

**die Abtönungspartikel, -n** modal ("flavoring") particle

**sich ab·trocknen** to dry o.s. off

**ab·warten** to wait *(for something to happen)*

**das Affenhirn, -e** monkey's brain

**ähneln** *(dat.)* to resemble

**aktuell** of current interest, relevant

**all-** all

**allerdings** to be sure, by all means

**alliiert** allied

**allmählich** gradual(ly)

**der Alltag** everyday life

**alltäglich** everyday

**die Alpen** *(pl.)* Alps

**als** when, as; than

**als ob** as if

**also** thus, so, therefore

**alt** old

**das Alter** age

**ältlich** elderly

**die Altstadt, ⁓e** old section of a city

**amtieren** to hold an office

**sich amüsieren** to have a good time, amuse o.s.

**an** *(prep. with acc. or dat.)* on *(vertical surface)*, at, to

**ander-** other; **unter anderem** among other things

**and(e)rerseits** on the other hand

**ändern** to change *(s.th.)*, modify; **sich ändern** to change

**die Änderung, -en** change

**der Anfang, ⁓e** beginning; **am Anfang** in the beginning

**an·fangen (fängt an), fing an, angefangen** to begin, start

**anfangs** in/at the beginning

**an·fassen** to touch, take hold of

**die Angabe, -n** data, figure, statement

**an·geben (gibt an), gab an, angegeben** to indicate, give *(facts);* to brag

**das Angebot, -e** offer, bid

**angeln** to fish

**angenehm** pleasant, agreeable

**der Angestellte, -n (ein Angestellter)** employee; *(fem.)* **die Angestellte, -n**

**an·greifen, griff an, angegriffen** to attack

**der Angriff, -e** attack; **in Angriff nehmen** to tackle, take on

**die Angst, ⁓e** fear

**an·halten (hält an), hielt an, angehalten** to stop, bring to a stop

**an·hören** to hear, listen to; **sich** *(dat.)* **etwas an·hören** to listen to s.th.

**an·kommen, kam an, ist angekommen** to arrive; **an·kommen (auf** + *acc.)* to depend upon; **es kommt darauf an** it (all) depends

**an·machen** to turn on

**die Annonce, -n** ad, announcement

**der Anorak, -s** parka

**an·probieren** to try on

**an·reden** to address, speak to

**an·regen** to encourage, prompt

**an·rufen, rief an, angerufen** to call up, telephone

**an·schalten** to switch *or* turn on

**an·sehen (sieht an), sah an, angesehen** to see, look at; **sich** *(dat.)* **etwas an·sehen** to take a look at s.th.

**die Ansicht, -en** view, opinion

**anstatt ... zu** instead of (doing); **anstatt dass** instead of (doing)

**die Antwort, -en** answer

**antworten (auf** + *acc.)* to answer

**die Anweisung, -en** instruction, direction

**die Anwendung, -en** application, use

**an·ziehen, zog an, angezogen** to dress; **sich an·ziehen** to get dressed

**der Apfel, ⁓** apple

**die Arbeit, -en** work, job

**arbeiten** to work

**der Arbeiter, -** worker

**arbeitsam** diligent, hard-working

**das Arbeitsamt, ⁓er** employment office

**die Arbeitskraft, ⁓e** worker; manpower

**der Arbeitslohn, ⁓e** wage

**die Arbeitsstelle, -n** working place, job

**der Arbeitstisch, -e** desk

**die Arbeitsweise, -n** method of working

**die Arche, -n** ark

**ärgern** to annoy; **sich ärgern (über** + *acc.)* to be angry or annoyed with/about

**arm** poor

**die Armut** poverty

**die Art, -en** type, kind

**der Arzt, ⁓e** doctor, physician; *(fem.)* **die Ärztin, -nen**

**das Atomkraftwerk, -e** nuclear power plant

**die Atomwaffe, -n** atomic weapon

**auch** too, also; even; **auch wenn** even if

**auf** *(prep. with acc. or dat.)* on *(horizontal surface)*, upon, at; **auf einmal** suddenly; **auf·fordern** to call upon; **zum Tanzen auffordern** to ask to dance

**auf·fressen (frisst auf), fress auf, aufgefressen** to eat up *(of beasts)*, devour

**die Aufgabe, -n** assignment, task

**auf·gehen, ging auf, ist aufgegangen** to rise

**auf·halten (hält auf), hielt auf, aufgehalten** to stop, halt; to detain, delay; **sich auf·halten** to stay, spend time

**auf·hören** to stop, cease

**das Aufkommen** rise

**auf·legen** to put *or* lay on

**auf·machen** to open

**die Aufmerksamkeit, -en** attention

**auf·passen** to watch out, pay attention

**auf·räumen** to clean *or* tidy up

**auf·rufen, rief auf, aufgerufen** to exhort, call upon, call up

**der Aufsatz, ⁓e** composition

**auf·schneiden, schnitt auf, aufgeschnitten** to cut open

**auf·schreiben, schrieb auf, aufgeschrieben** to write *or* jot down

**auf·stehen, stand auf, ist aufgestanden** to get up, stand up

**auf·stellen** to put *or* set up

**auf·wachen** to wake up, awaken

**auf·wachsen (wächst auf), wuchs auf, ist aufgewachsen** to grow up

**die Aufzeichnung, -en** drawing

**der Augenblick, -e** moment

**aus** *(prep. with dat.)* out, out of, from

**die Ausarbeitung** completion, development

**aus·brechen (bricht aus), brach aus, ist ausgebrochen** to break out

**der Ausdruck, ⁓e** expression; **zum Ausdruck bringen** to express

**aus·drücken** to express

**der Ausflug, ⁓e** excursion; **einen Ausflug machen** to take an excursion

**aus·führen** to carry out

**ausführlich** in detail, detailed

**aus·geben (gibt aus), gab aus, ausgegeben** to spend *(money)*

**aus·gehen, ging aus, ist ausgegangen** to go out

**die Auskunft, ⁓e** information

**das Ausland** abroad

**der Ausländer, -** foreigner; *(fem.)* **die Ausländerin, -nen**

**aus·leihen, lieh aus, ausgeliehen** to borrow; to lend out

**aus·machen** to turn off

**aus·rechnen** to calculate, figure out

**die Ausrede, -n** excuse

**aus·reisen (ist)** to leave *(a country)*

**sich aus·ruhen** to rest, take a rest

**die Ausrüstung, -en** outfit, equipment

**die Aussage, -n** statement

**aus·schalten** to switch *or* turn off

**aus·sehen (sieht aus), sah aus, ausgesehen** to look (like), appear

**der Ausweis, -e** identification (ID)

**außer** *(prep. with dat.)* except for, besides

**außerdem** moreover, in addition

**außerhalb** *(prep. with gen.)* outside of

**äußern** to express; **sich äußern** to express oneself *or* one's opinion

**äußerst** extremely

**aus•sprechen (spricht aus), sprach aus, ausgesprochen** to express, enunciate

**aus•tauschen** to exchange

**aus•steigen, stieg aus, ist ausgestiegen** to climb out, get out

**aus•üben** to practice *(a trade, profession, or activity)*

**der Auswanderer, -** emigrant

**auswendig** by heart, by memory

**aus•zeichnen** to honor, award a prize to s.o.

**die Auszeichnung, -en** award, distinction

**aus•ziehen, zog aus, ausgezogen** to undress (s.o.); (with **sein**) **sich aus•ziehen** to get undressed

**die Autobahn, -en** expressway, superhighway

**der Autoreifen, -** automobile tire

**die Autowerkstatt, ̈-en** automobile service shop

**B**

**der Bach, ̈-e** brook, small stream

**backen (bäckt), buk (backte), gebacken** to bake

**der Backofen, ̈-** oven

**baden** to bathe; **baden gehen** to go swimming

**das Baggerschiff, -e** dredging boat

**die Bahn, -en** track; railroad; **per Bahn** by rail

**der Bahnhof, ̈-e** train station

**bald** soon

**der Band, ̈-e** volume; **das Band, ̈-er** tape, ribbon

**die Bank, -en** bank; **die Bank, ̈-e** bench

**das Bankkonto, -konten** bank account

**basteln** to do handicrafts; to putter

**der Bau, -ten** building

**bauen** to build, construct

**der Bauer, (-n), -n** peasant, farmer; *(fem.)* **die Bäuerin, -nen** farmer's wife

**der Bauernhof, ̈-e** farm

**der Baum, ̈-e** tree

**der Bauplan, ̈-e** construction plan

**die Baustelle, -n** construction site

**bayerisch** Bavarian

**(das) Bayern** Bavaria

**die Bazille, -n** germ

**beantworten** *(+ acc.)* to answer

**sich bedanken (bei + dat.)** to express one's thanks to

**die Bedeutung, -en** meaning, significance, importance

**bedürfen, bedarf, bedurft** *(gen.)* to need

**sich beeilen** to hurry

**beenden** to end, complete, conclude

**befahren (befährt), befuhr, befahren** to travel *or* drive on *or* along

**der Befehl, -e** command

**sich befinden, befand, befunden** to be, to be located

**befürchten** to fear, suspect

**begabt** talented

**begegnen** *(dat.)* **(ist)** to meet, come across, encounter

**die Begegnung, -en** encounter

**begeistert (von + dat.)** enthusiastic about

**begründen** to provide a reason, substantiate

**behaupten** to claim, maintain

**die Behauptung, -en** assertion, claim

**die Behörde, -n** authority

**bei** *(prep. with dat.)* by, near, at; while

**bei•bringen, brachte bei, beigebracht** *(dat.)* to teach, impart knowledge

**beid-** both

**das Bein, -e** leg

**das Beispiel, -e** example; **zum Beispiel** *(abbrev.* **z.B.***)* for example

**beißen, biss, gebissen** to bite

**bei•tragen (trägt bei), trug bei, beigetragen** **(zu + dat.)** to contribute to

**bekannt** familiar, known, well-known

**der Bekannte, -n (ein Bekannter)** acquaintance; *(fem.)* **die Bekannte, -n**

**bekannt•geben (gibt bekannt), gab bekannt, bekanntgegeben** to announce, make public

**bekennen, bekannte, bekannt** to confess

**bekommen, bekam, bekommen** to get, receive

**belegen (einen Kurs)** to enroll *or* register *(for a course)*

**beleuchtet** illuminated

**beliebt** popular

**bellen** to bark

**bemerken** to observe, note

**sich benehmen (benimmt), benahm, benommen** to act, behave

**die Benotung** grading

**benutzen** to use

**das Benzin** gasoline

**der** *or* **das Bereich, -e** district, region; *(topic)* area

**bereit (zu + dat.)** ready for, prepared

**bereuen** to regret

**der Berg, -e** mountain

**die Bergbahn, -en** mountain cable car

**das Bergmassiv, -e** huge mountain

**der Bergschuh, -e** climbing boot

**der Bericht, -e** report

**berichten** to report

**der Beruf, -e** profession

**beruflich** occupational

**sich beruhigen** to calm down

**berühmt** famous, renowned

**sich beschäftigen (mit + dat.)** to occupy oneself with

**beschäftigt** occupied, busy

**beschreiben, beschrieb, beschrieben** to describe

**die Beschreibung, -en** description

**sich beschweren (über + acc.)** to complain about

**beseitigen** to remove, put an end to, clear away

**besetzen** to occupy

**besichtigen** to view, inspect

**die Besichtigung, -en** inspection; sightseeing

**besiegen** to conquer, overcome

**besitzen, besaß, besessen** to possess, own

**der Besitzer, -** owner

**besonders** especially

**besser** better

**bestehen, bestand, bestanden** to pass *(a course, test)*; **bestehen (aus + dat.)** to consist of

**besteigen, bestieg, bestiegen** to ascend, climb (up)

**bestellen** to order

**bestimmt** definite; **bestimmter Artikel** definite article

**der Besuch, -e** visit

**besuchen** to visit

**der Besucher, -** visitor

**betonen** to emphasize, stress

**der Betrag, ̈-e** amount

**betreiben, betrieb, betrieben** to do, engage in

**betreten (betritt), betrat, betreten** to walk *or* step on *or* into

**der Betrunkene (ein Betrunkener)** drunk person; *(fem.)* **die Betrunkene**

**sich betten** to make a bed for oneself

**die Bevölkerung, -en** population

**bewegen** to move (s.o. or s.th.); **sich bewegen** to move, stir

**sich bewerben (bewirbt), bewarb, beworben (um +acc.)** to apply for

die **Bewertung, -en** evaluation
der **Bewohner, -** dweller, inhabitant
**bewundern** to admire
**bezahlen** to pay for
**bezweifeln** to doubt
die **Bibel, -n** Bible
die **Bibliothek, -en** library
**biegen, bog, gebogen** to bend
die **Biene, -n** bee
der **Bierdeckel, -** beer coaster
**bieten, bot, geboten** to offer, bid
das **Bild, -er** picture
**bilden** to form, shape, construct; to constitute
die **Bildgeschichte, -n** picture story
**billig** cheap
**bis** *(prep. with acc.)* until; *(sub. conj.)* until
**bisherig** prior, previous
**bissig** biting
**bisschen: ein bisschen** a bit, a little bit
der **Bittbrief, -e** letter of request
**bitte** please; you're welcome *(in response to thanks)*
die **Bitte, -n** request
**blass** pale
das **Blatt, ̈er** leaf; sheet *(of paper)*
**blau** blue; **blaues Auge** black eye
**bleiben, blieb, ist geblieben** to remain, stay
der **Bleistift, -e** pencil
die **Blume, -n** flower
die **Bluse, -n** blouse
**bluten** bleed
der **Bluthochdruck** high blood pressure
der **Boden, ̈** ground, earth, soil; floor
der **Bodensee** Lake Constance *(in Southern Germany)*
der **Bogen, -** *or* **̈** bow, arch
das **Boot, -e** boat
**borgen** to borrow; to lend
die **Börse, -n** stock market
**böse** angry; evil; **böse** **(auf** + *acc.*) angry at
die **Bowle, -n** (punch) bowl; punch
der **Brand, ̈e** fire
das **Brandloch, ̈er** hole caused by something burning
**brauchen** to need; to use; **nicht zu tun brauchen** to not have to do
die **Brauerei, -en** brewery
**braun** brown
**breit** wide, broad
**bremsen** to brake
**brennen, brannte, gebrannt** to burn
das **Brettspiel, -e** board game
der **Brief, -e** letter
der **Brieffreund, -e** pen pal; *(fem.)* die **Brieffreundin, -nen**

die **Briefmarke, -n** stamp
die **Brieftasche, -n** pocketbook, wallet
der **Briefträger, -** letter carrier; *(fem.)* die **Briefträgerin, -nen**
die **Brille, -n** (eye)glasses, (pair of) glasses
die **Brücke, -n** bridge
der **Brunnen, -** fountain, well
das **Buch, ̈er** book
die **Buchdruckerkunst** art of book printing
**buchen** to book
das **Bücherregal, -e** bookcase
die **Buchhandlung, -en** bookstore
der **Buchstabe, -n** letter *(of alphabet)*
**buchstabieren** to spell
die **Buchung, -en** booking
der **Bundeskanzler** Federal Chancellor of Germany
**Bundesland, ̈er** federal state
**Bundesstaat, -en** federal state
der **Bürger, -** citizen
der **Bürgerkrieg, -e** civil war
der **Bürgermeister, -** mayor; *(fem.)* die **Bürgermeisterin, -nen**
das **Büro, -s** office

der **Chef, -s** head, director, manager; *(fem.)* die **Chefin, -nen**
der **Chorgesang** choir *or* chorus singing
das **Christentum** Christianity

**da** *(adv.)* here, there; then; *(sub. conj.)* since
**dabei** while doing (it); at the same time
das **Dach, ̈er** roof
**dafür** for it/that; in return
**dagegen** on the other hand; against it/that
**daher** therefore, for that reason
**damalig** of that time
**damals** then, in those days
**damit** *(adv.)* with that; *(sub. conj.)* so that
**danach** after it/that; afterward(s)
der **Dank** thanks
**danken** *(dat.)* to thank
**daran** on it/that
**darauf** thereafter, thereupon
**darüber** about it/that
das **Dasein** existence, being
**dass** *(sub. conj.)* that

das **Datum, -ten** date *(of time)*; *(pl.)* data, facts
**dauern** to last, endure
**dauernd** continual(ly)
**davon** from *or* about it/that
**dazu** to it/that, for it/that; in addition
die **Decke, -n** blanket, ceiling, cover
**decken** to cover; **den Tisch decken** to set the table
**denkbar** thinkable
**denken, dachte, gedacht** to think
die **Denkweite** expansive thought/thinking
**denn** for, because
**dennoch** nevertheless
**dergleichen** the like
**derselb-** the same
**deshalb** therefore, for that reason
**deswegen** therefore, for that reason
**deuten** to interpret, explain
**deutlich** clear, distinct
**deutsch** German; **auf Deutsch** in German
die **Deutschstunde, -n** German class
**dick** fat
der **Dieb, -e** thief
**dienen** to serve
der **Dienst, -e** service
**dies-** *(sing.)* this; *(pl.)* these
die **Diktatur, -en** dictatorship
das **Ding, -e** thing
**doch** *(part.)* after all, really; oh, yes
das **Dorf, ̈er** village
**dort** there
der **Drache, (-n), -n** dragon
der **Drachen, -** kite
**dringend** urgent, pressing
**dumm** dumb
die **Dummheit, -en** stupidity, stupid thing
die **Dunkelheit** darkness
**durch** *(prep. with acc.)* through, by
**durchblättern** *(sep. or insep.)* to page through
**durchaus nicht** not at all, by no means
**durch•führen** to carry out
die **Durchsage, -n** broadcast announcement
**durch•setzen (seinen Willen)** to get one's way
**dürfen (darf), durfte, gedurft** to be permitted to, may
**(sich) duschen** to take a shower

**E**

**eben** *(adv. and part.)* just, precisely
**ebenso ... wie** just as . . . as

**echt** real, genuine
**die Ecke, -n** corner
**egal** regardless, doesn't matter
**ehe** (*sub. conj.*) before
**die Ehe, -n** marriage
**ehemalig** former, previous
**der Ehemann, -̈er** husband
**ehrlich** honest
**das Ei, -er** egg
**eigen** own
**eigenartig** peculiar, strange, queer
**eigentlich** actual(ly)
**sich eignen** to be suited
**die Eile** haste
**ein paar** a few
**einander** one another, each other
**einäugig** one-eyed
**sich** (*dat.*) **ein·bilden** to imagine, fancy
  o.s.
**der Eindruck, -̈e** impression
**einfach** simple
**ein·führen** to introduce, initiate
**der Eingang, -̈e** entrance
**die Einheit, -en** unity; unit
**einig** in agreement
**einig-** (*pl.*) some, a few; **einiges** some
  things
**sich einigen (über** + *acc.*) to agree on
**der Einkauf, -̈e** purchase
**ein·kaufen** to buy, purchase, shop for
**die Einkaufstour, -en** shopping trip
**das Einkaufszentrum, -zentren** shopping
  center
**ein·laden (lädt ein), lud ein, eingeladen** to
  invite
**die Einladung, -en** invitation
**die Einleitung, -en** introduction
**einmal** once; **noch einmal** once more
**einmalig** unique, one-time
**sich** (*dat.*) **ein· reiben (das Gesicht), rieb**
  **ein, eingerieben** to rub s.th. into one's
  face
**die Einrichtung, -en** layout, setup;
  furnishings
**ein·schlafen (schläft ein), schlief ein, ist**
  **eingeschlafen** to fall asleep
**einst** once, one day (*past or future time*)
**der Einsturz, -̈e** collapse
**ein·treten (tritt ein), trat ein, ist**
  **eingetreten** to step *or* walk in, enter
**die Eintrittskarte, -n** (admission) ticket
**einverstanden** in agreement
**ein·wandern** to immigrate
**der Einwohner, -** inhabitant
**ein·zeichnen** to mark *or* draw in
**ein·ziehen, zog ein, ist eingezogen** to
  move in
**einzig** only, sole, single
**das Eis** ice; ice cream

**der Eisverkäufer, -** ice cream vendor; (*fem.*)
  **die Eisverkäuferin, -nen**
**die Eltern** (*pl.*) parents
**empfehlen (empfiehlt), empfahl,**
  **empfohlen** to recommend
**das Ende, -n** end; **zu Ende** at *or* to an end,
  over
**endlich** finally
**die Endung, -en** ending (*grammar*)
**die Energiesparpolitik** energy-saving
  policy
**der Engländer, -** Englishman; (*fem.*) **die**
  **Engländerin, -nen**
**das Enkelkind, -er** grandchild
**die Enkeltochter, -̈** granddaughter
**entblättern** to defoliate
**entdecken** to discover
**die Entdeckung, -en** discovery
**enthalten (enthält), enthielt, enthalten** to
  contain
**entkommen, entkam, ist entkommen** to
  escape; to avoid
**entlang** (*prep. with acc. or dat.*) along
**entlassen (entlässt), entließ, entlassen** to
  dismiss, release
**entsagen** (*dat.*) to renounce, give up
**entsalzen** to desalinate
**(sich) entscheiden, entschied, entschieden**
  to decide (*between options*), settle, make
  up one's mind
**die Entscheidung, -en** decision; **eine**
  **Entscheidung treffen** to come to *or*
  make a decision
**sich entschließen, entschloss, entschlossen**
  **(zu** + *dat.*) to decide (*to do*)
**entschlossen** resolved, determined
**der Entschluss, -̈e** decision, resolve;
  **einen Entschluss fassen** to make a
  decision
**entschuldigen** to excuse, pardon; **sich**
  **entschuldigen** to excuse o.s.
**die Entschuldigung, -en** apology, excuse
**das Entsetzen** fright, horror
**sich entsinnen, entsann, entsonnen** (*gen.*)
  to remember, recall
**entsprechend** accordingly
**entstammen (ist)** (*dat.*) to be descended
  from
**enttäuscht** disappointed
**entweder ... oder** either . . . or
**entwerten** to devalue
**entwickeln** to develop s.th.; **sich**
  **entwickeln** to develop
**die Entwicklung, -en** development
**erben** to inherit
**erblicken** to see, catch sight of
**die Erbschaft, -en** inheritance
**das Erdbeben, -** earthquake
**die Erde** earth

**sich ereignen** to happen, occur, come to
  pass
**das Ereignis, -se** event, occurrence
**erfahren (erfährt), erfuhr, erfahren** to find
  out, hear, learn; to experience
**die Erfahrung, -en** (practical) experience
**erfinden, erfand, erfunden** to invent
**die Erfindung, -en** invention
**der Erfolg, -e** success
**erfrieren, erfror, ist erfroren** to freeze to
  death
**sich erfreuen** (*gen.*) to enjoy, be the beneficiary of
**erfunden** imaginary, made up
**ergänzen** to complete
**das Ergebnis, -se** result
**erhalten (erhält), erhielt, erhalten** to
  receive, get
**erhören** to hear, answer *or* grant (*a*
  *request*)
**sich erinnern (an** + *acc.*) to remember,
  recall
**sich erkälten** to catch a cold
**die Erkältung, -en** cold (*illness*)
**erkennen, erkannte, erkannt** to recognize,
  discern
**erklären** to explain
**die Erklärung, -en** explanation; declaration
**die Erkrankung, -en** illness, affliction,
  disease
**sich erkundigen (nach** + *dat.*) to inquire
  about
**erlauben** to allow, permit
**die Erlaubnis, -se** permission
**erleben** to experience
**das Erlebnis, -se** (*personal*) experience,
  event, occurrence
**-erlei** kinds of
**erlernen** to learn, acquire
**erlogen** false, untrue
**der Ermittler, -** investigator
**ermöglichen** to make possible
**erobern** to conquer
**eröffnen** to open up
**erraten (errät), erriet, erraten** to guess
  correctly
**erreichen** to reach, attain
**erscheinen, erschien, ist erschienen** to
  appear
**erschießen, erschoss, erschossen** to shoot
  (*dead*)
**erschlagen (erschlägt), erschlug,**
  **erschlagen** to slay
**erschweren** to make more difficult
**ersetzen** to replace
**erst** only (*up to now*); not until
**erstaunlich** amazing
**der Erwachsene, -n (ein Erwachsener)**
  adult; (*fem.*) **die Erwachsene, -n**

erwähnen to mention
erwarten to expect
erweitert expanded
erzählen to tell, narrate
die Erzählskizze, -n narrative outline
die Erzählung, -en narrative, story
die Erziehung, -en upbringing, education
essen (isst), aß, gegessen to eat
etwa approximately, about
etwas something; etwas anderes something else
eventuell possibly, perhaps
ewig eternal

**F**

fabelhaft fabulous, great
die Fabrik, -en factory
das Fach, ¨er field, subject, specialty
-fach -fold
fahren (fährt), fuhr, ist/hat gefahren to travel, ride; drive
der Fahrer, - driver; (fem.) die Fahrerin, -nen
das Fahrrad, ¨er bicycle
die Fahrt, -en ride, drive, trip
das Fahrzeug, -e vehicle
das Faktum, -ten fact
der Fall, ¨e case; auf keinen Fall by no means, in no case
fallen (fällt), fiel, ist gefallen to fall
fällen to fell (a tree)
falls in case, in the event
der Fallschirm, -e parachute
das Familienmitglied, -er family member
das Familienverhältnis, -se family relationship
der Fänger, - catcher
die Farbe, -n color
farbig in color, colorful
faul lazy, indolent; rotten
die Feder, -n feather; spring
fehlen to be missing, lacking
fehlend missing, lacking
der Fehler, - mistake, error
fehlerfrei error-free
feiern to celebrate
der Feiertag, -e holiday
die Ferien (pl.) vacation
das Feriendorf, ¨er vacation village
der Ferienort, -e vacation spot or village
die Ferienreise, -n vacation trip
die Ferienzeit vacation
das Ferienziel, -e vacation destination

fern•sehen (sieht fern), sah fern, ferngesehen to watch TV
das Fernsehen television
der Fernseher, - television set
die Fernsehsendung, -en television program
fertig finished; ready
das Fest, -e celebration, festive occasion, party
fest firm; ein fester Freund steady or close friend
die Festbeleuchtung festival lighting
fest•halten (hält fest), hielt fest, festgehalten to keep a firm grip on
der Fettdruck boldface type; fett gedruckt printed in boldface
das Fieber fever
die Filmrezension, -en film review
der Filmschauspieler, - movie actor; (fem.) die Filmschauspielerin, -nen
finden, fand, gefunden to find
die Firma, -men firm, company
die Fläche, -n surface (area)
das Flachland flat country
die Flasche, -n bottle
der Fleck, -en spot, stain
der Fleiß diligence, hard work
fleißig industrious, diligent
die Fliege, -n fly
fliegen, flog, ist/hat geflogen to fly
fliehen, floh, ist geflohen to flee
der Flug, ¨e (air) flight
der Flughafen, ¨ airport
das Flugzeug, -e airplane
die Flur, -en meadow, pasture; der Flur, -e hallway, corridor
der Fluss, ¨e river
die Flüssigkeit, -en fluid, liquid
die Folge, -n result
folgend following; Folgendes the following
die Fortbewegung (forward) motion
fort•fahren, fuhr fort, ist fortgefahren (zu machen) to continue (to do)
fort•setzen to continue (s.th.)
die Frage, -n question; eine Frage stellen to ask a question
fragen to ask
das Fragewort, ¨er question word
die Frau, -en woman
frei free; im Freien outdoors
frei•geben (gibt frei), gab frei, freigegeben to release, set free
die Freizeitbeschäftigung, -en leisure-time activity
fremd foreign, strange
der Fremde (ein Fremder) stranger, foreigner; (fem.) die Fremde
die Fremdsprache, -n foreign language

fressen (frisst), fraß, gefressen to eat (of animals)
die Freude, -n joy, delight
freuen to make happy; sich freuen (auf + acc.) to look forward to; sich freuen (über + acc.) to rejoice, be happy about
der Freund, -e friend; (fem.) die Freundin, -nen
der Freundeskreis, -e circle of friends
die Freundschaft friendship; Freundschaft schließen to make friends
der Friede(n), (-ns) peace
friedlich peaceful
frieren, fror, ist gefroren to freeze
der Friseur, -e barber
froh happy, glad
früher earlier, previous
der Frühling, -e spring
das Frühstück, -e breakfast
frühstücken to eat breakfast
fühlen to feel; sich (wohl) fühlen to feel (fine)
führen to lead
für (prep. with acc.) for
sich fürchten (vor + dat.) to be afraid of
der Fuß, ¨e foot; zu Fuß on foot

**G**

ganz complete, whole, entire; quite
gar kein- not any at all; gar nicht not at all; gar nichts nothing at all
die Gärtnerlehre, -n gardening apprenticeship
die Gasse, -n street (Southern German)
der Gast, ¨e guest
der Gastgeber, - host
das Gasthaus, ¨er inn
die Gattung, -en genre
das Gebäck pastry
gebären (gebiert), gebar, geboren to give birth, bear
das Gebäude, - building
geben (gibt), gab, gegeben to give; es gibt there is/are
das Gebiet, -e area, territory, region
der Gebrauch, ¨e use, usage; custom
gebrauchen to use, make use of; gebraucht used
der Geburtstag, -e birthday
die Geburtstagsfeier, -n birthday celebration
das Geburtsjahr, -e birth year
gedenken (gen.), gedachte, gedacht to remember, commemorate

**das Gedicht, -e** poem
**geeignet** suitable, appropriate
**die Gefahr, -en** danger
**gefährlich** dangerous
**gefallen (gefällt), gefiel, gefallen** (*dat.*) to be pleasing
**das Gefühl, -e** feeling
**gegen** (*prep. with acc.*) toward; against
**die Gegend, -en** area, region
**der Gegenspieler, -** opponent
**der Gegenstand, ̈e** object, thing; subject matter, topic
**gegenüber** (*dat.*) across from, opposite
**die Gegenwart** present (*time*)
**der Gehalt** contents, ingredients; **das Gehalt, ̈er** salary
**gehen, ging, ist gegangen** to go, walk; **es geht um** (*acc.*) it is about, it deals with, it is a matter of
**gehorchen** (*dat.*) to obey
**gehören** (*dat.*) to belong to
**die Geige, -n** fiddle, violin
**das Geld, -er** money
**der Geldverdiener, -** wage earner
**die Gelegenheit, -en** opportunity
**gelingen, gelang, ist gelungen** to succeed; **es gelingt mir** I succeed
**gelten (gilt), galt, gegolten** to be valid *or* worth; to be directed at; **gelten für** to be considered (to be)
**das Gemüse, -** vegetable(s)
**gemütlich** cozy, snug; congenial, jolly
**genau** exact(ly), precise(ly)
**genauso** just as
**genießen, genoss, genossen** to enjoy
**genug** enough
**genügen** (*dat.*) to be enough, suffice
**das Genus, -nera** gender
**gerade** (*adj.*) straight; upright, even (*numbers*); (*adv.*) just, exactly
**geradeaus** straight ahead
**geradezu** downright
**das Gerät, -e** apparatus, device, piece of equipment
**die Germanistik** German studies
**gern** gladly; **gern machen** to like to do; **gern haben** to like (s.o. or s.th.)
**das Geschäft, -e** business; store
**geschehen (geschieht), geschah, ist geschehen** to happen
**das Geschenk, -e** gift
**die Geschichte, -n** history, story
**die Geschwister** (*pl.*) brother(s) and sister(s), siblings
**die Gesellschaft, -en** society
**das Gesicht, -er** face
**gestalten** to shape, form, structure
**gestern** yesterday
**gestrig** yesterday's

**gesund** healthy
**die Gesundheit** health
**das Gesundheitswesen** health services
**das Getränk, -e** drink
**die Getränkekarte, -n** list of drinks
**das Getreide** grain
**das Gewehr, -e** rifle
**das Gewicht, -e** weight
**gewinnen, gewann, gewonnen** to win
**gewiss** (*gen.*) sure of
**gewöhnlich** usual(ly)
**gewöhnt (an** + *acc.*) accustomed to
**gibt: es gibt** there is/are
**gießen, goss, gegossen** to pour
**der Gipfel, -** peak, summit
**glauben (an** + *acc.*) to believe (in); **glauben** (+ *dat.*) to believe (a person)
**gleich** same, like
**das Gleis, -e** track
**gleiten, glitt, ist geglitten** to glide, slip
**das Glockenspiel, -e** carillon, chime(s)
**das Glück** happiness, good fortune; **zum Glück** fortunately
**glücklich** happy; fortunate, lucky
**glücklicherweise** fortunately
**glühen** to glow, be red hot
**der Gott, ̈er** god
**der Graben, ̈** ditch
**gratulieren** (*dat.*) to congratulate
**die Grenze, -n** border
**grenzen (an** + *acc.*) to border on
**grob** coarse, rough
**groß (ö)** big, large, great
**die Größe, -n** size
**die Großeltern** (*pl.*) grandparents
**die Großmutter, ̈** grandmother
**die Großstadt, ̈e** major city (*more than 100,000 inhabitants*)
**der Großvater, (̈)** grandfather
**der Grund, ̈e** reason; **aus diesem Grunde** for this reason
**gründen** to found
**die Grundzahl, -en** cardinal number
**die Gruppe, -n** group
**der Gruß, ̈e** greeting
**grüßen** to greet
**günstig** favorable
**gut** (*adj.*) good; (*adv.*) well

**das Haar, -e** hair
**haben (hat), hatte, gehabt** to have
**der Hafen, ̈** harbor
**das Hafenviertel, -** harbor district

**der Häftling, -e** prisoner
**das Hallenbad, ̈er** indoor pool
**halt** (*part.*) just
**halten (hält), hielt, gehalten** to hold; stop; **halten (für** + *acc.*) to consider, regard as; **halten (von** + *dat.*) to have an opinion of/about
**handeln** to act, take action; **handeln (von** + *dat.*) to be about; **es handelt sich um** (*acc.*) it is about
**die Handelsmetropole, -n** trading metropolis
**hängen, hängte, gehängt** to hang s.th. (up)
**hängen, hing, gehangen** to be hanging
**hängen bleiben, blieb hängen, ist hängen geblieben** to get stuck
**die Handtasche, -n** purse
**die Harfe, -n** harp
**hart** hard
**hassen** to hate
**häufig** frequent
**der Hauptbahnhof, ̈e** main train station
**das Hauptfach, ̈er** major field of study
**die Hauptrolle, -n** leading role
**der Hauptsatz, ̈e** main clause
**die Hauptstadt, ̈e** capital (*city*)
**das Haus, ̈er** house; **zu Hause** at home; **nach Hause** (*to go*) home
**die Hausaufgabe, -n** homework (*assignment*)
**der Hausbesitzer, -** homeowner
**der Haushalt, -e** household
**der Hausherr, (-n), -en** landlord; head of the house(hold)
**das Haustier, -e** house pet
**die Haustür, -en** front door
**heben, hob, gehoben** to lift, elevate, raise
**das Heft, -e** notebook
**heim** home, homewards
**die Heimat, -en** home; native land
**der Heimatort, -e** hometown
**heiraten** to marry, get married
**heiß** hot
**heißen, hieß, geheißen** to be called *or* named; to mean, signify; bid, tell (s.o.) to; **sie heißt** her name is; **das heißt** that is (to say); **es heißt** it is said (that)
**der Held, (-en), -en** hero, (*fem.*) **die Heldin, -nen**
**die Heldentat, -en** heroic deed
**helfen (hilft), half, geholfen** (*dat.*) to help
**das Hemd, -en** shirt
**herauf•holen** to bring up, haul up
**heraus•finden, fand heraus, herausgefunden** to find out, discover
**heraus•fischen** to fish out
**sich heraus•stellen** to turn out to be
**der Herbst, -e** fall, autumn

der **Herd, -e** stove
**herein** in(to)
**herein·kommen, kam herein,
  ist hereingekommen** to come in
**herein·lassen (lässt herein), ließ herein,
  hereingelassen** to let in
**herein·treten (tritt herein), trat herein, ist
  hereingetreten** to step in, enter
der **Herr, (-n), -en** Mr., gentleman; *(fem.)*
  die **Herrin, -nen** lady, mistress
die **Herrenboutique (-butike), -n** men's
  clothing store
**herrlich** magnificent, splendid
**herrschen** to prevail; to rule
**herum** around
**herum·kommen, kam herum, ist
  herumgekommen** to get around
**herum·sitzen, saß herum, herumgesessen**
  to sit around
**hevor·ragen** to stand out
das **Herz, (-ens), -en** heart
**herzlich** cordial(ly)
**heute** today
**heutig** today's
**heutzutage** nowadays
die **Hexe, -n** witch
**hier** here
die **Hilfe, -n** help, assistance
die **Himbeere, -n** raspberry
der **Himmel, -** sky, heaven
das **Himmelreich, -e** heaven, heavenly
  kingdom
**hinauf·fahren (fährt hinauf),
  fuhr hinauf, ist/hat hinaufgefahren**
  to drive up
**hinauf·kommen, kam hinauf, ist
  hinaufgekommen** to come up
**hinauf·steigen, stieg hinauf, ist
  hinaufgestiegen** to climb up
**hindurch** through(out)
**sich hin·setzen** to sit down
**hinter** *(prep. with acc. or dat.)* behind
**hinterlassen (hinterlässt), hinterließ,
  hinterlassen** to leave behind
**hinunter·schauen** to look down
**hin·weisen, wies hin, hingewiesen (auf +
  acc.)** to indicate, point to
**hinzu** in addition, to this
**hoch (höher)** high; to the power of
das **Hochhaus, ̈er** skyscraper
die **Hochschule, -n** university-level
  institution
**höchst** highly, very, extremely; **höchstens**
  at (the) most
**höchstwahrscheinlich** most
  likely
die **Hochzeit, -en** wedding
**hoffen (auf + acc.)** to hope for
**hoffentlich** hopefully

die **Hoffnung, -en** hope
**höflich** polite(ly)
die **Höhe, -n** height
die **Höhenlage, -n** elevation
die **Höhensonne** ultraviolet sunrays
**holen** to (go) fetch
das **Holz** wood
**hören** to hear
das **Hörensagen** hearsay
das **Hörverständnis** listening
  comprehension
die **Hose, -n** trousers
die **Hosentasche, -n** trouser pocket
**hübsch** pretty, lovely
der **Hügel, -** hill
der **Hund, -e** dog
der **Hut, ̈e** hat

**immer** always; **immer noch** still
**imponieren** *(dat.)* to impress
**in** *(prep. with acc. or dat.)* in, into,
  inside
**indem** by [—]ing
die **Informatik** computer science
der **Ingenieur, -e** engineer; *(fem.)* die
  **Ingenieurin, -nen**
der **Inhalt, -e** content(s)
**innerhalb** *(prep. with gen.)* inside of,
  within
der **Intelligenzquotient** IQ
das **Interesse, -n** interest
**sich interessieren (für + acc.)** to be
  interested in
**interessiert (an + dat.)** interested in
**inzwischen** meanwhile
**irgend-** some . . . or other;
  any . . . at all
**irgendjemand** someone or other
**irgendwo(hin)** (to) somewhere
der **Irrtum, ̈er** error, mistake

**ja** yes; *(part.)* you know, of course
die **Jacke, -n** jacket
**jagen** to chase, hunt
das **Jahr, -e** year
der **Jahresverlauf** course of the year
die **Jahreszeit, -en** season of the year
das **Jahrhundert, -e** century

die **Jahrtausendwende** turn of the
  millennium
das **Jahrzehnt, -e** decade
**je** ever
**je . . . desto/umso** the more . . . the more
**jed-** each, every
**jedenfalls** in any event
**jedermann** everyone, everybody
**jederzeit** (at) any time
**jedesmal** each time, every time
**jemand** someone; **jemand anders**
  someone else
**jen-** that
**jenseits** *(prep. with gen.)* on the other
  side of
**jetzig** present
**jetzt** now
**jeweils** in each case, respectively
der **Jude, (-n), -n** Jew; *(fem.)* die **Jüdin,
  -nen**
das **Judentum** Judaism
die **Jugend** youth
der **Jugendliche (ein Jugendlicher)**
  juvenile; *(fem.)* die **Jugendliche**
**jung (ü)** young
der **Junge, (-n), -n** boy, youth

der **Kaffee** coffee
der **Käfig, -e** cage
**kalt (ä)** cold
die **Kälte** cold(ness)
**kämmen** to comb
**kämpfen** to battle, struggle
das **Kapitel, -** chapter
**kaputt** broken, ruined, done for
die **Karriere, -n** career
die **Karte, -n** ticket; map
das **Kartenspiel, -e** card game; deck of
  cards
der **Käse** cheese
der **Kassierer, -** cashier; *(fem.)* die
  **Kassiererin, -nen**
die **Katze, -n** cat
der **Kauf, ̈e** purchase
**kaufen** to buy, purchase
das **Kaufhaus, ̈er** department store
**kaum** scarcely
**keinesfalls** by no means, not at all
der **Keller, -** cellar
der **Kellner, -** waiter; die **Kellnerin, -nen**
  waitress
**kennen, kannte, gekannt** to know, be
  acquainted with

**kennen lernen, lernte kennen, kennen gelernt** to get to know, become acquainted with
**das Kind, -er** children
**der Kinderwagen, -** baby carriage
**die Kindheit, -en** childhood
**das Kino, -s** cinema, movie theater, the movies
**die Kirche, -n** church
**kitschig** mawkish, trashy
**die Klammer, -n** parenthesis
**klar** clear
**das Klavier, -e** piano
**der Klavierbauer, -** piano maker
**die Kleiderabteilung, -en** clothing department
**die Kleidung** clothes, clothing
**das Kleidungsstück, -e** piece of clothing
**klein** small, little; short *(in height)*
**klettern (ist)** to climb, scramble
**klingen, klang, geklungen** to sound
**klug (ü)** intelligent, clever, astute
**die Klugheit** intelligence, cleverness
**das Knie, -** knee
**der Knochen, -** bone
**kochen** to cook
**der Koffer, -** suitcase, trunk, bag
**der Kognat, -e** cognate
**die Kokospalme, -n** coconut palm (tree)
**der Kollege, (-n), -n/die Kollegin, -nen** colleague
**komisch** queer, strange, peculiar, comic(al)
**kommen, kam, ist gekommen** to come
**der Kommissar, -e** police inspector
**komponieren** to compose
**der Komponist, (-en), -en** composer; *(fem.)* **die Komponistin, -nen**
**der König, -e** king; *(fem.)* **die Königin, -nen** queen
**die Konjunktion, -en** conjunction
**können (kann), konnte, gekonnt** to be able to, can
**das Konzert, -e** concert
**der Kopf, ̈e** head
**der Korb, ̈e** basket
**der Körper, -** body
**krank (ä)** sick, ill
**das Krankenhaus, ̈er** hospital
**krankhaft** pathological, abnormal
**der Krebs** cancer
**kreisen** to circle
**(das) Kreta** Crete
**die Kreuzung, -en** crossing, intersection
**der Krieg, -e** war; **Krieg führen** to wage war
**kriegen** *(slang)* to get
**die Kritik, -en** criticism
**krumm** crooked, bent

**der Kuchen, -** cake
**die Küche, -n** kitchen
**das Küchengerät, -e** kitchen utensil *or* small appliance
**die Kuh, ̈e** cow
**der Kühlschrank, ̈e** refrigerator
**das Küken, -** baby chicken
**sich kümmern (um + *acc.*)** to take care of, attend to
**die Kunde** news, notice, information
**die Kunst, ̈e** art; skill
**künstlich** artificial
**der Kurs, -e** course
**kursiv (in) italics; kursiv gedruckt** printed in italics
**kurz (ü)** short, brief
**die Kürze** brevity
**kürzlich** recently
**die Kusine, -n** female cousin
**der Kuss, ̈e** kiss

# L

**lachen** to laugh
**die Lage, -n** situation, position
**die Lampe, -n** lamp
**das Land, ̈er** land, country
**die Landschaft, -en** landscape
**lang (ä)** long; **lange** *(adv.)* for a long time
**die Länge, -n** length
**langsam** slow(ly)
**sich langweilen** to be bored
**der Lärm** noise
**lassen (lässt), ließ, gelassen** to let, leave
**der Lauf, ̈e** course, progress
**laufen (läuft), lief, ist gelaufen** to run, walk
**der Läufer, -** runner
**das Laufwerk, -e** (computer) drive
**läuten** to ring
**lauter** *(adv.)* nothing but, purely
**leben** to live
**das Leben** life; **ums Leben kommen** to die, perish
**der Lebenslauf, ̈e** curriculum vitae
**der Lebensstil, -e** style of living
**die Lebensweise, -n** way of living
**die Leber, -n** liver
**das Lebewesen, -** creature
**lecker** tasty
**der Ledermantel, ̈** leather coat
**legen** to lay, put; **sich legen** to lie down
**das Lehrbuch, ̈er** textbook
**die Lehre, -n** instruction, lesson, moral
**lehren** to teach

**der Lehrer, -** teacher; *(fem.)* **die Lehrerin, -nen**
**lehrreich** instructive
**leicht** easy, light
**Leid tun: es tut mir Leid** I am sorry
**das Leiden, -** sorrow, suffering
**leider** unfortunately
**leihen, lieh, geliehen** to loan, borrow
**die Leine, -n** leash
**die Leistung, -en** accomplishment
**die Lektion, -en** lesson
**die Leseaufgabe, -n** reading assignment
**lesen (liest), las, gelesen** to read
**der Leserbrief, -e** letter to the editor
**letzt-** last
**die Leute** *(pl.)* people
**lieb** dear
**die Liebe** love
**lieber** preferably; **lieber tun** to prefer to do
**der Liebling, -e** darling, dear
**die Lieblingsspeise, -n** favorite dish
**liebst: am liebsten** most/best of all; **am liebsten tun** to like to do most/best of all
**das Lied, -er** song
**liegen, lag, gelegen** to be situated, lie
**liegen lassen (lässt liegen), ließ liegen, liegen (ge)lassen** to leave (lying about)
**lila** lilac *(color)*
**links** on the left; **nach links** to the left
**das Lob** praise
**das Loch, ̈er** hole
**los: was ist los?** what is the matter? what is going on?
**lösen** to loosen; to solve
**der Lohn, ̈e** wage
**los•werden (wird los), wurde los, ist losgeworden** to get rid of
**der Lottogewinn, -e** lottery winnings
**der Löwe, (-n), -n** lion
**die Luft, ̈e** air
**die Lüge, -n** lie
**die Lunge, -n** lung
**der Lungenkrebs** lung cancer
**die Lust** desire, inclination; **(keine) Lust haben ... zu tun** to have (no) desire to do
**lustig** merry, jolly, funny; **sich lustig machen (über + *acc.*)** to make fun of

# M

**machen** to make; to do
**die Macht, ̈e** power, might
**das Mädchen, -** girl

**das Mal, -e** time; **zum ersten Mal** for the first time

**mal** *(adv.)* times *(math)*; *(part.)* just

**der Maler, -** painter; *(fem.)* **die Malerin, -nen**

**manch-** *(sing.)* many a; *(pl.)* some

**manchmal** sometimes

**der Mann, ⸚er** man

**die Mannschaft, -en** team

**der Mantel, ⸚** coat

**das Märchen, -** fairy tale

**die Maßeinheit, -en** unit of measurement

**die Mauer, -n** *(masonry)* wall

**das Maul, ⸚er** mouth *(of animals)*

**das Medikament, -e** medicine, drug

**die Medizin** *(science of)* medicine

**das Meer, -e** sea; ocean

**der Meer(es)blick, -e** view of the sea

**mehr** more

**mehrere** several

**mehrmalig** repeated

**mehrmals** several times

**meinen** to mean, think; to intend

**die Meinung, -en** opinion

**die Meinungsäußerung, -en** expression of opinion

**meist-** most; **meist** *or* **meistens** mostly

**der Meister, -** master; champion; *(fem.)* **die Meisterin, -nen**

**melden** to report

**die Meldung, -en** announcement

**der Mensch, (-en), -en** human, man *(species)*

**die Menschheit** mankind, humankind

**menschlich** human

**merken** to notice; **sich** *(dat.)* **merken** to take note

**die Metropole, -n** metropolis

**die Miete, -n** rent

**mieten** to rent

**die Milch** milk

**die Milliarde, -n** billion

**mindestens** at least *(with amounts)*

**das Missfallen** displeasure

**mit** *(prep. with dat.)* with

**mit•bringen, brachte mit, mitgebracht** to bring along

**mit•kommen, kam mit, ist mitgekommen** to come along

**mit•machen** to participate

**mit•nehmen (nimmt mit), nahm mit, mitgenommen** to take along

**der Mitspieler, -** fellow player, teammate

**der Mittag, -e** noon; **zu Mittag** at noon

**mit•teilen** to communicate, impart, tell

**die Mitteilung, -en** notification, communication, announcement

**das Mittel, -** means, medium

**das Mittelalter** Middle Ages

**möchte(n)** would like (to)

**die Modalpartikel, -n** modal particle

**das Modegeschäft, -e** fashion shop

**das Modell, -e** model

**mögen (mag), mochte, gemocht** to like; may

**möglich** possible

**die Möglichkeit, -en** possibility

**möglichst** as . . . as possible

**der Monat, -e** month

**der Mond, -e** moon

**der Morgen** morning

**morgen** tomorrow; **heute Morgen** this morning; **morgen früh** tomorrow morning

**die Moschee, -n** mosque

**der Motor, -en** motor

**müde** *(gen.)* tired of

**der Mund, ⸚er** mouth

**mündlich** oral(ly)

**die Münze, -n** coin

**das Museum, -seen** museum

**die Musik** music

**müssen (muss), musste, gemusst** to have to, must

**der Mut** courage

**die Mutter, ⸚** mother; **Mutti, -s** mommy

**nach** *(prep. with dat.)* after; to(ward); according to

**der Nachbar, (-s** *or* **-n), -n** neighbor; *(fem.)* **die Nachbarin, -nen**

**nachdem** *(sub. conj.)* after

**nacherzählen** to retell

**die Nacherzählung, -en** adapted story

**nachher** afterward(s)

**der Nachmittag, -e** afternoon

**die Nachricht, -en** news, note, message, notice

**nach•schlagen (schlägt nach), schlug nach, nachgeschlagen** to look up *(in a book)*

**nächst-** next

**die Nacht, ⸚e** night

**die Nähe** proximity; **in der Nähe** near, nearby

**der Name, (-ns), -n** name

**nämlich** namely, that is

**die Nase, -n** nose

**nass** wet

**natürlich** of course, natural(ly)

**neben** *(prep. with acc. or dat.)* beside, next to

**nebenan** next door, in the next room, alongside

**das Nebenfach, ⸚er** minor field of study

**der Nebensatz, ⸚e** dependent clause

**negieren** to negate

**nehmen (nimmt), nahm, genommen** to take; **in Angriff nehmen** to tackle, take on

**der Neinsager, -** person who says no

**nennen, nannte, genannt** to name

**nett** nice

**neu** new

**neugierig** curious

**die Neujahrsansprache** New Year's address

**neulich** recently

**neuzeitlich** modern, up-to-date

**nicht** not; **nicht einmal** not even; **nicht wahr** isn't it?, don't they?, etc.

**nichts** nothing

**nie** never

**niedrig** low

**niemand** no one, nobody; **niemand anders** no one else

**noch** still; **noch einmal** once more; **noch kein-** not any yet; **noch nicht** not yet; **noch nie** not ever (before)

**normalerweise** normally

**die Note, -n** grade

**nötig** necessary

**die Notiz, -en** note; **Notizen machen** to take notes

**nur** *(adv.)* only; *(part.)* just

**nutzen** *or* **nützen** to be of use

**nützlich** *(dat.)* useful

**nutzlos** useless

**oberhalb** *(prep. with gen.)* above

**der Oberschullehrer, -** high school teacher; *(fem.)* **die Oberschullehrerin, -nen**

**obgleich** *(sub. conj.)* although

**obig** above

**obwohl** *(sub. conj.)* although

**oder** or

**öffnen** to open (s.th.); **sich öffnen** to open

**oft (ö)** often

**öfter** often; more often

**ohne** *(prep. with acc.)* without

**ohne ... zu** without [—]ing

**ohne dass** without [—]ing

**die Oma, -s** granny

**der Onkel, -** uncle

**der Opa, -s** granddad, gramps

die Oper, -n opera
ordentlich neat, cleaned up
die Ordnung order, arrangement
die Ordnungszahl, -en ordinal number
der Ort, -e place
der Osten east
(das) Ostern Easter; zu Ostern at/for
Easter
die Ostküste east coast
östlich eastern
die Ostsee Baltic Sea

paar: ein paar a few, several; ein paar Mal
a few times
das Paar, -e pair, couple
packen to pack; to grasp, pounce on
das Paket, -e package
der Panoramablick, -e panoramic view
der Papagei, (-s or -en), -en parrot
das Papier, -e paper
der Papst, ⸚e Pope
die Partei, -en faction, party
das Partizip, -ien participle
die Party, -ies party
passen (dat.) to fit, suit
passend suitable, proper, fitting
passieren (ist) to happen, occur
die Pause, -n pause, break
das Pech bad luck (literally: pitch)
die Pension, -en bed and breakfast,
inexpensive lodging
das Perfekt present perfect tense
das Pferd, -e horse
die Pflanze, -n plant
der Pflichtkurs, -e required course
der Pförtner, - doorman
das Pfund, -e pound
pilgern (ist) to go on a pilgrimage
der Plan, ⸚e plan
das Pläsierchen little pleasure
der Platz, ⸚e place, spot, site; room, space
plaudern to chat
plötzlich sudden(ly)
das Plusquamperfekt past perfect tense
die Politik politics; policy
der Politiker, - politician; (fem.) die
Politikerin, -nen
die Polizei police
der Polizist, (-en), -en policeman; (fem.)
die Polizistin, -nen
die Post mail; post office
das Postamt, ⸚er post office
der Posten, - post, position

das Präfix, -e prefix
das Präsens present tense
das Präteritum simple past tense
der Preis, -e price; prize, award
preiswert good value for the money
prima great
der Prominente, -n (ein Prominenter)
prominent person; (fem.) die Prominente, -n
das Pronomen, - pronoun
der Prosaband, ⸚e volume of prose
die Protestaktion, -en protest march
der Protestierende, -n (ein Protestierender)
protester; (fem.) die Protestierende, -n
der Proviant provisions, rations
der Prozess, -e lawsuit
die Prüfung, -en examination
der Psychiater, - psychiatrist; (fem.) die
Psychiaterin, -nen
das Publikum audience
pünktlich punctually
der Punkt, -e point; period
der Pullover, - sweater
putzen to clean, polish; die Zähne putzen
to brush one's teeth

quer (durch) straight through, straight
across

der Rabe, (-n), -n raven
das Rad, ⸚er wheel; bike
Rad fahren (fährt Rad), fuhr Rad, ist Rad
gefahren to ride a bicycle
der Rand, ⸚er edge, side
rasch swift, speedy, rapid
der Rasen lawn, grass; den Rasen betreten
to walk on the grass
rasieren to shave (s.o.); sich rasieren to
shave (o.s.)
der Rat advice
raten (rät), riet, geraten (dat.) to advise; to
take a guess
das Rathaus, ⸚er city hall
der Ratschlag, ⸚e (piece of) advice,
suggestion
das Rätsel, - riddle, puzzle
der Rattenfänger, - rat catcher
rauchen to smoke

räumlich spatial(ly)
rechnen (mit + dat.) to calculate, figure on
das Recht, -e right, privilege; justice
recht right; quite; Recht haben to be right
rechts on the right; nach rechts to the
right
der Rechtsanwalt, ⸚e lawyer
rechtzeitig on time
die Redaktion editorial staff
die Rede, -n speech
das Redemittel, - verbal strategy; useful
verbal expression or structure
reden to talk
der Redner, - speaker
die Regel, -n rule; in der Regel as a rule
regelmäßig regular
der Regen rain
regieren to rule, govern
die Regierung, -en government
regnen to rain
reich rich
das Reich, -e empire
reichen to reach (for), hand
das Reichstagsgebäude main building of
the German parliament in Berlin
die Reihe, -n row; series
die Reise, -n trip, journey
das Reisebüro, -s travel agency
reisen to travel
der Reisende (ein Reisender) traveler;
(fem.) die Reisende
der Reiseverkehr tourist travel
reißen, riss, gerissen to tear, rip
reiten, ritt, ist/hat geritten to ride (an
animal)
die Reklame, -n advertisement; advertising
rennen, rannte, ist gerannt to run
das Restaurant, -s restaurant
richten (an + acc.) to direct at
richtig correct, right
riechen, roch, gerochen to smell
das Rollenspiel, -e role-play
die Rolltreppe, -n escalator
der Roman, -e novel
rosten to rust
rot red
(das) Rotkäppchen Little Red Riding Hood
der Rücken, - back
der Rucksack, ⸚e rucksack, knapsack
ruderlos without oars
der Ruf reputation
die Ruhe, -n peace, calm, rest
ruhig calm, quiet
das Ruhrgebiet Ruhr area (industrial
section of Germany)
rund approximately, about, roughly; rund
um around
der Rundbrief, -e a letter to be circulated
der Rundfunk radio

## S

**die Sache, -n** thing, matter, subject
**der Saft, ⸚e** juice
**die Sage, -n** legend, fable
**sagen** to say
**sammeln** to collect
**die Sammlung, -en** collection
**der Satz, ⸚e** sentence
**sauber** clean, neat, tidy
**sauer** sour, mad, upset
**das Schach** chess
**der Schäferhund, -e** shepherd dog
**schaffen, schuf, geschaffen** to create
**schaffen, schaffte, geschafft** to do, accomplish, manage to do
**die Schallplatte, -n** record
**der Schalter, -** (ticket) window
**sich schämen (über + acc.)** to be ashamed of
**die Schande** disgrace
**scharf** sharp
**schauen** to look
**der Scheibenwischer, -** windshield wiper
**sich scheiden lassen, ließ, gelassen** to get a divorce
**der Schein, -e** bill, banknote
**scheinen, schien, geschienen** to shine; to seem, appear
**schenken** to give (as a present)
**schicken** to send
**schildern** to depict, portray
**schießen, schoss, geschossen** to shoot
**das Schiff, -e** ship
**der Schirm, -e** screen
**das Schläfchen, -** nap
**schlafen (schläft), schlief, geschlafen** to sleep
**das Schlafzimmer, -** bedroom
**schlagen (schlägt), schlug, geschlagen** to strike, beat
**die Schlange, -n** snake
**schlapp** worn out, tired out
**schlecht** bad(ly)
**schleichen, schlich, ist geschlichen** to creep, slink, sneak
**schleppen** to drag; **sich schleppen** to drag o.s.
**schließen, schloss, geschlossen** to close
**schließlich** in the final analysis, in the end
**schlimm** bad, evil; severe, grave
**der Schluss, ⸚e** end; **zum Schluss** finally, in the end; **Schluss machen** to stop doing, put an end to
**der Schlüssel, -** key

**schmal** narrow
**schmecken (nach + dat.)** to taste like
**schmeicheln (dat.)** to flatter
**schmelzen (schmilzt), schmolz, ist/hat geschmolzen** to melt
**schmieren** to smear
**sich schminken** to put on make-up
**schmutzig** dirty, filthy
**der Schnee** snow
**schnell** fast
**schon (adv.)** already
**schrecklich** terrible, frightful
**schreiben, schrieb, geschrieben** to write
**der Schreiber, -** clerk, copyist; (fem.) **die Schreiberin, -nen**
**die Schreibmaschine, -n** typewriter
**schreien, schrie, geschrie(e)n** to shout, scream
**schriftlich** written, in writing
**schuften** to labor, work hard
**der Schuh, -e** shoe
**die Schule, -n** school
**der Schüler, -** pupil
**schützen** to protect
**schwach (ä)** weak
**die Schwäche, -n** weakness
**schwächlich** weakly, feeble
**schwarz (ä)** black
**schweigsam** silent, taciturn
**die Schweiz** Switzerland
**schwer** heavy; difficult, hard
**die Schwester, -n** sister
**schwierig** difficult
**die Schwierigkeit, -en** difficulty; **in Schwierigkeiten geraten** to get into difficulty
**schwimmen, schwamm, ist/hat geschwommen** to swim
**sechsstellig** six-digit
**der See, -n** lake; **die See, -n** sea
**segeln** to sail
**sehen (sieht), sah, gesehen** to see
**sehenswert** worth seeing
**die Sehenswürdigkeit, -en** attraction
**sein (ist), war, ist gewesen** to be
**seit (prep. with dat.)** since or for (temporal sense only)
**seit(dem) (sub. conj.)** since; **seitdem (adv.)** (ever) since then
**die Seite -n** page; side
**seither** (ever) since then
**selber (emphatic)** myself, yourself, themselves, etc.
**selbst** (one)self; even
**die Selbstaussage, -n** statement about oneself
**selbstverständlich** obvious(ly), self-evident; it goes without saying
**selten** seldom

**die Seltenheit, -en** rarity
**senden, sandte, gesandt** to send
**senden, sendete, gesendet** to transmit
**senken** to lower, sink
**setzen** to set, put; **sich setzen** to sit down
**sicher** for sure; safe
**die Sicherheit** certainty, security
**die Sicht** sight, view, visibility
**der Sieg, -e** victory
**siegen** to conquer, be victorious
**die Sinfonie, -n** symphony
**singen, sang, gesungen** to sing
**das Singspiel, -e** operetta, musical comedy
**der Sinn, -e** sense; **nicht bei Sinnen sein** to be out of one's mind
**sinnvoll** meaningful; sensible
**die Sitte, -n** custom; **Sitten und Gebräuche** manners and customs
**der Sitz, -e** seat
**sitzen, saß, gesessen** to sit
**der Skat** skat (card game)
**sobald** as soon as
**sofort** immediately
**sogar** even
**solange** as long as
**solch-** such; **ein solch-** such a
**sollen (soll), sollte, gesollt** to be supposed to, ought to; to be said to
**sondern** but (rather)
**der Sonderpreis, -e** special price
**die Sonne, -n** sun
**der Sonnenbrand** sunburn
**sooft** as often as
**die Sorge, -n** worry, care
**sorgen (für + acc.)** to care or provide for
**sorgenlos** without worries
**sowieso** anyway
**sowohl ... als auch** both . . . and; as well as
**spannend** exciting
**das Sparkonto, -konten** savings account
**der Spargel** asparagus
**sparsam** thrifty, frugal
**der Spaß** fun; **Spaß machen** to be fun
**spät** late
**spazieren gehen, ging spazieren, ist spazieren gegangen** to take a walk
**der Spaziergang, ⸚e** walk; **einen Spaziergang machen** to take a walk
**spendieren** to treat someone to, pay for s.th. for s.o.
**der Spiegel, -** mirror
**das Spiel, -e** game
**spielen** to play
**der Spielfilm, -e** feature movie
**der Spielplatz, ⸚e** playground, playing field
**die Spielsache, -n** toy
**die Spitze, -n** point, tip, top, front

**Sport treiben** to do sports
**das Sportangebot, -e** sports offerings
**das Sportgeschäft, -e** sports store
**der Sportler, -** athlete
**der Sportverein, -e** sports club
**die Sprachkürze** terseness
**die Spraydose, -n** spray can
**sprechen (spricht), sprach, gesprochen** to speak
**das Sprichwort, ̈er** saying, proverb
**springen, sprang, ist gesprungen** to jump, leap
**der Spruch, ̈e** saying, proverb
**spüren** to feel, sense, perceive
**der Staat, -en** state
**staatlich** state, national
**stabil** rugged, sturdy
**die Stadt, ̈e** town, city
**der Stadtplaner, -** city planner; *(fem.)* **die Stadtplanerin, -nen**
**der Stadtschreiber, -** town clerk; *(fem.)* **die Stadtschreiberin, -nen**
**der Stadtteil, -e** section of a city
**das Stadtzentrum, -zentren** city center
**der Standpunkt, -e** view, position; **einen Standpunkt vertreten** to take a position/view
**stark (ä)** strong
**die Stärke, -n** strength
**stattdessen** instead (of that)
**statt•finden, fand statt, stattgefunden** to take place
**stechen (sticht), stach, gestochen** to prick; to sting, bite *(insect)*
**stecken** to stick, put
**stehen, stand, gestanden** to stand
**stehlen (stiehlt), stahl, gestohlen** to steal
**die Steiermark** Styria *(Austrian province)*
**steigen, stieg, ist gestiegen** to climb
**der Stein, -e** stone
**die Stelle, -n** position, spot, place; job
**stellen** to place; **eine Frage stellen** to ask a question
**sterben (stirbt), starb, ist gestorben** to die
**stimmen** to be correct; to be true
**die Stimmung, -en** atmosphere
**der Stock, ̈e** stick, pole; story *or* floor of a building
**stolz** proud
**stören** to disturb
**stracks** straight (away); without delay
**der Strand, ̈e** beach
**die Straße, -n** street
**der Straßenarbeiter, -** road repair worker
**der Straßenrand, ̈er** side of the road
**der Straßenverkehr** (road) traffic
**der Streit** fight, argument
**sich streiten (stritt), gestritten** to fight, argue

**der Strom, ̈e** river, stream; electricity
**das Studentenheim, -e** student dorm
**das Studentenlokal, -e** student tavern
**das Studium, -ien** studies, course of studies
**das Stück, -e** piece
**die Stunde, -n** hour, class (hour); **stundenlang** for hours
**der Stundenplan, ̈e** schedule
**der Sturm, ̈e** storm
**stürzen (ist)** to fall, plunge; **(hat)** overthrow
**die Styroporpackung, -en** styrofoam packaging
**das Substantiv, -e** noun
**suchen** to seek, search
**der Süden** south
**die Südseeinsel, -n** South Sea island

**der Tag, -e** day; **eines Tages** one day
**das Tagebuch, ̈er** diary
**die Tagesnachrichten** *(pl.)* news of the day
**die Tagesschau** daily news program on German television
**die Tageszeit, -en** time of the day
**täglich** daily
**tagsüber** during the day
**der Taler, -** obsolete monetary unit
**die Tankstelle, -n** gas station
**die Tante, -n** aunt
**der Tanz, ̈e** dance
**tanzen** to dance
**die Tasche, -n** pocket
**das Taschengeld** spending money
**die Taschenlampe, -n** flashlight
**der Taschenrechner, -** pocket calculator
**die Taschenuhr, -en** pocket watch
**die Tasse, -n** cup
**die Tätigkeit, -en** activity
**der Tatort, -e** scene of the crime
**die Tatsache, -n** fact
**tatsächlich** in fact, actually
**taub** deaf
**tausend** thousand
**die Technik** technology
**der Teil, -e** part, section
**teilen** to divide
**teil•nehmen (nimmt teil), nahm teil, teilgenommen (an + *dat.*)** to take part in, participate
**der Tennisschläger, -** tennis racket
**der Teppich, -e** rug, carpet
**der Termin, -e** fixed date; appointment

**teuer** expensive
**der Teufel, -** devil
**das Thema, -men** topic, subject, theme
**die These, -n** thesis
**tief** deep(ly)
**die Tiefe, -n** depth
**die Tiefenpsychologie** psychology of the subconscious
**das Tier, -e** animal
**der Tiergarten, ̈** zoo
**der Tisch, -e** table
**der Titel, -** title
**die Tochter, ̈** daughter
**der Tod, -e** death; **zu Tode** to death
**toll** crazy, insane; terrific, great
**der Topf, ̈e** pot
**das Tor, -e** gate, portal; goal *(soccer)*
**tot** dead
**der Tote (ein Toter)** dead person; *(fem.)* **die Tote**
**töten** to kill
**der Tourist, (-en), -en** tourist
**der Touristenführer, -** tourist guide *or* guidebook
**tragen (trägt), trug, getragen** to carry; to wear
**trauen (*dat.*)** to trust
**träumen** to dream
**traumhaft** dreamlike, wonderful
**traurig** sad
**treffen (trifft), traf, getroffen** to meet; to hit; to affect
**treffend** apt, appropriate
**treiben, trieb, getrieben** to drive; to pursue an activity; **treiben (ist)** to drift, float
**die Treppe** stair(s)
**das Treppenhaus** stairwell
**trinken, trank, getrunken** to drink
**trotz (*prep. with gen.*)** in spite of
**trotzdem (*adv.*)** in spite of it/this, nevertheless; **(*sub. conj.*)** in spite of the fact that
**tun (tut), tat, getan** to do, act
**die Tür, -en** door
**der Typ, -en** type

**U**

**über (*prep. with acc. or dat.*)** over, across, above; about *(acc.)*
**überall(hin)** to everywhere
**überein•stimmen** to be in agreement
**die Übergangsschwierigkeit, -en** transitional difficulty

**überhaupt** in general, on the whole; **überhaupt nicht** not at all; **überhaupt nichts** nothing at all

**überleben** to survive

**überlegen** to ponder, consider; **sich etwas** *(dat.)* **überlegen** to think s.th. over

**überqueren** to cross over

**überraschen** to surprise

**die Überraschung, -en** surprise

**überreden** to persuade

**übersehen (übersieht), übersah, übersehen** to overlook, ignore

**übersetzen** to translate

**der Übersetzer, -** translator; *(fem.)* **die Übersetzerin, -nen**

**überspringen, übersprang, übersprungen** to skip (over)

**übertreiben, übertrieb, übertrieben** to exaggerate

**über·wechseln** to change, go over

**überzeugen** to convince; **überzeugt** convinced

**übrigens** incidentally; **im Übrigen** in other respects

**die Übung, -en** exercise

**um** *(prep. with acc.)* around; by *(with quantities)*; **um sechs Uhr** at six o'clock

**um ... zu** in order to

**um ... willen** for . . . 's sake

**umarmen** to embrace, hug

**um·bauen** to remodel

**um·fallen (fällt um), fiel um, ist umgefallen** to fall over

**ungeben (umgibt), umgab, umgeben** to surround

**umgekehrt** vice versa

**um·kippen** to tip over

**um·schreiben, schrieb um, umgeschrieben** to rewrite, revise

**sich um·sehen (sieht um), sah um, umgesehen** to look around

**der Umstand, ¨e** circumstance

**die Umwelt** environment

**die Umweltverschmutzung** environmental pollution

**sich um·ziehen, zog um, umgezogen** to change (clothes); **um·ziehen (ist)** to move, change one's residence

**der Unabhängigkeitskrieg, -e** war of independence

**unbedingt** absolutely

**unbegrenzt** without limitation

**unbestimmter Artikel** indefinite article

**unerwartet** unexpected

**der Unfall, ¨e** accident

**ungefähr** approximately

**ungesund** unhealthy

**unglaublich** unbelievable

**die Universität, -en** university *(coll.:* **die Uni, -s)**

**der Unsinn** nonsense

**unsterblich** immortal

**unten** *(adv.)* below

**unter** *(prep. with acc. or dat.)* under, below, beneath; among; **unter anderem** among other things

**unterbrechen (unterbricht), unterbrach, unterbrochen** to interrupt

**unterdessen** meanwhile

**unterdrücken** to suppress, repress

**unter·gehen, ging unter, ist untergegangen** to set, go down; to perish

**unterhalb** *(prep. with gen.)* beneath

**sich unterhalten (unterhält), unterhielt, unterhalten (über + acc.)** to converse; to amuse o.s.

**die Unterhaltung, -en** amusement

**die Unterkunft, ¨e** lodging

**unternehmen (unternimmt), unternahm, unternommen** to undertake

**der Unterricht** instruction

**unterrichten** to instruct, teach

**der Unterrichtsraum, ¨e** instructional room

**unterschiedlich** different, differing

**unterstreichen, unterstrich, unterstrichen** to underline

**unterstützen** to support

**die Unterstützung** support

**untersuchen** to investigate, examine

**der Untersuchungsbericht, -e** investigative report

**unterwegs** underway

**unvergesslich** unforgettable

**unvergleichlich** incomparable

**unverständlich** incomprehensible

**unvorsichtig** careless, not cautious

**das Unwesen, -** awful creature

**unwiderstehlich** irresistible

**der Urlaub, -e** vacation

**der Urlaubsort, -e** vacation spot

**die Ursache, -n** cause

**urteilen** to judge

**usw. (und so weiter)** etc.

**der Vater, ¨** father; **Vati, -s** papa

**sich verabschieden** to take one's leave, say good-bye

**verändern** to change s.th.; **sich verändern** to become changed

**die Veränderung, -en** change

**verantwortlich** responsible

**das Verb, -en** verb

**verbessern** to improve

**verbieten, verbot, verboten** to forbid

**verbinden, verband, verbunden** to connect, combine; to bandage

**die Verbindung, -en** connection

**das Verbot, -e** ban, prohibition

**der Verbrecher, -** criminal

**verbrennen, verbrannte, verbrannt** to burn (up), scorch

**verbringen, verbrachte, verbracht** to spend *or* pass *(time)*

**der Verdacht** suspicion

**verdeutlichen** to make clear, illustrate

**verdienen** to earn, merit

**vereinigt** united

**die Vereinigung** unification

**verfassen** to write, compose

**verfließen, verfloss, ist verflossen** elapse, pass *(of time)*

**vergangen** past

**die Vergangenheit** past

**vergessen (vergisst), vergaß, vergessen** to forget

**der Vergleich, -e** comparison

**vergleichen, verglich, verglichen** to compare

**vergleichend** comparative

**verhaften** arrest, apprehend

**sich verhalten** to act, behave, react

**das Verhältnis, -se** relationship

**verheiratet** married

**verhindern** to stop, prevent

**verkaufen** to sell

**der Verkäufer, -** salesperson; *(fem.)* **die Verkäuferin, -nen**

**der Verkehr** traffic

**die Verkehrsampel, -n** traffic light

**das Verkehrsmittel, -** means of transportation

**verkünden** to proclaim, announce

**der Verlag, -e** publishing house

**verlängern** to extend, lengthen

**verlassen (verlässt), verließ, verlassen** *(with dir. obj.)* to leave, go away; **sich verlassen (auf + obj.)** to rely upon

**der Verlauf, ¨e** course

**verlaufen (verläuft), verlief, ist verlaufen** to take its course, turn out; **sich verlaufen** to get lost, lose one's way

**verletzen** to injure, hurt; to insult, offend

**die Verletzung, -en** injury

**sich verlieben (in + acc.)** to fall in love with

**verlieren, verlor, verloren** to lose

**der Verlobte (ein Verlobter)** fiancé; *(fem.)* **die Verlobte**

**der Verlust, -e** loss

**das Vermögen** fortune
**verneinen** to answer in the negative
**verpassen** to miss (a train; opportunity)
**verpflanzen** to transplant
**verrostet** rusted
**verrückt** crazy; **verrückt (auf + acc.)** crazy about
**versagen** to fail
**versäumen** to miss, neglect to do
**verschieden** various, different
**verschlechtern** to make worse
**verschwenden** to waste, squander
**verschwinden, verschwand, ist verschwunden** to disappear, vanish
**versichern** to assure; to insure
**die Versicherung, -en** insurance, assurance
**sich verspäten** to be or arrive late
**die Verspätung, -en** delay
**versprechen (verspricht), versprach, versprochen** to promise
**verstaatlichen** to nationalize
**das Verständnis** understanding, comprehension
**verstärken** to strengthen
**verstehen, verstand, verstanden** to understand
**versuchen** to try, attempt
**verteilen** to distribute
**das Vertrauen** trust, confidence
**vertreiben, vertrieb, vertrieben** to drive away, scatter; **die Zeit vertreiben** to pass the time
**vertreten (vertritt), vertrat, vertreten** to represent, act on behalf of
**der Verwandte (ein Verwandter)** relative; (fem.) **die Verwandte**
**verwandtschaftlich** pertaining to relatives
**verwenden** to use, make use of
**verwirklichen** to make come true, realize (a goal)
**die Videospieldiskette, -n** video game disc
**der Videospielfilm, -e** video movie
**viel** (sing.) much; **viel-** (pl.) many
**vielleicht** perhaps
**vielmals** often, many times
**der Vogel, ̈** bird
**die Vokabel, -n** (vocabulary) word
**das Volk, ̈er** people, nation, race
**die Volkskrankheit, -en** widespread illness
**völlig** total(ly), complete(ly)
**die Vollpension** lodging with all meals
**von** (prep. with dat.) from, of, by; about
**vor** (prep. with dat. or acc.) in front of, before; ago (dat.); **vor allem** above all; **vor kurzem** recently
**vorbei** past; **an** (dat.) **... vorbei** (go) past
**vor•bringen, brachte vor, vorgebracht** to bring forward, bring up (an argument)

**der Vorfahr, (-en), -en** ancestor, forefather
**vor•führen** to demonstrate, display
**vor•gehen, ging vor, ist vorgegangen** to be fast (of clocks)
**die Vorgeschichte, -n** prior history
**vor•haben** to have in mind, intend
**der Vorhang, ̈e** curtain
**vorher** (adv.) before, previously
**vorig** previous
**vor•lesen (liest vor), las vor, vorgelesen** to read aloud
**die Vorlesung, -en** lecture (course)
**der Vorschlag, ̈e** suggestion
**vor•schlagen (schlägt vor), schlug vor, vorgeschlagen** to suggest
**die Vorsicht** caution, care
**vorsichtig** careful, cautious
**vor•stellen** to introduce; **sich** (dat.) **vor•stellen** to imagine
**die Vorstellung, -en** performance, show; conception
**der Vortrag, ̈e** lecture, talk
**vorüber** past, over
**vorwärts** forward
**vorzüglich** excellent, exquisite

**wach** awake
**wachsen (wächst), wuchs, ist gewachsen** to grow
**der Wagen, -** car; wagon
**die Wahl, -en** choice
**wählen** to choose, select, vote
**der Wähler, -** voter
**der Wahnsinn** insanity
**wahr** true, real, genuine
**während** (prep. with gen.) during; (sub. conj.) while
**die Wahrheit, -en** truth
**wahrscheinlich** probably
**der Wald, ̈er** wood(s), forest
**die Wanderausrüstung, -en** hiking outfit
**die Wanderkarte, -n** trail map, hiking map
**wandern** to hike, wander, roam
**die Wanderung, -en** hike
**wann** (interrog.) when
**die Ware, -n** ware, product
**warm** warm
**warten (auf + acc.)** to wait for
**warum** why
**was für** what kind of
**das Waschbecken, -** wash basin, sink
**waschen (wäscht), wusch, gewaschen** to wash

**das Waschpulver** detergent
**wasserdicht** watertight, waterproof
**der Wasserspiegel** water surface
**weder ... noch** neither . . . nor
**weg** away
**wegen** (prep. with gen.) on account of
**weg•gehen, ging weg, ist weggegangen** to leave, go away
**weg•stellen** to put away, put down
**weh!** woe!
**(das) Weihnachten** (or pl.) Christmas; **zu Weihnachten** at/for Christmas
**weil** (sub. conj.) because
**die Weile** while, (amount of) time
**der Wein, -e** wine
**weise** wise
**weiter** additional, further
**weiter (•) fahren (fährt weiter), fuhr weiter, ist weiter ( ) gefahren (weiter gefahren)** to drive on (farther)
**weiter•gehen, ging weiter, ist weitergegangen** to go on; to keep going
**weiter (•) kommen, kam weiter, ist weiter gekommen (weiter gekommen)** to get/come further; to keep coming
**weiter•machen** to keep doing
**welch-** which
**die Welt, -en** world
**der Weltkrieg, -e** world war
**die Weltmeisterschaft, -en** world championship
**der Weltraum** outer space
**die Weltstadt, ̈e** metropolis, major world city
**die Wende** turn, turning point
**wenden, wandte, gewandt** to turn
**wenden, wendete, gewendet** to turn (inside out)
**wenig** (sing.) little; **wenig-** (pl.) few
**wenn** (sub. conj.) when(ever), if; **wenn ... auch** even if, even though; **wenn ... kein/nicht** unless
**die Werbeschrift, -en** advertising brochure
**die Werbung, -en** advertisement, advertising
**werden (wird), wurde, ist geworden** to become, get
**werfen (wirft), warf, geworfen** to throw, toss
**das Werk, -e** book, work; works, factory
**das Werkzeug, -e** tool, implement
**wert** (dat.) worth, of value to; (gen.) worth, worthy of
**das Wesen, -** being, creature
**der Westen** west
**das Wetter** weather
**der Wetterdienst** weather service
**der Wettkampf, ̈e** competition

**wichtig** important
**wider** *(prep. with acc.)* against
**widersprechen (widerspricht), widersprach, widersprochen** *(dat.)* to contradict
**wie lange** how long
**wie** how; as
**wieder** again
**wiederholen** to repeat
**die Wiedervereinigung, -en** reunification
**wieso** how is it that
**wie viel** how much; **wie viele** how many
**der Wille, (-ns), -n** will
**wirken** to have an effect, work
**wirklich** real(ly)
**die Wirtschaft** economy
**der Wirtschaftsplaner, -** economic planner; *(fem.)* **die Wirtschaftsplanerin, -nen**
**die Wirtschaftspolitik** economic policy
**wissen (weiß), wusste, gewusst** to know
**die Wissenschaft, -en** science
**der Wissenschaftler, -** scientist; *(fem.)* **die Wissenschaftlerin, -nen**
**wissenschaftlich** scientific
**der Witz, -e** joke; wit
**woanders** elsewhere
**das Wochenende, -n** weekend
**der Wochentag, -e** weekday
**wohin** to where
**wohl** probably
**wohnen** to live, dwell
**der Wohnort, -e** place of residence
**der Wohnsitz, -e** official residence
**die Wohnung, -en** apartment, dwelling
**wollen (will), wollte, gewollt** to want to, intend
**das Wort, ¨er** individual word; **das Wort, -e** connected words
**der Wortschatz, ¨e** vocabulary
**die Wunde, -n** wound
**das Wunderkind, -er** child prodigy
**der Wunsch, ¨e** wish; **nach Wunsch** as desired
**wünschen** to wish
**die Würze, -n** spice
**die Wüste, -n** desert
**wütend (auf)** enraged at

## Z

**die Zahl, -en** number
**zahlen** to pay
**der Zahn, ¨e** tooth
**der Zahnarzt, ¨e** dentist; *(fem.)* **die Zahnärztin, -nen**
**der Zar, (-en), -en** czar
**die Zauberflöte** magic flute
**zauberhaft** magical, enchanted
**der Zaun, ¨e** fence
**zeigen** to show
**die Zeile, -n** line
**die Zeit, -en** time
**die Zeitangabe, -n** indication of time
**der Zeitausdruck, ¨e** time expression
**die Zeitform, -en** verb tense
**die Zeitschrift, -en** magazine
**die Zeitung, -en** newspaper
**das Zelt, -e** tent
**das Zentrum, Zentren** center
**zerbrechen (zerbricht), zerbrach, zerbrochen** to break (into pieces), shatter
**zerstören** to destroy
**die Zerstörung** destruction
**der Zettel, -** scrap of paper; note
**ziehen, zog, gezogen** to pull; **ziehen (ist)** to move, go
**ziemlich** rather, fairly
**das Zimmer, -** room
**der Zimmerschlüssel, -** room key
**der Zirkus, -se** circus
**das Zitat, -e** quotation
**zornig** angry
**zu** *(prep. with dat.)* to, at; too
**der Zucker** sugar
**zuerst** (at) first
**zufällig** per chance, by accident
**zufrieden** satisfied
**der Zug, ¨e** train
**das Zugabteil, -e** train compartment
**die Zugverbindung, -en** train connection

**zu·hören** *(dat.)* to listen to
**der Zuhörer, -** listener
**die Zukunft** future
**der Zukunftsplan, ¨e** future plan
**zuletzt** at last, finally, in the end
**zu·machen** to close, shut
**die Zunge, -n** tongue
**zurück·bringen, brachte zurück, zurückgebracht** to bring back
**zurück·führen (auf + acc.)** to trace back to, explain by
**die Zurückhaltung** reserve
**zurück·kehren (ist)** to return
**zurück·kommen, kam zurück, ist zurückgekommen** to come back, return
**zu·rufen, rief zu, zugerufen** *(dat.)* to call to
**zusammen** together
**zusammen·fassen** to summarize
**zusammen·halten (hält zusammen), hielt zusammen, zusammengehalten** to hold *or* keep together
**zusammen·stellen** to put together
**zusammen·wachsen (wächst zusammen), wuchs zusammen, ist zusammengewachsen** to grow together
**der Zuschauer, -** spectator, onlooker
**das Zustandspassiv, -e** statal passive
**zu viel** too much
**zu wenig** too little
**zu·winken** *(dat.)* to wave at/to
**zwar** to be sure
**zweifeln (an + dat.)** to doubt, have doubts about
**der Zwilling, -e** twin
**zwingen, zwang, gezwungen (zu + dat.)** to force, compel
**zwischen** *(prep. with acc. or dat.)* between

# Index

**Abend,** versus **Nacht,** 300
**aber**
  coordinating conjunction, 138–139, 153
  modal particle, 321–322, 326, 331
absolute comparatives and superlatives, 189
accusative case, 42–43, 54
  after **es gibt,** 43, 248
  after prepositions, 117, 125, 136, 137
  direct object, 42
  in greetings, 43
  in measurements, 43
  in time expressions, 301–302, 310–311
  used reflexively, 223–225
  verbs with two accusatives, 42
  with distances, 42
active voice, versus passive voice, 362–363
addresses, in letters, 407–409
adjectives
  after **all-,** 172–173
  after **andere, einige, mehrere, viele,
    wenige,** 172–173, 184
  after **der-** and **ein-**words, 169–171, 184
  after **etwas, genug, viel, wenig,** 172
  attributive adjective, 169, 184
  comparative, 185–187, 196–197
  governing cases, 173–174
  in extended modifiers, 277–279, 284
  of reaction and emotion, 177
  participles used as, 277, 284, 285
  predicate adjective, 169, 184
  suffixes, 175–177
  superlative, 185–187, 196–197
  unpreceded, 170–171
  used as nouns, 274–276, 284–285
  with dative and genitive, 173–174
  with prepositional complements,
    174–175
adjective endings
  strong, 170, 184
  weak, 170, 184

adjective nouns, 274–276, 284–285
  from participles, 277, 284
adjective suffixes, *see* Suffixes
adverbial conjunctions, 315, 320
adverbs
  comparative, 185–187, 196–197
  of description, 312–313, 320
  of manner, 312–313
  of place, 314, 320
  of time, 306, 312–314, 320
  suffix -(er)weise, 313
  superlative, 185–187, 188–189, 196–197
  word order with time-manner-place, 4,
    315, 320
agents, with passive voice, 364–365
**all-,** 59–60, 69
  adjective ending after, 172, 276, 285
  **ganz** instead of, 59, 173
**allerdings,** 327
**als**
  = **als ob,** 262
  after comparative, 189
  subordinating conjunction, 141, 153
  versus **wenn** and **wann,** 141–142
**als ob / als wenn,** 142, 153
  conditional subjunctive after, 262, 265
**also,** modal particle, 322, 331
**am Ende,** versus **zum Schluss,** 316
**an,** preposition, 125, 136, 137
  after certain adjectives, 174
  after certain verbs, 394, 403
  versus **auf,** 126
**ander-**
  after **etwas,** 276
**andere,** 172
**anders**
  after **jemand** and **niemand,** 212
animals, 161–162
**anhalten,** 202
**(an)statt,** preposition, 128, 136, 137

**anstatt . . . zu,** 235
anticipatory **da-**compounds, 246–247
anticipatory **es,** 248
articles
  as pronouns, 62–63
  declension of definite, 55, 69
  declension of indefinite, 58, 69
  inclusion or omission of definite article,
    55–58
  inclusion or omission of indefinite
    article, 58–59
**auch,** modal particle, 322, 331
**auch wenn,** *see* **wenn . . . auch**
**auf,** preposition, 125–126, 136, 137
  after certain adjectives, 174
  after certain verbs, 394–395, 403
  versus **an,** 126
sich **aufführen,** 265
**aufhalten,** 202
**aufhören,** 203
**aus,** preposition, 120, 136, 137
  after certain verbs, 395
**aus diesem Grund,** adverbial conjunction,
  315
**außer,** 120, 136, 137
**außerdem,** adverbial conjunction, 315
**außerhalb,** 129
**äußerst,** 191
auxiliary verbs, *see* entries under various
  tenses

**-bar,** suffix, 176
**be-,** inseparable prefix, 380, 385–386, 391,
  392
**bei,** preposition, 120–121, 136, 137
  dative after verbs beginning with, 45–46
**bekommen,** 129
sich **benehmen,** 265
**beschließen,** 228

**bevor,** subordinating conjunction, 142, 153
**bis**
   preposition, 118, 136, 137
   subordinating conjunction, 143, 153
**bitte,** with imperatives, 73, 74
**bloß,** 325
**brauchen,** with **nicht (zu),** 104, 115

capitalization, (Appendix 1) 408
cardinal numbers, 286–288, 297–298
cases, *see* entries under various cases
categories of things, 339
**-chen,** diminutive suffix, 156
cognate words (Appendix 3), 414–416
colon, (Appendix 1) 410
comma, uses of (Appendix 1), 409–410
commands, *see* Imperative
comparative, forms of adjectives and adverbs, 185–187, 196–197
comparisons
   with **als,** 189
   with **immer,** 190
   with **je . . . desto / umso,** 190
   with **so . . . wie,** 189
conditional subjunctive, *see* subjunctive II
   (conditional)
conjunctions
   coordinating, 138–139, 153
   correlative, 139–140, 153
   subordinating, 140–146, 153
contractions, prepositions with definite article, 117, 120, 124-125, 137
contrary-to-fact conditions, *see* subjunctive
   II (conditional)
countries, articles with, 56
currencies, 291

**da**
   adverb of place, 312
   adverb of time, 312
   subordinating conjunction, 143, 153
**da-**compounds, 244–246, 253, 254
   anticipatory, 175, 246–247, 394
   in common expressions, 246
**daher,** adverbial conjunction, 315
**daher / dahin,** as **da-**compounds, 247
**damals,** 311
**damit**
   subordinating conjunction, 143, 153
   versus **so dass,** 143
**darum,** adverbial conjunction, 315
**dass,** subordinate conjunction, 144, 153
   omission of, 7, 144
   after anticipatory **da-**compounds,
      246
   in indirect discourse, 348, 349
dates, 303–304

dative case, 43–46, 54
   after prepositions, 119–120, 125, 136,
      137
   as indirect object, 43–44
   indicating possession, 46
   used reflexively, 225–226
   with adjectives, 173–174
   with certain verbs, 44–46
   with **gefallen,** 109
   with passive voice, 363–364
dative of possession, 46
days of the week, 300
decimals, 288
decades, 291
declensions
   definite articles, 55, 69
   demonstrative pronouns, 213–214
   **der-**words, 59–60
   **der-**words as pronouns, 62
   **ein-**words, 61
   **ein-**words as pronouns, 63, 69
   indefinite articles, 58, 69
   **jedermann / jemand / niemand,** 212
   **man,** 212
   possessive adjectives, 61
   personal pronouns, 209
   reflexive pronouns, 222
   regular nouns, 40–41
   relative pronouns, 334
   weak nouns, 159–160
definite article
   as pronoun, 62
   declension of, 55, 69
   omission of, 58
   with geographical names and places, 56
demonstrative pronouns, 213–215
**denken an / von,** 147
**denn**
   coordinating conjunction, 138–139, 153
   modal particle, 322, 331
**dennoch,** adverbial conjunction, 315
**der-**words, 59–60, 68–69
   as pronouns, 62
**derselbe / dieselbe / dasselbe,** 214–215, 221
   versus **der gleiche,** 214–215
**deshalb,** 315, 320
**dessen / deren**
   as demonstratives, 214
   as relative pronouns, 334, 335, 336
**desto,** 190
**deswegen,** adverbial conjunction, 315
**dies- / jen-,** 59–60, 62, 69
**diesseits,** preposition, 129
diminutive noun suffixes, 156
direct discourse, versus indirect (*see* subjunctive I indirect discourse
direct object, 42
   word order when used with indirect
      objects, 3–4, 43–44

distances, 291
**doch**
   modal particle, 74, 322–323, 324, 331
   response to a question, 198
double infinitives
   with future tense, 238
   with **fühlen, hören, sehen, spüren,**
      **lassen,** 237–238
   with modal verbs, 107–109
**du / ihr** versus **Sie,** 210–211, 220
**durch**
   preposition, 118, 136, 137
   two-way prefix, 383, 384, 391, 392
   with agents in passive voice, 364, 365
**dürfen,** modal verb, 101–102, 103, 115
   **nicht dürfen,** 103, 115

**eben,** modal particle, 323, 324, 331
**ehe,** subordinating conjunction, 142, 153
**eigentlich,** modal particle, 323–324, 331
**ein,** as a numeral, 287
**ein ander- / noch ein-,** 215
**einander,** reciprocal pronoun, 226–227
**einige,** 172
**ein paar,** 172
**ein-**words, 60–62, 68–69
   as pronouns, 62–63, 69
**endlich,** versus **schließlich,** 316
**ent-,** inseparable prefix, 381, 391, 392
   dative after verbs beginning with, 45
**entdecken,** 280
**entlang,** preposition, 128, 136, 137
**entscheiden / sich entscheiden,** 227
**Entscheidung: eine E. treffen,** 227
**sich entschließen,** 227
**Entschluss: einen E. fassen,** 227
**entweder . . . oder,** 139–140
**er-,** inseparable prefix, 381, 385–386, 391,
   392
**erfahren,** 279
**erhalten,** 129
**-erlei,** suffix, 288, 298
**-e(r)n,** suffix, 176
**erschrecken,** strong versus weak, 33
**erst,** versus **nur,** 215
**ertrinken,** versus **ertränken,** 33
**erweisen, sich als,** 399
**es**
   anticipatory, 248, 254
   impersonal, 247–248, 253, 254, 364
   introductory, 248
   with passive voice, 364
**es gibt,** 248, 253, 254
**es handelt sich um,** 249
**etwa,** 288
**etwas**
   adjective after, 172
   adjective noun after, 276, 285

exclamation point, 73, 410
extended modifiers, 277–279, 283, 284
**-fach,** suffix, 288, 298
**fahren,** versus **führen,** 32
**fallen,** versus **fällen,** 32
**falls,** 144, 153
**feststellen,** 280
flavoring particles, *see* modal particles
**fortfahren,** versus **fortsetzen,** 95
fractions, 298
**fühlen**
  in double infinitive, 237
  used with following infinitive, 236
**führen,** versus **fahren,** 32
**für,** preposition, 118–119, 136, 137
  after certain verbs, 118, 395
future perfect tense, 94–95, 100
future tense, 93–94, 100
  modal verbs, 108–109

**ganz** instead of **all-,** 59, 173
**gefallen,** 109
**gegen,** preposition, 119, 136, 137, 305
**gegenüber,** 121, 136, 137
**gehen,** synonyms, 85
  **es geht um etwas,** 249
  with a following infinitive, 236
gender, *see* nouns
genitive case, 46–47, 54
  after certain verbs, 47
  after prepositions, 128–129, 136, 137
  **von** + dative as substitute, 47
  with adjectives, 174
**genug,** adjective after, 172
**gerade,** 323
**gern: gern haben / tun,** 109–110
  comparative and superlative, 187
**gestern,** in combinations, 301
**gibt: es gibt,** 248
**glauben,** 147
**gleich: der gleiche,** 214–215

**haben**
  as auxiliary verb, 30, 39
  past participle, 28
  past-tense conjugation, 82, 92
  present-tense conjugation, 16, 25
  subjunctive II, 259, 273
  versus **sein** as auxiliary, 30–31
**-haft,** suffix, 176
**-halb,** 288
**halb / die Hälfte,** 290
**halt,** modal particle, 321, 323, 324
**halten / anhalten / aufhalten,** 202
**halten von / halten für,** 147
**handeln,** 265
  **es handelt sich um,** 249

**handeln von,** 249
**hängen,** strong versus weak, 32
**heißen,** 236
**helfen**
  in double infinitive, 238
  used with following infinitive, 236
**herausfinden,** 279
**herausstellen, sich** als, 399
**herum,** 119
**heute,** in combinations, 301
**hin- / her-,** 314, 377, 379–380, 392
**hinter**
  preposition, 126, 136, 137
  two-way prefix, 383, 384, 391, 392
**höchst,** 191
**holen,** 130
**hören**
  in double infinitives, 237
  used with following infinitive, 236
hyphen, (Appendix 1) 410

**-ieren** verbs
  past participle, 29
  present-tense conjugation, 13
**-ig,** suffix, 175, 303, 311
**ihr,** instead of **Sie,** 210–211, 220
**immer** + comparative, 190
imperative
  forms, 72–73, 80
  infinitives used as, 73
  with modal particles, 74
impersonal verbs
  with **es,** 247–248, 254
**in,** preposition, 126, 136, 137
  after certain verbs, 395–396
  in relative clause, 338–339
indefinite articles
  declension, 58
  omission of, 59
indefinite pronouns, 211–213
**indem,** subordinating conjunction, 144, 153
indicative versus subjunctive, *see* subjunctive I (indirect discourse)
indirect discourse subjunctive, *see* subjunctive I (indirect discourse)
indirect object, 43–44
indirect questions, 201–202
  with subjunctive, 353
infinitives
  after **hören, sehen, lassen, helfen, lehren, lernen,** 236–237
  after modals, 102
  as imperatives, 73
  as nouns, 237
  double infinitives, 237–238
  with future tense, 93–94
  with **zu,** 234–235, 243

without **zu** after certain verbs, 235–236, 243
infinitive clauses, 234–235, 243
  after anticipatory **da-**compounds, 246
  punctuation, 234, (Appendix 1) 410
  with **um, ohne, (an)statt,** 235
**innerhalb,** 129
inseparable prefixes, 380–383, 391, 392
  in present and past tenses, 16
  with past participles, 29
instructions for exercises, 7–8
interrogatives, 198–202, 208
  adverbs (**wo, warum, wie viel,** etc.), 201
  pronouns, 199–200
  **was für (ein-),** 201
  **welch-,** 200–201
  **wo-**compounds, 200, 208
intransitive verbs
  examples of intransitive versus transitive, 32–33
  used with the auxiliary **sein,** 30–31
**irgend,** 212–213
irregular weak verbs, *see* specific tenses
**-isch,** suffix, 176

**ja,** modal particle, 324, 331
**jed-,** 59, 60, 69
**jedermann (jeder),** 212, 221
**je . . . desto / um so,** 190
**jemand,** 212, 221
**jen- / dies-,** 59, 60, 62, 69
**jenseits,** preposition, 129

**kein-,** versus **nicht,** 70, 80
**kennen,** versus **wissen,** 18
**können,** modal verb, 101–102, 103–104, 115
  use in subjunctive, 259
**kriegen,** 130

**-lang,** suffix, 302
**lassen,** 236–237, 238
  **sich (machen) lassen,** 368
  versus **verlassen,** 238–239
**legen,** versus **liegen,** 32
**lehren** with a following infinitive, 236
**-lein,** diminutive suffix, 156
**lernen**
  versus **studieren,** 18–19
  versus **entdecken, erfahren, feststellen, herausfinden,** 279–280
  with a following infinitive, 236
letter-writing, (Appendix 2) 411–413
**-lich,** suffix, 175, 303, 311
**liegen,** versus **legen,** 32
**-los,** suffix, 176
**(keine) Lust haben,** 110

**machen,** with noun complements, 48–49
**Mal,** 306
**mal,** flavoring particle, 74, 324, 325, 331
**-mal,** suffix, 288, 298, 305
**-malig,** suffix, 288
**man (einer, einen, einem),** 212, 220, 221
   substitute for passive voice, 367
**manch-/manch ein-,** 59, 60
measurements, 290–291
**mehr,** no ending with, 187
**mehrere,** 172
**meinetwegen,** 129
**mindestens,** versus **wenigstens,** 190
**miss-,** inseparable prefix, 381, 391, 392
**mit,** preposition, 121, 136, 137
   after certain verbs, 396
   with agents in passive voice, 364, 365
**möchten,** 110
**möchten, dass,** 107
modal (flavoring) particles, 74, 321–327,
   331–332
   expressions with, 327
   with imperatives, 74
modal verbs, 101–109
   future tense, 108–109
   meanings, 102–107
   passive voice, 365–366
   perfect tenses, 107–108
   present tense, 101, 115
   simple past tense, 101–102, 115
   subjunctive, 259, 264, 273
**mögen,** modal verb, 101–102, 106–107, 109,
   115
months of the year, 299–300
**morgen,** in combinations, 301
**müssen,** modal verb, 101–102, 104–105, 115
   **nicht müssen** versus **nicht dürfen,** 104,
     115
   used in subjunctive, 259

**nach,** preposition, 121–122, 136, 137
   after certain adjectives, 174
   after certain verbs, 396
   dative after verbs beginning with, 45
   used with adverbs of place, 314
**nachdem,** subordinating conjunction, 144,
   153
**nachdenken über,** 147
**nachher,** 144, 314
**Nacht,** versus **Abend,** 300
**neben,** preposition, 127, 136, 137
negation
   clause-level, 71, 80
   element-level, 71, 80
   **kein-,** 70, 80
   **nicht,** 70–71, 80
   **nie(mals),** 70–71
   positions of **nicht,** 71, 80

words and expressions, 74–75
neuter adjective nouns, 275–276
**nicht,** 70–71, 80
**nicht nur . . . sondern auch,** 139
**nicht wahr,** 198
**nichts**
   adjective noun after, 276, 285
**niemand,** 212, 221
**noch ein-/ein ander-,** 215
nominative case, 41–42, 54
nouns
   collective with prefix **Ge-,** 156, 159
   compound nouns, 156
   dual genders, 156–157, 274–275, 284–285
   from adjectives, 191, 274–276, 284–285
   from participles, 277, 284–285
   guidelines for genders, 154–157, 167
   plurals, 157–159, 167, 168
   regular declensions, 40–41
   weak nouns, 159–160, 167
noun suffixes, 154, 155, 156, 167–168
numerals
   cardinal, 286–289, 297–298
   currencies, denominations, and decades,
     291
   decimals, 288, 298
   distances, weights, quantities, and tem-
     peratures, 291–292
   fractions, 290, 298
   mathematical vocabulary and expres-
     sions, 293
   ordinal, 289–290
   percents, 288, 297
**nun,** modal particle, 324, 331
**nur**
   modal particle, 74, 325, 332
   versus **erst,** 215

**ob,** subordinating conjunction, 145, 153
   in indirect discourse, 351
   omission of with **als,** 263
**oberhalb,** 129
**obgleich, obschon, obwohl,** 145, 153
**oder,** coordinating conjunction, 138–139,
   153
official time, 305
**ohne,** preposition, 119, 136, 137
**ohne . . . zu,** 235
ordinal numbers, 289–290, 297–298
**Ort,** 64

participial modifiers, 277–279, 284–285
   **zu** + present participle, 279
participles
   as adjectives, 277, 284–285
   as nouns, 274–276, 285
particles, *see* modal particles

passive voice
   agents with **von, durch,** and **mit,**
     364–365, 374
   dative objects, 363–364
   **es** with the passive, 364
   forms and tenses, 361–362
   statal passive, 367, 374
   substitutes for, 367–368
   use, 362–363
   versus active voice, 362
   with action verbs, 366–367
   with modals, 365–366
   with prepositional complements, 366
past participle
   **-ieren** verbs, 27, 39
   irregular strong verbs, 29, 39
   irregular weak verbs, 28, 39
   modal verbs, 107
   prefix verbs, 29
   strong verbs, 27–28, 39
   used as adjective or noun, 277
   weak verbs, 26–27, 39
past perfect tense, 84–85, 91, 92
   of modal verbs, 107–108
past tense, *see* simple past tense
percents, 288
period, 287, 410
personal pronouns,
   declension, 209
   possessive forms, 61
**Platz,** 64
pluperfect, *see* past perfect tense
plurals, *see* nouns
possessive adjectives (pronouns), 60–62,
   69
predicate adjective, 169
predicate nominative, 42
prefix verbs
   inseparable prefixes, 380–383, 391, 392
   separable prefixes, 376–380, 391, 392
   two-way prefixes, 383–385, 391
prepositions
   after adjectives, 174–175
   after reflexive verbs, 224–225, 232
   after verbs, 394–398
   contractions with definite articles, 117,
     120, 124–125, 137
   with accusative, 117–119, 136, 137
   with accusative or dative (two-way),
     124–128, 136, 137
   with dative, 119–124, 136, 137
   with genitive, 128–129, 136, 137
   prepositional complements, 393–394,
     403–404
   adjectives with, 174–175
present participles
   as adjectives or nouns, 277, 284–285
   in extended modifiers, 277–279, 284
   **zu** + present participle, 279

present perfect tense, 26–31
  **haben,** versus **sein** as auxiliary, 30–31
  irregular strong verbs, 29, 39
  irregular weak verbs, 28, 39
  modal verbs, 107–108
  prefix verbs, 29
  strong verbs, 27–28, 29, 39
  weak verbs, 26–27, 28, 39
present tense, 11–17, 24–25
  auxiliaries and **wissen,** 16, 25
  modal verbs, 101
  prefix verbs, 16–17
  used instead of present perfect, 17
  verbs with stem-vowel changes, 14–16, 25
  with future meaning, 17
principal parts of strong and irregular verbs,
  27–29, (Appendix 4) 417–422
pronouns
  demonstrative, 213–215, 220, 221
  **der-** and **ein**-words used as, 62–63, 69
  **derselbe/dieselbe/dasselbe,** 214–215,
    221
  indefinite, 211–213, 221
  interrogative, 199–200, 208
  personal, 209–210, 221
  reciprocal, 226–227
  reflexive, 222–223, 232
  relative, 333–339
punctuation, (Appendix 1) 409–410

quantities, 292
questions, 198–202, 207–208, *see*
  interrogatives
quotation marks, (Appendix 1) 410

**Raum,** 63
reciprocal pronouns, 226–227
reflexive pronouns
  after prepositions, 224–225
  declension, 222
  position of, 223
  used reciprocally, 226–227
reflexive verbs
  accusative reflexives, 223–225
  dative reflexives, 225–226
  substitute for passive voice, 368
**-reich,** suffix, 177
relative clauses, 333
relative pronouns
  definite (**der/die/das**), 333–336, 347
  indefinite (**wer/was**), 338
  **was,** 336–337
  **wer/was** *(whoever/whatever)*, 338
  **wo**-compounds, 337
  word order, 335, 336
relativization, other forms of,
  338–339

rivers, gender of, 155
**rund,** 288

salutations, in letters, 412, 413
**sagen,** synonyms for, 354–355
**-sam,** suffix, 177
**schaffen: geschafft** versus **geschaffen,**
  368–369
**schließlich** versus **endlich,** 316
**schon,** modal particle, 325–326, 332
  with present tense, 17
seasons of the year, 299
**sehen**
  in double infinitives, 237
  with a following infinitive, 236
**sein,** verb
  as auxiliary verb, 30, 39
  imperative, 73
  past participle, 28, 39
  past-tense conjugation, 82, 92
  present-tense conjugation, 16, 25
  subjunctive I, 350
  subjunctive II, 259, 273
  versus **haben** as auxiliary, 30–31
  + **zu** + infinitive, 368
**seit**
  preposition, 122–123, 136, 137
  subordinating conjunction, 145
  with present tense, 17
**seit(dem)**
  adverb, 314
  subordinating conjunction, 145, 153
**seither,** 314
**selbst/selber,** 226
semicolon (Appendix 1), 410
semi-models, 236, 243
**senden: gesendet** versus **gesandt,** 29
**senken** versus **sinken,** 33
separable prefix verbs, 376–380
  in subordinate clauses, 378, 391
  past participles, 5, 29, 378–379, 391
  past tense, 83
  present tense, 16–17
**setzen,** versus **sitzen,** 33
sexist language, avoiding, 219
**sich,** reflexive pronoun, 223
**Sie,** versus **du,** 210–211, 220
simple past tense, 81–84, 91–92
  irregular weak verbs, 82, 91, 92
  modals, 102
  separable prefix verbs, 83, 378
  strong verbs, 81–82, 91, 92
  versus present perfect tense, 83–84
  weak verbs, 82, 91, 92
**sinken,** versus **senken,** 33
**sitzen,** versus **setzen,** 33
**sobald/solange/sooft,** conjunction, 145, 153
**so dass/sodass,** 143, 153

**so ein,** 60
**solch-/solch ein-,** 60, 69
**sollen,** modal verb, 101–102, 105, 115
**sondern,** coordinating conjunction,
  138–139, 153
**so . . . wie,** 189
**sowohl . . . als auch,** 139–140
spelling, (Appendix 1) 407–408
**springen** versus **sprengen,** 33
**spüren**
  in double infinitive, 237
  used with following infinitive, 236
statal passive, 367
**(an)statt,** preposition, 128, 136, 137
**anstatt . . . zu,** 235
**stattdessen,** adverbial conjunction, 315
**stehen bleiben,** 203
**Stelle,** 64
**stoppen,** 203
strong and irregular verbs, principal parts,
  (Appendix 4) 417–422
**studieren,** 18–19
subjunctive I (indirect discourse)
  choice between subjunctive I
    and II, 351–352
  extended indirect discourse, 352–353
  forms, 349–350, 359–360
  future, 360
  indirect commands, 353–354
  indirect questions, 353
  past, 351, 359, 360
  present, 349–350, 359, 360
  uses of, 351–352, 354, 359
  versus direct discourse, 348–349
  versus indicative, 348–349
subjunctive II (conditional)
  after **als (ob)/als (wenn),** 262, 265
  conditional/hypothetical statements,
    260–261, 272
  forms, 256–260, 273
  past time, 262–264, 272, 273
  present time, 255–262, 272, 273
  requests, 261–262, 272
  versus indicative, 255
  versus **würde** + infinitive, 259–260, 272
  wishes, 261, 272
  **würde(n)** + infinitive, 255–256, 272, 273
subordinate clauses, 6–7, 140–141
subordinating conjunctions, 140–146, 153
suffixes
  **-bar,** 176
  **-erlei,** 288, 298
  **-e(r)n,** 176
  **-(er)weise,** 313
  **-fach,** 288, 298
  **-haft,** 176
  **-ig,** 175, 303, 311
  **-isch,** 176
  **-lich,** 175, 303, 311

suffixes *cont.*
  -**los,** 176
  -**mal,** 288, 298, 307
  -**malig,** 288
  -**reich / voll,** 177
  -**sam,** 177
  -**tags,** 301
  -**zeit,** 306
  with adjectives, 175–177
  with numerals, 288
  with nouns, 154, 155, 156, 167–168
  with time expressions, 303, 311
superlative, adjectives and adverbs, 185–187,
  196–197
superlative adverbs, 190–191

-**tags,** 301
telling time, 304–305
temperatures, 292
tenses, *see* entries for each tense
time expressions
  adverbs, 313–314
  clock time, 304–305
  dates, 303–304, 310
  days and parts of the day, 300–301, 310
  duration of time (accusative), 301–302,
    310
  **heute, gestern,** and **morgen,** 301
  indefinite time (genitive), 302, 311
  months and seasons, 299–300, 310
  specific time (accusative), 302, 311
  suffixes with, 288, 311
  -**tags,** 301
  units of time, 302–303, 311
  years, 303–304, 310
**trotz,** preposition, 128, 136, 137
**trotzdem,** adverbial conjunction, 315, 320
**tun, als ob,** 265
two-way prefixes, 383–385, 391, 392
two-way prepositions, 124–128, 136,
  137

**über**
  after certain verbs, 396–397, 403
  preposition, 127, 136, 137
  two-way prefix, 383, 384, 391, 392
**überhaupt,** modal particle, 326, 332
**um**
  after certain verbs, 397
  in time expressions, 305
  preposition, 119, 136, 137
  two-way prefix, 383, 384, 391, 392
**um . . . zu,** 235
**und,** coordinating conjunction, 138–139,
  153
**ungefähr,** 288

**unter**
  preposition, 127, 136, 137
  two-way prefix, 383, 384, 391, 392
**unterhalb,** 129

**ver-,** inseparable prefix, 382, 385–386, 391,
  392
verbal complements, 4–5, 11, 393–394
verbs
  auxiliaries and **wissen,** 16
  compound, (Appendix 1) 409
  impersonal, 247
  irregular strong verbs, 29, 39
  irregular weak, 28–29, 39, 82
  modal, 101–109, 115–116
  principal parts of strong and irregular,
    (Appendix 3) 417–422
  reflexive, 223–226, 232
  strong, 27–28, 81–82, 92
  used as nouns, 237
  weak, 26–27, 39, 81, 92
  with accusative and dative objects,
    44–46
  with prepositional complements,
    390–398, 403–404
  with prefixes, 376–385
  with stem-vowel change in present tense,
    14–16
verbs of going, 85
verbs of speaking, 354–355
**sich verhalten,** 265
**verlassen,** 238–239
**verschwinden,** versus **verschwenden,** 33
**viel**
  adjective after, 172
  adjective noun after, 276, 285
**viele,** 172
-**voll,** suffix, 177
**von,** preposition, 123, 136, 137
  after certain adjectives, 175
  after certain verbs, 397
  substitute for the genitive, 47
  with agents in passive voice, 364–365
**von . . . an,** 123, 136–137
**von . . . aus,** 123
**vor,** preposition, 127, 136, 137
  after certain adjectives, 175
  after certain verbs, 398, 403
  meaning *ago,* 127, 302

**während**
  preposition, 128, 136, 137
  subordinating conjunction, 146, 153
**wann,** 201
  versus **als** and **wenn,** 141–142
**warum,** 201

**was**
  definite relative pronoun, 336, 347
  indefinite relative pronoun, 338
  interrogative, 199–200, 208
**was für (ein-),** 60, 201
**weder . . . noch,** 139–140
**wegen,** preposition, 128, 136, 137
**weggehen,** versus **verlassen,** 239
Weights, 291
**weil,** subordinating conjunction, 143, 153
**weiter(tun),** 96
**welch-**
  **der-**word, 59, 60, 69
  interrogative, 200–201
**welch ein-,** 60
**wenden**
  **gewendet,** versus **gewandt,** 29
**wenig**
  adjective after, 172
  adjective noun after, 276, 285
  no ending in comparative, 187
**wenige,** 172
**wenigstens,** versus **mindestens,** 190
**wenn,** versus **wann** and **als,** 141–142
**wenn . . . auch / auch wenn,** 146, 153
**wenn . . . nicht / wenn . . . kein,** 146, 153
**wer (wessen, wem, wen)**
  indefinite relative pronoun, 338
  interrogative, 199–200, 208
**werden**
  future tense, 93, 100
  imperative, 72
  passive voice, 361–362, 374–375
  past participle, 28
  past-tense conjugation, 82, 92
  present-tense conjugation, 16, 25
  **würde(n)** + infinitive, 255–256, 259, 273
**weshalb,** 201
**wider,** 117, 136–137
**wider-,** two-way prefix, 383, 384, 391, 392
**wie**
  in comparisons, 189
  in relative clause, 339
  **wie lange, wieso, wie viel, wie viele,** 201
**wieder-,** two-way prefix, 383, 384, 391, 392
**wirklich,** 324
**wissen**
  past-tense conjugation, 82, 92
  present-tense conjugation, 16, 25
  versus **kennen,** 18
**wo,** in relative clauses, 338–339
**wo, wohin, woher,** 201
**wo-**compounds
  interrogatives, 200, 208
  relative pronouns, 337
**wohl,** 326, 332
  with future perfect tense, 95
**wollen,** modal verb, 101–102, 105–106, 115

**wollen, dass,** 106

word order

adverbs and prepositional phrases, 4, 315, 320

after **als (=als ob),** 142, 262

after coordinating conjunctions, 3, 138–139, 153

conjugated verbs, 3, 6–7, 11–12

dependent clauses, 6–7, 11–12, 140–141, 153

double infinitives, 237–238

final elements, 5, 11

first elements / front field, 2, 11

indirect questions, 201–202

infinitive clauses, 234, 243

main clauses, 1–2, 11

middle field, 3–5, 11–12

**nicht,** 70–71

object nouns and pronouns, 3–4, 11–12

past participles, 30, 38

questions, 1, 6–7, 11–12, 198–200

reflexive pronouns, 223

relative clauses, 7, 335, 336, 346, 347

separable prefixes, 5, 16–17, 83, 378–379, 391

subordinate clauses, 6–7, 140–141, 153

time-manner-place expressions, 4, 11, 315

verbal complements, 4–5, 11–12

with modal verbs, 102, 107–109, 116

writing letters, (Appendix 2) 411–413

**würde(n)** + infinitive, 255–256, 259–260, 272, 273

years, 302

yes-no questions, 198

**zeigen: es zeigt sich,** 399

**Zeit,** expressions with, 306

**zer-,** inseparable prefix, 382–383, 391, 392

**zu,** preposition, 123–124, 136, 137

after certain adjectives, 175

after certain verbs, 398

dative after verbs beginning with, 45–46

**sein + zu** + infinitive, 368

**zu** + present participle, 279

**zuletzt,** 316

**zum ersten Mal,** 306

**zum Schluss,** versus **am Ende,** 316

**zwar,** 326–327, 332

**zwischen,** preposition, 127, 136, 137